Die Besteuerung des anglo-amerikanischen Trusts in Deutschland

Europäische Hochschulschriften Recht

European University Studies in Law

Publications Universitaires Européennes de Droit

Band/Volume **6197**

Benjamin Karl Hans Rothmund

Die Besteuerung des anglo-amerikanischen Trusts in Deutschland

PETER LANG

Bibliografische Information der Deutschen Nationalbibliothek
Die Deutsche Nationalbibliothek verzeichnet diese Publikation in der Deutschen Nationalbibliografie; detaillierte bibliografische Daten sind im Internet über http://dnb.d-nb.de abrufbar.

Zugl.: Leipzig, Univ., Diss., 2019

Gedruckt auf alterungsbeständigem, säurefreiem Papier.
Druck und Bindung: CPI books GmbH, Leck

15
ISSN 0531-7312
ISBN 978-3-631-80915-0 (Print)
E-ISBN 978-3-631-83690-3 (E-PDF)
E-ISBN 978-3-631-83691-0 (EPUB)
E-ISBN 978-3-631-83692-7 (MOBI)
DOI 10.3726/b17648

Diese Publikation wurde begutachtet.

www.peterlang.com

Vorwort und Danksagung

Die vorliegende Arbeit wurde von der Juristenfakultät der Universität Leipzig im Wintersemester 2019/2020 als Dissertation angenommen. Für die Drucklegung wurden Rechtsprechung und Literatur bis Dezember 2019 berücksichtigt.

Danken möchte ich in erster Linie Herrn Prof. Dr. Marc Desens für die Betreuung und Erstbegutachtung der Arbeit sowie Herrn Prof. Dr. Gregor Roth für die rasche Erstellung des Zweitgutachtens.

Darüber hinaus gebührt mein Dank meinen Freunden und Kollegen Dr. Christoph Philipp und Dr. Maximilian Haag, die durch ihre wertvollen praktischen Anregungen und ihre Diskussionsbereitschaft wesentlich zur Vollendung dieser Arbeit beigetragen haben.

Herzlich möchte ich mich zudem bei meinen Eltern und meinen Geschwistern bedanken, die mich stets auf jede erdenkliche Art und Weise ermutigt und unterstützt haben.

Frankfurt am Main, Juni 2020

Inhaltsverzeichnis

Abkürzungsverzeichnis 17

§ 1 Einleitung 21

A. Problemstellung 21

B. Zielsetzung 24

C. Gang der Untersuchung 24

§2 Hauptteil 27

1. Kapitel: Der Trust 27

A. Historie 27

I. Herausbildung im Mittelalter 27

II. Rolle der Billigkeitsrechtsprechung 29

III. Eigentumsdualismus 30

B. Begriff des Trusts 31

I. Begriffsbestimmung 31

II. Trustbeteiligte 33

1. Der *settlor* 34

2. Der *trustee* 34

3. Die beneficiaries 35

4. Der protector 36

5. Der appointor 37

C. Rechtliche Charakteristika 37

I. Errichtungserklärung 37

1. Certainty of Intention 37

2. Certainty of Object 38

3. Certainty of Subject 38

IV. Einordnung des Trusts in das System der Erbschaft- und Schenkungsteuer 95
V. Zusammenfassung 96

B. Steuerpflichtige Vorgänge 97
I. Bildung oder Ausstattung einer Vermögensmasse 97
1. Erwerb von Todes wegen 97
a) Bildung oder Ausstattung 99
b) Vermögensmasse ausländischen Rechts, deren Zweck auf die Bindung von Vermögen gerichtet ist 100
(a) Wortsinn der Norm 100
(1) Vermögensmasse 100
(2) Bindung von Vermögen als Zweck 101
(3) Vermögensmasse ausländischen Rechts 103
(b) Gesetzgeberische Vorstellungen 103
(c) Systematischer Zusammenhang 109
(d) Sinn und Zweck der Norm 111
(e) Zwischenergebnis 114
c) Zusammenfassung 114
2. Schenkung unter Lebenden 114
a) Bildung oder Ausstattung einer Vermögensmasse 115
b) Spezielle Erscheinungsformen des *inter vivos trust* 115
(a) Grantors Trust 116
(1) Grundsätzliche Gestaltung eines *grantors trust* 116
(2) *Grantors trust* als Treuhandverhältnis 116
(3) Zwischenergebnis 118
(b) Revocable Trust 118
(1) Parallelität zur Schenkung unter freiem Widerrufsvorbehalt 120
(2) Parallelität zur Vermögensübertragung auf eine Stiftung 120
(3) Übertragung der Kriterien auf Trusts 122
(4) Zwischenergebnis 123

c) Zusammenfassung ... 123

II. Erwerb durch Zwischenberechtigte während des Bestehens einer Vermögensmasse als Schenkung unter Lebenden ... 123

1. Vermögensmasse ausländischen Rechts ... 125

2. Zwischenberechtigter ... 126

a) Wortsinn der Norm ... 126

b) Gesetzgeberische Vorstellungen ... 127

c) Systematischer Zusammenhang ... 131

d) Sinn und Zweck der Norm ... 135

e) Zwischenergebnis ... 136

3. Zusammenfassung ... 136

III. Erwerb bei Auflösung einer Vermögensmasse als Schenkung unter Lebenden ... 137

1. Vermögensmasse ausländischen Rechts ... 138

2. Erwerb bei Auflösung ... 138

3. Sonderproblem: Rückübertragung des Trustvermögens als Schenkung unter Lebenden ... 138

4. Zusammenfassung ... 140

C. Persönliche Steuerpflicht ... 140

I. Bildung oder Ausstattung einer Vermögensmasse ... 140

1. Erwerb von Todes wegen ... 141

2. Schenkung unter Lebenden ... 142

II. Erwerb durch Zwischenberechtigte während des Bestehens der Vermögensmasse als Schenkung unter Lebenden ... 142

III. Erwerb bei Auflösung der Vermögensmasse als Schenkung unter Lebenden ... 142

IV. Zusammenfassung ... 143

D. Steuerschuldner ... 143

I. Bildung oder Ausstattung einer Vermögensmasse ... 143

1. Erwerb von Todes wegen ... 143

2. Schenkung unter Lebenden ... 144

II. Erwerb durch Zwischenberechtigte während des Bestehens der Vermögensmasse als Schenkung unter Lebenden ... 144

III. Erwerb bei Auflösung der Vermögensmasse als Schenkung unter Lebenden 145
IV. Zusammenfassung 145

E. Steuerklasse 145
I. Bildung oder Ausstattung einer Vermögensmasse als Erwerb von Todes wegen bzw. als Schenkung unter Lebenden 146
II. Erwerb durch Zwischenberechtigte während des Bestehens der Vermögensmasse als Schenkung unter Lebenden 147
III. Erwerb bei Auflösung der Vermögensmasse als Schenkung unter Lebenden 148
IV. Sonderproblem: Steuerklasse bei unterschiedlichen Verwandtschaftsverhältnissen zu unterschiedlichen Zuwendern 148
V. Zusammenfassung 150

F. Vollstreckung der Steuerschuld 150
I. Zustellung eines deutschen Steuerbescheids an den Trust 151
II. Vollstreckung eines deutschen Steuerbescheids gegen den Trust 153
III. Zusammenfassung 154

G. Fazit zum dritten Kapitel 155

4. Kapitel: Der Trust im deutschen Ertragsteuerrecht 157

A. Einführung zur ertragsteuerlichen Behandlung des Trusts 157
I. Intransparenter Trust 159
II. Transparenter Trust 161
1. Steuerlicher Durchgriff auf den *settlor* 162
2. Steuerlicher Durchgriff auf die *beneficiaries* 164
3. Steuerlicher Durchgriff auf den *trustee* 165
4. Zusammenfassung 165
III. Semi-Transparenter Trust 166
1. Funktionsweise der Zurechnungsbesteuerung 167
2. Reform der Zurechnungsbesteuerung durch JStG 2009 und deren Bedeutung für Trusts 169

3. Reform der Zurechnungsbesteuerung durch AmtshilfeRLUmsG und deren Bedeutung für Trusts 172
a) Zurechnung der Einkünfte 172
b) Nutzung von Zwischengesellschaften und vergleichbaren Strukturen 173
c) Vermeidung der Doppelbelastung zugerechneter Erträge 175
d) Zwischenergebnis 177
4. Anwendung der Zurechnungsbesteuerung auf Trusts 178
a) Vorliegen eines Familientrusts nach § 15 Abs. 2, Abs. 4 AStG 179
(a) Tatbestandsmerkmale der Bezugs- und Anfallsberechtigung 179
(1) Wortsinn der Norm 179
(2) Gesetzgeberische Vorstellungen 182
(3) Systematischer Zusammenhang 184
(4) Sinn und Zweck der Norm 185
(5) Zwischenergebnis 187
(b) Bestimmung der relativen Höhe der Berechtigung 188
(c) Bezugsberechtigung bei mehreren Begünstigtenklassen 191
b) Anteilige Zurechnung der Einkünfte nach § 15 Abs. 1 AStG 194
(a) Rangfolge der Zurechnungssubjekte 194
(b) Berechnung des zuzurechnenden Anteils 196
5. Zusammenfassung 197
B. Steuerpflichtige Vorgänge bei intransparenten Trusts 197
I. Besteuerung der Ertragsausschüttungen intransparenter Trusts 198
1. Ertragsausschüttungen des Trusts als sonstige Einkünfte 198
a) Trustausschüttungen als wiederkehrende Bezüge 198
(a) Von Vermögenmasse gewährte Bezüge 198
(b) Wiederkehrende Bezüge 198
b) Zwischenergebnis 200

2. Ertragsausschüttungen des Trusts als Einkünfte aus Kapitalvermögen 201
a) Trustausschüttungen als Leistungen einer ausländischen Vermögensmasse 201
(a) Leistungen einer ausländischen Vermögensmasse 201
(b) Wirtschaftliche Vergleichbarkeit der Leistungen zu Gewinnausschüttungen einer Gesellschaft 202
b) Zwischenergebnis 204
3. Vergleich von Trustausschüttungen mit Ausschüttungen von Stiftungen an deren Destinatäre 204
a) Problemstellung 204
b) Position der Rechtsprechung 205
c) Position der Finanzverwaltung 207
d) Position der Literatur 210
e) Übertragung der Ergebnisse auf Ausschüttungen eines Trusts an seine *beneficiaries* 211
(a) Vergleichbarkeit der Rechtsinstitute 212
(b) Trust als von Personengruppe beherrschte Vermögensmasse 213
(c) Bezugs- und anfallsberechtigter Leistungsempfänger 214
(d) Trusteinkommen als Leistungsgegenstand 215
f) Schlussfolgerungen für Trustausschüttungen 216
II. Besteuerung der Substanzausschüttungen intransparenter Trusts als wiederkehrende Bezüge bzw. Einkünfte aus Kapitalvermögen 216
C. Fazit zum vierten Kapitel 219

5. Kapitel: Problematik einer möglichen Doppelbesteuerung mit Einkommensteuer sowie Schenkungsteuer bei Ertragsausschüttungen des Trusts 221
A. Begriffe der Doppelbesteuerung und der Doppelbelastung 221
B. Erstes Doppelbesteuerungsszenario 225

I. Ertragsausschüttungen des Trusts als Schenkung unter Lebenden 225
II. Ertragsausschüttungen des Trusts als Einkünfte aus Kapitalvermögen 226
C. Zweites Doppelbesteuerungsszenario 231
I. Ertragsausschüttungen des Trusts als Schenkung unter Lebenden 231
II. Ertragsausschüttungen des Trusts als sonstige Einkünfte 232
D. Drittes Doppelbesteuerungsszenario 233
I. Einkünfte des Trusts als zugerechnete Einkünfte der bezugs- und anfallsberechtigten *beneficiaries* 233
II. Bereits zugerechnete Einkünfte des Trusts als Schenkung unter Lebenden 234
E. Fazit zum fünften Kapitel 235

§ 3 Gesamtzusammenfassung 237

Literaturverzeichnis 243

Abkürzungsverzeichnis

A. A.	Andere Ansicht
Abs.	Absatz
A. E.	Am Ende
A.F.	Alte Fassung
Art.	Artikel
AStG	Außensteuergesetz
Aufl.	Auflage
BayObLG	Bayerisches Oberstes Landesgericht
BB	Betriebs-Berater
Bd.	Band
BewG	Bewertungsgesetz
BFH	Bundesfinanzhof
BFHE	Sammlung der Entscheidungen des Bundesfinanzhofs
BFH/NV	Nicht veröffentliche Entscheidungen des Bundesfinanzhofs
BGB	Bürgerliches Gesetzbuch
BGBl.	Bundesgesetzblatt
BGH	Bundesgerichtshof
BGHZ	Entscheidungen des Bundesgerichtshofs in Zivilsachen
Bl.	Blatt
BR-Drs.	Bundesrats-Drucksache
BStBl.	Bundessteuerblatt
BT-Drs.	Bundestags-Drucksache
BVerfG	Bundesverfassungsgericht
BVerfGE	Sammlung der Entscheidungen des Bundesverfassungsgerichts
Bzw.	Beziehungsweise
DB	Der Betrieb
DStR	Deutsches Steuerrecht
DStZ	Deutsche Steuer-Zeitung
DSWR	Datenverarbeitung, Steuer, Wirtschaft, Recht
EGBGB	Einführungsgesetz zum Bürgerlichen Gesetzbuch
ErbStB	Der Erbschaft-Steuer-Berater
ErbStG	Erbschaft- und Schenkungsteuergesetz
ErbStR	Erbschaftsteuerrichtlinien
EStG	Einkommensteuergesetz
EWS	Europäisches Wirtschafts- und Steuerrecht

EU-ErbVO	Europäische Erbrechtsverordnung
F.	Folgende
Ff.	Fortfolgende
FG	Finanzgericht
Fn.	Fußnote
FR	Finanz-Rundschau
FS	Festschrift
GWR	Gesellschafts- und Wirtschaftsrecht
H.M.	Herrschende Meinung
Hs.	Halbsatz
INF	Information für Steuerberater und Wirtschaftsprüfer
IWB	Internationale Wirtschaftsbriefe
I.S.d.	Im Sinne des
IStR	Internationales Steuerrecht
I.V.m	In Verbindung mit
KStG	Körperschaftsteuergesetz
M.w.N.	Mit weiteren Nachweisen
N.F.	Neue Fassung
NJW	Neue Juristische Wochenschrift
Nr.	Nummer
No.	Number
N.v.	Nicht veröffentlicht
NWB	Neue Wirtschaftsbriefe
NZG	Neue Zeitschrift für Gesellschaftsrecht
OLG	Oberlandesgericht
PIStB	Praxis der internationalen Steuerberatung
PStR	Praxis Steuerstrafrecht
RFH	Reichsfinanzhof
RIW	Recht der internationalen Wirtschaft
Rn.	Randnummer
RStBl.	Reichsteuerblatt
S.	Seite
Sog.	Sogenannte
StB	Der Steuerberater
Stbg	Die Steuerberatung
StuW	Steuern und Wirtschaft
V.	Versus
Vgl.	Vergleiche

Vol.	Volume
WiB	Wirtschaftsrechtliche Beratung
ZErb	Zeitschrift für die Steuer- und Erbrechtspraxis
ZEV	Zeitschrift für Erbrecht und Vermögensnachfolge
ZfRV	Zeitschrift für Europarecht, internationales Privatrecht und Rechtsvergleichung
ZStV	Zeitschrift für Stiftungs- und Vereinswesen

§ 1 Einleitung

A. Problemstellung

„Der Trust ist ein dem deutschen Zivilrecht fremdes Rechtsinstitut“. Dies ist wahrscheinlich der erste Satz, den ein deutscher Rechtswissenschaftler liest, wenn er im Rahmen seiner wissenschaftlichen oder beruflichen Beschäftigung mit einem Trust konfrontiert wird.[1] Im englischen Schrifttum finden sich wiederum Sätze wie: *„[The trust is] the greatest and most distinctive achievement performed by Englishmen in the field of jurisprudence“*.[2] Warum also bedient sich das deutsche Recht nicht der Rechtsfigur des Trusts, die im Kanon unserer Rechtsinstitute ihren eigenen Platz einnehmen könnte? Warum ist das deutsche Zivilrecht nicht willens, das Kuckucksei namens Trust ins eigene Nest zu legen?[3] Zumindest kann dieser Umstand nicht dem grundlegenden Unterschied zwischen den Rechtssystemen von *civil law* und *common law* geschuldet sein. Das Haager Trustübereinkommen von 1985[4], welches die zivilrechtliche Anerkennung des Trusts sicherstellt, ist mittlerweile in 13 Staaten in Kraft getreten, wobei sich darunter sieben Staaten mit einem reinen *civil law system* finden.[5] Obwohl der Trust als stilprägendes Rechtsinstitut des *common law* bezeichnet wird[6],

---

1 Vgl. nur *Siemers/Müller*, IStR 1998, 385 (386); *Habammer*, DStR 2002, 425; *Birnbaum/Lohbeck/Pöllath*, FR 2007, 479; *Werder/Wystrcil*, BB 2015, 412.

2 *Maitland*, Selected Essays, S. 129, zitiert nach *Wienbracke*, ZEV 2007, 413; *„[Der Trust ist] die herausragendste und markanteste Errungenschaft, welche die Engländer auf dem Gebiet der Rechtswissenschaft hervorgebracht haben“* (Übersetzung des Verfassers).

3 *Hayton* in Hayton/Matthews/Mitchell, Law of trusts and trustees, S. 14; ein interessanter Ansatz, demzufolge eine Zurückhaltung gegenüber dem Trust auf die Ähnlichkeit zu den Familienfideikommissen und deren Akkumulationswirkung zurückgehen könnte, findet sich bei *Kalenberg/Reichert*, IStR 2016, 140 (141).

4 Vgl. die Präambel des Übereinkommens über das auf Trusts anzuwendende Recht und ihre Anerkennung, abgeschlossen in Den Haag am 1.7.1985, einsehbar unter: http://www.hcch.net/index_en.php?act=conventions.text&cid=59.

5 *Pease*, Trust & Trustees Volume 19 2013, 283 (287); zusätzlich hat Belgien die Bestimmungen des HTÜ in seinem internationalen Privatrecht nachgebildet, vgl. *Pease*, Journal of International Tax Planning 2010 Volume XI No. 1, 127 (128); zum aktuellen Stand des HTÜ siehe die Statustabelle unter: https://www.hcch.net/en/instruments/conventions/status-table/?cid=59.

6 *Schindhelm/Stein*, StuW 1999, 880; *Wienbracke*, RIW 2007, 201; *Richter*, Rechtsfähige Stiftung, S. 36.

zeigt diese Entwicklung, dass eine Umsetzung des Trustkonzepts auch in einem *civil law system* gelingen kann[7]; zumindest aber ist sie Beweis dafür, dass eine Anerkennung des Trustkonzepts[8] immer wieder auftauchende Probleme in den mittlerweile alltäglichen grenzüberschreitenden Fällen zu lösen vermag.[9]

Das Haager Trustübereinkommen wurde jedoch von Deutschland weder ratifiziert[10], noch ist von einer Ratifizierung in Zukunft auszugehen.[11] Folglich existiert auch kein „Trust-Statut“ im internationalen Privatrecht Deutschlands[12], so dass eine Einordnung im Rahmen des internationalen Privatrechts bei Berührungspunkten ausländischer Trusts mit dem deutschen Zivilrecht mit erheblichen Unsicherheiten behaftet ist. Auch die Behandlung des Trusts in der Rom I-VO[13] oder in der EU-ErbVO[14] bringen dahingehend wenig Klarheit. Aufgrund dieser Ausgangslage im deutschen Zivilrecht und um Verwechslungen mit ähnlichen, aber nicht identischen Rechtspositionen im deutschen Recht zu vermeiden, sollen im Laufe der Arbeit die Trustbeteiligten in ihrer englischen Originalbezeichnung aufgeführt werden.

Die ablehnende Haltung gegenüber dem Trust auf dem Gebiet des Zivilrechts scheint sich auf dem Gebiet des deutschen Steuerrechts fortzusetzen. Ursprünglich war die steuerliche Behandlung des Trusts und der an ihm beteiligten Personen auf dem Gebiet der Erbschaft- und Schenkungsteuer zwar vorteilhaft für den Steuerpflichtigen. Die Rechtsprechung des Reichsfinanzhofs[15] bestimmte, dass der Vermögensübergang auf den Trust und die allfällige Übertragung dieses Vermögens auf die Begünstigten der Trustkonstruktion nur einmal einer Besteuerung unterworfen wurde. Gleichzeitig ermöglichte die damalige Behandlung im Erbschaft- und Schenkungsteuerrecht in bestimmten Konstellationen die Ausnutzung von Stundungs- und Verzögerungseffekten, welche dem Trust als steuerlichem Gestaltunginstrument eine gewisse Attraktivität verliehen.

7 So haben beispielsweise Liechtenstein seit 20.1.1926 und Tschechien seit 1.1.2014 den Trust als neues Rechtsinstitut in ihr nationales Recht übernommen.

8 Ausländische Trusts werden zum Beispiel in Liechtenstein seit 1.4.2006, in der Schweiz seit 1.7.2007 anerkannt.

9 *Basedow*, JuS 2004, 89 (90).

10 *Richter/Escher* in Riches, Review, S. 140 (147); *Falter/Gecks*, NZG 2017, 1251.

11 So schon *Pirrung*, IPRax 1987, 52 (55); davon ist auch zum heutigen Zeitpunkt noch auszugehen; hoffnungsvoll in dieser Hinsicht *Schurr*, ZStV 2017, 12 (18).

12 *Pisani*, ZEV 2012, 579 (581).

13 Vgl. Art. 1 Abs. 2 h) Rom I-VO.

14 Vgl. Art. 1 Abs. 2 j) EU-ErbVO.

15 RFH 24.9.1935 – III e A 37/ 35, RStBl. 1935, 1366 ff.

Mit Inkrafttreten der finalen Fassung des StEntlG 1999/2000/2002[16] büßte der Trust seine Stellung als Steuergestaltungsinstrument aber ein. Um das Eintreten der ungewünschten Stundungs- und Verzögerungseffekte zu verhindern, wurden diverse Tatbestände in das Erbschaft- und Schenkungsteuergesetz eingeführt, welche die Trustbesteuerung verschärften und die ursprüngliche steuerliche Attraktivität dieses Rechtsinstitutes – gerade als Alternative zum Rechtsinstitut der Stiftung – konterkarierten. Insbesondere wurde nun der Vermögensübergang auf den Trust zusätzlich zu der Auszahlung von Vermögenswerten an sogenannte „Zwischenberechtigte“[17] einer Besteuerung nach dem Erbschaft- und Schenkungsteuergesetz unterworfen. War in ersten Entwürfen des StEntlG 1999/2000/2002 noch eine Gleichstellung des Trusts mit der Stiftung nach deutschem Recht ins Auge gefasst worden, so ist der Trust nun in einigen entscheidenden Punkten gegenüber der Stiftung schlechter gestellt.

Die jetzige Besteuerung nach dem Erbschaft- und Schenkungsteuergesetz führte auch auf dem Gebiet der Einkommensteuer zu neuen Problemen. Denn Ausschüttungen von Trusterträgen und gegebenenfalls auch Ausschüttungen des Trustvermögens unterliegen potentiell sowohl der Einkommensteuer als auch der Schenkungsteuer. So tritt zu der Verschärfung der Besteuerung auf dem Gebiet des ErbStG zudem die Möglichkeit einer Mehrfachbesteuerung, da hier keine eindeutige höchstrichterliche Rechtsprechung vorhanden ist.

Schließlich können im Rahmen der Zurechnungsbesteuerung nach dem Außensteuergesetz Einkünfte des Trusts schon vor der tatsächlichen Ausschüttung bei den in Deutschland steuerpflichtigen Beteiligten besteuert werden, was diese in die unangenehme Situation bringen kann, eine Steuerschuld begleichen zu müssen, ohne jemals in den Genuss einer Ausschüttung durch den Trust gekommen zu sein.

Insgesamt hat das deutsche Steuerrecht als eines der wenigen im europäischen Raum den Ruf, dem Trust gegenüber feindselig eingestellt zu sein.[18] Insbesondere gegenüber der (Familien-)Stiftung bestehen steuerliche Nachteile, sobald in Deutschland steuerpflichtige Personen am Trustverhältnis Beteiligung erfahren. Neuere Beiträge in Fachzeitschriften legen in Deutschland steuerpflichtigen

16 Steuerentlastungsgesetz vom 24.3.1999, BGBl. I 1999, 402.

17 Vgl. § 7 Abs. 1 Nr. 9 S. 2 Hs. 2 ErbStG

18 *Pease*, Journal of International Tax Planning 2010 Vol. XI No. 1, 127 (130); die verwendete Formulierung lautet „*positively hostile*“; so auch *Haag/Richter*, STEP Journal 12/2014, 62 (65).

Personen aufgrund der negativen steuerlichen Implikationen gar den Ausstieg aus der Truststruktur nahe.[19]

B. Zielsetzung

Im Rahmen der vorliegenden Arbeit soll dem deutschen Rechtswissenschaftler ein Eindruck vermittelt werden, was der Begriff „Trust" im Detail bedeutet. Durch Aufzeigen der Funktionsvielfalt des Trusts soll begründet werden, warum die Einordnung als bloßes Steuervermeidungsinstrument dem Rechtsinstitut in seiner Vielseitigkeit in keiner Weise Rechnung trägt.

Weiterhin soll die derzeitige Besteuerung des Trusts in Deutschland umfassend analysiert werden. Dabei sollen Ansätze herausgearbeitet werden, wie eine konsistente und austarierte Besteuerung von Trusts in Deutschland aussehen könnte. Trotz der weitgehend identischen Behandlung von Trustkonstruktionen anderer Rechtskreise im deutschen Steuerrecht soll der Fokus hierbei – unbeschadet kurzer Exkurse – auf den aus dem angloamerikanischen Rechtskreis herrührenden Trusts liegen. So soll der angloamerikanische Trust als Prototyp genommen und lediglich an ausgewählten Stellen auf die Besonderheiten anderer Trustjurisdiktionen eingegangen werden.

C. Gang der Untersuchung

Die vorliegende Arbeit besteht aus Einleitung, Hauptteil und einer Zusammenfassung der Ergebnisse. Der Hauptteil der Arbeit ist in fünf Kapitel untergliedert.

Im ersten Kapitel sollen in gebotener Kürze die Wurzeln des Trusts im Rechtssystem des *common law* und seine Behandlung im *civil law* sowie die am Trust beteiligten Personen, rechtlichen Charakteristika und Gestaltungsvarianten des Trusts vorgestellt werden. Dieser Abschnitt dient zunächst einmal zum besseren Verständnis des dem deutschen Recht fremden Trusts, legt zugleich aber auch die Grundlage für wichtige Unterscheidungen des Trusts bei der steuerlichen Behandlung und für die Bestimmung seiner Einsatzfelder.

Im zweiten Kapitel soll herausgearbeitet werden, dass der Errichter eines Trusts nicht bloß steuerliche Motive für den Gebrauch dieses Rechtsinstituts haben muss, sondern dass sich durch seinen Einsatz vielmehr auch auf anderen

---

19 *Schienke-Ohletz/Kühn*, ZEV 2015, 150 (153); ähnlich kritisch *von Oertzen* in Münchner Anwaltshandbuch Erbrecht, § 34, Rn. 48; von einem faktischen Zuzugsverbot für Trustbegünstige nach Deutschland sprechen *Werder/Wystrcil*, BB 2015, 412 ff; vgl. auch jüngst *von Oertzen/Kühn*, IStR 2016, 930 (931 f.).

Gebieten – wie zum Beispiel der *asset protection* – bedeutende Vorteile erzielen lassen.

Das dritte Kapitel beschäftigt sich mit der Einordnung des Trusts im Erbschaft- und Schenkungsteuergesetz anhand seiner „Lebensphasen", wobei hier die steuerpflichtigen Vorgänge nach den eigens für Trusts eingeführten Besteuerungstatbeständen im Vordergrund stehen.

Im vierten Kapitel wird der Trust aus ertragsteuerlicher Perspektive untersucht. Hier sollen zum einen die steuerlichen Pflichten des Trusts und seiner Beteiligten nach dem Einkommensteuergesetz und nach dem Körperschaftsteuergesetz untersucht werden. Zum anderen sollen Inkonsistenzen und Vollzugsschwierigkeiten hinsichtlich der Zurechnungsbesteuerung nach dem Außensteuergesetz bei den an der Trustkonstruktion beteiligten Personen aufgezeigt und Vorschläge zu deren Lösung angedacht werden.

Im fünften Kapitel wird das Problem der Mehrfachbesteuerung mit Schenkungsteuer und Einkommensteuer bei Ertragsausschüttungen des Trusts in den Fokus genommen.

§2 Hauptteil

1. Kapitel: Der Trust

A. Historie

Zuerst soll die Herkunft des Rechtsinstituts Trust näher beleuchtet werden. Dies dient auch der Erläuterung der Frage, wie der Trust seine Popularität im angloamerikanischen Rechtskreis gewinnen konnte, welche bis zum heutigen Tage besteht.

I. Herausbildung im Mittelalter

Die Ursprünge des Trusts reichen bis in das englische Mittelalter zurück, wo sein Entstehen mit den sogenannten *uses* seinen Anfang nahm. Die Ursprünge des Vermögensverwalters des Trusts als Vertrauensperson und Mittelsmann gehen zurück bis 1066, als das Lehensrecht von Kontinentaleuropa nach England gelangte: In den Verhältnissen zwischen Lehensherren und Vasallen wurde dem Verwalter des Trustvermögens oft die Position eines Vertrauensmannes eingeräumt, indem ihm das Lehensrecht am Grundbesitz übertragen wurde, während der eigentliche Inhaber beispielsweise als Ritter zu Felde zog.[20]

In diesem Zusammenhang sind die Kreuzzüge zu erwähnen, die mit ihrem Beginn am Ende des 11. Jahrhunderts für einen Anstieg dieser Übertragungen an eine Vertrauensperson sorgten. Der Grundbesitz war zu dieser Zeit durch das *common law* gesichert. Sämtliche Rechte am Land fielen im 13. Jahrhundert unter das Eigentum der Krone, sodass ein Untertan daran kein eigenes Eigentum erwerben konnte, sondern vielmehr mit einem mehr oder weniger umfangreichen Nutzungsrecht (*estate*) abgespeist wurde.[21] Dies machte die dargestellte Übertragung schwieriger. Weiter verkompliziert wurde die Lage durch die Tatsache, dass Minderjährige und Frauen keinen Grundbesitz erwerben konnten.[22] Zudem kannte das *common law* keine testamentarische Erbfolge.[23]

---

20 *Graf von Bernstorff*, RIW 2007, 641; zu den Einzelheiten vgl. auch *Trißler*, Familienstiftung, S. 34, der die Lehensbeziehungen zu dieser Zeit als ein komplexes Amalgam von Personalbeziehungen beschreibt, die stark von ihrem Subordinationsverhältnis geprägt waren.

21 *Moffat*, Trusts Law, S. 35 f.; das *freehold estate* unterscheidet sich als weitreichendstes Nutzungsrecht vom Eigentum nur noch dem Namen nach.

22 *Haeusler* in Richter/Wachter, Handbuch, S. 231, Rn. 6; *Wühl*, ZfRV 2013, 20 (21).

23 *Schnitzer*, Treuhand, S. 57, 60.

Um nun zu verhindern, dass ein *estate* beim Tod des Inhabers an die Krone zurückfiel und um Abgaben im Zuge des Erbfalls zu vermeiden, bediente man sich der *uses*.[24] Dazu übertrug der Inhaber sein Recht am Grundbesitz vor seinem Aufbruch zum Kreuzzug besagtem Dritten (dem *feoffee to uses*), der dieses im Interesse der begünstigten Familienmitglieder (*in the use of*) zu halten verpflichtet war.[25] Dieses *feeoffment* bestimmte, dass der ursprüngliche Inhaber bis zu seinem Tode lediglich nutzungsberechtigt war und dass der *feoffee* rechtlicher Volleigentümer wurde; selbiger wiederum hielt diese Position im Interesse der Begünstigten, den *cestui que use*[26]. Die damit erreichte Konstruktion bildet bis heute die Essenz des Trustverhältnisses. Lediglich die am Trustverhältnis beteiligten Parteien werden heute anders bezeichnet.[27]

Der Trust stellte somit in Umgehung des geltenden *common law* die alleinige Chance dar, Grundbesitz unter Abwendung des Vererbungsverbots zu übertragen oder lehensrechtliche Bindungen und damit korrespondierende Ansprüche von Lehensherren zu umgehen.[28] Bereits zu diesem frühen Zeitpunkt zeichneten sich das Motiv der familiären Vermögenserhaltung und die steuerliche Attraktivität des Trusts ab. Freilich missbilligte die englische Krone dieses System zur Umgehung von Feudallasten, sodass mit dem von König Heinrich III. 1535 erlassenen *statute of uses* ein Versuch der Abschaffung der *uses* initiiert wurde.[29] Dieses Statut konnte jedoch ausgehebelt werden, wenn einer zweiten Person das sogenannte *cestui que trust* am Recht der *cestui que use*[30] eingeräumt wurde.[31]

Aufgrund der Tatsache, dass die Ansprüche des *cestui que trust* nicht vom *common law* akzeptiert wurden, war jedoch auch diese Konstruktion keine zufriedenstellende Lösung.[32] Problematisch war nämlich von Anfang an, dass die englischen *courts of law* den Ansprüchen der Begünstigten auf Herausgabe der Nutzungen bzw. auf die Rückübertragung des Vermögens des ursprünglichen Rechteinhabers die Anerkennung versagten.[33] Dagegen bot das *common*

---

24 *Daragan*, ZEV 2007, 204 (206).

25 *Haeusler* in Richter/Wachter, Handbuch, S. 231, Rn. 7.

26 Ebenda.

27 Vgl. unter B. II. 2. dieses Kapitels.

28 *Götzenberger* in Deininger/Götzenberger, Vermögensnachfolgeplanung, S. 55, Rn. 80.

29 *Graf von Bernstorff*, RIW 2007, 641 (642).

30 Diese Konstruktion wurde anfangs *use upon a use* genannt, bis der zweite *use* schließlich als *trust* bezeichnet wurde.

31 *Schnitzer*, Treuhand, S. 59.

32 Ebenda.

33 *Sieker*, US-Trust, S. 6; *Wühl*, ZfRV 2013, 20 (21).

law keinen Schutz[34]: Der *feoffee to uses* war uneingeschränkter Eigentümer des Nutzungsrechts und insbesondere aus Vertrag konnten die Begünstigten keine Rechte geltend machen, da es den Vertrag zugunsten Dritter im englischen Recht zu diesem Zeitpunkt noch nicht gab.[35] Somit war es letztlich nur eine moralische Pflicht, die den *feoffee to uses* an eine wohlstrukturierte Vermögensverwaltung und die endgültige Rückübertragung des Vermögens an die Begünstigten band. Diese wurde von ihm verständlicherweise nicht immer eingehalten.

II. Rolle der Billigkeitsrechtsprechung

Die Begünstigten konnten somit insbesondere nicht ihre Rechte vor den mittelalterlichen *courts of law* geltend machen.[36] Im Lichte dieser für die Begünstigten untragbaren Situation wandten sie sich an den königlichen Lordkanzler (*chancellor*[37]), welcher vom 17. Jahrhundert an den ersehnten Rechtsschutz im Rahmen der Billigkeitsrechtsprechung (*equity jurisdiction*) gewährte.[38] Die *equity jurisdiction* kam in allen Fällen zum Einsatz, in denen die Regeln des *common law* zwar zu rechtlich einwandfreien, gleichwohl praktisch unbilligen Ergebnissen gelangten.[39] Stellte der *chancellor* ein treuwidriges oder sonst verwerfliches Gebaren fest, konnte er den Verantwortlichen zu einem Tun oder Unterlassen verurteilen.[40] Dies stellte sicher, dass der *feoffee* mit dem übertragenen Gut dergestalt umging, wie es in der ursprünglichen Treuabrede mit dem ehemaligen Rechteinhaber vereinbart war. Das *common law* und das *law of equity*, welches als Korrektiv neben dem strikten angelsächsischen Recht stand, entwickelten sich fortan parallel nebeneinander; aus der Abhilfe in Einzelfällen durch den *chancellor* entstand mit fortschreitender Zeit ein eigener Gerichtshof (*court of chancery*) und die moralischen Wertungen wurden zu fixen Rechtsregeln.[41] Erst 1875 entfiel die Trennung von *common law* und *equity*, als die beiden Gerichtszweige im *high court of justice* vereinigt wurden. Bis zu diesem Zeitpunkt war die Entwicklung von *trust law* und *equity law* aber eng miteinander verknüpft.

---

34 Das *common law* schützte nur den dinglichen Rechtstitel des Eigentümers, keine schuldrechtlichen Auflagen.

35 *Daragan*, ZEV 2007, 204 (206).

36 *Westebbe*, Stiftungstreuhand, S. 52.

37 Dieser verfügte generell über das Recht, Beschwerden zu behandeln (Rekursinstanz).

38 *Verstl*, Internationaler Trust, S. 19; *Wühl*, ZfRV 2013, 20 (21); *Richter*, Rechtsfähige Stiftung, S. 149 ff.

39 *Haeusler* in Richter/Wachter, Handbuch, S. 231, Rn. 10.

40 *Verstl*, Internationaler Trust, S. 19.

41 *Daragan*, ZEV 2007, 204 (206); *Richter*, Rechtsfähige Stiftung, S. 149.

III. Eigentumsdualismus

Die Billigkeitsrechtsprechung verbesserte die Rechtsstellung des ursprünglichen Rechteinhabers und noch deutlicher die der Begünstigten neben dem *feoffee*.[42] Aus dieser gestärkten Position folgt, dass bei den Begünstigten von einer eigentumsähnlichen, wenn nicht gar eigentumsgleichen Stellung hinsichtlich des auf den Dritten übertragenen Vermögens gesprochen werden kann. Von ihr rührt auch die den Trust kennzeichnende Aufspaltung der dinglichen Berechtigung am Trustgut her: Auf der einen Seite steht der *legal title* des *feoffee* nach *common law*, auf der anderen der *equitable title* der Begünstigten.[43] Der Eigentumsdualismus (*duality of ownership)* wird als maßgeblicher Grund für das außerordentlich gut funktionierende Zusammenspiel der Rechtspositionen der Beteiligten untereinander gesehen.[44]

Der Eigentumsdualismus hat jedoch nicht ausschließlich positive Folgen für die Geschichte des Trusts gehabt. Zwar konnte das angelsächsische System aus dem parallelen Bestehen von Eigentum und eigentumsgleichen Rechten großen Nutzen ziehen; auf der anderen Seite erschwerte selbiger Dualismus die Integration des Trusts in das deutsche Zivilrecht, welches auf einem starren numerus clausus der Sachenrechte gründet.[45] Das deutsche Steuerrecht kennt wiederum einen solchen Dualismus des Eigentums. Dies kommt in § 39 Abs. 2 Nr. 1 AO zum Ausdruck.[46] Es verwundert daher nicht, dass in der deutschen Rechtsordnung die Stiftung, welche einen derartigen Eigentumsdualismus nicht kennt, für die ebenfalls mittels eines Trusts erreichbaren Ziele die Oberhand gewann.[47] Im Wege der Kolonialisierung verbreitete sich der Trust außerhalb des *commonwealth*, insbesondere in den Vereinigten Staaten von Amerika. Er erwies sich als universal einsetzbares Treuhandinstitut, welches in allen Privatrechtsgebieten

42 *Götzenberger* in Deininger/Götzenberger, Vermögensnachfolgeplanung, S. 55, Rn. 81.

43 *Pettit*, Equity, S. 25; *Wühl*, ZfRV 2013, 20 (21); *Wendehorst* in MüKo-BGB (2018), Art. 43 EGBGB, Rn. 48.

44 *Götzenberger* in Deininger/Götzenberger, Vermögensnachfolgeplanung, S. 55, Rn. 82; *Schall/Simon* in Geimer/Schütze, EU-ErbVO (2016), Art. 1, Rn. 59; *Richter*, Rechtsfähige Stiftung, S. 151 f.

45 *Zondler/Zöller*, IStR 2015, 960; das deutsche Erbrecht und das deutsche ErbStG kennen grundsätzlich keine Duplizität des Eigentums mehr, wie etwa früher das Ober- und Untereigentum bei Fideikommissen, vgl. *Heymann* in FS Brunner, S. 473 (491).

46 *Richter/Haag* in FS Meincke, S. 299 (300).

47 *Haeusler* in Richter/Wachter, Handbuch, S. 231, Rn. 20.

des angloamerikanischen Rechts Einzug hielt.[48] Das Konzept von *dual ownership* bleibt jedoch allen Trustformen gemein und ist deshalb wesentliches Charakteristikum.

B. Begriff des Trusts

I. Begriffsbestimmung

Es ist wegen der in den verschiedenen Rechtsordnungen vorherrschenden Besonderheiten schwierig, eine allgemeingültige Definition des Trusts zu formulieren. Selbst im angloamerikanischen Rechtskreis gibt es kein einheitliches Gebilde Trust, sondern vielmehr diverse Varianten, die wiederum Besonderheiten im Trustverhältnis mit sich bringen.[49] Im Lichte dieser Feststellung wurden bereits klangvolle Vergleiche angestellt.[50] Zudem ist anzumerken, dass eine deutsche Übersetzung von Trustdefinitionen und Bezeichnungen der Trustbeteiligten aufgrund der Nähe zu *common law* und *equity* regelmäßig zu Ungenauigkeiten führt. In England als allgemein anerkannt gilt die Definition von *Underhill*, die eine weite Begriffsfassung zugrunde legt[51] und an der sich zentrale Merkmale des Trusts aufzeigen lassen:

„A trust is an equitable obligation, binding a person (the trustee) to deal with property over which he has control (the trust property), for the benefit of persons (the beneficiaries) any one of whom may enforce the obligation. Any act or neglect on the part of a trustee which is not authorized or excused by the terms of the trust instrument, or by law, is called a breach of trust. The control of the trustee, may, under the terms of a trust, be subject to fiduciary or personal powers vested in another person, who may sometimes be expressly designated as protector.“

(„Ein Trust ist eine Verpflichtung nach Billigkeitsrecht, welche eine Person (den trustee) dazu verpflichtet, Eigentum, über welches ihr die Kontrolle zusteht (trust property), zu verwalten und zwar zum Vorteil von Personen (den beneficiaries),

---

48 *Verstl*, Internationaler Trust, S. 19; teilweise ergeben sich sogar Unterschiede innerhalb eines Landes wie bei den einzelnen US-Bundesstaaten.

49 *Verstl*, Internationaler Trust, S. 16; die Schwierigkeit einer Definition ist auch im angloamerikanischen Rechtskreis seit jeher anerkannt, vgl. die Nachweise bei *Wittuhn*, ZEV 2007, 419 sowie *Richter*, Rechtsfähige Stiftung, S. 151.

50 So beispielsweise *Hayton* in Hayton/Kortmann/Verhagen, Principles of European Trust Law, S. 13: „*Like an elephant, a trust is hard to describe but easy to recognize*“; „*Ähnlich einem Elefanten, ist der Trust schwer zu beschreiben, aber leicht zu erkennen*“ (Übersetzung des Verfassers).

51 *Hayton* in Hayton/Matthews/Mitchell, Law of trusts and trustees, S. 1.

von denen jede einzelne die Einhaltung dieser billigkeitsrechtlichen Verpflichtung erzwingen kann. Jedes Handeln oder Unterlassen seitens des trustee, welches nicht durch die Bestimmungen des trust instrument gedeckt ist oder im Widerspruch zu geltendem Trustrecht steht, stellt sich als breach of trust dar. Die Verwaltung durch den trustee kann nach den Bestimmungen des trust instrument einer treuhänderischen oder persönlichen Kontrolle durch eine weitere Person unterworfen sein, wobei diese Person bisweilen ausdrücklich als protector bezeichnet wird".)[52]

Auf das Wesentliche reduziert ist die Definition im Haager-Trustübereinkommen vom 1.7.1985, in welchem Statut und Anerkennung des angloamerikanischen Rechtsinstituts fixiert werden:

„Der Trust [sind] die von einer Person, dem Begründer, – durch Rechtsgeschäft unter Lebenden oder für den Todesfall – geschaffenen Rechtsbeziehungen, wenn Vermögen zugunsten eines Begünstigten oder für einen bestimmten Zweck der Aufsicht eines trustee unterstellt worden ist."[53]

Zusammenfassend kann man also von einem Trust sprechen, wenn eine natürliche oder juristische Person (*settlor*) Vermögenswerte (*trust property*) einer weiteren Person (*trustee*) zuwendet. Der *trustee* hat fortan die Pflicht, selbige Vermögenswerte nach den vom *settlor* aufgestellten Bedingungen zum Vorteil eines oder mehrerer Dritter (*beneficiaries*) nach Maßgabe der schriftlich fixierten Bestimmungen (*trust instrument*) fiduziarisch zu verwalten, wobei diese Pflicht aus Billigkeitsrecht (*equity*) herrührt. Man kann also festhalten, dass der Trust im Kern auf einem Dreipersonenverhältnis beruht und durch die Aufspaltung der Eigentumsrechte bei der Zuordnung des *trust property* charakterisiert wird.[54] Der Trust kann in gewisser Weise als institutionalisierter Vertrag zugunsten Dritter gesehen werden[55], bei dem *settlor* und *trustee* einen Vertrag zugunsten der *beneficiaries* abschließen. Gleichwohl wird bei *Underhill* zusätzlich eine mögliche vierte Person erwähnt, die zur Überwachung der dem *trustee* obliegenden Vermögensverwaltung herangezogen werden kann: der *protector*.

Die Definition nach *Underhill* bezieht sich sowohl auf den *private express trust* als auch auf den *constructive trust* und den *resulting trust*. Der *private express*

---

52 Übersetzung des Verfassers.

53 Offizielle Übersetzung des Art. 2 HTÜ.

54 So ist zum Beispiel ein *non charitable trust* ohne *beneficiaries* stets unwirksam wie erstmals 1805 festgestellt in Morice v. Bishop of Durham [1805] EWHC Ch J80: *„There must be somebody in whose favour the court can decree performance"*; *„Es muss jemanden geben, an den das Gericht Leistung anordnen kann"* (Übersetzung des Verfassers).

55 So erstmals *Richter*, Rechtsfähige Stiftung, S. 267; *Richter/Haag* in FS Meincke, S. 299 (300).

trust wird ungleich dem *constructive trust* und dem *resulting trust* durch zweiseitiges Rechtsgeschäft (*trust agreement)* oder im Wege einseitiger und expliziter Willenserklärung des *settlor (declaration of trust)* begründet.[56] Letztere können als sogenannte *imputed trusts* nur von Gesetzes wegen und somit auch gegen oder ohne den Willen des jeweiligen Rechtsinhabers eines Vermögens entstehen[57] und sind daher für die Vermögensnachfolgeplanung uninteressant. Sie sollen aufgrund dieser Tatsache nicht Gegenstand der vorliegenden Bearbeitung sein. Der Fokus soll vielmehr auf den *private express trusts* liegen.

Der Trust ist weder voll- noch teilrechtsfähig[58]; er existiert somit insbesondere nicht als zusätzliches Rechtssubjekt in der erwähnten Dreipersonenstruktur. Der Begriff Trust bezeichnet vielmehr das Bündel rechtlicher Beziehungen mehrerer natürlicher oder juristischer Personen zu den trustrechtlich gebundenen Vermögensgegenständen und zueinander.[59] Dennoch lässt sich im allgemeinen Sprachgebrauch eine gewisse Institutionalisierung dieser Rechtsbeziehungen feststellen. Trotz mangelnder Rechtspersönlichkeit wird – in Anlehnung an das Rechtsinstitut der Stiftung – beispielsweise davon gesprochen, dass der Trust Ausschüttungen veranlasst oder Vermögen auf den Trust übertragen wird. Genau genommen ist es aber der *trustee*, der Auszahlungen vornimmt und auf den Vermögen übertragen wird.

II. Trustbeteiligte

Wie oben dargelegt lassen sich zentrale Aspekte des Trusts an den involvierten Personen aufzeigen, so dass auch diese eine genauere Betrachtung verdienen. Eine Personenverschiedenheit der Parteien ist nicht zwingend erforderlich, insbesondere kann der *settlor* selbst zusätzlich *trustee* oder *beneficiary* sein.[60] Es ist lediglich unzulässig den *trustee* als alleinigen *beneficiary* einzusetzen.[61] Denn in diesem Fall würden der *legal title* und der *equitable title* in einer Person zusammenfallen, sodass der Trust schon nicht entstehen kann.[62]

---

56 Die *declaration of trust* ist nur möglich, wenn Personenidentität zwischen *settlor* und *trustee* besteht, vgl. *Schindhelm/Stein*, StuW 1999, 31 (33), Fn. 25 m.w.N.

57 *Moffat*, Trusts Law, S. 3 f., 22 ff.

58 *Richter* in von Campenhausen/Richter, Stiftungsrecht-Handbuch, § 39, Rn. 20; *Zondler/Zöller*, IStR 2015, 960; *Werder/Wystrcil*, BB 2015, 412 (413); vgl. zur Teilrechtsfähigkeit im deutschen Erbschaftsteuerrecht aber unter A. IV. des dritten Kapitels.

59 *Klein*, IStR 1999, 377 (378).

60 *Wittuhn*, ZEV 2007, 419; *Zondler/Zöller*, IStR 2015, 960; *Werder/Wystrcil*, BB 2015, 412 (413); *Radwan*, CCZ 2018, 67 (69); *Richter*, Rechtsfähige Stiftungen, S. 152.

61 *Schindhelm/Stein*, StuW 1999, 31 (33); *Trißler*, Familienstiftung, S. 120.

62 *Bogert*, Trusts, S. 96.

1. *Der* settlor[63]

Als *settlor* bezeichnet man diejenige natürliche oder juristische Person, die aufgrund freien Willens einen Trust errichtet. Ein *settlor* muss fähig sein, einen Trust zu errichten und den Vermögensübergang tatsächlich vollzogen haben; fähig ist der *settlor* nur, wenn er neben der vollen Geschäftsfähigkeit auch die freie Verfügungsbefugnis über das in den Trust einzubringende Vermögen innehat.[64] Nach der Bildung des Trusts hat der *settlor* seine Rolle erfüllt, wenn nicht bestimmte weitergehende Rechte aus dem *trust instrument* erwachsen. Ein solcher Vorbehalt von Rechten am Trustvermögen kann jedoch der Einordnung des Trusts als verselbständigtes Zweckvermögen entgegenstehen und zu einer steuerlichen Zurechnung des Trustvermögens beim *settlor* führen.[65] Nach erfolgreicher Übertragung des Vermögens erlangt der *trustee* das Volleigentum nach dem *common law* und ist lediglich nach den Grundsätzen der *equity* den *beneficiaries* verpflichtet.[66]

2. *Der* trustee

Der *trustee* wird vom *settlor* eingesetzt und erwirbt die eingebrachten Vermögenswerte zu Eigentum, welche fortan das Trustvermögen darstellen. Aufgrund der Tatsache, dass der Trust keine eigene Rechtspersönlichkeit hat, stellt das Trustvermögen nach dessen Übertragung ein aussonderbares Sondervermögen im Vermögen des *trustee* dar. Dieses hat der *trustee* im Interesse der *beneficiaries* nach den Vorgaben des *settlor* sowie unter Einhaltung etwaiger gesetzlicher Vorschriften zu halten, zu verwalten und zu verwenden.[67] Weiterhin hat diese Tatsache zur Folge, dass das Trustvermögen dem Zugriff der Gläubiger des *trustee* verwehrt bleibt.[68]

Zwar wird der *trustee* in der deutschsprachigen Literatur oft als Treuhänder bezeichnet. Der entscheidende Unterschied zu einem Treuhandverhältnis ist aber, dass der Treuhänder in einer fortwirkenden Rechtsbeziehung zum Treugeber steht und nur der Treugeber die übertragenen Vermögenswerte vom

---

63 In Abhängigkeit vom jeweiligen Rechtssystem auch: *grantor, donor, creator* oder *trustor*.

64 *Götzenberger* in Deininger/Götzenberger, Vermögensnachfolgeplanung, S. 53, Rn. 73.

65 *Haeusler* in Richter/Wachter, Handbuch, S. 235, Rn. 28; vgl. hierzu ausführlich in Kapitel 3 der Arbeit unter B. I. 2. b) sowie in Kapitel 4 der Arbeit unter A. II.

66 *Söffing/Kirsten*, DB 1999, 1626 (1627).

67 *Bogert*, Trusts, S. 334 ff.

68 *Siemers/Müller*, ZEV 1998, 206; *Schall/Simon* in Geimer/Schütze, EU-ErbVO (2016), Art. 1 Rn. 59.

Treuhänder zurückfordern kann.[69] Diese Situation ist mit der Rechtsbeziehung zwischen *settlor* und *trustee* in der weit überwiegenden Zahl von Trustverhältnissen nicht vergleichbar.[70] Die Truststruktur ist regelmäßig auf eine Verteilung des Vermögens an die *beneficiaries* ausgerichtet.

In den oben beschriebenen Anfängen der Herausbildung des Trusts war der *trustee* eine Privatperson, bisweilen auch ein Vertrauter der Familie des *settlor*. Heutzutage ist ein *trustee* oft keine Privatperson mehr, sondern eher ein Kreditinstitut, eine Steuerberatungsgesellschaft oder auch eine Anwaltskanzlei.[71]

3. *Die beneficiaries*

Die *beneficiaries* stellen den Kreis derjenigen dar, die letztendlich aus dem Trustvermögen profitieren; dies tun sie als Bezugs- bzw. Anfallsberechtigte. Eine Bezugsberechtigung liegt vor, wenn laufende Erträge des Trusts während des Zeitraums der Trustverwaltung an den *beneficiary* ausgeschüttet werden. Trusterträge können jedoch auch thesauriert werden und so zur Anreicherung der Vermögenssubstanz dienen. Als Anfallsberechtigten bezeichnet man einen *beneficiary*, der – meist, aber nicht zwingend nach Auflösung des Trusts – einen Anspruch auf Ausschüttung der Vermögenssubstanz des Trusts innehat. Wie die bereitgestellten Definitionen zeigen, kann ein *beneficiary* sowohl Bezugsberechtigter als auch zugleich Anfallsberechtigter desselben Trusts sein. Der *beneficiary* kann mithin entweder an den Trusterträgen und an der Vermögenssubstanz oder nur an einer von beiden Vermögenspositionen berechtigt sein.

Es ist zu wiederholen, dass die *beneficiaries* im Zuge ihrer *equitable rights* eine bedeutende Stellung innehaben, die bis zu einer dinglichen Klagemöglichkeit gegen Dritte reicht, falls es zu einer ungerechtfertigten Veräußerung des Trustvermögens durch den *trustee* kommt. Trotz dieser „eigentümergleichen" Stellung haben die *beneficiaries* grundsätzlich kein Mitspracherecht betreffend die ordnungsgemäße Verwaltung des Trustvermögens, solange diese den im *trust instrument* festgelegten Regelungen folgt.[72] Informationsrechte stehen den *beneficiaries* dennoch zu.[73]

---

69 *Haeusler* in Richter/Wachter, Handbuch, S. 235, Rn. 31; vgl. zur Abgrenzung vom Trust zur Treuhand unter V. 1. dieses Kapitels.

70 Eine derartige Situation ergäbe sich beim Trust lediglich, wenn der *settlor* selbst alleiniger *beneficiary* des Trusts wäre.

71 *Graf von Bernstorff*, RIW 2007, 641 (644); *Killius* in FS Rädler, S. 343 (344).

72 *Haeusler* in Richter/Wachter, Handbuch, S. 236 f., Rn. 36; andernfalls steht ihnen die Möglichkeit der Klage wegen *breach of trust* offen, vgl. *Kötz*, Trust und Treuhand, S. 29.

73 Vgl. zum Beispiel für die Schweiz *Grisel*, SZW/RSDA 5/2012, 425 (427 f.).

4. *Der protector*

Mit dem *protector* beginnt der erweiterte Teil der Trustbeteiligten, der über das notwendige Dreipersonenverhältnis hinausgeht. Oft wird dem *trustee* in Form des *protector* eine Person zur Seite gestellt, die ihn berät und kontrolliert.[74] Im Zuge dieser Beratung vertritt der *protector* in gewissem Maße die Interessen der *beneficiaries*.[75] In dieser Funktion ist er jedoch zugleich den Wünschen und Vorstellungen des *settlor* verpflichtet, welche dieser im Rahmen der Trustbildung in der Regel schriftlich fixiert hat.[76] Der *protector* ist daher in bestimmten Situationen sowohl Repräsentant der Interessen der *beneficiaries* als auch der ursprünglichen Vorstellungen des *settlor*, wobei diese durchaus kollidieren können.[77] Die Bandbreite seiner Befugnisse reicht von der Beratung des *trustee* bei gewissen Entscheidungsfindungen bis zu Vetorechten betreffend Investitionen, Ausschüttungen an *beneficiaries* oder bei Benennung nachfolgender bzw. Ausschluss benannter *beneficiaries*.[78] Handlungen, welche der *trustee* in Einverständnis mit dem *protector* zu treffen hat, können entweder im *trust instrument* selbst oder in einem eigenen *protector instrument* vereinbart werden.[79]

Darf der *protector* den *trustee* ersetzen oder mittels Weisungsrechten gravierend in die Verwaltung des Trustvermögens eingreifen, kann er als tatsächlicher *trustee* eingestuft werden.[80] So wird dem *protector* bisweilen das Recht eingeräumt, den *trustee* abzusetzen und einen neuen Verwalter über das Vermögen zu bestimmen.[81] In diesem Kontext ist strittig und bis jetzt nicht abschließend geklärt, ob die Befugnisse des *protector* als treuhänderisch einzustufen sind und dieser folglich als eine Art *co-trustee* anzusehen ist, oder nicht.[82] Wie so oft im Trustrecht, wird es auch hier auf die konkrete Ausgestaltung dieser im Grundsatz sehr flexiblen Rolle ankommen.

Aufgrund der Tatsache, dass die Rolle des *trustee* heutzutage von professionellen Unternehmen ausgefüllt wird, wird die Rolle des *protector* oft von einem

---

74 *Trißler*, Familienstiftung, S. 58; *Werder/Wystrcil*, BB 2015, 412 (413).

75 *Penner*, Law of Trusts, S. 57.

76 Eine Einflussnahme auf den *protector* nach diesem Zeitpunkt wäre insbesondere hinsichtlich der steuerlichen Zurechnung des Trustvermögens problematisch.

77 *Alexander*, Cardoza Law Review Vol. 27:6 2006, 2807 (2808 f.).

78 *Haeusler* in Richter/Wachter, Handbuch, S. 237, Rn. 38.

79 *Götzenberger* in Deininger/Götzenberger, Vermögensnachfolgeplanung, S. 55, Rn. 78.

80 *Haeusler* in Richter/Wachter, Handbuch, S. 237, Rn. 38.

81 *Wirth*, Einsatzmöglichkeiten, S. 14.

82 *Ausness*, Law Faculty Publications UKnowledge 2010, 320 (338 f.).

Vertrauten der Familie (zum Beispiel dem Familienanwalt) bekleidet, um ein persönliches Bindeglied zum professionellen *trustee* zu erhalten.

5. Der appointor

Dem *settlor* steht es frei, zusätzlich einen *appointor* zu ernennen. Dieser ist befähigt, die Nominierung eines späteren *trustee* oder *protector* vorzunehmen, falls aufgrund von Tod, Handlungsunfähigkeit oder Mandatsniederlegung der vorherige *trustee* oder *protector* ausscheidet.[83] Der *appointor* ist somit ein weiterer Schutzmechanismus, um die Perpetuierung der Intentionen des *settlor* sicherzustellen. Auch er gehört zum erweiterten Kreis der Trustbeteiligten und ist keine notwendige Partei.

C. Rechtliche Charakteristika

I. Errichtungserklärung

Der *private express trust*[84] wird durch Vertrag oder im Wege einer ausdrücklichen einseitigen Willenserklärung des rechtsfähigen *settlor* gebildet.[85] Der *settlor* muss als Eigentümer einen Vermögensgegenstand auf den *trustee* mit der Maßgabe übertragen, dass dieser das Vermögen zugunsten der näher zu bezeichnenden *beneficiaries* innehaben und verwalten soll.[86] Grundsätzlich bestehen hinsichtlich der Begründung des Trusts zu Lebzeiten keine Formvorschriften, so dass ein Trust auch mündlich oder durch konkludente Handlung zu Stande kommen kann.[87] Gleichwohl ist eine Dokumentation insbesondere zu Beweiszwecken üblich. Inhaltlich hat die Bildungserklärung drei Mindestanforderungen zu erfüllen, die sogenannten *three certainties.*

1. Certainty of Intention

Der *settlor* muss den festen Willen haben, tatsächlich einen Trust zu errichten.[88] Dafür muss unmissverständlich zum Ausdruck gebracht werden, dass der

---

83 Wie oben erwähnt kann in Bezug auf den *trustee* bereits der *protector* diese Rolle ausfüllen.

84 Zur Unterscheidung von den gesetzlich begründeten Trusts vergleiche bereits unter B. I. dieses Kapitels.

85 *Biedermann,* Treuhänderschaft, S. 32; die sogenannte *intention to create a trust.*

86 *Kötz,* Trust und Treuhand, S. 26.

87 *Becker,* Fiducie, S. 48; *Moffat,* Trusts Law, S. 160.

88 *Graf von Bernstorff,* RIW 2007, 641 (644); *Schurr,* ZStV 2017, 12 (15).

trustee als Vermögensempfänger die Verpflichtung hat, das übertragene Vermögen zugunsten einer dritten Person innezuhaben. Nicht ausreichend hingegen ist die Abgabe einer Empfehlung oder das Äußern einer Hoffnung, dass der Vermögensempfänger das Gut zum Vorteil einer dritten Person halten möge.[89] Unklarheiten hinsichtlich der Intention des *settlor* und der daraus folgenden Obligationen lassen sich durch deren schriftliche Fixierung im *trust instrument* in der Regel vermeiden.[90]

2. *Certainty of Object*

Weiterhin müssen sich die als Trustgut vorgesehenen Vermögensgegenstände klar identifizieren lassen[91], das heißt bestimmt oder zumindest bestimmbar sein. Denn andernfalls ließen sich die Ansprüche der *beneficiaries* nicht präzise feststellen und gerichtlich durchsetzen. Das zu widmende Vermögen und die daran anknüpfenden Vermögensrechte müssen sich zu jedem Zeitpunkt genau bestimmen lassen, da ansonsten ihre Einstufung als aussonderbares Zweckvermögen im Vermögen des *trustee* gefährdet ist.[92] Im Allgemeinen besteht keine Beschränkung hinsichtlich der Art der Vermögensgegenstände, die in das Trustvermögen überführt werden können. So können von bedingten und unbedingten Ansprüchen über das Eigentum an beweglichem und unbeweglichem Vermögen sogar Immaterialgüter wie Patente oder ähnliches eingebracht werden.[93] Einzige Grundvoraussetzung ist, dass die entsprechenden Vermögenswerte bereits existieren, so dass zukünftiges Eigentum und bloße Expektanzen ausscheiden müssen und eine Einbringung dahingehend unwirksam ist.[94] Auch hier ist es ratsam, das betreffende Trustgut im *trust instrument* genau zu beschreiben, um Unklarheiten vorzubeugen.

3. *Certainty of Subject*

Zuletzt müssen sich die *beneficiaries* als einzelne Personen und der Inhalt ihrer Berechtigung aus der Erklärung deutlich entnehmen lassen.[95] Denn nur so kann

---

89 *Sieker*, US-Trust, S. 33.

90 *Moffat*, Trusts Law, S. 160.

91 *Trißler*, Familienstiftung, S. 58; *Moosmann*, Angelsächsischer Trust, S. 95 ff.; *Schurr*, ZStV 2017, 12 (15).

92 *Haeusler* in Richter/Wachter, Handbuch, S. 240, Rn. 54.

93 *Moffat*, Trusts Law, S. 177.

94 Ebenda.

95 *Graf von Bernstorff*, RIW 2007, 641 (644); *Schurr*, ZStV 2017, 12 (15).

ein Gericht im Streitfall beurteilen, ob Personen, die Ansprüche geltend machen oder tatsächlich Ausschüttungen vom *trustee* erhalten haben, in der Tat auch vom *settlor* bedacht wurden.[96] Dies setzt erneut zumindest eine Bestimmbarkeit voraus. Eine namentliche Bezeichnung des Begünstigten ist nicht unbedingt nötig; ebenso kann die Angabe eines Personenkreises genügen.[97] Weiterhin genügt es, wenn sich die Person in dem Zeitpunkt bestimmen lässt, in dem ihr die Berechtigung zu Gute kommt.[98] Daher können auch der *nasciturus* sowie der *nondum conceptus* als *beneficiaries* eingesetzt werden.[99] Da der Trust ein zweckgebundenes Sondervermögen ist, welches zum Vorteil der *beneficiaries* verwaltet werden soll, empfiehlt es sich bei der Umschreibung der *beneficiaries* große Sorgfalt walten zu lassen.[100] Im schlimmsten Fall würde der Trust als zweckgebundenes Sondervermögen nicht entstehen.

II. Übertragung des Vermögens

Zusätzlich ist es notwendig, dass die gewidmeten Vermögenswerte vom *settlor* auf den *trustee* übertragen werden.[101] Aufgrund der Tatsache, dass das Trustvermögen notwendiger Teil des Trusts ist, entsteht dieser auch erst mit Übertragung des Vermögens auf den *trustee*.[102] Prinzipiell ist zwischen der soeben behandelten Wirksamkeit der Bildungserklärung und der Übertragung des Vermögens zu differenzieren. Betreffend die Frage, ob Vermögensgegenstände wirksam übereignet werden konnten, ist die Rechtsordnung des Landes einschlägig, in dem sich der entsprechende Vermögensgegenstand befindet. Aufgrund des numerus clausus der Sachenrechte ist beispielsweise eine Übertragung von Gegenständen, auf die das deutsche Recht anwendbar ist, nicht ohne weiteres möglich.[103] Aus der Übertragungspflicht lässt sich folgern, dass höchstpersönliche Rechte oder

---

96 *Biedermann*, Treuhänderschaft, S. 444 f.

97 Zum Beispiel „*alle Kinder des A sowie deren Nachkommen*".

98 *Sieker*, US-Trust, S. 33; die Feststellung erfolgt dann durch den sog. *individual ascertainbility test*; nicht erforderlich ist die Feststellungmöglichkeit zum Zeitpunkt der Gründung (*class ascertainbility test*).

99 *Daragan*, ZEV 2007, 204 (205).

100 *Haeusler* in Richter/Wachter, Handbuch, S. 241, Rn. 59.

101 *Biedermann*, Treuhänderschaft, S. 423.

102 *Haeusler* in Richter/Wachter, Handbuch, S. 241, Rn. 54; dennoch sind die Errichtungserklärung und die dingliche Einbringung von Vermögenswerten strikt zu trennen, vgl. *Wienbracke*, ZEV 2007, 413 (414 f.).

103 *Siemers/Müller*, ZEV 1998, 206 (208); *Birnbaum/Lohbeck/Pöllath*, FR 2007, 479 (481); *Zondler/Zöller*, IStR 2015, 960; vgl. hierzu noch unter D. II. 1. dieses Kapitels.

Ansprüche nicht in den Trust eingebracht werden können; zudem wird klar, dass der *settlor* selbst Eigentümer der Gegenstände oder zumindest zu deren Übereignung berechtigt sein muss.[104] Zur Organisation der Vermögensnachfolge erfolgt die Übertragung grundsätzlich unentgeltlich als Schenkung unter Lebenden oder als testamentarische Verfügung von Todes wegen.[105]

III. Dauer der Trustkonstruktion

Schon der historische Ursprung des Trusts zur Zeit der Kreuzzüge lässt darauf schließen, dass das Trustkonstrukt nur für eine bestimmte Zeit erhalten werden sollte. Das englische Trustrecht sieht keine überlange oder gar ewige Bindung des Vermögens – wie sie etwa mit dem Rechtsinstitut der Stiftung erreicht werden kann – vor, sodass Trusts nicht auf unbegrenzte Zeit errichtet werden können. Die Regelungen betreffend die Dauer unterscheiden sich innerhalb der *common law* Rechtsordnungen zwar beträchtlich.[106] Dennoch lässt sich die Gestaltungsdauer im englischen Recht vereinfacht darstellen: Als Grenze gilt die Lebensdauer des letzten im Zeitpunkt der Bildung lebenden *beneficiary* zuzüglich 21 Jahren.[107] Innerhalb dieser Zeitspanne muss sich das abstrakte *contingency interest* der *beneficiaries*, das mit deren Nennung im *trust instrument* entsteht, in ein *vested interest*, also ein konkretes Anrecht auf Ausschüttungen aus dem Trust, umwandeln.[108] Indessen haben sich andere Trustjurisdiktionen auf eine feste Jahresanzahl festgelegt.[109] Die Laufzeit eines Trusts ist im Kern von drei verschieden Regeln abhängig: der *rule against perpetuities*, der *rule against inalienability* und der *rule against accumulations*.[110]

1. *Rule against Perpetuities*

Die *rule against perpetuities*[111] befasst sich mit der möglichen Dauer eines Zustandes der Vermögensbindung. Durch sie soll der Situation entgangen werden, dass

---

104 *Sieker*, US-Trust, S. 36.

105 *Verstl*, Internationaler Trust, S. 32; vgl. für Deutschland ausführlich im dritten Kapitel dieses Hauptteils.

106 *Birnbaum/Lohbeck/Pöllath*, FR 2007, 479 (480).

107 *Schindhelm/Stein*, StuW 1999, 31 (34).

108 *Götzenberger* in Deininger/Götzenberger, Vermögensnachfolgeplanung, S. 60, Rn. 91.

109 So sehen beispielsweise Bermuda, Guernsey oder Jersey eine Laufzeit von 100 Jahren vor.

110 *Moffat*, Trusts Law, S. 318 ff.

111 *Richter*, Rechtsfähige Stiftung, S. 153; die *rule* existiert bereits seit Mitte des 17. Jahrhunderts und wurde seitdem vielfach bestätigt, zuletzt in *Cadell v. Palmer (1833)*.

der *legal title* und der *equitable title* auf Ewigkeit auseinanderfallen.[112] Um zu verhindern, dass Nutzungsrecht und Verfügungsbefugnis dauerhaft uneins bleiben, wurde der Terminus der *perpetuity period* entwickelt, nach deren Ablauf das Trustvermögen einem oder mehreren *beneficiaries* absolut zugeteilt werden muss.[113] Genau genommen wird also keine Begrenzung der Maximaldauer des Trusts fixiert; denn die Regel legt bloß eine Zeitspanne für die Zuteilung an die *beneficiaries* fest, nach deren Ablauf der Trust gleichwohl aufzulösen ist.[114] Die *perpetuity period* kann auf drei verschiedene Weisen berechnet werden, wobei der *Perpetuities and Accumulation Act* aus dem Jahre 1964 im Wege des *wait and see*-Grundsatzes zu Einschränkungen der starren Regel im Falle von unbilligen Ergebnissen geführt hat.[115]

2. *Rule against Inalienability*

Ähnlich wie bei der *rule against perpetuities* ist auch bei der *rule against inalienability* ein Hauptmotiv die ökonomische Erwägung, Vermögenswerte der volkswirtschaftlichen Fluktuation nicht dauerhaft vorzuenthalten.[116] Durch sie soll sichergestellt werden, dass Bestimmungen in einem *trust instrument* unwirksam sind, welche Begünstigte mit einem gesicherten *vested interest* in ihrer Verfügungsbefugnis beschränken.[117] So soll der Unveräußerbarkeit der Rechte der *beneficiaries* entgegen gewirkt werden. Die Regel betrifft in Abgrenzung zur *rule against perpetuities* nicht die Vermögensübertragung im Allgemeinen, sondern ist vielmehr speziell auf die Rechte der *beneficiaries* gemünzt; gleichwohl folgt sie derselben Frist wie die *rule against perpetuities.*[118]

3. *Rule against Accumulations*

Auch für die Thesaurierung von Erträgen aus dem Trust wird ein zeitliches Limit gesetzt. Ein zu Lebzeiten errichteter Trust darf nach Einführung des *Perpetuities and Accumulation Act* von 1964 seine Erträge nur bis maximal 21 Jahre nach dem Tod des *settlor* thesaurieren, das heißt diese zur Anreicherung der Vermögenssubstanz einzubehalten, ohne Ertragsausschüttungen an die *beneficiaries*

---

112 *Graf von Bernstorff*, RIW 2007, 641 (643).
113 Ebenda.
114 *Haeusler* in Richter/Wachter, Handbuch, S. 245, Rn. 84.
115 Zu den Einzelheiten der Berechnung vgl. *Trißler*, Familienstiftung, S. 125.
116 *Trißler*, Familienstiftung, S. 126.
117 *Götzenberger* in Deininger/Götzenberger, Vermögensnachfolgeplanung, S. 60, Rn. 91.
118 *Trißler*, Familienstiftung, S. 126.

vorzunehmen.[119] Jede dem Akkumulationsverbot entgegenstehende Anweisung im *trust instrument* ist nichtig. Entsprechende Trusterträge sind an die *beneficiaries* auszuzahlen, die ohne Existenz der nichtigen Klausel eine Berechtigung innehätten.[120]

4. *Saunders v. Vautier*

Eine Auflösung des Trusts ist in gewissem Umfang auch den *beneficiaries* möglich. Nach der *Saunders v. Vautier*-Regel[121] kann ein *beneficiary* jederzeit die Übertragung des Trustvermögens verlangen, wenn er die Rechtsfähigkeit besitzt sowie seine Berechtigung bedingungslos gewährt (*absolutely entitled)* ist.[122] Ist er einziger *beneficiary*, wird im Zuge seiner Forderung auch die Auflösung des Trusts stattfinden.[123] Im Gegensatz zur Feststellung der Rechtsfähigkeit gestaltet sich die Prüfung des Vorliegens eines *absolute entitlement* des Begünstigten bisweilen schwierig. Gibt es nur einen *beneficiary*, ist dies erfüllt, wenn sein *equitable right* ein *vested interest*[124] ist; gibt es mehrere *beneficiaries* müssen diese alle *absolutely entitled* sein, unabhängig von ihrer zeitlichen Begünstigung im *trust instrument*.[125] Im letzteren Falle muss die Auflösung des Trusts einstimmig erfolgen, da dem Willen des *settlor* ähnlich wie dem Willen eines Testamentserrichters im Rahmen der Nachfolgeplanung ein hoher Stellenwert eingeräumt wird, den die *beneficiaries* höchstens als Einheit überwiegen können.[126] Der *trustee* ist nach Auflösung dazu verpflichtet, die entsprechenden Vermögenswerte zu Eigentum an die *beneficiaries* zu übertragen.

5. *Widerruf und Auflösung*

Für den *settlor* besteht die Möglichkeit, sich ein Widerrufsrecht vorzubehalten, wenn er einen Trust zu Lebzeiten errichtet.[127] Ist ein solches Recht im *trust*

---

119 *Götzenberger* in Deininger/Götzenberger, Vermögensnachfolgeplanung, S. 60, Rn. 91.

120 *Trißler*, Familienstiftung, S. 126.

121 Diese wurde in der Rechtssache *Saunders v Vautier* (1841) 10 LJ Ch 354 eruiert.

122 *Haeusler* in Richter/Wachter, Handbuch, S. 246, Rn. 90; *Penner*, Law of Trusts, S. 61 f.

123 *Penner*, Law of Trusts, S. 61.

124 Zum Begriffspaar *vested interest* und *contingency interest* vgl. bereits oben unter C. III. dieses Kapitels.

125 *Haeusler* in Richter/Wachter, Handbuch, S. 247, Rn. 91; Probleme ergeben sich aufgrund dessen vor allem beim *discretionary trust*.

126 Ebenda.

127 Dann handelt es sich um einen *revocable inter vivos trust*; näheres zur Einstufung des Trusts sogleich unter C. IV. dieses Kapitels.

instrument fixiert, kann der *settlor* innerhalb der *perpetuity period* durch einseitige Willenserklärung gegenüber dem *trustee* die Auflösung des Trusts verlangen.[128] Der *trustee* hat gewöhnlich die Möglichkeit, den Trust während der *perpetuity period* durch einen entsprechenden Beschluss zu beenden, wenn ihm dies im *trust instument* gestattet wird. Ein solcher Beschluss ergeht auch, wenn der Trust aufgrund fehlenden Trustvermögens, also nach der letzten Substanzausschüttung, als beendet zu erklären ist.[129] Die Notwendigkeit eines solchen Beschlusses folgt bereits aus der Tatsache, dass ein Trust definitionsgemäß ein Trustvermögen benötigt. Weiterhin steht dem *settlor* unter Umständen die Möglichkeit offen, als einziger *beneficiary* den *trustee* um eine Ausschüttung sämtlicher Vermögenswerte zu ersuchen, und so im Falle der Zustimmung auch bei einem unwiderruflichen Trust die Auflösung desselben zu erreichen.

Neben den Fällen, in denen die gerichtliche Auflösung durch die *beneficiaries* gefordert wird, kann auch der *trustee* eine Beendigung durch ein Gericht verlangen, beispielsweise wenn der Zweck des Trusts nicht mehr erreichbar ist, bereits erreicht ist oder bei Vorliegen unüberwindbarer Differenzen zwischen mehreren *trustees* oder dieser mit den *beneficiaries*.[130] Im Falle der Nutzung des Trust als Scheingebilde und Umgehungstatbestand (sog. *sham trust*[131]) kann auch ein Dritter die Aufhebung des Trusts verlangen.

IV. Häufige Gestaltungsvarianten

Es gilt festzustellen, dass es „den" Trust nicht gibt. Vielmehr besteht eine nahezu unermessliche Fülle von Gestaltungs- und Einsatzmöglichkeiten, so dass der *settlor* den Trust passgenau auf seine Vorstellungen zuschneiden kann, solange dies nicht durch das jeweilige staatliche Trust-Recht verwehrt bleibt. Trotz dieser Mannigfaltigkeit soll sich auf die grundlegenden Gestaltungsvarianten des *private express trust*[132] fokussiert werden, da diese mit der größten steuerrechtlichen Relevanz aufwarten. Die nachfolgend dargestellten Klassifizierungen werden sowohl bei der steuerlichen Erfassung des Trusts durch das Erbschaft- und

---

128 *Haeusler* in Richter/Wachter, Handbuch, S. 246, Rn. 86.

129 *Haeusler* in Richter/Wachter, Handbuch, S. 246, Rn. 90.

130 *Grouf/Gelb* in Vogt, Disputes involving Trusts, S. 162 f.

131 Die weitverbreitetste Definition ist die von Diplock L.J. in *Snook v. Londomnand West Riding Investments Limited [1967] 2 Q 786 at 802*; zu den Einzelheiten des *sham trust* vgl. *Duckworth* in Vogt, Disputes involving Trusts, S. 91 ff.

132 *Moffat*, Trusts Law, S. 3 f., 22 ff.; *Schall/Simon* in Geimer/Schütze, EU-ErbVO (2016), Art. 1 EU-ErbVO, Rn. 60.

Schenkungsteuerrecht als auch durch das Ertragsteuerecht von Gewicht sein. Eine Klassifizierung des Trusts kann nach seiner Entstehungsweise bzw. der Rechtsstellung des *settlor*, des *trustee* oder der *beneficiaries* erfolgen.

1. Klassifizierung nach Entstehungsweise

Zunächst lässt sich ein Trust nach seiner Entstehungsweise klassifizieren. So kann der Trust im Wege des Rechtsgeschäfts einerseits durch Verfügung von Todes wegen entstehen; dann handelt es sich um einen *testamentary trust*. Möglich ist andererseits eine Bildung durch Vertrag bzw. Verfügung[133] unter Lebenden, wobei solche Trusts als *inter vivos trust* oder *living trust* bezeichnet werden.[134] Während die Bildung eines *inter vivos trust* für sich genommen keinen Formerfordernissen unterliegt, müssen beim *testamentary trust* stets die erbrechtlichen Formvorschriften der jeweiligen Rechtsordnung beachtet werden.[135] Die dargelegte Unterscheidung ist neben ihrer steuerlichen Auswirkung[136] insbesondere bei der Einordnung des Trusts im Rahmen des internationalen Privatrechts[137] von Interesse.

2. Klassifizierung nach Rechtsstellung des settlor

Inter vivos trusts können auch nach der Rechtstellung ihres *settlor* kategorisiert werden. Zu unterscheiden ist, ob der *settlor* sich bei der Bildung ein Widerrufsrecht bezüglich des *legal title* am Trustvermögen vorbehält (dann handelt es sich um einen *revocable trust*) oder dies nicht der Fall ist (*irrevocable trust*).[138] Im Rahmen eines solche Widerrufsrechts ist der *settlor* im Stande, die Vermögensübertragung auf den Trust ganz oder teilweise zu widerrufen. Daneben können weitergehende Vermögens- oder Verwaltungsrechte bestehen, so dass der *settlor* die Bestimmungen des *trust instrument* ändern kann oder *trustees* abzuberufen vermag.[139] Mit dem Tod des *settlor* geht auch sein Widerrufsrecht unter.[140] Die

---

133 Sind *settlor* und *trustee* dieselbe Person wird der Trust durch nach außen hin erkennbare Willenskundgebung (*declaration of trust*) errichtet, vgl. *Bogert*, Trusts, S. 22 ff.

134 *Kötz,* Trust und Treuhand, S. 27.

135 *Cutbill/Sturm* in Richter/Wachter, Handbuch, S. 833 f., Rn. 17 ff.

136 Im Rahmen der Bestimmung des Steuerschuldners nach § 20 Abs. 1 ErbStG, vgl. unter D. I. des dritten Kapitels.

137 Vgl. dazu unter D. II. dieses Kapitels.

138 *Bredow/Reich,* WiB 1995, 775 (776).

139 *Schindhelm/Stein,* StuW 1999, 31 (34); *Götz,* ZEV 2017, 371.

140 *Remde,* Vermögensverselbständigung, S. 71 f.; *Amonn*, ASA Archives 76, Nr. 8, 2007/08, 493 (494); *Mutter,* DStR 2004, 893 (895).

Unterscheidung ist vor allem für die steuerrechtliche Zuordnung der Vermögenswerte entscheidend, kann aber auch bei der Eigentumszuordnung im Rahmen der Vollstreckung in das Vermögen des *settlor* relevant werden.

Der *grantors trust* ist eine Form des *inter vivos trust*, bei dem der *settlor* zugleich alleiniger *beneficiary* bezüglich sämtlicher Ertragsausschüttungen und allfälliger Substanzausschüttungen aus dem Trust ist.[141] Bei dieser Trustart besteht somit Personenidentität zwischen *settlor* und *beneficiary*, sodass von dem klassischen Dreipersonenverhältnis in der Weise abgewichen wird, dass eine Person zwei Funktionen gleichzeitig übernimmt.

3. *Klassifizierung nach Rechtsstellung des* trustee *und der* beneficiaries

Abschließend kann der Trust auch anhand der Rechtsstellung des *trustee* bzw. der *beneficiaries* eingeordnet werden. Ein *fixed interest trust* oder *strict trust* liegt vor, wenn die *beneficiaries* Ausschüttungen von Erträgen des Trusts in nach im *trust instrument* festgesetzter Höhe, Form und zu vereinbarten Zeitpunkten erhalten; dem *trustee* steht dann bezüglich keinem dieser Punkte ein Ermessen zu, er ist strikt an diese Anweisungen des *settlor* im *trust instrument* gebunden.[142] Dies hat zur Folge, dass die *beneficiaries* feststehende Ansprüche gegen den *trustee* haben, die sich notfalls gerichtlich durchsetzen lassen.[143]

Charakteristikum des *discretionary trust* ist hingegen ein Ermessensspielraum des *trustee* betreffend die Trustausschüttungen. Er bestimmt den Zeitpunkt, die Höhe und den Empfänger der Auszahlungen. Der *trustee* hat sogar die Möglichkeit, den Begünstigtenkreis zu erweitern und einzuschränken, wobei sich auch hier die Ermessensausübung stets nach den Wünschen des *settlor* zu richten hat. Der Wille des *settlor* wird sich im *trust instrument* – wenngleich auch deutlich abstrakter als beim *fixed interest trust* – oder im *letter of wishes*[144] finden. Beim *discretionary trust* haben die *beneficiaries* lediglich einen Anspruch auf Ermessensausübung seitens des *trustee* inne. Sie können in Folge dieser

---

141 *Göckeler* in Flick/Piltz, Internationaler Erbfall, Rn. 1097; FG Baden-Württemberg 15.7.2010 – 7 K 37/07, DStRE 2011, 1139; der *grantors trust* dient letztlich der Separierung des Vermögens des *settlor* von diesem selbst, ohne den vollständigen Verlust der Einflussmöglichkeiten herbeizuführen.

142 *Götzenberger* in Deininger/Götzenberger, Vermögensnachfolgeplanung, S. 58, Rn. 87; *Falter/Gecks*, NZG 2017, 1251.

143 *Amonn*, ASA Archives 76, Nr. 8, 2007/08, 493 (498).

144 Siehe zu diesem Trustdokument sogleich unter E. dieses Kapitels.

Ermessensausübung allerdings auch nichts erhalten.[145] Der dem *trustee* gewährte Ermessenspielraum kann ein breites Spektrum aufweisen: So ist ein völlig freies Ermessen bezüglich Zeitpunkt, Höhe und Empfänger der Ausschüttung denkbar.[146] Aber auch, wenn die *beneficiaries* und ihre Anteile am Trustvermögen im Wesentlichen feststehen und es nur um den Zeitpunkt der Ausschüttungen geht, verbleibt ein geringer Ermessensspielraum auf Seiten des *trustee*.[147] Oft werden hier marktwirtschaftliche Überlegungen des *trustee* über Ausschüttung oder Thesaurierung der Trusterträge entscheiden, wenn die Anstellung solcher denn vom *settlor* gewünscht wurde. *Daragan* merkt mit Recht an, dass die dem Trust grundsätzlich inhärente Aufspaltung des Eigentums bei einem *discretionary trust* erst mit der Ausübung des Ermessens durch den *trustee* zugunsten der *beneficiaries* eintritt. Denn vor einer derartigen Ermessensausübung haben die *beneficiaries* gar keine Rechte am Trustvermögen.[148]

Aufgrund der Vielfalt der Trustgestaltungen müssen nicht alle Trusts der Vermögensnachfolgeplanung dienen. So werden die Erscheinungsformen des *business trust* sowie des *commercial trust* in einigen angelsächsischen Ländern als Rechtsform für unternehmerische Aktivitäten benutzt.[149] Derartige Trusts entziehen sich den klassischen Gestaltungsvarianten, weshalb auf sie an späterer Stelle zurückzukommen sein wird.

V. Abgrenzung zu anderen Rechtsinstituten

Obwohl der Trust als Rechtsinstitut des *common law* dem Zivilrecht Kontinentaleuropas tendenziell fremd ist, lassen sich dennoch Überschneidungen und Ähnlichkeiten mit dem deutschen Recht bekannten Rechtsinstituten feststellen. Das Rechtsinstitut der Treuhand und das der Stiftung bürgerlichen Rechts sowie das der unselbständigen Stiftung sollen im Folgenden von Trustgestaltungen abgegrenzt werden.

---

145 *Schindhelm/Stein*, StuW 1999, 31 (34), vgl. dort auch die Ausführungen zum *limited interest* bzw. *interest in remainder* der *beneficiaries*.

146 Vgl. zu diesem Fall den Sachverhalt von BFH 20.12.1957 – III 250/56 U, BStBl. III 1958, 79 ff.

147 Vgl. zu diesem Fall den Sachverhalt von BFH 20.7.1971 – VIII 24/65, BStBl. II 1972, 170 ff.

148 *Daragan*, ZEV 2007, 204 (207).

149 Vgl. *Honiball/Olivier*, Taxation, S. 309 ff.; *Honore/Cameron*, Law of Trusts, S. 74; *Rönck*, IStR 1997, 122 (126 f.); *Haeusler* in Richter/Wachter, Handbuch, S. 229 (252).

1. Abgrenzung zum Treuhandverhältnis

Ein Treuhandverhältnis definiert sich als Rechtsverhältnis, bei dem der Treugeber dem Treunehmer (Treuhänder) mit Wirkung nach außen eine Rechtsstellung einräumt, von der dieser im Innenverhältnis zum Treugeber nur eingeschränkt Gebrauch machen darf, so dass rechtliches Können und rechtliches Dürfen in der Person des Treuhänders auseinanderfallen.[150] Die Erscheinungsformen sind vielfältig, einen einheitlichen Typus von Treuhandschaft gibt es nicht. Gemeinsames Charakteristikum ist die Uneigennützigkeit und Vertrauenswürdigkeit bei der Wahrnehmung fremder Interessen bzw. die uneigennützige Ausübung von amtlichen Befugnissen.[151] Auch wenn das Bürgerliche Gesetzbuch den Treuhandvertrag nicht explizit aufführt, ist doch in der Geschäftsbesorgung nach § 675 Abs. 1 BGB eine treuhandrechtliche Generalnorm zu erblicken.[152] Der Begriff Treuhandvertrag umfasst im weiteren Sinne sämtliche vertraglichen Treuhandverhältnisse, den Geschäftsbesorgungsvertrag gemäß § 675 Abs. 1 BGB, sowie speziell geregelte Treuhandverträge. Als Treuhandverhältnisse werden wiederum sowohl vertragliche Treuhandbeziehungen als auch solche bezeichnet, die kraft Gesetzes oder durch gerichtliche Entscheidung zustande kommen.[153] Es soll sich wie auch bei der Darstellung des Trusts auf die gewillkürten Treuhandbeziehungen fokussiert werden.

Zwar lassen sich auf den ersten Blick elementare Gemeinsamkeiten hinsichtlich der grundlegenden Treue- und Fürsorgepflicht des Treuhänders und des *trustee* erkennen. Diese ist jeweils altruistisch ausgestaltet, so dass eigene Interessen des Treuhänders bzw. *trustee* vollständig hinter die von Treugeber bzw. *settlor* zurücktreten.[154] Doch bereits bei der gewillkürten Entstehung der beiden Rechtsinstitute macht sich bemerkbar, dass der Trust auf einer einseitigen Willenserklärung des *settlor* beruhen kann[155], während das Treuhandverhältnis stets auf einem Vertrag zwischen Treuhänder und Treugeber fußt.[156] Die Begründung

---

150 *Ratschow* in Klein, AO (2016), § 39 AO, Rn. 62; *Schäfer* in MüKo-BGB (2017), § 705 BGB, Rn. 84.

151 *Schubert* in MüKo-BGB (2018), § 164 BGB, Rn. 51, 56 f.

152 So *Löhnig*, Treuhand, S. 135; a. A. bei *Coing*, Treuhand, S. 13 ff. sowie *Grundmann*, Treuhandvertrag, S. 28.

153 *Löhnig*, Treuhand, S. 135 f.

154 *Grundmann*, American Journal of Comparative Law, Vol. 47, 1999, 401 (428).

155 *Schindhelm/Stein*, StuW 1999, 31 (33), Fn. 25 m.w.N.

156 *Graf von Bernstorff*, RIW 2007, 641 (643).

eines Treuhandverhältnisses durch einseitiges Rechtsgeschäft ist nach deutschem Recht im Sinne von § 311 Abs. 1 BGB nicht möglich.[157]

Der Trust ist in seiner Grundstruktur ein Dreipersonenverhältnis mit den Beteiligten *settlor, trustee* und *beneficiary.* Die Treuhand wartet hingegen grundsätzlich[158] nur mit einer Zweipersonenstruktur auf. Unterschiedlich ist es zudem zu beurteilen, dass der Vermögensgeber bei der Treuhand in seiner Position als Treugeber letztlich selbst von der fremden Verwaltung profitiert. Der *settlor* beim Trust profitiert in dieser Rolle hingegen niemals, sondern kann dies lediglich in der Rolle des *beneficiary* erreichen.

Ist der *settlor* allerdings zugleich alleiniger *beneficiary* hinsichtlich sämtlicher Ertrags- und Substanzausschüttungen des Trusts, liegt ein *grantors trust* vor.[159] Hier profitiert der *settlor* letztlich als einzige Partei von der Vermögensverwaltung durch den Trust, wenn auch in anderer Rolle. Dem *grantors trust* liegt eine Zweipersonenstruktur zugrunde, die typischerweise ein Treuhandverhältnis darstellt.[160]

Weiterhin ist der Trust im Unterschied zur Treuhand nicht an die Personen von Treuhänder und Treugeber gebunden; grundsätzlich bildet der Trust vielmehr ein verselbständigtes Sondervermögen, das in seiner Existenz von der Identität der an ihm beteiligten Personen unabhängig ist.[161] Es erfolgt beim Trust im Gegensatz zur Treuhand letztlich eine gewisse Institutionalisierung – wenn diese auch nur scheinbar vorliegt.[162]

Das den Trust definierende Trustvermögen stellt als Sondervermögen ohne eigene Rechtspersönlichkeit kein Haftungssubstrat für persönliche Gläubiger des *trustee* dar.[163] Dies gilt aufgrund der Stärkung der Rechte der *beneficiaries* von einer bloßen moralischen Obligation des *trustee* zu einem eigentumsähnlichen *equitable title* nahezu uneingeschränkt. Falls der *trustee* versucht, Trustvermögen

---

157 So *Dörner*, Veröffentlichungen des Schweizerischen Instituts für Rechtsvergleichung, Vol. 52, 2005, 73 (86).

158 Vgl. aber sogleich zur unselbständigen Stiftung als Treuhandstiftung.

159 FG Baden-Württemberg 15.7.2010 – 7 K 37/07, DStRE 2011, 1139.

160 FG Baden-Württemberg 15.7.2010 – 7 K 37/07, DStRE 2011, 1139 (1141); BFH 27.9.2012 – II R 45/10, BStBl. II 2013, 84 (85).

161 *Götzenberger* in Deininger/Götzenberger, Vermögensnachfolgeplanung, S. 52, Rn. 71.

162 Vgl. die Ausführungen unter B. I. dieses Kapitels zu der Tatsache, dass in Wahrheit nicht der Trust, sondern der *trustee* Ausschüttungen vornimmt.

163 *Hayton* in Hayton/Matthews/Mitchell, Law of trusts and trustees, S. 39; *Werder/Wystrcil*, BB 2015, 412 (413); *Schall/Simon* in Geimer/Schütze, EU-ErbVO (2016), Art. 1 EU-ErbVO, Rn. 59; *Falter/Gecks*, NZG 2017, 1251.

auf einen Dritten zu übertragen, muss gleichwohl auch dies scheitern, wenn der Dritte nicht in gutem Glauben handelt.[164] Zwar gab es über lange Zeit immer wieder Impulse aus Rechtsprechung und Schrifttum, die Rechte im Rahmen der Treuhandbeziehung von bloßen vertraglichen Schutzrechten zu einem quasidinglichen Recht am Gut der Treuhandvereinbarung zu stärken.[165] Wo bezüglich des Guts der Treuhandvereinbarung als Haftungssubstrat des Treuhänders heute ein hohes Schutzniveau erreicht wird, bleibt dieses jedoch bezüglich der Möglichkeit eines gutgläubigen Erwerbs Dritter an diesen Gegenständen weit hinter dem des Trusts zurück.[166]

Die Eigenschaft des Trustvermögens als Sondervermögen des *trustee* erinnert wiederum sehr an das treuhänderisch geführte Anderkonto des Rechtsanwalts nach § 43a Abs. 5 BRAO i.V.m. § 4 BORA. Hierbei handelt es sich um ein sogenanntes offenes Treuhandkonto, bei dem in der Kontobezeichnung auf das bestehende Treuhandverhältnis hingewiesen wird. Auch das Vermögen auf diesem Anderkonto stellt ein vom eigenen Vermögen des Rechtsanwalts abgetrenntes Sondervermögen dar, welches im Falle der Insolvenz des Rechtsanwalts nach § 47 InsO nicht als Haftungssubstrat für Gläubiger des Rechtsanwalts zur Insolvenzmasse gehört.

Trotz der angeführten Punkte bleibt zu sagen, dass die fiduziarische Treuhand[167] bei wirtschaftlicher Betrachtungsweise noch die größte Ähnlichkeit mit dem Trust aufweist[168], und somit eher als die Stiftung die Stellung eines deutschen Pendants erreicht.

---

164 *Grundmann,* American Journal of Comparative Law, Vol. 47, 1999, 401 (404); die Übertragung an den Dritten muss freilich im Widerspruch zum *trust instrument* stehen.

165 Ausführlich bei *Grundmann,* American Journal of Comparative Law, Vol. 47, 1999, 401 (405 ff.).

166 Gefordert wird über das Fehlen von gutem Glauben an das Eigentum hinaus eine betrügerische Gesinnung des Dritten gegenüber dem Treugeber; eine kritische Auseinandersetzung mit dieser Voraussetzung findet sich bei *Kötz,* Trust und Treuhand, S. 140 ff.

167 Sogenannte Übertragungstreuhand, vgl. *Reichert/Weller* in MüKo-GmbHG (2018), § 15 GmbHG, Rn. 200.

168 Vgl. auch FG München, 15.12.1993 – 10 V 2531/93, BeckRS 1993, 08851; wohl auch *Werder/Wystrcil,* BB 2015, 412 (413).

2. *Abgrenzung zur Stiftung bürgerlichen Rechts*

Eine Definition des Stiftungsbegriffs ist weder im BGB noch in den Stiftungsgesetzen der Länder enthalten.[169] Anknüpfungspunkt für den juristischen Stiftungsbegriff ist das Ergebnis des Stiftungsvorgangs. Eine Stiftung im Sinne von §§ 80 ff. BGB ist demnach eine mit einem bestimmten Vermögen ausgestattete, rechtsfähige, nicht verbandsmäßig organisierte Institution, die zu einem bestimmten Zweck geschaffen und diesem dauerhaft gewidmet ist.[170] Auch beim Trust geht es um die Widmung von Vermögenswerten, die nach Einbringung ein verselbständigtes Zweckvermögen formen. Jedoch hält der Trust dieses Zweckvermögen nicht selbst, sondern der *trustee* hat das formale Eigentum inne. Denn dem Trust wird im gesamten angloamerikanischen Rechtsraum keine Rechtsfähigkeit verliehen, so dass er nicht in der Lage ist Vermögen zu halten.[171] Im Kontrast zur Stiftung obliegt daher nicht nur die Handlungsfähigkeit, sondern auch die Rechtsfähigkeit den Organen des Trusts.[172]

Im Gegensatz zur Stiftung ist außerdem eine in ihrer Dauer unbegrenzte Trustbildung schon wegen der *rule against perpetuities* in den meisten Rechtsordnungen nicht möglich[173], während im Stiftungsrecht eine Errichtung auf Ewigkeit nicht nur möglich ist, sondern vom historischen Gesetzgeber sogar als Regelfall verstanden wurde.[174] Eine Perpetuierung des Willens des *settlor* „auf ewige Zeiten" kann mit dem Rechtsinstitut Trust folglich nicht erreicht werden.

Zusätzlich geht die Rechtsstellung der *beneficiaries* beim Trust deutlich weiter als die der Destinatäre bei der privatnützigen oder gemeinnützigen Stiftung in ihrer Grundkonzeption.[175] Im Vergleich zum *equitable title* eines *beneficiary* bei einem *fixed interest trust*, welcher ihn zur Einforderung von nach dem *trust instrument* in Zeitpunkt und Höhe festgesetzten Zahlungen berechtigt, hat der Destinatär grundsätzlich keine Leistungsansprüche.[176] Anders und somit vergleichbarer ist die Stellung der *beneficiaries* beim ungleich häufiger auftretenden

---

169 *Backert* in Bamberger/Roth/Hau/Poseck, Beck-OK BGB (2018), § 80 BGB, Rn. 3.

170 BVerwG 12.2.1998 – 3 C 55–96, NJW 1998, 2545 (2546); BayObLG 25. 10.1972 – BReg. 2 Z 56/72, NJW 1973, 249.

171 *Richter* in von Campenhausen/Richter, Stiftungsrecht-Handbuch, § 39, Rn. 20; *Zondler/Zöller*, IStR 2015, 960; *Werder/Wystrcil*, BB 2015, 412 (413).

172 *Götzenberger* in Deininger/Götzenberger, Vermögensnachfolgeplanung, S. 53, Rn. 72.

173 Siehe bereits unter C. II. 1. dieses Kapitels.

174 *Backert* in Bamberger/Roth/Hau/Poseck, Beck-OK BGB (2018), § 80 BGB, Rn. 4.

175 Gewiss lässt sich auch bei der Stiftung je nach dem Stifterwillen im Einzelfall eine Annäherung an den *fixed interest trust* erreichen.

176 *Schindhelm/Stein*, StuW 1999, 31 (43).

discretionary trust[177], da hier direkte Ausschüttungsansprüche erst im Moment einer positiven Ermessensausübung des *trustee* entstehen. Aber selbst bei Vorliegen eines *discretionary trust* können im Anwendungsbereich der Grundsätze aus *Saunders v. Vautier* die *beneficiaries* unter den bereits geschilderten Voraussetzungen die Verschaffung des Vollrechts am Trustvermögen sowie die Auflösung des Trusts erwirken.[178]

Trotz dieser gravierenden Unterschiede kann sich ein Vergleich mit der privatnützigen Familienstiftung als ergiebig erweisen. Dieser Begriff wird für eine Stiftung verwendet, die im besonderen Maße den Interessen oder dem Wohl einer oder mehrerer bestimmter Familien ganz oder teilweise dient.[179] Unter anderem aufgrund der Ähnlichkeit der mit der Familienstiftung verfolgten Ziele der Vermögensperpetuierung und des Zugriffsschutzes wird ein *private express trust*, welcher der Vermögensnachfolgeplanung dienen soll, als deren Funktionsäquivalent in der englischen Rechtsordnung benannt.[180] Auch der Gesetzgeber scheint diese Einschätzung geteilt zu haben und wähnte die Vorschriften betreffend die Besteuerung von Stiftungen im ErbStG[181] als tauglichen Verortungspunkt für die Normen zur Trustbesteuerung.

Im Ergebnis fehlt es aufgrund der oben aufgezeigten Differenzen zwischen den beiden Instituten letztlich an der vollumfänglichen zivilrechtlichen und wirtschaftlichen Vergleichbarkeit.[182]

3. *Abgrenzung zur unselbständigen Stiftung*

Unter einer unselbständigen Stiftung – häufig auch Treuhandstiftung, nichtrechtsfähige Stiftung oder fiduziarische Stiftung genannt – versteht man die Übertragung von Vermögenswerten an eine natürliche oder juristische Person mit der Maßgabe, diese Werte zur Förderung eines vorgegebenen Zwecks als ein

177 Vgl. *Albrecht*, Deutsch-englische Erbfälle, S. 301 f.

178 *Trißler*, Familienstiftung, S. 170.

179 *Richter* in von Campenhausen/Richter, Stiftungsrecht-Handbuch, § 13, Rn. 4; *von Oertzen/Hosser*, ZEV 2010, 168 (169); *Orth*, DB 2017, 1410 (1411) mit Nachweisen aus den Stiftungsgesetzen der Länder.

180 *Cutbill/Sturm* in Richter/Wachter, Handbuch, S. 830, Rn. 4.

181 Mit Ausnahme von § 1 Abs. 1 Nr. 4 ErbStG, vgl. dazu unter B. des dritten Kapitels.

182 Vgl. insbesondere die Ausführungen in BFH 20.12.1957 – III 250/56 U, BStBl. III 1958, 79 (82); dennoch geht der BFH in einer späteren Entscheidung von einer ertragsteuerlichen Behandlung des Trusts als Familienstiftung im außensteuerlichen Kontext aus, vgl. BFH 05.11.1992 – I R 39/92, BStBl. II 1993, 388 (389).

von dem übrigen Vermögen des Empfängers wirtschaftlich getrenntes Sondervermögen zu verwalten.[183]

In Wahrheit handelt es sich bei diesem Rechtinstitut begrifflich nicht um eine Stiftung, da der Stiftungsbegriff nur auf rechtsfähige Stiftungen Anwendung findet.[184] Die unselbständige Stiftung kann ebenso wie der Trust aber keine Rechtsfähigkeit erlangen; sie bedarf vielmehr eines Rechtsträgers, in dessen Eigentum das Stiftungsvermögen übergeht, der aber nicht Organ der unselbständigen Stiftung ist.[185] Auch letzterer Umstand stellt eine Parallele zum Trust dar, bei dem das Trustvermögen ein vom privaten Vermögen des *trustee* getrenntes Sondervermögen bildet, welches im formalen Eigentum des *trustee* steht. Wie der *trustee*[186] tritt der Rechtsträger der Stiftung im eigenen Namen auf.[187]

Das zugrundeliegende Rechtsverhältnis des Stiftungsträgers gegenüber dem Stifter und dessen Rechtsnachfolger regelt sich nach dem Schuld- oder Erbrecht. Im Wege eines Treuhandgeschäfts (Auftrag nach § 662 ff. BGB oder Geschäftsbesorgungsvertrag nach § 675 BGB) oder durch Schenkung unter Auflage (§ 525 BGB) kann eine unselbständige Stiftung sowohl unter Lebenden als auch durch Erbeinsetzung unter Auflage (§ 1942 BGB) oder eines Vermächtnisses unter Auflage (§§ 2192 ff. BGB von Todes wegen errichtet werden. Die so entstehende unselbständige Stiftung wird entsprechend ihrer Errichtungsart als Treuhandstiftung oder als Auflagenstiftung bezeichnet.[188] So entsteht vergleichbar der Situation beim Trust ein Dreipersonenverhältnis zwischen Stifter, Stiftungsträger und den von der Verfolgung des Stiftungszweckes profitierenden Personen oder Körperschaften. Im Gegensatz zur Situation beim Trust, bei dem der *settlor* auch die Rolle des *trustee* annehmen kann, dürfen bei der unselbständigen

183 *Von Campenhausen/Stumpf* in von Campenhausen/Richter, Stiftungsrecht-Handbuch, § 2, Rn. 4; *Godron* in Richter, Stiftungsrecht (2019), § 17, Rn. 2.

184 *Weitemeyer* in MüKo-BGB (2018), § 80 BGB, Rn. 260; *Jakob/Uhl* in BeckOGK-BGB (2018), § 80 BGB, Rn. 181; *Godron* in Richter, Stiftungsrecht (2019), § 17, Rn. 7; für die Annahme einer Stiftung im funktionalen Sinne *Hüttemann/Rawert* in Staudinger, BGB (2017), Vor. §§ 80 ff. BGB, Rn. 319; *Backert* in BeckOK-BGB (2019), § 80 BGB, Rn. 24.

185 *Von Campenhausen/Stumpf* in von Campenhausen/Richter, Stiftungsrecht-Handbuch, § 2, Rn. 5; *Weitemeyer* in MüKo-BGB (2018), § 80 BGB, Rn. 260.

186 *Trißler,* Familienstiftung, S. 164; *Wienbracke,* Trusts in Deutschland, S. 22.

187 *Backert* in BeckOK-BGB (2019), § 80 BGB, Rn. 24.

188 *Hüttemann/Rawert* in Staudinger, BGB (2017), Vor. §§ 80 ff. BGB, Rn. 350; *Backert* in BeckOK-BGB (2019), § 80 BGB, Rn. 24; *Weitemeyer* in MüKo-BGB (2018), § 80 BGB, Rn. 262 ff.

Stiftung Stifter und Stiftungsträger allerdings nicht identisch sein.[189] Aufgrund der genannten Gemeinsamkeiten stellt sich die unselbständige Stiftung als mit dem Trust am engsten verwandtes Rechtsinstitut dar.

D. Der Trust im deutschen internationalen Privatrecht

I. Haager-Trustübereinkommen von 1985

Wie eingangs erörtert, ist der angloamerikanische Trust den kontinentaleuropäischen Rechtsordnungen traditionell fremd, was insbesondere auf seinen Eigentumsdualismus zurückzuführen ist. In Deutschland ist der Grund dafür, dass das dem Trennungs- und Abstraktionsprinzip verpflichtete deutsche Zivilrecht[190] nur ungeteiltes und absolutes Eigentum im Sinne des § 903 BGB kennt. Der numerus clausus des deutschen Sachenrechts beschränkt die Anzahl dinglicher Rechte, so dass gespaltenes Eigentum im deutschen Zivilrecht nicht dargestellt werden kann.[191]

Gleichwohl führten die Bestrebungen einiger Staaten, die sich immer mehr mit dem in ihrer Rechtsordnung nicht vorgesehenen Trust beschäftigen mussten, zum Unterfangen eines Abkommens. Dieses Abkommen sollte – ohne den Trust notwendigerweise in das eigene Rechtssystem einzuführen – zumindest die Anerkennung des Rechtsinstituts Trust sicherstellen und gemeinsame Bestimmungen hinsichtlich des auf diesen anzuwendenden Rechts aufstellen.[192] Denn nur, weil der Trust in diesen Rechtssystemen nicht existiert, heißt dies nicht, dass inländische Gerichte dieser Rechtsfigur nicht begegnen und in Folge dessen mit diversen Problemen konfrontiert werden können.[193]

So wird im Haager-Trustübereinkommen (HTÜ) insbesondere eine einheitliche Definition des Trusts herausgearbeitet.[194] Zudem werden Bestimmungen über das anzuwendende Recht[195] und daraus entstehende Rechtsfolgen[196]

---

189 *Hof* in von Campenhausen/Richter, Stiftungsrecht-Handbuch, § 36, Rn. 69; *Hüttemann/Rawert* in Staudinger, BGB (2017), Vor. §§ 80 ff. BGB, Rn. 323.

190 In Abgrenzung zum deutschen Steuerrecht, vgl. § 39 Abs. 2 Nr. 1 AO.

191 Vgl. zum Ganzen BVerfG 10.5.1977– 1 BvR 514/68, BVerfGE 45, 297 ff.

192 Vgl. die Präambel des Übereinkommens über das auf Trusts anzuwendende Recht und ihre Anerkennung, abgeschlossen in Den Haag am 1.7.1985, einsehbar unter: http://www.hcch.net/index_en.php?act=conventions.text&cid=59.

193 *Remde,* Vermögensverselbständigung, S. 109 mit weiteren Beispielen.

194 Vgl. Art. 2 des Übereinkommens, zum Inhalt siehe bereits oben.

195 Vgl. Art. 6-10 des Übereinkommens.

196 Vgl. Art. 11-14 des Übereinkommens.

aufgestellt. Abgerundet durch einen Katalog von allgemeinen Bestimmungen und Schlussbestimmungen[197], gelingt es dem Abkommen die grundlegenden Charakteristika des Trusts in kontinentaleuropäische Rechtssysteme zu überführen. Gleichzeitig werden in der Praxis höchst relevante Fragen einheitlich geklärt, so beispielsweise die Aktiv- und Passivlegitimation des *trustee* bei gerichtlichen Auseinandersetzungen[198] oder die Befugnis des *trustee* registerrechtliche Eintragungen bezüglich beweglichem und unbeweglichem Vermögen vornehmen zu lassen.[199]

Das HTÜ ist mittlerweile in etlichen europäischen Staaten in Kraft getreten, zuletzt in der Schweiz[200] und Monaco im Jahre 2007 bzw. 2008 sowie in Zypern zum 1.6.2017.[201] Somit dürfen in diesen Staaten Trusts nicht mehr in Institute des nationalen Rechts umgedeutet werden oder ohne weiteres dem nationalen Recht unterstellt werden. Vielmehr beurteilt sich jeder Trust grundsätzlich nach demjenigen Recht, welches aus den Kollisionsregeln des HTÜ[202] als für ihn maßgeblich folgt, dem sogenannten Trust-Statut.[203] Schon eine Ratifizierung des HTÜ ist in Deutschland dagegen nicht vorgesehen.[204] Natürlich werden jedoch auch deutsche Gerichte mit Rechtsfragen des Trusts beschäftigt, wenn ein *trustee* im Inland Rechte wie die Beantragung eines Erbscheins oder eine Eintragung im Grundbuch ausüben will. So bedarf der deutsche Rechtsanwender sowohl Kollisionsregeln, um das maßgebliche „Trust-Statut" zu bestimmen, als auch

---

197 Vgl. Art. 15 ff. des Übereinkommens.

198 Vgl. Art. 11 des Übereinkommens.

199 Vgl. Art. 12 des Übereinkommens.

200 Vgl. hierzu *Grüninger*, ZEV 2007, 431; *Bauer-Balmelli/Harbeke*, IStR-LB 2008, 58; *Jakob/Picht*, AJP 6/2010, 1 (1 ff.).

201 Der aktuelle Status des HTÜ kann eingesehen werden auf: http://www.hcch.net/index_en.php?act=conventions.status&cid=59.

202 Insbesondere Art. 6 und Art. 7 des HTÜ: Danach ist zunächst die Rechtswahl des *settlor* maßgeblich, ansonsten soll das Recht greifen, zu dem der Trust die engste Verbindung aufweist; vgl. hierzu *Schall/Simon* in Geimer/Schütze, EU-ErbVO (2016), Art. 1 EU-ErbVO, Rn. 63.

203 So *Jakob/Picht* in FS Schwander, S. 543 (544); *Jakob/Picht*, AJP 6/2010, 1 (2).

204 So schon *Pirrung*, IPRax 1987, 52 (55); vgl. auch die Stellungnahme der Regierung der Bundesrepublik Deutschland zum Grünbuch der Kommission der Europäischen Gemeinschaften zum Erb- und Testamentsrecht, in der eine spezielle Kollisionsnorm für „Erbschaftstrusts" als nicht nötig erachtet wird (S. 5) und eine Anerkennung im Sinne des Art. 11 HTÜ abgelehnt wird (S. 15); *Richter/Gollan* in Riches, Review, S. 159 (165); für eine Ratifizierung streitend *Pirrung* in FS Heldrich, S. 925 ff.

Umdeutungs- und Anpassungsregeln in Bezug auf materielles Recht, falls ein Trust ganz oder teilweise deutschem Recht untersteht.[205]

II. Anwendung der Statute des EGBGB

Ein Trust wird von der deutschen Rechtsordnung nur anerkannt, wenn ausländisches Recht anwendbar ist, der Trust danach wirksam errichtet ist sowie das betroffene Vermögen wirksam übertragen wurde.[206] Wegen der mangelnden Ratifizierung des HTÜ existiert kein Trust-Statut in Deutschland[207], so dass eine Einordnung zunächst nach den Vorschriften der Art. 3 ff. EGBGB zu erfolgen hat. Durch Auslegung hat der Rechtsanwender zu eruieren, unter welche Norm des EGBGB der Trust subsumiert werden kann.[208] Dazu muss zunächst die Funktion des betroffenen Rechtsinstituts nach der ausländischen Rechtsordnung ermittelt werden und darauffolgend festgestellt werden, welches deutsche Rechtsinstitut dieser Funktion am nächsten kommt.[209] Zumeist kommt eine Umdeutung in ein oder mehrere Rechtsgeschäfte des deutschen Zivilrechts in Betracht, welche den im konkreten Fall angestrebten rechtlichen und wirtschaftlichen Erfolg möglichst weitgehend verwirklichen.[210] Erst anhand dieser ermittelten Funktion kann ein funktionsäquivalentes Institut des deutschen Rechts und anschließend die entsprechende Kollisionsnorm gefunden werden.[211]

Hinsichtlich der kollisionsrechtlichen Qualifikation ist im deutschen internationalen Privatrecht zwischen dem *inter vivos trust* und dem *testamentary trust* zu differenzieren.[212]

In Bezug auf die Anwendung der Statute des EGBGB auf *inter vivos trusts* ist anzumerken, dass Art. 27 bis Art. 37 EGBGB mit Gesetz vom 25.6.2009

---

205 *Dörner*, Veröffentlichungen des Schweizerischen Instituts für Rechtsvergleichung, Vol. 52, 2005, 73.

206 Kollisionsrechtlich ist zwischen Bildung und Übertragung zu differenzieren; vgl. zu den Einzelheiten der Übertragung *Wienbracke*, Trusts in Deutschland, S. 30 ff.

207 *Pisani*, ZEV 2012, 579 (581).

208 *Remde*, Vermögensverselbständigung, S. 111.

209 *Birnbaum/Lohbeck/Pöllath*, FR 2007, 479 (480); sog. funktionale Qualifikation, vgl. hierzu BGH 19.12.1958 - IV ZR 136/58, BGHZ 29, 137 (139); BGH 22.03.1967 - IV ZR 148/65, BGHZ 47, 324 (336 ff.).

210 *Birnbaum/Lohbeck/Pöllath*, FR 2007, 479 (481); *Dörner*, Veröffentlichungen des Schweizerischen Instituts für Rechtsvergleichung, Vol. 52 2005, 73 (86).

211 *Remde*, Vermögensverselbständigung, *S. 1*14.

212 *Wendehorst* in MüKo-BGB (2018), Art. 43 EGBGB, Rn. 49; *Wittuhn*, Internationales Privatrecht des Trusts, S. 81 ff.

aufgehoben wurden.[213] Seit dem 17.2.2009 gilt die Rom I-VO.[214] Diese statuiert jedoch in Art. 1 Abs. 2 h) Rom I-VO, dass sie keine Anwendung auf die Gründung von „Trusts" sowie die dadurch geschaffenen Rechtsbeziehungen zwischen den Verfügenden, den Treuhändern und den Begünstigten findet. Gleiches gilt gemäß Art. 1 Abs. 2 e) Rom II-VO für die Rom II-VO. Der Ausschluss betrifft nach Wortlaut und Entstehungsgeschichte jeweils die hier interessierenden rechtsgeschäftlich begründeten Trusts.[215]

Angesichts dieser Entwicklungen verbleiben dem Rechtsanwender zwei Möglichkeiten: Entweder die alten Regelungen zur kollisionsrechtlichen Einordnung werden trotz ihrer Aufhebung weiter angewendet.[216] Oder man wendet die Art. 3 ff. Rom I-VO analog auf Trusts an.[217] Eine analoge Anwendung muss jedoch aufgrund des expliziten Ausschlusses von Trusts aus dem Anwendungsbereich der beiden Verordnungen an einer fehlenden Planwidrigkeit der entstandenen Regelungslücke scheitern. Sie ist daher nach hier vertretener Auffassung abzulehnen. Eine analoge Anwendung der Verordnungen käme lediglich in Betracht, wenn in deren Anwendungsbereich Trusts völlig unerwähnt geblieben wären. Somit ist die Anwendung der alten Regelungen trotz Vernachlässigung des europäischen Vereinheitlichungsgedankens vorzugswürdig, auch wenn dabei die Unklarheiten der alten Rechtslage erhalten bleiben. Diese soll daher im Folgenden dargestellt werden.

1. Kollisionsrechtliche Einordnung des inter vivos trust

Die Einordnung des *inter vivos trust* im deutschen internationalen Privatrecht ist umstritten.[218] Teilweise wird vertreten, das Gesellschaftsstatut anzuwenden, da

213 Vgl. Gesetz zur Anpassung der Vorschriften des Internationalen Privatrechts an die Verordnung (EG) Nr. 593/2008, BGBl. I 2009, 1574.

214 Verordnung (EG) Nr. 593/2008 des Europäischen Parlaments und des Rates vom 17. Juni 2008 über das auf vertragliche Schuldverhältnisse anzuwendende Recht.

215 *Schall/Simon* in Geimer/Schütze, EU-ErbVO (2016), Art. 1 EU-ErbVO, Rn. 57; *Wendehorst* in MüKo-BGB (2018), Art. 43 EGBGB, Rn. 50 f.

216 *Martiny* in MüKo-BGB (2018), Art. 1 Rom I-VO, Rn. 75; *Magnus*, IPrax 2010, 27 (29); *Wendehorst* in MüKo-BGB (2018), Art. 43 EGBGB, Rn. 51.

217 So *Remde*, Vermögensverselbständigung, S. 114; *Schall/Simon* in Geimer/Schütze, EU-ErbVO (2016), Art. 1 EU-ErbVO, Rn. 67; wohl auch *Martiny*, RIW 2009, 737 (740); für eine Verweisung auf die Rom I-VO, die über deren sachlichen Anwendungsbereich hinausgeht *Kindler* in MüKo-BGB (2018), Internationales Handels- und Gesellschaftsrecht, Rn. 310.

218 *Leithold*, FamRZ 2015, 709 (713); auch in anderen europäischen Rechtsordnungen spielt sich dieser Konflikt ab, vgl. für Österreich *Wühl*, ZfRV 2013, 20 (24).

der Trust ein selbständig administriertes Sondervermögen bildet.[219] Je nachdem, ob man der Sitztheorie oder der Gründungstheorie folgt, bestimmt sich sodann das anwendbare Recht. Bei einem Trust ohne hinreichenden Organisationsgrad soll sich nach dieser Ansicht das anwendbare Recht nach den dem *trustee* anvertrauten Vermögenswerten richten.[220] Für diese Ansicht spricht unter anderem, dass die Bildung des Trusts ein einseitiges Rechtsgeschäft sein kann sowie die Tatsache, dass die Übertragung des *legal title* am Trustvermögen ein verfügendes Element enthält, wobei generell keine Rechtswahl zulässig ist.[221] Allerdings spricht gegen eine gesellschaftsrechtliche Anknüpfung, dass der *inter vivos trust* in funktioneller Hinsicht in der Regel nicht den deutschen Gesellschaftsformen entspricht.[222]

Eine andere Ansicht knüpft im Grundsatz an Parallelen zum Vertrag über die Errichtung einer Verwaltungstreuhand an und möchte daher das Schuldrechtsstatut anwenden.[223] Folglich kann entweder eine Rechtswahl getroffen werden oder aber das anwendbare Recht richtet sich nach der Rechtsordnung mit der der Trust die engste Verbindung aufweist.[224] Als Argument für die Anwendung des Schuldrechtsstatuts wird vorgebracht, dass der rechtsgeschäftlich errichtete Trust immerhin schuldrechtsähnlich ist. Zudem weist er eine funktionelle Überschneidung mit der Treuhand auf.[225]

Nach hier vertretener Auffassung ist es sinnvoll zu differenzieren: Wird der *inter vivos trust* im Wege einseitiger Willenserklärung begründet, ist das Gesellschaftsstatut anzuwenden. Die hier vom *settlor* vorgebrachte *declaration of trust*, welche zur Trustbildung führt, ist mit der Gründung einer – dem deutschen Recht unbekannten – Gesellschaft durchaus vergleichbar, da es der Erklärung einer Gegenseite nicht mehr bedarf. Beruht die Trustbildung wiederum auf einem gegenseitigen Vertrag zwischen den verschiedenen Personen *settlor* und

---

219 *Großfeld* in Staudinger, Internationales Gesellschaftsrecht, Rn. 716; *Mankowski* in FS Kühne, S. 795 (799).

220 *Götz* in EE 12/2010, 209 (210); *Schall/Simon* in Geimer/Schütze, EU-ErbVO (2016), Art. 1 EU-ErbVO, Rn. 68.

221 *Schindhelm/Stein,* StuW 1999, 31 (38).

222 *Czermak,* Der express trust im internationalen Privatrecht, S. 195 ff.; *Wendehorst* in MüKo-BGB (2018), Art. 43 EGBGB, Rn. 51.

223 *Siemers/Müller*, ZEV 1998, 206 (207); *Czermak,* Der express trust im internationalen Privatrecht, S. 203 ff.; *Dörner* in Richter/Wachter, Handbuch, S. 217, Rn. 12 ff.

224 *Götz* in EE 12/2010, 209 (210).

225 Vgl. *Wittuhn,* Internationales Privatrecht des Trusts, S. 120 ff.; *Wendehorst* in MüKo-BGB (2018), Art. 43 EGBGB, Rn. 51.

trustee wohnt dem *trust agreement* eine Schuldrechtsähnlichkeit inne, die die Anwendung des Schuldrechtsstatuts rechtfertigt.

In der Praxis wirkt sich der dargestellte Streit jedoch kaum aus. Denn der *settlor* wird einen funktionierenden Trust errichten wollen und deshalb eine Jurisdiktion wählen, die den Trust kennt. Weiterhin wird auch der effektive Sitz des *trustee* in diesem Staat sein. Gibt man dem *settlor* also in Anwendung des Schuldrechtsstatuts Rechtswahlfreiheit wird er grundsätzlich das Recht wählen, zu dem die Befürworter der Anwendung des Gesellschaftstatuts im Wege objektiver Anknüpfung gelangen würden.[226]

In Bezug auf die separat zu beurteilende dingliche Rechtslage kommt hinzu, dass eine Trustbildung für deutsche Staatsbürger lediglich bei hinreichenden Anknüpfungspunkten im Ausland möglich ist.[227] Denn Forderungen, Rechte und bewegliche Gegenstände sowie unbewegliche Vermögenswerte, die deutschem Sachrecht unterstehen, können nur auf Umwegen wirksam in einen Trust eingebracht werden.[228] Ein derart ausgestatteter „Trust" wäre für inländische Zwecke gegebenenfalls in eine Treuhandvereinbarung umzudeuten.[229]

2. *Kollisionsrechtliche Einordnung des* testamentary trust

Auch in Bezug auf die kollisionsrechtliche Einordung des *testamentary trust* ist eine Änderung der Rechtslage erfolgt: Der Rat der Europäischen Justizminister hat am 8.6.2012 eine auf Art. 81 Abs. 2 c) AEUV gestützte Verordnung über die Zuständigkeit, das anzuwendende Recht, die Anerkennung und Vollstreckung von Entscheidungen und die Annahme und Vollstreckung öffentlicher Urkunden in Erbsachen sowie zur Einführung eines Europäischen Nachlasszeugnisses („Rom V-VO" oder EU-ErbVO) verabschiedet.[230]

---

226 *Dörner*, Veröffentlichungen des Schweizerischen Instituts für Rechtsvergleichung, Vol. 52, 2005, 73 (79 f.).

227 *Sieker*, IStR 1995, 344 (345); letztlich auch *von Oertzen*, IStR 1995, 345 (346); *Pisani*, ZEV 2012, 579 (581).

228 *Richter/Escher* in Riches, Review, S. 140 (147); *Siemers/Müller*, ZEV 1998, 206 (208), hier wird auch auf den möglichen Umweg der Gründung einer ausländischen Gesellschaft hingewiesen; *von Oertzen/Stein/Reich*, ZEV 2013, 109 (113).

229 Vgl. Beispielsfall 3 bei *Wienbracke*, ZEV 2007, 413 (415 f.).

230 Verordnung (EU) Nr. 650/2012 des Europäischen Parlaments und des Rates vom 4. Juli 2012 über die Zuständigkeit, das anzuwendende Recht, die Anerkennung und Vollstreckung von Entscheidungen und die Annahme und Vollstreckung öffentlicher Urkunden in Erbsachen sowie zur Einführung eines Europäischen Nachlasszeugnisses.

Gemäß Art. 84 EU-ErbVO gilt diese seit dem 17.8.2015 und wird nach Art. 83 Abs. 1 EU-ErbVO auf alle Erbfälle anzuwenden sein, die sich ab diesem Zeitpunkt ereignen. Nach Art. 21 EU-ErbVO bestimmt sich das anwendbare Recht nach dem letzten gewöhnlichen Aufenthalt des Erblassers, wobei ihm gemäß Art. 22 EU-ErbVO die Möglichkeit einer Rechtswahl zugunsten seines Heimatrechts gewährt wird. Es gilt allerdings zu beachten, dass diese Rechtswahl nur für den gesamten Nachlass möglich ist (sog. Nachlasseinheit).[231] Zuletzt bestimmt Art. 20 EU-ErbVO, dass die Verordnung universell, also auch gegenüber Nicht-Mitgliedstaaten der EU anwendbar ist.

Dabei besteht ein ähnliches Problem wie bei der Anwendung der Rom I-VO und Rom II-VO auf *inter vivos trusts.* Nach Art. 1 Abs. 2 j) EU-ErbVO sind vom Anwendungsbereich der Verordnung nämlich die Errichtung, Funktionsweise und Auflösung eines Trusts ausgenommen. Nach dem der EU-ErbVO vorgeschalteten Erwägungsgrund 13) soll Art. 1 Abs. 2 j) EU-ErbVO jedoch nicht als genereller Ausschluss von Trusts verstanden werden.[232] Wird ein Trust testamentarisch oder aber kraft Gesetzes im Rahmen der gesetzlichen Erbfolge errichtet, so soll nach Erwägungsgrund 13) im Hinblick auf den Übergang der Vermögenswerte und die Bestimmung der Berechtigten das nach der EU-ErbVO auf die Rechtsnachfolge von Todes wegen anzuwendende Recht gelten. Dies macht den entscheidenden Unterschied zur kollisionsrechtlichen Einordnung des *inter vivos trust* aus. Nach hier vertretener Auffassung ist der erwähnte Ausschluss daher nicht so zu begreifen, dass für die Feststellung des anzuwendenden Sachrechts bei Bildung eines *testamentary trust* zukünftig die alten Regelungen des EGBGB Anwendung finden können, so wie dies bei Art. 27 ff. EGBGB a.F. hinsichtlich des *inter vivos trust* der Fall ist. Daher soll an dieser Stelle auch nicht auf die Normen des Art. 25 f. EGBGB a.F.[233] eingegangen werden, unter die der *testamentary trust* vor Anwendung der EU-ErbVO fiel.[234] Diese alten Regelungen

231 *Lorenz/Wall* in Beck-OK BGB (2018), Art. 25 EGBGB, Rn. 17.

232 Im Ergebnis auch *Pisani,* ZEV 2012, 579 (581); *Jülicher,* EWS 2017, 19 (24 f.); *Falter/Gecks,* NZG 2017, 1251 (1252); a. A. *Radwan,* CCZ 2018, 67 (68).

233 Diese sind nach Artikel 15 des Gesetzes zum Internationalen Erbrecht und zur Änderung von Vorschriften zum Erbschein sowie zur Änderung sonstiger Vorschriften vom 29.6.2015, BGBl. I, 1042 zum 17.8.2015 nicht aufgehoben, aber entsprechend geändert worden.

234 Vgl. hierzu ausführlich *Czermak,* Der express trust im internationalen Privatrecht, S. 132 ff.

werden durch die Regelungen der EU-ErbVO verdrängt.[235] In diesem Sinne verweist Art. 25 EGBGB n.F. in jedem Fall[236] auf die EU-ErbVO.

Nach der aktuellen Rechtslage können deutsche Staatsangehörige mit Wohnsitz etwa in Großbritannien demnach wirksam einen *testamentary trust* errichten, wohingegen umgekehrt britische Staatsangehörige mit Wohnsitz in Deutschland keinen *testamentary trust* errichten können.[237] Sollte es dennoch zur Unwirksamkeit einer Anordnung kommen, ist diese entsprechend dem wirklichen Erblasserwillen in ein deutsches Rechtsinstitut umzudeuten[238], wobei natürlich niemals sämtliche Eigenheiten des Trusts dabei erhalten bleiben.

III. Umdeutungsbeispiele

Da dem Trust eine Anerkennung durch die deutsche Rechtsordnung grundsätzlich versagt wird, kommt eine Umdeutung in ein oder mehrere Rechtsgeschäfte des deutschen Zivilrechts in Frage, welche den im konkreten Fall angestrebten rechtlichen und wirtschaftlichen Erfolg möglichst weitgehend verwirklichen.[239] Der Gang der Umdeutung richtet sich nach dem Rechtsgedanken der funktionalen Qualifikation.[240]

So kommt nach Ansicht des BGH bei einem *inter vivos trust* eine Umdeutung in eine Verwaltungstreuhand zugunsten Dritter nach deutschem Recht in Frage[241], was die Möglichkeit des Eigentumserwerbs in der Person des *trustee* eröffnet.[242] Auf diesem Wege kann auch die Pflichtenstellung des *trustee* als schuldrechtliche Verpflichtung des Treuhänders gegenüber dem Drittbegünstigten

---

235 *Frank/Leithold*, ZEV 2014, 462 (465); *von Oertzen* in von Oertzen/Loose, ErbStG (2017), § 3 ErbStG, Rn. 113.

236 Also auch, wenn trotz des Erwägungsgrunds von einem Ausschluss von Trusts ausgegangen wird. In diesem Fall finden Art. 20 ff. EU-ErbVO über Art. 25 EGBGB n.F. ausdrücklich entsprechende Anwendung, vgl *Falter/Gecks*, NZG 2017, 1251 (1252).

237 So im Ergebnis auch *Richter/Haag*, STEP Journal 12/2014, 62 (63); *Richter/Haag* in FS Meincke, S. 299 (309); *Jülicher*, EWS 2017, 19 (24 f.); vgl. auch das Praxisbeispiel bei *Falter/Gecks*, NZG 2017, 1251 (1252 f.).

238 *Von Oertzen*, IStR 1995, 149 (150); BayObLG 18.3.2003 – 1Z BR 71/02, BayObLGZ 2003, 68 (83); *Zondler/Zöller*, IStR 2016, 960; *Falter/Gecks*, NZG 2017, 1251 (1253).

239 *Wienbracke*, ZEV 2007, 413 (414); *Birnbaum/Lohbeck/Pöllath*, FR 2007, 479 (481); *Jülicher*, EWS 2017, 19 (24); *Stein*, ZEV 2018, 127 (131).

240 *Zweigert/Kötz*, Rechtsvergleichung, S. 33 ff.

241 BGH 13.6.1984 – BGH IVa ZR 196/82, IPRax 1985, 221 (224); hierbei (und bei allen anderen Umdeutungen) geht freilich die Eigentumsspaltung abhanden.

242 *Siemers/Müller*, ZEV 1998, 206 (208).

wiedergegeben werden und für den Fall einer Pflichtverletzung mit Regressansprüchen des Dritten oder des Treugebers geahndet werden.[243]

Beim *testamentary trust* kommt insbesondere eine Umdeutung in eine Kombination aus Vor- und Nacherbfolge mit einer Dauertestamentsvollstreckung in Betracht.[244] Denn der *trustee* kann zwar auf Grund des ausländischen Rechts Eigentümer der Nachlassgegenstände werden.[245] Er wird aber, da ihm dieses Recht nur formal zusteht, nicht bereichert. Vielmehr findet die Rechtsfigur des Eigentums in dieser Gestaltung eher eine Parallele in der Amtsträgerstellung („Partei kraft Amtes"), wie sie im deutschen Recht dem Testamentsvollstrecker oder dem Nachlassverwalter (sowie dem Insolvenzverwalter) zuerkannt wird. Entscheidend ist hier stets die Dauer und Art der Aufgaben des *trustee.*

Dabei ist die Umdeutung einer Trustbildung in eine Vor- bzw. Nacherbeneinsetzung nicht bereits deshalb abzulehnen, weil der Trust nicht unmittelbarer dinglicher Rechtsnachfolger an den einzelnen Vermögensgegenständen des Erblassers werden soll. Denn auch der Erbe nach angloamerikanischem Recht wird nicht notwendigerweise dinglicher Rechtsnachfolger des Erblassers.[246] Insbesondere bei einer kurzen Laufzeit der Vermögensverwaltung durch den *trustee* werden die Rechtswirkungen allein durch das Institut der Dauertestamentsvollstreckung am besten abgebildet, wobei der *trustee* als Dauertestamentsvollstrecker und die *beneficiaries* als Erben anzusehen sind.[247] Sind verschiedene Personen zunächst bezugsberechtigt und darauffolgend anfallsberechtigt, ist eine Einordnung als reine Vor- und Nacherbschaft[248] oder als Erbeinsetzung belastet mit einem Nießbrauch möglich.[249] Schließlich hat die Rechtsprechung vereinzelt auch die ausländische Familienstiftung als vergleichbares Rechtsinstitut anerkannt.[250] Im Hinblick auf die Besteuerung dieser Konstruktionen ist

---

243 *Dörner*, Veröffentlichungen des Schweizerischen Instituts für Rechtsvergleichung, Vol. 52, 2005, 73 (86).

244 Zuletzt OLG München 26.07.2006 – 32 Wx 88/06, ZEV 2006, 456 (458); BayObLG 18. 3. 2003 – 1Z BR 71/02, ZEV 2003, 503 (508); *Göckeler* in Flick/Piltz, Der internationale Erbfall, 308 (324); *Falter/Gecks*, NZG 2017, 1251 (1252).

245 *Wittuhn*, ZEV 2007, 419 (419 f.); dies gilt zumindest beim *discretionary trust.*

246 *Werner*, ZEV 2006, 457 (458); vgl. auch zu den steuerrechtlichen Implikationen *von Oertzen/Lemmer*, IStR 2015, 952 (952 f.).

247 Zuletzt AG Freiburg 3.4.2013 – 3 NG 246/10, BeckRS 2013, 08739; vgl. auch BayObLG 1.2.1980 – 1Z 72/79, IPRax 1982, 111; *Schiffer*, BBV 2006, 343 (344).

248 AG Freiburg 3.4.2013 – 3 NG 246/10, BeckRS 2013, 08739.

249 *Birnbaum/Lohbeck/Pöllath*, FR 2007, 479 (481); *von Oertzen*, IStR 1995, 149 (150).

250 BFH 2.2.1994 – I R 66/92, BStBl. II 1994, 727 (728 f.); *Schiffer*, BBV 2006, 343 (344).

jedenfalls nach der Entscheidung des BFH vom 12. Mai 1970[251] deutlich geworden, dass von mehreren möglichen Umdeutungsmöglichkeiten grundsätzlich diejenige zugrunde zulegen ist, welche zur für den Steuerpflichtigen günstigeren Rechtsfolge führt.[252]

Wie die Fülle der soeben benannten Rechtsinstitute belegt, besteht im Einzelfall aufgrund der mangelnden Anerkennung im deutschen Recht eine erhebliche Rechtsunsicherheit bezüglich der Umdeutung des Trusts. Deshalb kann im Ergebnis der Einsatz eines Trusts nur als bedingt zweckmäßig angesehen werden, wenn die beteiligten Personen die deutsche Staatsangehörigkeit innehaben sowie ihr Wohnsitz in Deutschland gelegen ist und der internationale Bezug sich lediglich durch die Belegenheit von Nachlassgegenständen im Ausland manifestiert.[253]

E. Typische Trustdokumente

Trotz der mannigfaltigen Einsatzmöglichkeiten des Trusts, ist die einheitliche Grundlage eine Trusturkunde oder ein entsprechender Vertrag über die Bildung eines Trusts.[254] In diesem *trust instrument* werden allgemein die am Trust beteiligten Personen sowie konkrete Pflichten dieser Beteiligten und zudem das Anfangsvermögen des Trusts festgelegt. Dabei ist es üblich, dem Trust zunächst nur geringe Vermögenswerte im Sinne eines Startkapitals zuzuführen[255] und diesen erst anschließend mit dem intendierten Gesamtkapital anzureichern.[256] Im Hinblick auf das *trust instrument* sind zwei Alternativen zu unterscheiden, das *settlement* und die *declaration*: bei der ersten Alternative unterzeichnen sowohl der *settlor* als auch der *trustee*, wohingegen bei der zweiten Alternative lediglich der *trustee* auftritt und die Erklärung abgibt, Vermögen für einen anderen verwalten zu wollen.[257] Bei der zweiten Variante bedarf es zusätzlich eines Gründungsauftrags des *settlor* in Form des sogenannten *letter of intent.*[258] Die *declaration* ist für den *settlor* attraktiver, da weder eine Gegenzeichnung des

251 BFH 12.5.1970 – II 52/64, BStBl. II 1972, 462 (463).
252 *Wienbracke*, English and Scots trusts, S. 33.
253 *Sieker*, IStR 1995, 344 (345).
254 *Schurr*, ZStV 2017, 12 (15); die Bezeichnung variiert zwischen u.a.: *trust instrument, trust agreement, trust deed.*
255 Sog. *initial property*; vgl. hierzu *Richter/Sturm*, RIW 2004, 346.
256 *Graf von Bernstorff*, RIW 2007, 641 (644).
257 *Götzenberger* in Deininger/Götzenberger, Vermögensnachfolgeplanung, S. 60, Rn. 90.
258 Ebenda.

Dokuments vonnöten ist, noch der Name des *settlor* in der *declaration* erscheinen muss, was ein hohes Maß an Diskretion garantiert.[259] Zwar ist die Bildung bei einem *inter vivos trust* grundsätzlich formfrei, dennoch ist die Dokumentation in Form einer Urkunde gängig und auch angeraten. Bei einem *testamentary trust* gilt diese Formfreiheit nicht, da hier erbrechtliche Formvorschriften beachtet werden müssen, die zumindest in aller Regel das Erfordernis der Schriftlichkeit einschließen.[260]

Gesonderte Aufmerksamkeit verdient zudem der *letter of wishes*, der sich insbesondere auf die steuerliche Behandlung des Trusts auswirken kann. In selbigem kann der *settlor* dem *trustee* seine Vorstellungen und Wünsche in Bezug auf die Verwaltung und Verwendung des Trustvermögens deutlich machen.[261] Die im *letter of wishes* geäußerten Wünsche widersprechen bisweilen den im *trust instrument* niedergelegten Bestimmungen, weil der *settlor* sich erhofft, die Vorteile einer verselbständigten Vermögensmasse zu nutzen und zugleich den Einfluss auf sein Vermögen nicht gänzlich zu verlieren.[262] In diesen Fällen verdeckter vorbehaltener Verwaltungs- oder Weisungsrechte ist es möglich, dass die Übertragung des Trustvermögens und somit die Trustbildung durch den *settlor* an sich als unwirksam gesehen wird, was zu einer fortwährenden Zurechnung der Vermögenswerte zum *settlor* führt. Auch die Rechtsprechung ist dazu geneigt Trusts, bei denen dem *settlor* Zugriffs- oder Verfügungsrechte verbleiben, zivilrechtlich als Treuhandschaften einzuordnen.[263]

Der *letter of wishes* bindet den *trustee* nicht nach dem *common law*, sondern nur unter Gesichtspunkten des *equity law*.[264] Es steht grundsätzlich im alleinigen Ermessen des *trustee*, den Trust nach den Bestimmungen der Trustdokumente und der jeweils einschlägigen Trustgesetze zu führen.[265] Im Falle einer Nichtbeachtung können gleichwohl die Integrität und das Renommee des *trustee* leiden, wodurch faktisch eine Bindungswirkung begründet werden kann.[266] Im Rahmen

259 *Haeusler* in Richter/Wachter, Handbuch, S. 240, Rn. 51.

260 *Cutbill/Sturm* in Richter/Wachter, Handbuch, S. 830, Rn. 4.

261 *Siemers/Müller*, ZEV 1998, 206 (207); Beispiel kann der *settlor* begehren, dass zur Reduzierung der entstehenden Steuerlasten rechtliche Beratung eingeholt wird; vgl. auch für posthume Wünsche *von Oertzen*, DStR 2002, 433.

262 *Mutter*, DStR 2004, 893 (895).

263 BFH 2.2.1994 – I R 66/92, BStBl. II 1994, 727; BFH 27.9.2012 – II R 45/10, BStBl. II 2013, 84 (85).

264 *Siemers/Müller*, IStR 1998, 385 (386).

265 *Killius* in FS Rädler, S. 343 (346); *Mutter*, DStR 2004, 893 (895); *von Oertzen* in von Oertzen/Loose, ErbStG (2017), § 7 ErbStG, Rn. 370.

266 *Siemers/Müller*, ZEV 1998, 206 (207).

des Erlasses der deutschen Finanzverwaltung zum Außensteuergesetz wird der *letter of wishes* aufgrund dieser faktischen Bindungswirkung zusätzlich zum *trust instrument* mit der Satzung einer Familienstiftung gleichgestellt und kann bei den Trustbeteiligten die Zurechnungsbesteuerung nach § 15 AStG begründen.[267] Aus diesem Grund wird der *settlor* die Perpetuierung seiner Wünsche und Absichten oftmals einem *protector* übertragen, da mündliche Abreden zwischen diesen beiden Personen gerade keine Zurechnungsbesteuerung bei den Begünstigten begründen können.[268]

Dem *letter of wishes* kommt beim *discretionary trust* eine deutlich bedeutendere Rolle zu, da beim *fixed interest trust* ohnehin die *beneficiaries* und ihnen zukommende Auszahlungen definitiv festgelegt sind, sodass für eine Ermessensausübung des *trustee* kein Raum verbleibt. Es gilt zu beachten, dass der *letter of wishes* beliebig oft geändert werden kann, wobei stets die jüngste Fassung Gültigkeit beansprucht.[269]

F. Fazit zum ersten Kapitel

Die Wurzeln des Trusts liegen im angloamerikanischen *common law*, wobei das Zusammenspiel von *law* und *equity* die den Trust charakterisierende Spaltung des Eigentums zwischen dem *trustee* und den *beneficiaries* bewirkt. Obwohl sich die Grundzüge des dem Trust zugrundeliegenden Dreiecksverhältnisses zwischen *settlor*, *trustee* und *beneficiary* bereits im Mittelalter herausgebildet haben, ist seine Relevanz für den angloamerikanischen Rechtskreis ungebrochen. Dennoch gibt es bis heute aufgrund der Funktionsvielfalt von Trusts keine anerkannte allgemeingültige Definition. Die *certainty principles* sowie einige *rules* betreffend die Dauer der Trustkonstruktion stellen letztlich die einzigen gravierenden Einschränkungen bei der Konstruktion eines Rechtsinstituts dar, welches seine Vielseitigkeit insbesondere aus der weitreichenden Vertragsfreiheit der jeweiligen ausländischen Trustrechte zieht.

---

267 Vgl. BMF 14.05.2004 – IV B 4 - S 1340 - 11/04, BStBl. I 2004, Sondernummer 1/2004, 3, Tz. 15.2.1.; *Jorde/Götz* in FS Spiegelberger, S. 1301 (1316); *Götzenberger* in Deininger/Götzenberger, Vermögensnachfolgeplanung, S. 101, Rn. 191; dies macht skeptisch gegenüber der Ansicht von *Alpers*, welcher im Zusammenspiel von *trust instrument* und *letter of wishes* eine Erschwerung der Identifizierung der *beneficiaries* für die Finanzverwaltung erkannt haben will, vgl. *Alpers*, DSWR 2005, 242.

268 *Götzenberger* in Deininger/Götzenberger, Vermögensnachfolgeplanung, S. 101, Rn. 192.

269 *Alpers*, DSWR 2005, 242.

Obwohl bestimmte Trustkonstruktionen Parallelen mit den deutschen Rechtsinstituten der Stiftung und der Treuhänderschaft aufweisen, gibt es kein identisches Gegenstück zum Trust im deutschen Recht. Gleichwohl bestehen etliche Gemeinsamkeiten mit dem Rechtsinstitut der unselbständigen Stiftung. Dennoch erfolgte keine Ratifizierung des Haager-Trustübereinkommens durch Deutschland, welches die Frucht der Bemühungen der *civil law* Staaten darstellt, die Anerkennung des den multinationalen Rechtsraum immer mehr durchdringenden Trusts sicherzustellen. Auch deshalb eignet sich der Trust nicht als Gestaltungsinstrument des typischen deutschen Staatsbürgers; vielmehr ist eine Gestaltungsplanung mit dem Trust nur bei vermehrten Anknüpfungspunkten im Ausland lohnend.

Aufgrund der Zurückhaltung Deutschlands bei der Ratifizierung des HTÜ sind die am Trust beteiligten Personen bei Bezugspunkten des Trusts mit dem deutschen Rechtssystem, wie etwa dem Wohnsitz eines *beneficiary* in Deutschland, wegen der vorzunehmenden Umdeutung der Trustkonstruktion in dem deutschen Recht bekannte Rechtsinstitute erheblichen Unsicherheiten ausgesetzt. Insbesondere der Ausschluss von Trusts aus dem Anwendungsbereich der Rom I-VO bewirkt, dass in diesem Zusammenhang zukünftig nicht mit einer Besserung der teilweise unklaren Rechtslage zu rechnen ist.

2. Kapitel: Die Einsatzfelder eines Trusts

Nachfolgend sollen die Einsatzmöglichkeiten des Trusts dargestellt werden. Hierbei soll insbesondere verdeutlicht werden, dass nicht ausschließlich steuerliche Motive den *settlor* zur Bildung eines Trusts bewegen, sondern weitere Beweggründe existieren können.

A. Nachlassplanung

Der Trust wird im angloamerikanischen Rechtskreis traditionell als Instrument zur Verwirklichung der Nachlassplanung von Privatpersonen eingesetzt. Für die Nachlassgestaltung im angloamerikanischen Raum hat sich dort der Begriff *estate planning* etabliert.[270] Der Begriff des *estate planning* bezeichnet die Anwendung des Familien-, Erb-, Sachen-, Versicherungs- und Steuerrechts zur Ordnung der persönlichen Angelegenheiten in einem nationalen oder internationalen Kontext unter Berücksichtigung der Möglichkeit des Ruhestandes und der Gewissheit des Todes.[271] Die Nachlassplanung ist also von den allgemeinen erbrechtlichen Überlegungen abzugrenzen und stellt den Vorgang des Vermögensübergangs in einen umfassenderen Kontext. Sie ist in Deutschland, im Gegensatz zum amerikanischen Recht, allerdings relativ unterentwickelt.[272]

Ähnlich wie im Falle der Stiftung ist die größte Qualität des Trusts, dass bestimmte Vermögenswerte frühzeitig – das heißt insbesondere vor dem Erbfall – aus dem Vermögen des *settlor* ausgegliedert werden können.[273] Dies hat zur Folge, dass selbige Vermögenswerte im Todesfall des *settlor* unangetastet bleiben und sich in Bezug auf diese eine vom übrigen Vermögen abgesonderte Nachlassplanung gestalten lässt.[274] Dieser Vorteil besteht gerade gegenüber der im Normalfall gewählten Gestaltungsmöglichkeit für den Erbfall, dem Testament; hier fallen die gewidmeten Vermögenswerte stets in den Nachlass.[275] Diese Tatsache macht den Trust zu einem Rechtsinstitut, mittels dessen sich viele traditionelle

270 Zur Notwendigkeit des *estate planning* in modernen Zeiten vgl. *Reimann,* ZEV 1997, 129.

271 So die entsprechende deutsche Übersetzung nach Black's Law Dictionary, S. 253.

272 *Reimann* in Bengel/Reimann, Handbuch der Testamentsvollstreckung (2017), § 2, Rn. 54.

273 *Haeusler* in Richter/Wachter, Handbuch, S. 247, Rn. 96; *Zondler/Zöller*, IStR 2015, 960.

274 *Jorde/Götz* in FS Spiegelberger, S. 1301 (1304).

275 *Haeusler* in Richter/Wachter, Handbuch, S. 247, Rn. 96.

Ziele im Bereich der Nachlassplanung verwirklichen lassen. Diese sollen nachfolgend im Einzelnen vorgestellt werden.

I. Familienvorsorge

Speziell im Bereich der familiären Vorsorge lassen sich mit den Funktionen des *testamentary trust* verschiedenste Interessen bedienen. Hier bietet der Trust zunächst den Vorteil einer langfristigeren Vermögensnachfolgeplanung gegenüber deutschen erbrechtlichen Gestaltungsmöglichkeiten wie der Dauertestamentsvollstreckung oder einer Kombination aus Vor- und Nacherbfolge, die prinzipiell auf dreißig Jahre begrenzt sind.[276] Wird also eine längere Dauer der Verselbständigung des Vermögens angestrebt, die gleichwohl nicht für die Ewigkeit halten muss[277], ist der Trust als Mittel dazu prädestiniert. Im Gegensatz zum Testament, in dem grundsätzlich nur die Einsetzung von den Todesfall überlebenden Personen möglich ist, können beim Trust über Generationen hinweg *beneficiaries* benannt werden, unabhängig davon, ob sie im Zeitpunkt der Trustbildung leben oder sogar noch nicht gezeugt sind.[278] Es ist jedoch hervorzuheben, dass der Trust nicht selbst die Stellung eines Erben einnimmt, denn er ist lediglich eine Rechtskonstruktion und eben keine juristische Person. Erbe beim *testamentary trust* wird tatsächlich der *trustee*, der die Vermögenswerte für die *beneficiaries in trust* hält.[279]

Die Übertragung von Vermögenswerten auf einen Trust bewahrt das Vermögen zudem vor einer Zerschlagung infolge Erbauseinandersetzung.[280] Denn im Wege der Übertragung auf den *trustee* fallen die Vermögenswerte des *settlor* nach seinem Tode nicht in die Erbmasse, sondern verbleiben im Trust, der auch über den Tod des *settlor* hinaus besteht.[281]

Dem *settlor* steht zudem die Möglichkeit offen, die Vermögensverwaltung von professioneller Seite übernehmen zu lassen, falls seine Nachkommen an der Nachlassverwaltung nicht interessiert oder wegen Minderjährigkeit, Unmündigkeit oder Verschwendungssucht nicht fähig sind.[282] Zur gleichen Zeit kann

---

276 *Birnbaum/Lohbeck/Pöllath*, FR 2007, 479 (488); *Falter/Gecks*, NZG 2017, 1251.

277 Die Lebensdauer eines Trusts wird insbesondere durch die *rule against perpetuities* begrenzt, vgl. unter C. III. 1. des ersten Kapitels.

278 *Jorde/Götz* in FS Spiegelberger, S. 1301 (1304); diese bezeichnen die Nachlassplanung über mehrere Generationen hinweg treffend als Kaskadenvorsorge.

279 *Trißler*, Familienstiftung, S. 139.

280 *Götzenberger* in Deininger/Götzenberger, Vermögensnachfolgeplanung, S. 64, Rn. 99.

281 *Haeusler*, Stiftung & Sponsoring 2006, 38.

282 *Götzenberger* in Deininger/Götzenberger, Vermögensnachfolgeplanung, S. 64, Rn. 99; *Schulze-Borges*, ZEV 2017, 190.

der *settlor* sicherstellen, dass eben diese Nachkommen finanziell versorgt sind, zum Beispiel durch Festsetzung regelmäßiger Zahlungen im Wege eines *fixed interest trust*. Des Weiteren lässt sich das häufig auftretende Ziel eines Erblassers verwirklichen, seine Nachkommen durch Auszahlung von Vermögenserträgen zwar abzusichern, diesen aber aus Gründen der Vermögenserhaltung keinen Zugriff auf die Substanz des vorhandenen Vermögens zu gewähren. Dazu muss lediglich eine Bezugsberechtigung der Nachkommen mit einer Anfallsberechtigung weiterer *beneficiaries* gekoppelt werden.

In diesem Zusammenhang ist der sogenannte *spendthrift trust* zu erwähnen. Das Ermessen des *trustee* ist bei dieser Variante des Trusts in der Weise eingeschränkt, dass der *trustee* verpflichtet ist, Trusterträge zur Bestreitung von Unterhalts-, Krankheits- oder Ausbildungskosten des *beneficiary* auszuschütten. Dies gilt insbesondere im Vergleich zum *discretionary trust*, bei dem Ausschüttungen durch den *trustee* in dessen völlig freiem Ermessen stehen können. Ein *spendthrift trust* ist folglich nicht als *fully discretionary* zu bezeichnen, da die Ermessensausübung des *trustee* bei Ausschüttungen zu diesen Anlässen beschränkt ist. Aufgrund dieses eingeschränkten Ermessens des *trustee* wird der *spendthrift trust* bisweilen als dritte Ausformung neben *fixed interest trust* und *discretionary trust* erachtet.[283] Dies kann überzeugen, da ein *spendthrift trust* zwar grundsätzlich als *discretionary trust* ausgestaltet ist, bezüglich der Versorgung hinsichtlich Unterhalts-, Krankheits- oder Ausbildungskosten dem *beneficiary* jedoch feste Ansprüche gewährt, und somit zugleich Elemente eines *fixed interest trust* aufweist.

Besonders ist beim *spendthrift trust* zudem, dass der *beneficiary* zwar einen Anspruch auf die durch das Trustvermögen generierten Erträge zur Versorgung erhält, diesen Anspruch aber nicht abtreten kann und Gläubiger auf diesen grundsätzlich nicht zugreifen können.[284] Hier steht im Falle von verschwendungssüchtigen oder geschäftlich unerfahrenen Erben der Schutz dieser vor sich selbst im Vordergrund, während das Familienvermögen als Substanz für gegenwärtige und spätere Generationen erhalten bleibt.[285] Geld soll in diesem Fall zwar nicht im Überfluss vorhanden sein, gleichzeitig aber muss stets eine ausreichende Versorgung im Krankheitsfalle oder für Ausbildungszwecke zur Verfügung stehen. So lässt sich insbesondere die elterliche Unterstützung für

---

283 *Dodge*, Wills, Trusts and Estate Planning, S. 381.

284 *Remde*, Vermögensverselbständigung, S. 282; *Göckeler* in Flick/Piltz, Internationaler Erbfall, Rn. 1074.

285 *Wittuhn*, ZEV 2007, 419; *Haeusler* in Richter/Wachter, Handbuch, S. 249, Rn. 106.

deren Nachkommen durch Zuwendung von Lebenshaltungskosten auch über deren Tod hinaus durch den *trustee* fortsetzen und mitsamt allen ihren Facetten nachbilden. Es wird deutlich, dass die Flexibilität von Trustgestaltungen hier den individuellen Wünschen stets zur Geltung verhelfen kann.

II. Alternative zu erbrechtlichen Instrumenten

Abgesehen von der zwar begrenzten, aber längeren Lebensdauer einer Trustgestaltung gegenüber Nacherbfolge, Vermächtnisanordnung und Testamentsvollstreckung gibt es noch weitere Gründe, sich eines Trusts zu bedienen. Denn insbesondere der angloamerikanische Rechtskreis kennt eine Vielzahl von erbrechtlichen Gestaltungsmitteln wie etwa die Vor- und Nacherbschaft nicht oder akzeptiert diese nur in Teilen. In diesem Kontext kann der Trust, quasi im Umkehrschluss zur Umdeutung im Rahmen des internationalen Privatrechts[286], dazu eingesetzt werden die Rechtswirkungen dieser Institute zu erzielen, solange Anknüpfungspunkte zu diesen Rechtsordnungen vorhanden sind.[287] Zudem kann der Erblasser eine Zuwendung verfügen wollen, die er ohne größeren Aufwand widerrufen kann. Nicht immer ist dahingehend eine Flexibilität des deutschen Rechts gegeben, so beispielsweise beim gemeinschaftlichen Testament mit Bindungswirkung.[288] Die Bildung eines *revocable trust* dürfte den Wünschen nach Flexibilität mithin Genüge tun, ohne dass der Erblasser Einbußen seiner gestalterischen Flexibilität an anderer Stelle hinnehmen müsste.

In Bezug auf Pflichtteilsansprüche lassen sich mit dem Trust allerdings kaum nennenswerte Vorteile gegenüber den üblichen Gestaltungsinstrumentarien erzielen. Denn die deutschen erb- und familienrechtlichen Bestimmungen verhindern effektiv, dass Pflichtteils- und Pflichtteilsergänzungsansprüche sowie der Zugewinnausgleichsanspruch ausgehöhlt werden.[289] So kann ein Pflichtteil im Todesfall auch das in einem Trust befindliche Vermögen erfassen; dies folgt daraus, dass die zehnjährige Frist des Pflichtteilsergänzungsanspruchs gemäß § 2325 Abs. 3 BGB auch bei lebzeitiger Übertragung des Vermögens auf einen Trust greift.[290] Somit müssen zwischen Bildung des Trusts und dem Tod des *settlor* mindestens zehn Jahre vergangen sein, um zum Ausschluss von

286 Vgl. hierzu oben unter D. II. des ersten Kapitels.

287 *Birnbaum/Lohbeck/Pöllath*, FR 2007, 479 (480).

288 *Pawlytta/Schmutz*, ZEV 2008, 59.

289 *Siemers/Müller*, ZEV 1998, 206 (208).

290 *Jülicher*, PIStB 1999, 37 (38).

Pflichtteilsansprüchen zu gelangen. Die Trustbildung ist nämlich in ihrer Wirkung einer Schenkung nach § 516 BGB gleichzustellen.[291]

Zugleich ist es möglich, dass Trustbildungen, die länger als zehn Jahre zurückliegen, noch zum Bestehen von Pflichtteilsergänzungsansprüchen führen können. Dies ist der Fall, wenn der *settlor* – vergleichbar dem Vorbehaltsnießbrauch bei lebzeitiger Schenkung[292] – sich einen Nießbrauch am Trustvermögen vorbehalten hat. Nach Rechtsprechung des BGH kann eine den Fristbeginn auslösende Schenkung nämlich nur dann vorliegen, wenn der Erblasser nicht nur seine Rechtsstellung als Eigentümer endgültig aufgibt, sondern auch darauf verzichtet, den verschenkten Gegenstand weiterhin im Wesentlichen zu nutzen, sei es aufgrund des Vorbehalts dinglicher Rechte oder durch Vereinbarung schuldrechtlicher Ansprüche.[293] Diese Sichtweise lässt sich insbesondere auf den *grantors trust* anwenden, bei dem der *settlor* selbst als *beneficiary* eingesetzt ist.[294] Entsprechendes gilt für den Zugewinnausgleichsanspruch.[295]

So verbleibt bei Anstrebung einer Umgehung letztlich nur die Möglichkeit, die Trustbildung in einem Staat vorzunehmen, in dessen Rechtsordnung keine Pflichtteils- oder Noterbansprüche existieren und der die Anerkennung entgegenstehender ausländischer Rechtsprechung verweigert.[296] In europäischen Staaten, die dem Haager Trustübereinkommen beigetreten sind, verhindern insbesondere Art. 4 und 15 c) HTÜ, dass deutsche Pflichtteilsrechte ausgehöhlt werden, auch wenn das Pflichtteilsrecht eines anderen Staates zur Anwendung käme.[297] Im Gegenzug deklariert Art. 9 Abs. 2 b) des Trustgesetzes von Jersey, dass selbst wenn der Trust Rechte oder Ansprüche verletzt, die nach ausländischem Pflichtteilsrecht entstanden sind, das auf den Trust anzuwendende Recht des Staates Jersey vorzugehen hat.[298]

---

291 *Siemers/Müller*, ZEV 1998, 206 (208); auch nach deutschem Steuerrecht wird die Bildung bzw. Ausstattung eines *inter vivos trust* als Schenkung unter Lebenden betrachtet, vgl. § 7 Abs. 1 Nr. 8 S. 2 ErbStG.

292 *Bredow/Reich*, WiB 1995, 775 (778).

293 BGH 27.4.1994 – IV ZR 132/93, BGHZ 125, 395 (398 f).

294 *Göckeler* in Flick/Piltz, Internationaler Erbfall, Rn. 1097.

295 *Jülicher*, PIStB 1999, 37 (38).

296 *Von Oertzen/Reich* in Grotherr, Handbuch, S. 1896; als Beispiel wird die Kanalinsel Guernsey genannt.

297 *Pawlytta/Schmutz*, ZEV 2008, 59 (63).

298 Art. 9 Abs. 2 b) des Jersey-Trustgesetzes in der Fassung vom 25.10.2013 bestimmt wörtlich: „*Without prejudice to the generality of paragraph (1), any question mentioned in that paragraph shall be determined without consideration of whether or not the trust or disposition avoids or defeats rights, claims, or interests conferred by any foreign law*

Die Regelungen des HTÜ und des Jersey Trustgesetzes könnten hinsichtlich der Bewertung etwaiger Pflichtteilsansprüche am Trustvermögen somit kaum unterschiedlicher sein, und bringen die gegenteiligen Motivationen und Intentionen der jeweiligen Rechtskreise unverhohlen zum Ausdruck. Dennoch dürfte die Bildung eines Trusts mit der Intention, Pflichtteilsansprüche deutscher Erben zu reduzieren oder ganz zu umgehen, regelmäßig fehlschlagen. Denn der BGH ist bisher allen Tendenzen entgegengetreten, die es Erblassern ermöglichen sollen, erhebliche Teile ihres Vermögens zum Nachteil von Pflichtteilsberechtigten oder Vertragserben durch Rechtsgeschäft unter Lebenden am Nachlass vorbei an ihnen genehmere Personen weiterzuleiten und macht seinen Standpunkt bisweilen sehr deutlich.[299] Und auch der Rückzug zu Staaten wie Jersey oder Guernsey ist stets mit Risiken verbunden, da die Möglichkeit von Zwangsmaßnahmen im Wohnsitzstaat der beteiligten Personen im Raume steht.[300] Erneut gilt Gesagtes auch für den Zugewinnausgleichsanspruch.

Die einzige Möglichkeit einer effektiven Senkung von Zugewinnausgleichs- und Pflichtteilsansprüchen besteht darin, dem Trust, welchem die Vermögenswerte zugeführt werden, zahlreiche Gesellschaften nachzuschalten (sog. *underlying companies*). Zwar wird das Dotationskapital des Trusts nach § 1375 Abs. 2 und 3 BGB in die Zugewinnausgleichsberechnung bzw. gemäß § 2325 Abs. 2 und 3 BGB in die Berechnung eines etwaigen Pflichtteilsergänzungsanspruchs mit einbezogen; dies gilt jedoch nicht für die von den nachgeschalteten Gesellschaften nach der Trustbildung erzielten Erträge.[301]

III. Vermeidung des nachlassgerichtlichen Verfahrens

Durch Übertragung des gesamten Vermögens auf den *trustee* zu Lebzeiten des *settlor* lässt sich zuletzt die gerichtliche Nachlassabwicklung in den USA, genannt *probate*, vermeiden.[302] Das Wort *probate* bezeichnet umgangssprachlich ein Gerichtsverfahren, in dem die Wirksamkeit einer letztwilligen Verfügung gerichtlich überprüft wird; gleichwohl kann das Nachlassgericht (*probate court*)

---

upon any person by reason of a personal relationship or by way of heirship rights, or contravenes any rule of foreign law or any foreign judicial or administrative order or action intended to recognize, protect, enforce or give effect to any such rights, claims or interests".

299 Vgl. die Erwägungen in BGH 27.11.1991 – IV ZR 164/90, NJW 1992, 564 ff.

300 Vgl. hierzu *von Oertzen/Reich* in Grotherr, Handbuch, S. 1897.

301 *Alpers*, DSWR 2005, 242; *Werz/Brunner*, PIStB 2006, 40 (41).

302 *Göckeler* in Flick/Piltz, Internationaler Erbfall, Rn. 1044; *Werz/Brunner*, PIStB 2006, 40 (41); *von Oertzen/Stein*, ZEV 2010, 500 (501); *Radwan*, CCZ 2018, 67 (68).

auf Antrag auch bei Eintreten der gesetzlichen Erbfolge tätig werden.[303] Das Verfahren ist in den einzelnen Bundesstaaten zum Teil sehr unterschiedlich geregelt.[304]

Im Folgenden soll der Ablauf dieses Verfahrens daher stark vereinfacht dargestellt werden. Ist ein Testament vorhanden, wird zunächst durch das Nachlassgericht dessen Wirksamkeit überprüft.[305] Wird die Wirksamkeit des Testaments festgestellt, erteilt das Nachlassgericht ein *probate decree*, welches die Geltendmachung erbrechtlicher Ansprüche ermöglicht.[306] Anschließend wird ein *personal representative* – genannt *administrator* (Nachlaßverwalter) im Rahmen der gesetzlichen Erbfolge bzw. *executor* (Testamentsvollstrecker) im Rahmen der gewillkürten Erbfolge – bestellt, der für die Abwicklung des Nachlasses zuständig ist.[307] In den meisten Staaten der USA wird im Rahmen der Abwicklung zwischen beweglichem und unbeweglichem Vermögen differenziert: der bewegliche Nachlass geht zunächst auf den *personal representative* über, während bei Vorliegen von unbeweglichem Nachlass die Erben direkt Eigentum erhalten.[308] Der *personal representative* hat sodann die Pflicht, das bewegliche Nachlassvermögen nach Tilgung von Steuern und Schulden an die Erben zu übereignen.[309]

Wie sich aus dem dargestellten Ablauf erkennen lässt, kann ein solches Verfahren von langer Dauer sein und durch Beschäftigung des Gerichts und der weiteren Beteiligten hohe Kosten verursachen. Der Erblasser kann bereits zu seinen Lebzeiten Vorkehrungen treffen, die das nachlassgerichtliche Verfahren vermeiden, indem er eine Vermögensübertragung am Nachlass vorbei durch die Bildung eines *inter vivos trust* vornimmt.[310] So kann die gerichtliche Abwicklung durch ein Rechtsgeschäft unter Lebenden effektiv vermieden und dadurch die Dauer des Verfahrens abgekürzt werden. Auch lässt sich die Abwicklung eines

---

303 *Roth/Kather*, NJW-Spezial 2013, 551.

304 Vgl. zu den Details des probate-Ablaufs *Haas/Sieghörtner* in Bengel/Reimann, Handbuch, Rn. 406 ff.

305 *Siegwart*, ZEV 2006, 110 (111).

306 *Cornelius* in Flick/Piltz, Internationaler Erbfall, Rn. 1011.

307 *Wassermeyer*, Erbschaft- und Schenkungsteuerrecht, S. 4, Rn. 6; *von Oertzen/Lemmer*, IStR 2015, 952 (952 f.).

308 *Cornelius* in Flick/Piltz, Internationaler Erbfall, Rn. 1009; *von Oertzen/Lemmer*, IStR 2015, 952.

309 *Wassermeyer*, Erbschaft- und Schenkungsteuerrecht, S. 5, Rn. 7; hier ist, im Gleichklang zur Rechtstellung von *trustee* und *beneficiary*, zunächst der *personal representative* formeller und fiduziarischer Eigentümer während die Erben das *equitable interest* innehaben.

310 *Roth/Kather*, NJW-Spezial 2013, 551.

inter vivos trust durch den *trustee* kostengünstiger gestalten als die Abwicklung der Erbfolge durch den *personal representative.*[311] Schließlich hat die Bildung eines *inter vivos trust* für den *settlor* den Nutzen, dass auf Grund der Vermögensverwaltung durch einen Dritten später die gerichtliche Anordnung einer Betreuung nicht mehr möglich ist.[312]

IV. Zwischenergebnis

Der Trust eignet sich aufgrund seiner Flexibilität und Vielseitigkeit in hohem Maße als Instrument der Vermögensnachfolgeplanung. Seine Eignung zur familiären Vorsorge rührt dabei schon aus der Grundkonzeption des Trusts zu Zeiten der Kreuzzüge. Sowohl der *discretionary trust* als auch der *fixed interest trust* sind hierzu tauglich, obgleich die Mischform des *spendthrift trust* zur Versorgung von Nachkommen am besten geeignet ist. Durch seinen Einsatz im angloamerikanischen Ausland können Wirkungen erzielt werden, für deren Erreichen hierzulande zahlreiche Rechtsinstitute kombiniert werden müssten. Pflichtteils- und Zugewinnausgleichsansprüche deutscher Erben bzw. Ehegatten können durch Nutzung eines Trusts allerdings nur in sehr geringem Maße ausgehöhlt werden. Hingegen kann das nachlassgerichtliche Verfahren in den USA durch rechtzeitige Übertragung der Vermögenswerte des potentiellen Erblassers auf einen Trust vermieden werden.

B. Vermögenssicherung

I. Begriff der asset protection

Auch in dem Bereich der *asset protection*, im Deutschen am treffendsten mit Vermögenssicherung übersetzt, lassen sich mit dem Trust bedeutende Vorteile erzielen. Für vermögende Privatpersonen im Allgemeinen ist die Sicherung ihres Privatvermögens ein hochrangiges Ziel, auch schon lange bevor die Nachlassplanung in den Fokus rückt. Gerade für Unternehmer, die für ihre betrieblichen Verbindlichkeiten neben dem Betriebsvermögen auch mit ihrem privaten Vermögen haften, besteht daher die Notwendigkeit, präventive und rechtlich zulässige Vorkehrungen zu treffen, um ihr Privatvermögen dem Zugriff potentieller Gläubiger zu entziehen.[313] Die Ausweitung der persönlichen Haftung der

---

311 *Siegwart,* ZEV 2006, 110 (112).
312 *Siegwart,* ZEV 2006, 110 (112).
313 *Bisle,* DStR 2012, 525.

Geschäftsführung von Kapitalgesellschaften hat das Begehren nach einem derartigen Schutz des Privatvermögens sicher verstärkt.[314]

Bei der Planung der *asset protection* sind stets zwei Prämissen im Auge zu behalten: Erstens können die Gläubiger grundsätzlich auf jeden Vermögenswert zugreifen, der im Eigentum des Schuldners steht. Zweitens können die Gläubiger im Umkehrschluss nicht auf Vermögenswerte zugreifen, an denen der Schuldner kein Eigentum innehat.[315] Die Maxime in der Gestaltungsberatung der Vermögenssicherung ist daher, das Vermögen der haftungsgefährdeten Person auf eine dritte Person zu transferieren, zugleich aber auch sicherzustellen, dass der Betroffene weiterhin Einfluss auf das Vermögen hat.[316] Vorauszuschicken ist dabei, dass die legale Vermögenssicherung dort endet, wo das gezielte Verstecken von Vermögenswerten oder die arglistige, gezielt gläubigerbenachteiligende Übertragung von Vermögenswerten beginnt. Auf derartige missbräuchliche Vermögensübertragungen wird noch einzugehen sein.

II. Zugriffsschutz gegen Gläubiger des *settlor*

Während das Erreichen der eben genannten, in Konflikt miteinander stehenden Ziele mit den herkömmlichen Rechtsinstituten des deutschen Rechts oftmals eine Unmöglichkeit darstellt, ist der Trust mit dem definierenden Merkmal des Eigentumsdualismus dazu hervorragend geeignet.[317] So können die *beneficiaries*[318] die Früchte der Vermögenswerte in Form von Ertragsausschüttungen genießen, während der *trustee* die formale Eigentümerstellung und somit auch die Bürden des Eigentums der zugeführten Vermögenswerte im Kontext der *asset protection* zu tragen hat. Da zugleich das Trustvermögen nicht zum Privatvermögen des *trustee* gehört und als Sondervermögen somit dem Zugriff privater Gläubiger des *trustee* entzogen ist[319], erfolgt eine Vermögenssicherung zudem in diese Richtung. In der Folge kann der *settlor* allenfalls noch in seiner

---

314 *Werz/Brunner*, PIStB 2006, 40 (41).

315 *Stein*, California Trusts and Estates Quarterly, Volume 12, Issue 4, 2007, 17.

316 *Bisle*, DStR 2012, 525.

317 *Von Oertzen/Ponath*, Asset Protection, Rn. 176; zur Vermögenssicherung mittels pivatnütziger Familienstiftungen vgl. *von Oertzen/Hosser*, ZEV 2010, 168 ff.

318 Unter die sich auch der *settlor* selbst einreihen oder sich gar als einzigen *beneficiary* benennen kann

319 *Göckeler* in Flick/Piltz, Internationaler Erbfall, Rn. 1029; *Schall/Simon* in Geimer/Schütze, EU-ErbVO (2016), Art. 1 EU-ErbVO, Rn. 59; vgl. zudem die Vorschriften des Art. 2 a) sowie Art. 11 des Haager-Trustübereinkommens.

potentiellen Stellung als *beneficiary* des Trusts von Gläubigern in Anspruch genommen werden.

Jedoch kann in Einzelfällen ein vom *settlor* zu eigenen Gunsten mit dem nachweisbaren Ziel des Zugriffsschutzes vor Gläubigern errichteter *irrevocable discretionary trust* vom *common law* nicht anerkannt werden, weshalb hier Vollstreckungsmöglichkeiten bezüglich des ganzen Trustvermögens eingreifen können.[320] Eine dahingehende Abschirmung des Vermögens wird allerdings durch „Steueroasen"[321] und in neuerer Zeit auch in diversen US-Bundesstaaten mit geringfügigen Ausnahmen gewährt[322] und ist somit theoretisch möglich.

Erwähnt sei an dieser Stelle, dass der *testamentary trust* naturgemäß kein taugliches Mittel zur lebzeitigen *asset protection* darstellt.[323] Zugriffsschutz zu Lebzeiten kann nur durch die Bildung eines *inter vivos trust* erreicht werden. Wichtige Voraussetzung für den Erhalt des Zugriffsschutzes ist mithin, dass der Trust als *irrevocable trust* ausgestaltet wird. Dem *settlor* darf keine Widerrufsmöglichkeit bezüglich der Übertragung der Vermögenswerte auf den Trust zustehen und er muss auch faktisch sämtliche Einflussmöglichkeiten[324] hinsichtlich des Trustvermögens eingebüßt haben.[325] Denn ansonsten könnte die Trustbildung und somit der Zugriffsschutz an dem Umstand scheitern, dass der *settlor* weiterhin als Eigentümer der Vermögenswerte angesehen wird.

Eine Anfechtung der unentgeltlichen Vermögensübertragung nach § 134 InsO an den Trust durch Gläubiger des *settlor* ist nach deutschem Recht grundsätzlich möglich, wird in der Regel allerdings am anzuwendenden ausländischen Recht der Trustjurisdiktion scheitern.[326] Gleiches gilt für die Anfechtung unentgeltlicher Leistungen nach § 4 AnfG; auch hier müssen sich potentielle Gläubiger mit Ansprüchen aus dem ausländischen Recht begnügen.[327]

---

320 *Remde,* Vermögensverselbständigung, S. 284.

321 U.a. Antigua, Bahamas, Bermuda, Cayman Islands, Cook Islands, Gibraltar.

322 *Remde,* Vermögensverselbständigung, S. 286.

323 *Von Oertzen/Ponath,* Asset Protection, Rn. 179.

324 Das bedeutet auch die indirekten Möglichkeiten, wie zum Beispiel die Beeinflussung des *trustee* durch den *letter of wishes*.

325 *Stein* in California Trusts and Estates Quarterly, Volume 12, Issue 4, 2007, 17; *Zondler/Zöller,* IStR 2015, 960 (961).

326 *Jülicher* in PIStB 1999, 37 (38).

327 *Von Oertzen/Ponath,* Asset Protection, Rn. 30; *Wassermeyer,* FR 2015, 149 (150).

III. Zugriffsschutz gegen Gläubiger der *beneficiaries*

1. Allgemeines

So verbleiben bei der Bildung eines *irrevocable trust* für den Gläubiger als Haftungssubstanz regelmäßig nur die Ertragsausschüttungen, welche die *beneficiaries* aus dem Trust erhalten. Daher werden Ertragsausschüttungen an die *beneficiaries* zur Erreichung der *asset protection* derart gestaltet, dass Gläubiger diese schwerlich voraussehen und deshalb weniger effektiv pfänden können. Zur gleichen Zeit wird von Ausschüttungen abgesehen, welche die Vermögenssubstanz des Trusts tangieren und so einen Zugriff auf diese ermöglichen.[328] So werden Trusts, die die *beneficiaries* vor Ansprüchen von Gläubigern schützen sollen, als *discretionary trust*[329] ausgestaltet.[330] Je weiter der dem *trustee* eingeräumte Ermessensspielraum geht, desto komplizierter gestaltet sich der Zugriff für die Gläubiger auf Ertragsausschüttungen an den *beneficiary.*[331]

Wird ein Trust in einer Offshore-Jurisdiktion errichtet, kommen den beteiligten Personen zwar die stringenten Eigentumssicherungsgesetze dieser Rechtskreise zugute, die den Zugang zu den Vermögenswerten oftmals spürbar erschweren.[332] In diesem Fall sind aber die paulianischen Anfechtungsmöglichkeiten[333]

---

328 *Stein* in California Trusts and Estates Quarterly, Volume 12, Issue 4, 2007, 17.

329 Weshalb der *irrevocable discretionary trust* mit dem Ziel der Vermögenssicherung auch als *asset protection trust* bezeichnet werden kann; diese beiden Merkmale erachtet auch *von Oertzen* als konstituierend, vgl. *von Oertzen/Ponath*, Asset Protection, Rn. 176.

330 Denn hier ist die Zuordnung von Eigentum bei den *beneficiaries* am schwierigsten zu fassen, so auch *Mathhews/Sowden*, The Jersey Law of Trusts, S. 40: „*The beauty of a discretionary trust is that it is impossible for a beneficiary to be said to own any definable part of the trust fund*". „Der Vorteil bei einem *discretionary trust* besteht darin, dass es unmöglich ist, einem *beneficiary* einen bestimmbaren Teil des Trustvermögens zuzuordnen" (Übersetzung des Verfassers).

331 Vgl. auch *Todd/Lowrie*, Trusts, S. 118:„*As with mere powers, nobody who is an object can claim a defined interest, or indeed any interest at all, unless and until the trustees discretion is exercised in his favour*". „Wie bei bloßen Befugnissen kann kein Objekt [des Trusts] einen bestimmbaren Anteil bzw. überhaupt irgendeinen Anteil fordern, wenn nicht und bis der *trustee* sein Ermessen zu dessen Gunsten ausübt" (Übersetzung des Verfassers).

332 *Haeusler* in Richter/Wachter, Handbuch, S. 250, Rn. 109.

333 Mittels der paulianischen Anfechtung kann beispielsweise in der Schweiz versucht werden, Vermögenssubstrat, das durch bestimmte Rechtshandlungen des Schuldners vor der Pfändung oder der Konkurseröffnung einem Dritten übertragen wurde, als Vollstreckungssubstrat in ein konkretes Schuldbetreibungsverfahren zu ziehen, vgl.

im Wohnsitzstaat des *settlor* sowie die Möglichkeit eines Arrests des geschützten Trustvermögens, wenn dieses nicht in der Offshore-Jurisdiktion verortet ist, möglicherweise taugliche Hilfsmittel der Gläubiger.[334] Für den Fall, dass eine Anfechtung der Übertragung von Vermögenswerten auf den Trust wegen Verfristung oder Anwendung einer ausländischen Rechtsordnung scheitert, kommt lediglich noch die Pfändung von Ansprüchen der *beneficiaries* in Betracht, unter die sich auch der *settlor* einreihen kann.[335] Letztlich ist gleichwohl auch diese Pfändung nur im Sitzstaat des *trustee* durchsetzbar und unterliegt folglich den Bestimmungen, die das ausländische Recht des Vollstreckungsstaates für den Zugriff aufstellt.[336]

2. Gefahr des Missbrauchs

Die Grenze von Gestaltungen zur *asset protection* bilden freilich auch hier missbräuchliche Vermögensverschiebungen. So gestattete zum Beispiel ein Schweizer Bezirksgericht den Arrestdurchgriff auf eine neuseeländische Trustkonstruktion, deren Vermögenswerte zwischenzeitlich auf einem Konto auf den British Virgin Islands gelagert waren.[337] Für den Arrestdurchgriff waren nach Ansicht des Gerichts zwei Gründe maßgeblich: Zum einen lag wirtschaftliche Identität zwischen dem Arrestschuldner und dem Vermögensträger vor. Zum anderen sah es das Gericht aufgrund der aufwendigen Konstruktion der Vermögensverhältnisse als erwiesen an, dass der Arrestschuldner sein Vermögen in rechtsmissbräuchlicher Absicht übertragen hatte, nämlich um das Vermögen dem Zugriff seiner Gläubiger zu entziehen. Ausschlaggebend war zudem, dass eine faktische Kontrolle des Trusts durch den Arrestschuldner bewiesen werden konnte. Die Entscheidung des Gerichts zeigt, dass auch professionell aufgezogene Konstruktionen zur Verschleierung der Herkunft von Vermögenswerten über Offshore-Trusts durchdrungen werden können.[338]

Strub/Jeanneret in Kindler/Nachmann, Insolvenzrecht, Schweiz, Rn. 305 ff; wie oben gezeigt ist die Möglichkeit der Anfechtung nach nationalem Recht allerdings oft versperrt.

334 *Haeusler* in Richter/Wachter, Handbuch, S. 250, Rn. 110.

335 *Remde*, Vermögensverselbständigung, S. 294.

336 Vgl. zu den Einzelheiten *Remde*, Vermögensverselbständigung, S. 294 f. m.W.N.

337 Vgl. Bezirksgericht Zürich, Verfügung vom 13.2.2007, Geschäftsnummer EQ 060061/U.

338 So *Wolf*, CCZ 2008, 40.

Ähnlich positionierte sich das Schweizer Bundesgericht im Fall eines in Scheidung befindlichen russischen Oligarchen.[339] So wurde im Rahmen einer Entscheidung über vorsorgliche Maßnahmen im Scheidungsverfahren der Transfer von Vermögen in einen zypriotischen Trust als missbräuchlich gewertet und daher auf das Vermögen des Trusts durchgegriffen. Auch hier sah die Rechtsprechung die Verletzung von eherechtlichen Ansprüchen der Ehegattin als erwiesen an, zumal die Vermögensverschiebung in den Trust erhebliches Potential für einen *sham trust*[340] erkennen ließ.[341]

Es bleibt festzuhalten, dass effektive *asset protection* schnell in Missbrauch umschlagen kann, welcher auch von den Gerichten in den sogenannten Steuerparadiesen dieser Welt – und gerade in der Schweiz aufgrund der Abschaffung des Bankgeheimnisses – nicht unerkannt bleibt und zumindest in Form eines Arrestdurchgriffes sanktioniert werden kann.

3. *Spendthrift Trust*

Eine etwaige Pfändung der Ansprüche von *beneficiaries* nach ausländischem Recht wird zusätzlich verkompliziert, wenn man den Trust als *spendthrift trust*[342] ausgestaltet. Dieses Ziel wird erreicht, indem man einen *irrevocable discretionary trust* zusätzlich mit einer *spendthrift*-Klausel versieht.[343] Ursprünglich mit der Motivation verbunden, die Vermögenssubstanz vor verschwendungssüchtigen Nachkommen zu schützen und damit ihren Erhalt über nachfolgende Generationen abzusichern[344], kann die Einsetzung einer *spendthrift*-Klausel zudem auf dem Gebiet der *asset protection* Nutzen entfalten. Auch bei einem gewöhnlichen *discretionary trust* wird der *trustee* bisweilen nicht völlig frei in der Entscheidung zur Ausschüttung sein. Diese wird sich also unter bestimmten Gesichtspunkten abzeichnen.[345] Im Zuge dessen besteht die Möglichkeit der Pfändung von

---

339 Vgl. Entscheidung des Bundesgerichts vom 26.4.2012, BGer 5A_259/2010.

340 Ein *sham trust* liegt vor, wenn der *settlor* in Wahrheit nicht beabsichtigt, einen Trust zu errichten. So hält beispielsweise der *trustee* die Vermögenswerte zwar für den *settlor*, verfügt aber über diese nur nach dessen unmittelbaren Weisungen; vgl. zum *sham trust* beispielsweise *Moosmann*, Angelsächsischer Trust, S. 124 f.

341 *Breitschmid*, ZEV 2013, 548.

342 *Wittuhn*, ZEV 2007, 419; *Schall/Simon* in Geimer/Schütze, EU-ErbVO (2016), Art. 1 EU-ErbVO, Rn. 59.

343 *Kötz*, Trusts und Treuhand, S. 48 f.; *Sieker*, US-Trust, S. 45

344 Vgl. bereits unter A. I. 2. des zweiten Kapitels.

345 Zum Beispiel, wenn der *beneficiary* nach Schulabschluss voraussichtlich ein Studium beginnen wird.

zukünftigen Ansprüchen der *beneficiaries*, an denen die Gläubiger sich im Falle einer Ausschüttung tatsächlich befriedigen können.[346]

Im Rahmen eines *spendthrift trust* kann der *beneficiary* seine Ansprüche auf die durch das Trustvermögen generierten Erträge zur Versorgung nicht abtreten, Gläubiger können diese nur unter engen Bedingungen pfänden und sogar im Falle der Insolvenz sind die zugewendeten Vermögenswerte grundsätzlich geschützt.[347] Aufgrund der in Saunders v. Vautier[348] aufgeführten Regel, dass die Beendigung des Trust vorrangig im Ermessen des volljährigen und geschäftsfähigen *beneficiary* steht, ist die Einsetzung einer *spendthrift clause* im englischen Recht zwar grundsätzlich nicht möglich, in den Bundesstaaten der USA erfreut sie sich jedoch großer Beliebtheit. Grenzen der Unpfändbarkeit bestehen je nach dem Recht des jeweiligen Bundesstaates lediglich bezüglich Mitteln, die der *beneficiary* nicht für Unterhalt und Ausbildung aufbringen muss[349], bei Unterhaltsansprüchen und Ansprüchen aus unerlaubter Handlung gegen den *beneficiary* sowie bei Steuernachzahlungen oder anderen Abgaben an den Fiskus.[350]

4. *Protective Trust*

Der *protective trust* ist das englische Pendant zum *spendthrift trust*.[351] Aufgrund der in Saunders v. Vautier aufgestellten Regel ist die Einführung einer *spendthrift*-Klausel im englischen Recht so nicht möglich, so dass es einer elaborierten Doppel-Trust-Konstruktion bedarf: Zunächst wird Vermögen in einen *fixed interest trust* für den *beneficiary* eingebracht, wobei regelmäßige Ausschüttungen der Trusterträge an den *beneficiary* erfolgen. Kommt es auf Seiten des *beneficiary* zu finanziellen Problemen und schließlich zur Insolvenz, kommt der tatsächliche *protective trust* zum Tragen. Der Ausschüttungsanspruch des *beneficiary* aus dem ersten Trust wird auf einen zweiten Trust übertragen, welcher als *discretionary trust* ausgestaltet ist und dessen Begünstigte der ursprüngliche *beneficiary* sowie dessen Angehörige sind.[352] Im Rahmen dieses *discretionary trust* wird der *trustee* sein Ermessen dergestalt ausüben, dass er während der finanziellen

---

346 *Stein* in California Trusts and Estates Quarterly, Volume 12, Issue 4, 2007, 17.

347 *Remde,* Vermögensverselbständigung, S. 282; *Göckeler* in Flick/Piltz, Internationaler Erbfall, Rn. 1074.

348 *Saunders v. Vautier* (1841) 10 LJ Ch 354, vgl. bereits unter C. III. 4. des ersten Kapitels.

349 Der sogenannte *excess over amount needed for support* (etwa: der die Grundversorgung übersteigende Betrag; Übersetzung des Verfassers).

350 *Remde,* Vermögensverselbständigung, S. 283 f. m.w.N.

351 *Daragan,* ZEV 2007, 204 (206).

352 *Trißler,* Familienstiftung, S. 134.

Schieflage des *beneficiary* keine Ertragsausschüttungen vornimmt. So bleibt den Gläubigern des ursprünglichen *beneficiary* im Insolvenzfall ein Zugriff auf die Erträge des Trusts verwehrt. Zwar kann der *beneficiary* seine Ansprüche immer noch vertraglich abtreten, jedoch führt dies aufgrund des Ermessensspielraums des *trustee* regelmäßig nicht zu einem Anspruch des Dritten. Zudem bestehen Grenzen der Insolvenzfestigkeit beim Zufluss von Waren und Eigentum an den *beneficiary*.[353] Damit bleibt der *protective trust* grundsätzlich im Schutzniveau des Vermögens der *beneficiaries* hinter dem des *spendthrift trust* zurück.

IV. Zugriffsschutz gegenüber Trustbeteiligten

1. Gegenüber beneficiaries

Der Trust bietet zunächst einen umfangreichen Schutz vor dem Zugriff der *beneficiaries* auf die Vermögenssubstanz. So können die *beneficiaries* eines Trusts nach den Wünschen des *settlor* lediglich als Bezugsberechtigte an den Trusterträgen partizipieren, ohne dass ihnen im Rahmen einer Anfallsberechtigung ein Zugriff auf die Vermögenssubstanz des Trusts ermöglicht wird.

2. Gegenüber settlor

Obgleich es dem *settlor* als Initiator einer Truststruktur selbstverständlich freisteht, inwieweit er sich Kontrolle und Zugriff über das in den Trust eingebrachte Vermögen vorbehalten will, ist eine Trennung des *settlor* von den Vermögenswerten schon durch die Nutzung einer Trustkonstruktion als solcher intendiert. Dies hemmt jedoch nicht die Möglichkeit des *settlor*, als *beneficiary* an der Vermögenssubstanz des Trusts und daraus erwirtschafteten Erträgen zu partizipieren. Unter beinahe jeder Rechtsordnung ist eine vollständige Trennung des *settlor* von seinen Vermögenswerten erforderlich. Hierzu sollte der Trust als *irrevocable trust* ausgestaltet sein.[354] Erfolgt eine solche Trennung nicht, verschlechtert oder erübrigt sich jedoch der Zugriffsschutz vor etwaigen Gläubigern des *settlor*.[355]

---

353 *Trißler*, Familienstiftung, S. 135.

354 *Von Oertzen*, DStR 2002, 433; *Werder/Wystrcil*, BB 2015, 412 (414); *Zonder/Zöller*, IStR 2015, 960 (961).

355 Vgl. zu diesem Problemkreis im erbschaftsteuerlichen Kontext unter B. I. 2. b) des dritten Kapitels, im ertragsteuerlichen Kontext unter A. II. des vierten Kapitels.

3. *Gegenüber* trustee *und dessen Gläubigern*

Bei wirksamer Bildung eines Trusts entsteht ein Sondervermögen bei dem *trustee*, welches von seinem Privatvermögen zu trennen ist und somit dem Zugriff etwaiger Gläubiger des *trustee* im Haftungsfall entzogen ist.[356] In diesem Sinne stellt auch Art. 2 a) des Haager Trustübereinkommens[357] fest: „Das Vermögen des Trusts stellt ein getrenntes Sondervermögen dar und ist nicht Bestandteil des persönlichen Vermögens des Trustees". Art. 11 HTÜ stellt den Status des Trustvermögens als Sondervermögen als Mindestwirkung der Anerkennung von Trusts heraus und spezifiziert in Art. 11 a) - d) HTÜ die Rechtsfolgen dieser Mindestwirkung. So bestimmt Art. 11 a) HTÜ, dass Gläubigern des *trustee* der Zugriff auf das Trustvermögen verwehrt bleibt. Zudem wird fixiert, dass im Falle einer Insolvenz das Trustvermögen nicht Bestandteil des persönlichen Vermögens des *trustee* wird und zu keiner Zeit zum ehelichen Vermögen oder zum Nachlass des *trustee* gehört.[358] Letztlich steht dem *beneficiary* ein Herausgabeanspruch gegen den *trustee* bzw. einen Dritten zu, falls dieser Trustvermögen mit seinem eigenen Vermögen vermengt oder selbiges veräußert, wobei bezüglich der Rechte und Pflichten eines Dritten in Bezug auf das Trustvermögen die Kollisionsnormen des Staates des angerufenen Gerichts Berücksichtigung finden.[359] Es ist somit festzuhalten, dass der Zugriffsschutz im Hinblick auf den *trustee* sowie dessen Gläubigern einem hohen Standard genügt.

V. Zwischenergebnis

Die Bildung eines *irrevocable discretionary trust* unter Lebenden bietet ein hohes Maß an Zugriffsschutz vor den an der Trustkonstruktion beteiligten Personen. Lediglich im englischen Rechtskreis können volljährige und geschäftsfähige *beneficiaries* ihren Anteil am Trustvermögen heraus verlangen. Gläubigern des *settlor* steht aufgrund des Eigentumsdualismus bei einem *irrevocable discretionary trust* der Zugriff auf das Trustvermögen nicht offen. Liegen objektive Anzeichen für einen Mißbrauch vor, kann genau diese Trustkonstruktion von entsprechenden Gerichten jedoch als unwirksam betrachtet werden. Wird ein

---

356 *Von Oertzen/Ponath*, Asset Protection, Rn. 176; vgl. hierzu schon oben unter B. II. 2. des ersten Kapitels.

357 Übereinkommen über das auf Trusts anzuwendende Recht und ihre Anerkennung, abgeschlossen in Den Haag am 1.7.1985, einsehbar unter: http://www.hcch.net/index_en.php?act=conventions.text&cid=59.

358 So Art. 11 b) und c) HTÜ.

359 Vgl. Art 11 d) HTÜ.

Trust zu Zwecken der Vermögenssicherung als *spendthrift trust* oder *protective trust* ausgestaltet, ist ein Gläubigerzugriff auf Seiten der *beneficiaries* zwar grundsätzlich immer noch möglich, wird aber praktisch kaum durchsetzbar sein. Das Schutzniveau ist dabei stets auch von der gewählten Rechtsordnung abhängig.

C. Wahrung von Diskretion

I. Allgemeines

Ein weiterer Grund, den Trust als Instrument der Nachfolgeplanung in Erwägung zu ziehen, ist der Wunsch nach Diskretion auf Seiten des *settlor*. Die Motive eines *settlor* dafür können unterschiedlichster Art sein: So kann der *settlor* Zuwendungen an nichteheliche Kinder, langjährige Freunde oder auch eine Schenkung an die Geliebte in diskreter Weise tätigen wollen.[360] Aufgrund des Entstehens von Neid und Missgunst bei ihren Mitmenschen bedienen sich auch eine Vielzahl Industrieller des Trusts, um Daten betreffend ihre Familie und deren Vermögen im Dunkeln bleiben zu lassen. In diesem Zusammenhang werden selten Einzelpersonen wie zum Beispiel der Familienanwalt als *trustee* gewählt, sondern es wird auf die Unterstützung institutioneller *trustees* – meist Tochtergesellschaften von Banken, die sogenannten *trust companies* – rekurriert.[361]

Wie aktuelle Vorkommnisse zeigen, können derartige Motive insbesondere für einen *settlor* aus einem kommunistisch geprägten Land eingreifen, in welchem die Anhäufung von Vermögen kritisch betrachtet wird.[362] Auch kann politische Instabilität im Herkunftsland des *settlor* ein Bedürfnis nach Diskretion wecken.[363] Denn in Ländern mit einem geringen Maß an Rechtsstaatlichkeit droht die Gefahr von Enteignungen, wie zum Beispiel im Zuge eines politischen Machtwechsels.[364] Die diskrete Übertragung von Vermögen auf Truststrukturen außerhalb des betroffenen Landes, welche im Extremfall staatlichem, aber nicht dem eigenen Zugriff entzogen sind, hat unter anderem nach den Unruhen in Nordafrika im Jahre 2011 wieder Konjunktur.[365]

---

360 *Pawlytta/Schmutz*, ZEV 2008, 59.

361 *Killius* in FS Rädler, S. 343 (344); einzelne Vetrauenspersonen des *settlor* bekommen hingegen traditionell die Rolle des *protector* zugeschrieben.

362 Vgl. zum Beispiel China nur FAZ vom 23.01.2014, abrufbar unter: http://www.faz.net/aktuell/finanzen/fonds-mehr/wie-schwarzgeld-weiss-wird-geldwaesche-mit-dem-wetter-in-zuerich-12764652.html.

363 *Maure*, Trusts & Trustees 2013, Vol. 19, 290 (292).

364 *Götzenberger* in Deininger/Götzenberger, Vermögensnachfolgeplanung, S. 65, Rn. 99.

365 *Maure*, Trusts & Trustees 2013, Vol. 19, 290 (292).

Dabei hat der Trust den Vorteil, dass seine Bildung in der Regel ohne die Mitwirkung staatlicher Behörden möglich ist.[366] Im Gegensatz zur deutschen Stiftung, die gemäß § 80 Abs. 1 BGB bisweilen eine Genehmigung der Länderbehörden benötigt, erfolgt beim Trust regelmäßig keine Registrierung.[367] Somit ist beim Trust keine Offenlegung der Vermögensverhältnisse nötig. Im angloamerikanischen Rechtskreis besteht lediglich für den *charitable trust* in England eine Registrierungspflicht.[368] Im kontinentaleuropäischen Rechtskreis ist eine solche Registerpflicht beispielsweise in Liechtenstein normiert: Der Trust ist entweder zur Eintragung in das Öffentlichkeitsregister anzumelden oder eine beglaubigte Abschrift der Bildungsurkunde eines *inter vivos trust* beim Grundbuch- und Öffentlichkeitsregisteramt zu hinterlegen. Auch hierbei wird die Anonymität von *settlor* und *beneficiaries* in jedem Falle gewahrt. Grundsätzlich übt das Landgericht zudem die Aufsicht über Liechtenstein-Trusts aus.[369] Da die einzigen bei der Bildung zwangsläufig involvierten Parteien der *settlor* und der *trustee* sind, wird den *beneficiaries* ein gewisser Identitätsschutz eingeräumt.[370] Falls Trustdokumente existieren, befinden sie sich im Vertraulichkeitsdossier des *trustee* oder gegebenenfalls des *protector*, so dass selbst die *beneficiaries* bisweilen von ihrer Begünstigung erst im Falle einer Ausschüttung erfahren.[371] Bei der Bildung eines US-amerikanischen *totten trust*[372], der durch Eröffnung eines Bankkontos zu Gunsten des *beneficiary* entsteht, kann sich der *settlor* bis zu seinem Tod zum Widerruf entscheiden[373], wobei der *beneficiary* nicht einmal um die Existenz des Trusts wissen muss.[374]

Zusätzlich kommt auch im Ressort der Diskretion die charakteristische Eigentumsspaltung positiv zum Tragen. Da der *trustee* die formale Eigentümerstellung über das Trustvermögen innehat, tritt auch nur er nach außen in Erscheinung.

---

366 *Jorde/Götz* in FS Spiegelberger, S. 1301 (1305).

367 *Götzenberger* in Deininger/Götzenberger, Vermögensnachfolgeplanung, S. 65, Rn. 99; vgl. allerdings zur Frage der Notwendigkeit der Einführung eines Registers für Trusts *Riches,* Trusts & Trustees 2013, Vol. 19, 343 ff.

368 So *Cutbill/Sturm* in Richter/Wachter, Handbuch, S. 856 ff., Rn. 89 ff.

369 Vgl. zu den Details von Registerpflicht und Aufsicht *Werz/Brunner,* PIStB 2006, 40 (42 f.); *Schurr*, ZStV 2017, 12 (15 f.).

370 *Jorde/Götz* in FS Spiegelberger, S. 1301 (1305).

371 *Haeusler* in Richter/Wachter, Handbuch, S. 250, Rn. 111; *Kalenberg/Reichert*, IStR 2016, 140.

372 In re Totten 71 N.E. 748 [N.Y. 1904]; vgl. hierzu auch *Czermak*, Express trust, S. 82 ff.

373 *Killius* in FS Rädler, S. 343 (346).

374 *Wittuhn,* ZEV 2007, 419.

Insbesondere bei der Eintragung in öffentliche Bücher und bei der Ausstellung von Urkunden[375] wird stets der *trustee* als handelnder Eigentümer auftreten.[376] Im deutschen Recht wird der *trustee* gar als Eigentümer in das Grundbuch eingetragen und zwar ohne den Zusatz „als Treuhänder" oder „*trustee* nach Recht des Staates X".[377] Wie oben gezeigt, kann zudem das nachlassgerichtliche Verfahren für Vermögen innerhalb der USA durch Bildung eines *inter vivos trust* vermieden werden. Auf diesem Weg werden die Publizitätserfordernisse dieses nachlassgerichtlichen Verfahrens umgangen und eine diskretere Abwicklung sichergestellt.[378]

II. Grenzen der Diskretion

Nicht unerwähnt bleiben darf allerdings, dass die Grenzen der Diskretion erreicht sind, wenn es um Geldwäsche[379] oder andere Formen des Missbrauchs geht. So werden sich nur noch in wenigen Ländern Banken finden, welche die Eröffnung eines Kontos des *trustee* für den Trust zulassen, ohne vorher Informationen über die Identität des wirtschaftlich Berechtigten erhalten zu haben.[380]

Auch gegenüber der deutschen Finanzverwaltung bestehen Anzeige- und Mitwirkungspflichten von an Truststrukturen Beteiligten, die zur Offenlegung ihrer Identität und der quotalen Anteile am Trustvermögen führen können.[381] *Beneficiaries* mit Wohnsitz in Deutschland müssen ihre Beteiligung an einem ausländischen Trust ihrem Finanzamt anzeigen, wenn diese Beteiligung zehn Prozent des Trustvermögens erreicht.[382] Problematisch gestaltet sich die Regelung insbesondere beim *discretionary trust* mit mehreren *beneficiaries*, bei dem sich der Anteil des einzelnen *beneficiary* oft nur schwerlich bestimmen lässt. Ein Verstoß gegen die Anzeigepflicht nach § 138 Abs. 2 Nr. 3 AO stellt eine Ordnungswidrigkeit im Sinne des § 379 Abs. 2 Nr. 1 AO dar, die vorbehaltlich einer Erfassung durch § 378 AO mit einer Geldbuße geahndet werden kann.[383]

---

375 *Werz/Brunner*, PIStB 2006, 40 (43).

376 *Trißler*, Familienstiftung, S. 164.

377 *Wienbracke*, Trusts in Deutschland, S. 22.

378 *Siegwart*, ZEV 2006, 110 (112).

379 Vgl. hierzu auch *Riches*, Trusts & Trustees 2013, Vol. 19, 343 ff.

380 *Jorde/Götz* in FS Spiegelberger, S. 1301 (1305).

381 BMF 15.4.2010 – IV B 5 - S 1300/07/10087, BStBl. I 2010, 346; vgl. detailliert hierzu *Radwan*, CCZ 2018, 67 (71 ff.).

382 Vgl. § 138 Abs. 2 Nr. 3 AO.

383 Vgl. § 138 Abs. 4 AO.

Zudem unterliegen *beneficiaries* mit Wohnsitz in Deutschland einer erhöhten Mitwirkungspflicht bei der Aufklärung des Sachverhalts durch die Finanzverwaltung, beispielsweise durch Bereitstellung von Dokumenten oder die Ausübung von Informationsrechten aus dem *trust instrument*.[384] Falls *beneficiaries* die rechtliche oder tatsächliche Möglichkeit haben, Informationen über ihre Beteiligung am Trustvermögen von dem *trustee* zu erhalten, können sie sich nicht darauf berufen, keinen Zugang zu den angeforderten Informationen zu haben.[385] Unterbleibt die Mitwirkung, wird die Finanzverwaltung die Besteuerungsgrundlagen regelmäßig schätzen.[386]

Eine Anzeigepflicht speziell für der Erbschaft- und Schenkungsteuer unterliegende Erwerbe ergibt sich aus § 30 Abs. 1 ErbStG.

Anzeige- und Mitwirkungspflichten können im Einzelfall auch für den *trustee* greifen[387] und eine eigene Haftung des *trustee* begründen.[388]

Die zum 26.6.2017 in das Geldwäschegesetz eingeführten Regelungen zur Führung eines Transparenzregisters (§§ 3 i.V.m 18 ff. GWG)[389], welche auf die Veröffentlichung der sogenannten Panama Papers zurückgehen, dürften für Trusts keine größere Relevanz entfalten. Das Transparenzregister soll hinsichtlich bestimmter Vereinigungen (§ 20 GWG) und Rechtsgestaltungen (§ 21 GWG) Angaben zu Identität und Umfang der wirtschaftlichen Berechtigung der an den Strukturen beteiligten Personen enthalten. Zu diesen Informationen hat auch die Finanzverwaltung seit 1.1.2018 Zugang.[390] Zwar ist der Kreis der potentiellen wirtschaftlich Berechtigten bei Trusts sehr weit gezogen worden: Neben *settlor*, *trustee* oder *protector* eines Trusts werden auch alle *beneficiaries* und jede natürliche Person, die beherrschenden Einfluss auf die Vermögensverwaltung oder die Ertragsverteilung des Trusts ausübt, erfasst (§ 3 Abs. 3 GWG). Die tatsächliche Mitteilungspflicht betrifft aber nach § 21 Abs. 1 S. 1 GWG lediglich

---

384 Vgl. § 90 Abs. 2 AO, § 17 Abs. 1 S. 1 AStG; *Schienke-Ohletz/Kühn*, ZEV 2015, 150 (151); *Wassermeyer*, FR 2015, 149 (151).

385 So § 90 Abs. 2 S. 4 AO

386 Vgl. § 162 Abs. 2 S. 1 AO sowie § 17 Abs. 2 AStG.

387 Vgl. § 35 AO; § 30 Abs. 1 i.V.m. § 1 Abs. 1 Nr. 1 i.V.m. § 3 Abs. 2 Nr. 1 S. 2 bzw. § 7 Abs. 1 Nr. 8 S. 2 i.V.m. § 20 Abs. 1 S. 2 ErbStG.

388 Vgl. § 69 AO.

389 Art. 23 des Gesetzes zur Umsetzung der Vierten EU-Geldwäscherichtlinie, BGBl. I, 1822, vgl. detailliert zum Transparenzregister *Schaub*, DStR 2017, 1438 ff; *Friese/Brehm*, GWR 2017, 271 ff.; *Beckmann*, DStR 2017, 1724 ff.

390 *Kofler/Pistone*, IStR 2017, 705 (707), Fn. 9.

trustees mit Wohnsitz oder Sitz in Deutschland. Kaum ein angloamerikanischer Trust bzw. *trustee* wird jedoch diesen notwendigen Inlandsbezug aufweisen.

III. Zwischenergebnis

Noch deutlich weitergehender als das deutsche Rechtsinstitut der Stiftung ermöglicht der Trust den Beteiligten ein hohes Maß an Diskretion. Diese Wirkung kann gerade vermögende Privatpersonen aus kommunistisch geprägten oder politisch instabilen Ländern zur Bildung eines Trusts bewegen. Aber auch persönliche Geheimhaltungstendenzen werden – beispielsweise durch die Eintragung des *trustee* im Grundbuch – im Wege der charakteristischen Eigentumsspaltung begünstigt. Deutsche Steuerpflichtige sollten hier allerdings stets ihre umfangreichen Anzeige- und Mitwirkungspflichten gegenüber der deutschen Finanzverwaltung im Auge behalten, um nicht eine Geldbuße oder die Schätzung der Besteuerungsgrundlagen zu riskieren.

D. Verfolgung gemeinnütziger Zwecke

I. Allgemeines

Auch die Verfolgung gemeinnütziger Zwecke, welche sich doch sehr deutlich von den zuvor erwähnten mit dem Trust verfolgten Zielen absetzt, ist ohne weiteres möglich. Ein Trust kann zu ausschließlich wohltätigen Zwecken errichtet werden.[391] Der Trust hat dann keine natürlichen Personen als konkrete *beneficiaries*, sondern nur einen abstrakt gehaltenen, gemeinnützigen Zweck, welcher vom *settlor* bestimmt wird.[392] Wegen seines gemeinnützigen Zwecks bezeichnet man diese Trustart als *charitable trust*.

Aufgrund der Unentbehrlichkeit der Existenz einer Begünstigtenstellung innerhalb der Trustkonstruktion, wäre die Trustbildung ohne einen *beneficiary* grundsätzlich unwirksam. Ist der abstrakte Zweck des Trusts jedoch gemeinnützig, wird hiervon eine Ausnahme gemacht. Da es keinen *beneficiary* gibt, kann diesem auch kein *equitable interest* zustehen; damit bleibt das Eigentum am Trustvermögen zunächst allein beim *trustee*, so dass beim *charitable trust* keine Eigentumsspaltung eintritt.[393] Es sei jedoch erwähnt, dass der Begriff *charity* nicht deckungsgleich mit dem der Gemeinnützigkeit im deutschen Recht

---

391 *Jülicher* in Troll/Gebel/Jülicher/Gottschalk, ErbStG (2018), § 2 ErbStG, Rn. 117.

392 *Haeusler* in Richter/Wachter, Handbuch, S. 229 (251).

393 *Daragan*, ZEV 2007, 204 (205).

ist.[394] Gleichwohl finden sich Überschneidungen mit den Kriterien, die eine Gemeinnützigkeit einer Stiftung in Deutschland begründen.[395] Ein *charitable trust* wird im angloamerikanischen Rechtskreis steuerlich grundsätzlich nur dann als gemeinnützig anerkannt, wenn ausschließlich *charitable purposes* von diesem verfolgt werden.[396]

II. Trust als Stiftungsersatz

Das Rechtsinstitut der rechtsfähigen Stiftung existiert im angloamerikanischen Rechtskreis in dieser Form nicht. Die Förderung gemeinnütziger Zwecke ist daher entweder in Form eines *charitable trust* oder in Form einer Kapitalgesellschaft als *charitable corporation* möglich. Im angloamerikanischen Rechtskreis ist der *charitable trust* wegen seiner fehlenden Rechtsfähigkeit als das Pendant zur unselbständigen Stiftung zu sehen; die *charitable corporation* stellt wiederum das Pendant zur rechtsfähigen Stiftung dar, weil sie eine Rechtspersönlichkeit besitzt.[397] Beide Formen unterliegen einer staatlichen Kontrolle: So stehen *charitable trusts* und *charitable corporations* in England unter der Aufsicht der *Charity Commission*, in den USA werden sie vom *Attorney General* beaufsichtigt.[398]

Charitable trusts können als *charitable remainder trust* oder als *charitable lead trust* ausgestaltet werden. Beim *charitable remainder trust* werden für eine bestimmte Zeit jährlich privatnützig geprägte Ertragsausschüttungen an *beneficiaries* vorgenommen, während ein festgelegter Anteil der Vermögenssubstanz wohltätigen Zwecken zukommt. Beim *charitable lead trust* werden umgekehrt jährliche Ertragsausschüttungen an eine oder mehrere gemeinnützige Einrichtungen vorgenommen, und die verbleibende Vermögenssubstanz an vom *settlor* bestimmte *beneficiaries* ausgekehrt.[399]

Berühmte Beispiele für *charitable trusts* im angloamerikanischen Bereich sind beispielsweise *The PEW Charitable Trusts*, die sich unter anderem der Untersuchung der öffentlichen Meinung, Kunst und Kultur sowie der Entwicklung von

394 Vgl. hierzu *Westebbe*, Die Stiftungstreuhand, S. 60 ff.

395 Vgl. zu den Kriterien in England *Cutbill/Sturm* in Richter/Wachter, Handbuch, S. 825 (852 f.).

396 *Schindhelm/Stein*, StuW 1999, 31 (48); zur Situation im deutschen Stiftungsrecht, vgl. *Schlüter* in Hennsler/Strohn, Gesellschaftsrecht (2016), § 80 BGB, Rn. 1.

397 *Weitermeyer* in MüKo-BGB (2018), § 80 BGB, Rn. 292; *Richter*, Rechtsfähige Stiftung, S. 173.

398 *Weitermeyer* in MüKo-BGB (2018), § 80 BGB, Rn. 292; *Richter*, Rechtsfähige Stiftung, S. 226; *Cutbill/Sturm* in Richter/Wachter, Handbuch, S. 829 (858).

399 *Testa*, Journal of Accountancy 2010, 18 (19 f.).

Initiativen auf dem Gebiet der Umwelt- und Gesundheitsvorsorge widmen.[400] Der *Wellcome Trust*, der 1936 in England gebildet wurde, ist mit dem dritthöchsten Vermögen einer wohltätigen Organisation weltweit ausgestattet und hat es sich zum allgemeinen Ziel gemacht, die Standards menschlicher und tierischer Gesundheit zu verbessern.[401] Weltweit größter Förderer von Kunst ist der in den USA begründete *J. Paul Getty Trust*, welcher mit einem Vermögen von 5,6 Milliarden US-Dollar auf Rang sechs der vermögendsten wohltätigen Organisationen steht.[402]

III. Zwischenergebnis

Für die Verfolgung gemeinnütziger Zwecke ist der Trust ebenfalls geeignet. Auch kann eine Vermischung von privatnützigen und gemeinnützigen Zielen vorgenommen werden, wobei deren steuerliche Implikationen zu beachten sind. Bei Gemeinnützigkeit des Trusts wird eine Ausnahme von dem Erfordernis der Bestimmbarkeit der Begünstigtenstellung gestattet, muss aber nicht ausgenutzt werden. Im angloamerikanischen Rechtskreis wird ein *charitable trust* als Ersatz für die dort nicht existente rechtsfähige Stiftung gebraucht. Hier finden sich etliche prominente Beispiele für *charitable trusts,* welche über Jahrzehnte ein beträchtliches Vermögen angehäuft haben und dieses zur Förderung wohltätiger Zwecke nutzen.

E. Fazit zum zweiten Kapitel

Unter Einbeziehung der Aufzählung der Einsatzmöglichkeiten des Trusts, welche bei Weitem keinen Anspruch auf Vollständigkeit erhebt, wird klar, dass der Trust weder in seiner Grundkonzeption noch in der Vielzahl der individuellen Ausgestaltungen ein reines Steuervermeidungsinstrument ist. Vielmehr werden mit ihm im angloamerikanischen Rechtskreis Motive verfolgt, zu deren Verwirklichung im deutschen Recht diverse verschiedene Rechtsinstitute von Nöten wären. So lassen sich das typischerweise mit einer privatnützigen Familienstiftung verfolgte Ziel der Absicherung der Angehörigen genauso wie eine bloße Nachlassabwicklung, welche in Deutschland dem (Dauer-) Testamentsvollstrecker obliegt, mit einem Trust verwirklichen. Auf dem Gebiet der *asset protection* bietet der unter Lebenden gebildete *irrevocable discretionary trust*

---

400 http://www.pewtrusts.org/en/about/mission-and-values.
401 http://www.wellcome.ac.uk.
402 http://www.getty.edu.

gerade aufgrund der ihm inhärenten Eigentumsspaltung Vorteile, die deutsche Rechtsinstitute nicht zu gewähren imstande sind. Neben diesem hohen Vermögensschutzniveau wird zugleich ein hohes Maß an Diskretion in Bezug auf die an ihm beteiligten Personen gewährt. Dieser hohe Diskretionsgrad findet lediglich in den Anzeige- und Mitwirkungspflichten gegenüber der deutschen Finanzverwaltung seine Grenzen. Auch die Verfolgung wohltätiger Zwecke ist mit dem Trust möglich. Allgemein lässt sich eine Vielzahl von Funktionstypen bei Trusts erkennen, welche von gänzlich legitimen Beweggründen des jeweiligen *settlor* herrühren können.

3. Kapitel: Der Trust im deutschen Erbschaft- und Schenkungsteuerrecht

In den folgenden zwei Kapiteln soll dargestellt werden, welche Vorgänge zwischen den am Trust beteiligten Personen eine Besteuerung nach deutschem Steuerrecht auslösen können. Dieses Kapitel widmet sich zunächst der Erbschaft- und Schenkungsteuer und das vierte Kapitel sodann der Ertragsteuer. Im fünften Kapitel sollen die Ergebnisse der Kapitel Erbschaft- und Schenkungsteuer sowie Ertragsteuer dazu dienen, die Problematik der Doppelbesteuerung bei Trustausschüttungen zu erörtern.

Die Vermögensteuer soll nach ihrem Wegfall[403] nicht mehr diskutiert werden. Die steuerpflichtigen Vorgänge werden im dritten Kapitel anhand der „Lebensphasen" des Trusts aufgezeigt, die von seiner Bildung und Ausstattung in Form der Beibringung von Vermögen bis zur Auflösung des Trusts mit der Folge der Ausschüttung sämtlicher in ihm gehaltener Vermögenswerte reichen.

Im Kontext der Erbschaft- und Schenkungsteuer soll sich die Gliederung an der gesetzlichen Systematik des ErbStG orientieren. Somit werden – nach einigen einführenden Bemerkungen zu den Hintergründen der Behandlung von Trusts im Erbschaft- und Schenkungsteuerrecht – zunächst die objektiven steuerpflichtigen Vorgänge (§ 1 ErbStG) erörtert. Anschließend wird auf die persönliche Steuerpflicht (§ 2 ErbStG) eingegangen. Sodann werden die ineinandergreifenden Problemkreise Steuerklasse (§ 15 ErbStG) und Steuerschuldner (§ 20 ErbStG) fokussiert. Bei der Betrachtung von persönlicher Steuerpflicht, Steuerklasse sowie Steuerschuld soll stets zwischen den zuvor herausgearbeiteten steuerpflichtigen Vorgängen differenziert werden. Zum Ende wird die Problematik der Vollstreckung eines deutschen Steuerbescheids gegen einen ausländischen Trust erörtert.

A. Einführung zur erbschaft- und schenkungsteuerlichen Behandlung des Trusts

Zunächst soll geklärt werden, wie das deutsche Erbschaft- und Schenkungsteuerrecht die Ausgangssituation der Trustbesteuerung bedingt und warum

403 Vgl. hierzu BVerfG 22.6.1995 – 2BvL 37/91, BStBl. II 1995, 655; zwar ist der Wegfall formal nur vorläufig, ohne einen derzeit gültigen Gesetzestext ist eine Befassung jedoch nicht lohnend.

die Einführung von Trustbesteuerungsnormen in das ErbStG für nötig erachtet wurde.

Hinsichtlich der Frage wann steuerpflichtige Vorgänge im Zusammenhang mit Trusts nach dem ErbStG vorliegen, ist zwischen der Rechtslage vor und nach dem Inkrafttreten des StEntlG 1999/2000/2002[404] am 5.3.1999 zu unterscheiden.[405] Vor diesem Zeitpunkt war die Frage nach allgemeinen Grundsätzen zu beantworten, wie Trusts als Mittel zur Regelung der Vermögensnachfolge nach erbschaft- und schenkungsteuerlichen Gesichtspunkten einzuordnen sind und insbesondere zu welchem Zeitpunkt eine Steuerpflicht nach dem ErbStG bei den Beteiligten entsteht. Eine spezielle gesetzliche Regelung existierte nämlich nicht. Insbesondere die Funktionsweise eines *discretionary trust* war für das deutsche Steuerrecht nur schwer und deshalb aus Sicht der Finanzverwaltung unzureichend steuerlich zu erfassen. Die Gründe für diese unzureichende Erfassung sollen im Folgenden erläutert werden.

I. Erbschaftsteuer als Erbanfallsteuer

Bei dieser Problematik ist von entscheidender Bedeutung, dass das gegenwärtige deutsche Erbschaftsteuersystem nicht als Nachlasssteuersystem[406], sondern als Erbanfallsteuersystem ausgestaltet ist.[407] Das Erbanfallsteuersystem ist das in den kontinentaleuropäischen Ländern[408] vorherrschende Erbschaftsteuersystem. Im angloamerikanischen Rechtskreis gilt zumeist das System der Nachlasssteuer[409]. Während im System einer Nachlasssteuer die Form der unentgeltlichen

404 Steuerentlastungsgesetz vom 24.3.1999, BGBl. I 1999, 402.

405 Ausgangspunkt für die gesetzliche Regelung war eine Gesetzesinitiative des Landes Hessen im Bundesrat, vgl. BR-Drs. 208/98 vom 2.3.1998; diese scheiterte und wurde von der Bundesregierung wieder neu aufgegriffen, vgl. BT-Drs. 14/23 vom 9.11.1998.

406 Wie es in den USA, Großbritannien und Südafrika der Fall ist, vgl. hierzu *Schaumburg/von Freeden* in Schaumburg, Internationales Steuerrecht (2017), Rn. 8.1-8.2; *Riedel* in Daragan/Halaczinsky/Riedel, ErbStG/BewG (2017), § 21 ErbStG, Rn. 26 f.; *Schienke-Ohletz* in von Oertzen/Loose, ErbStG (2017), § 21 ErbStG, Rn. 11.

407 *Birk/Desens/Tappe*, Steuerrecht, Rn. 1557; *Schindhelm,* ZEV 1997, 8; *Klein,* IStR 1999, 377 (378); *Elicker* in Blümich, Nebengesetze EStG (2017), § 4 AStG, Rn. 1; *Seer* in Tipke/Lang, Steuerrecht, § 15, Rn. 1 f., 42.

408 Neben Deutschland sind unter anderem Frankreich und die meisten Kantone der Schweiz nach diesem System organisiert, vgl. *Riedel* in Daragan/Halaczinsky/Riedel, ErbStG/BewG (2017), § 21 ErbStG, Rn. 26 f.

409 *Jülicher* in Troll/Gebel/Jülicher/Gottschalk, ErbStG (2018), § 21 ErbStG, Rn. 18; *Reich* in Süß, Erbecht in Europa, § 7, Rn. 9 f.

Übertragung des Nachlasses auf den Nachfolger irrelevant ist, weil der Nachlass als solcher besteuert wird, bedarf es im Erbanfallsteuersystem der Klärung der Frage, wer wann welche Zuwendung ohne eine eigene Gegenleistung empfangen hat.[410] Steuerbegründender Tatbestand ist hier gerade nicht das Vorhandensein des Nachlasses selbst, sondern vielmehr der Rechtsübergang auf den oder die Erben.[411] So ist die englische Nachlasssteuer (*estate duty/death duty*) nicht eine persönliche Steuer der Erbberechtigten, sondern eine unpersönliche, auf dem Nachlass als solchem ruhende Abgabe.[412] In der Konsequenz erfolgt im System der Nachlasssteuer eine Besteuerung der Erbmasse vor Aufteilung auf die Erben; im System der Erbanfallsteuer findet eine Besteuerung der einzelnen Erben nach der Verteilung des Erbes statt.[413]

Die Erfassung von Vermögensübergängen vom *settlor* auf den *trustee* und von diesem an die *beneficiaries* ist im System der Erbanfallsteuer traditionell problematisch. So wird in der englischen Literatur gar davon ausgegangen, dass die Existenz von Nachlasssteuern in Ländern, die das englische Rechtssystem zum Vorbild haben, zum Teil auf die Möglichkeit der Bildung von *discretionary testamentary trusts* zurückzuführen ist.[414] Länder mit einem Erbanfallsteuersystem werden geneigt sein, spezielle Trustbesteuerungsnormen einzuführen. *Schindhelm/Stein* illustrieren dies am Beispiel der Republik Irland. Im Wege einer Erbschaftsteuerreform im Jahre 1976 wurde dort das System der Nachlasssteuer aufgegeben und durch das System einer Erbanfallsteuer ersetzt.[415] Zwar wurden Zuwendungen im Wege eines *fixed interest trust* vom neuen Steuersystem erfasst. Allerdings konnte bei *discretionary trusts* eine Besteuerung auf dem Gebiet der Erbschaft- und Schenkungsteuer erst stattfinden, wenn tatsächlich Ertrags- oder Substanzausschüttungen des Trusts an die *beneficiaries* erfolgten. Denn mangels Rechtspersönlichkeit ist der Trust nicht Zuwendungsempfänger des Trustvermögens. Die *beneficiares* sind bis zum tatsächlichen Erhalt von Ausschüttungen (noch) nicht bereichert. Auch der *trustee* scheidet als Zuwendungsempfänger

---

410 *Kluge,* Das internationale Steuerrecht, S. 970 f.; *Schindhelm/Stein,* StuW 1999, 31 (35); *Griesel* in Daragan/Halaczinsky/Riedel, ErbStG/BewG (2017), § 1 ErbStG, Rn. 3.

411 *Crezelius,* DStR 2007, 415 (416); *Seer* in Tipke/Lang, Steuerrecht, § 15, Rn. 2.

412 BFH 20.12.1957 – III 250/56 U, BStBl. III 1958, 79 (81); BFH 26.04.1995 – II R 13/92, BFHE 177, 492.

413 *Reich* in Süß, Erbrecht in Europa, § 7, Rn. 35; *Fumi* in von Oertzen/Loose, ErbStG (2017), § 10 ErbStG, Rn. 3.

414 *Schindhelm/Stein,* StuW 1999, 31 (35) m.w.N.

415 Zu den Details vgl. *Stein,* Die Besteuerung deutsch-irischer Erbfälle, Rn. 2 ff.

aus, da das Trustvermögen lediglich ein durch ihn verwaltetes Sondervermögen darstellt.[416]

Um diese für den irischen Fiskus nachteilige Situation zu vermeiden, wurde innerhalb der nächsten zehn Jahre in zwei Schritten eine *discretionary trust tax* eingeführt, welche sowohl die Übertragung des Vermögens vom *settlor* auf den Trust als auch die Ertrags- oder Substanzausschüttungen des Trusts an die *beneficiaries* erfasst. Zusätzlich dazu erfolgte eine periodische Besteuerung des vorhandenen Trustvermögens.[417] In Erbanfallsteuersystemen lassen sich die mit einem *discretionary trust* zusammenhängenden Erwerbe also durch Einführung einer speziellen Steuer vor der tatsächlichen Ausschüttung an die *beneficiaries* erfassen.

Die genannte periodische Besteuerung ist im deutschen Erbschaft- und Schenkungsteuerrecht am ehesten vergleichbar mit der Erhebung der Erbersatzsteuer bei inländischen Familienstiftungen nach § 1 Abs. 1 Nr. 4 ErbStG. Erste Bestrebungen hinsichtlich einer speziellen Trustbesteuerung in Deutschland sahen die Erhebung einer Erbersatzsteuer auf das Trustvermögen in Kombination mit der Besteuerung der Trustbildung vor. Hier lässt sich eine gewisse Parallelität im steuerlichen Umgang mit Trusts in Erbanfallsteuersystemen erkennen.

II. Systematik des deutschen Erbschaft- und Schenkungsteuergesetzes

Ein weiteres Problem bei der Erfassung von Vermögensübergängen unter Trustbeteiligten schafft die grundsätzliche Bindung des deutschen Erbschaft- und Schenkungsteuergesetzes an das Zivilrecht. Da die §§ 3, 7 ErbStG vor Einführung der Bestimmungen zur Trustbesteuerung ausschließlich auf Institute des deutschen Zivilrechts rekurrierten, ist die „Übersetzung" der Ordnungsstrukturen ausländischer Zivilrechtsformen stets problematisch. Denn eine Einfügung fremder Rechtsinstitute läuft letztlich der Regelungstechnik des deutschen ErbStG entgegen.[418] Bei Rechtsinstituten, welche sowohl in der deutschen Zivilrechtsordnung nicht existieren als auch einen unserem Zivilrecht unbekannten

---

416 Möglich wäre allerdings eine Erfassung des Vermögensübergangs auf den *trustee* im Wege von § 8 ErbStG gewesen, wie es teilweise beim Stiftungsträger der unselbständigen Stiftung erfolgt; vgl. zur Situation im deutschen Steuerrecht detailliert unter B. I. 1. b) (b) dieses Kapitels.

417 *Schindhelm/Stein*, StuW 1999, 31 (35) m.w.N.

418 *Klein*, FR 2001, 118; *Gottschalk* in Troll/Gebel/Jülicher/Gottschalk, ErbStG (2018), § 3 ErbStG, Rn. 4.

Eigentumsdualismus aufweisen, muss eine Anknüpfung im Rahmen der Erbschaft- und Schenkungsteuer rein systematisch von vornherein scheitern.

III. Erbschaft- und Schenkungsteuer als Stichtagsteuer

Des Weiteren ist von Bedeutung, dass die Erbschaft- und Schenkungsteuer in Deutschland als Stichtagsteuer ausgestaltet ist. Das Stichtagsprinzip hat zum Inhalt, dass alle Tatbestandsvoraussetzungen nach den Verhältnissen zum Zeitpunkt der Steuerentstehung zu bewerten sind.[419] Im Falle eines Erwerbes von Todes wegen im Sinne von § 3 ErbStG entsteht die Steuer somit generell im Moment des Todes des Erblassers.[420] Bei Schenkungen unter Lebenden im Sinne von § 7 ErbStG entsteht sie mit der Ausführung der Zuwendung[421], das heißt zum Zeitpunkt des Erfüllungsgeschäfts.[422] Nach § 11 ErbStG ist auch der Wert des Vermögensanfalls zum Stichtag zu ermitteln; kommt es anschließend zu einem Wertverfall oder einer Wertsteigerung, bleibt die Steuerschuld davon unberührt.[423]

Eine derart gestaltete Erbschaft- und Schenkungsteuer ermöglicht es dem Steuerpflichtigen im Rahmen von aufschiebenden Erwerben, als welche die Vermögensübertragungen auf einen *discretionary trust* ursprünglich zu qualifizieren waren, seine persönliche Steuerpflicht oder die Einstufung von Vermögenswerten als (erweitertes) Inlandsvermögen zu beeinflussen. Denn eine Steuer entsteht in derartigen Fällen nach § 9 Abs. 1 Nr. 1 a) ErbStG erst mit Eintritt der Bedingung, welche bei Trustgestaltungen theoretisch über Jahre oder gar Jahrzehnte hinauszögerbar ist. Das Stichtagsteuerprinzip des ErbStG trägt somit zu den Schwierigkeiten bei der steuerlichen Erfassung von *discretionary trusts* bei.

IV. Einordnung des Trusts in das System der Erbschaft- und Schenkungsteuer

Das Zusammenspiel dieser Prinzipien des ErbStG mit der steuerlichen Erfassung der Vermögensverschiebungen im Rahmen eines *discretionary trust* gab den Anstoß für die Einführung von speziellen Trustbesteuerungsnormen

---

419 *Birk/Desens/Tappe*, Steuerrecht, Rn. 1558.

420 Vgl. § 9 Abs. 1 Nr. 1 ErbStG.

421 Vgl. § 9 Abs. 1 Nr. 2 ErbStG.

422 *Gottschalk* in Troll/Gebel/Jülicher/Gottschalk, ErbStG (2018), § 9 ErbStG, Rn. 78; *Schmid*, ZEV 2015, 387 (391).

423 *Pahlke* in Fischer/Pahlke/Wachter, ErbStG (2017), § 11 ErbStG, Rn. 21; BFH 22.9.1999 – II B 130/97, BFH/NV 2000, 320 (320 f.).

durch den deutschen Gesetzgeber. Das Ziel dieser rechtspolitisch motivierten Maßnahme – die Erfassung der Vermögensübertragung vom *settlor* auf einen *discretionary trust* – erreichte der deutsche Gesetzgeber dadurch, dass der Trust trotz Fehlens einer Rechtspersönlichkeit zum Erwerber des Trustvermögens gemacht wurde. Der Trust wird als Erwerber fingiert und ihm so für den Vorgang der Übertragung des Trustvermögens auf den *trustee* eine auf das Erbschaft- und Schenkungsteuerrecht beschränkte Teilrechtsfähigkeit zuerkannt.[424] Zur Umsetzung dieses Ziels bedurfte es zudem einer Doppelung der Steuertatbestände für Stiftungen. Den Stiftungen wurde der Trust steuerrechtlich zum Teil gleichgestellt.[425] Erfasste das vorherige System den Trust selbst mangels Rechtspersönlichkeit noch gar nicht, ist er nunmehr zentraler Fixpunkt der Trustbesteuerungsnormen.

Zugleich wird durch die Trustbesteuerungsnormen der Eigentumsdualismus des Trusts für das deutsche Erbschaft- und Schenkungsteuerrecht simuliert. Der eigentliche Erwerber – der *trustee* – wird zwar trotz der Tatsache, dass er die formale Eigentümerstellung am Trustvermögen erlangt, durch das deutsche Erbschaft- und Schenkungsteuerrecht nicht als solcher behandelt.[426] Diese formale Eigentümerstellung wird aber dem Trust zuerkannt und somit von der eigentumsähnlichen Position der *beneficiaries* abgegrenzt.

V. Zusammenfassung

Die problematische steuerrechtliche Erfassung des Trustverhältnisses ist der grundlegenden Ausgestaltung des deutschen Erbschaft- und Schenkungsteuersystems geschuldet, welches als Erbanfallsteuersystem dem Bereicherungsprinzip verschrieben ist. Zudem spielt eine Rolle, dass die deutsche Erbschaft- und Schenkungsteuer als Stichtagsteuer ausgestaltet ist. Diesen Problemen begegnete der deutsche Gesetzgeber mit der Fiktion einer Teilrechtsfähigkeit des Trusts und der Einführung spezieller Trustbesteuerungsnormen in den Stiftungstatbeständen.

---

424 Dies steht im Gegensatz zur steuerlichen Behandlung der unselbständigen Stiftung, bei der es aufgrund des zwischengeschalteten Stiftungsträgers einer solchen Fiktion nicht bedarf, vgl. *Godron* in Richter, Stiftungsrecht (2019), § 17, Rn. 56 f.

425 In entscheidenden Punkten erfolgte jedoch eine Schlechterstellung des Trusts gegenüber der Stiftung, vgl. hierzu unter B. II. 2. c) dieses Kapitels.

426 So hätte der deutsche Gesetzgeber auch den Erwerb des Trustvermögens durch den *trustee* als Zweckzuwendung nach § 8 ErbStG als zentralen steuerpflichtigen Vorgang normieren können, wie es in bestimmten Fällen bei der selbständigen Stiftung gehandhabt wird, vgl. *Godron* in Richter, Stiftungsrecht (2019), § 17, Rn. 63.

B. Steuerpflichtige Vorgänge

Entscheidend ist nun, welche objektiven Vorgänge im Zusammenhang mit dem Trust die Entstehung der Erbschaft- und Schenkungsteuer auslösen, und wer in der Rolle des Erwerbers als bereichert anzusehen ist.

I. Bildung oder Ausstattung einer Vermögensmasse

Begonnen werden soll chronologisch mit der Bildung bzw. Ausstattung des Trusts durch den *settlor* als erstem steuerpflichtigen Vorgang. Bei Bildung und Ausstattung des Trusts spielt es nach gegenwärtiger Rechtslage keine Rolle, ob es sich um einen *fixed interest trust* oder einen *discretionary trust* handelt. Im Rahmen der Bildung oder Ausstattung wurden zwei steuerpflichtige Vorgänge in das Erbschaft- und Schenkungsteuergesetz eingefügt:

Steuerpflichtig ist als Erwerb von Todes wegen nach § 1 Abs. 1 Nr. 1 i.V.m. § 3 Abs. 2 Nr. 1 S. 2 ErbStG – ebenso wie der Übergang von Vermögen auf eine vom Erblasser angeordnete Stiftung – die vom Erblasser angeordnete Bildung oder Ausstattung einer Vermögensmasse ausländischen Rechts, deren Zweck auf die Bindung von Vermögen gerichtet ist.

Zudem ist als Schenkung unter Lebenden nach § 1 Abs. 1 Nr. 2 i.V.m. § 7 A bs. 1 Nr. 8 S. 2 ErbStG – gleich dem Übergang von Vermögen aufgrund eines Stiftungsgeschäfts unter Lebenden – die Bildung oder Ausstattung einer Vermögensmasse ausländischen Rechts, deren Zweck auf die Bindung von Vermögen gerichtet ist, ein steuerbarer Vorgang.

Diese Tatbestände gelten für die Bildung oder Ausstattung von *testamentary trusts* und von *inter vivos trusts* nach dem 4.3.1999.[427]

1. Erwerb von Todes wegen

Gemäß § 1 Abs. 1 Nr. 1 ErbStG ist der Erwerb von Todes wegen ein die Erbschaftsteuer auslösender Vorgang. § 3 ErbStG behandelt in seinen Absätzen 1 und 2 bestimmte Vorgänge („gilt" bzw. „gilt auch") als Erwerbe von Todes wegen[428].

---

427 §§ 37 Abs. 1, 9 Abs. 1 Nr. 1 c) ErbStG i.d.F. durch Art. 10 Nr. 8 a) des StEntlG 1999/2000/2002; Steuerentlastungsgesetz vom 24.3.1999, BGBl. I 1999, 402.

428 Dass die in § 3 Abs. 2 ErbStG aufgeführten Zuwendungen nicht nur als Zuwendungen des Erblassers gelten sollen, sondern dass sie auf der Seite des Empfängers auch den Charakter eines Erwerbs von Todes wegen haben, ist aus der Überschrift des § 3 ErbStG zu entnehmen, vgl. *Hannes/Holtz* in Meincke/Hannes/Holtz, ErbStG (2018), § 3 ErbStG, Rn. 1; *von Oertzen* in von Oertzen/Loose, ErbStG (2017), § 7 ErbStG, Rn. 13.

§ 3 Abs. 1 ErbStG enthält die Grundtatbestände; sind diese nicht anwendbar, ist auf die Ergänzungs- und Ersatztatbestände des § 3 Abs. 2 ErbStG zu rekurrieren. Dadurch werden Regelungslücken des § 3 Abs. 1 ErbStG geschlossen.[429]

Nach § 3 Abs. 2 Nr. 1 S. 2 ErbStG ist dem Übergang von Vermögen auf eine von dem Erblasser angeordnete Stiftung die vom Erblasser angeordnete Bildung oder Ausstattung einer Vermögensmasse ausländischen Rechts, deren Zweck auf die Bindung von Vermögen gerichtet ist, gleichgestellt. Hier findet zusätzlich zu den Tatbeständen des § 3 Abs. 1 ErbStG ein Erwerb von Todes wegen statt. Somit kann die vom *settlor* für den Todesfall vorgesehene Übertragung seiner Vermögenswerte auf einen *testamentary trust* unter § 3 Abs. 2 Nr. 1 S. 2 ErbStG fallen. § 9 Abs. 1 Nr. 1 c) Hs. 2 ErbStG bestimmt, dass im Falle des Eingreifens einer Steuerpflicht nach § 3 Abs. 2 Nr. 1 S. 2 ErbStG diese Steuerpflicht mit dem Zeitpunkt der Bildung oder Ausstattung der Vermögensmasse entsteht.

Das Zuwendungsverhältnis besteht bei erfolgreicher Bildung eines *testamentary trust* zwischen dem *settlor* und dem Trust selbst. Die sprachliche Formulierung des § 3 Abs. 2 ErbStG („Als vom Erblasser zugewendet gilt auch…") zeigt, dass über den Wortlaut des § 3 Abs. 1 ErbStG hinaus nicht nur ein Erwerb von Todes wegen, sondern auch die Zuwendung durch den Erblasser fingiert wird. Somit legt § 3 Abs. 2 Nr. 1 S. 2 ErbStG die Vermögensmasse bereits konstitutiv als Erwerber fest. § 20 Abs. 1 S. 2 ErbStG stellt diese Erwerbereigenschaft im Rahmen der Bestimmung des Steuerschuldners nochmals klar. Also ist der Trust nach § 3 Abs. 2 Nr. 1 S. 2 ErbStG i.V.m. § 10 Abs. 1 S. 1 ErbStG der bei Bildung Bereicherte. Hierbei gilt der Trust im Zuge seiner fingierten Teilrechtsfähigkeit als bereichert, ohne dass es auf die tatsächlichen Kriterien einer Bereicherung ankäme.

Die Trustausstattung kann bei isolierter Betrachtung der Tatbestände nicht nach § 3 Abs. 1 Nr. 1 bis 3 ErbStG steuerpflichtig sein. Da die Teilrechtsfähigkeit des Trusts nicht im Rahmen von § 3 Abs. 1 ErbStG, sondern nur für die speziell für Trusts geschaffenen Tatbestände fingiert wird, kommt der Trust nach § 3 Abs. 1 Nr. 1 bis 3 ErbStG nicht als Erwerber in Frage. Von der Existenz einer allgemeinen Erbschaftsteuerrechtsfähigkeit kann aufgrund des mehrfachen Vorhandenseins der Fiktion in einzelnen Tatbeständen nicht ausgegangen werden.[430]

---

429 *Gottschalk* in Troll/Gebel/Jülicher//Gottschalk, ErbStG (2018), § 3 ErbStG, Rn. 4; *von Oertzen* in von Oertzen/Loose, ErbStG (2017), § 3 ErbStG, Rn. 2, 7; *von Oertzen* in von Oertzen/Loose, ErbStG (2017), § 7 ErbStG, Rn. 13.

430 Wie bei *Füger/von Oertzen,* IStR 1999, 11 (14) angedacht; gleichfalls *Jülicher*, IStR 1999, 106 (108).

Eine umfassende Eingliederung des Trusts in die Systematik des Erbschaft- und Schenkungsteuerrechts sollte gerade nicht erfolgen.[431] § 3 Abs. 1 Nr. 4 ErbStG regelt letztlich den Vertrag, den ein Erblasser mit einem anderen zugunsten eines begünstigten Dritten abgeschlossen hat, also eine bestimmte Form des Vertrags zugunsten Dritter im Sinne von §§ 328 ff. BGB, zu dem der Trust eine gewisse Ähnlichkeit aufweist.[432] Auch hier müsste der Trust jedoch eine über die Fiktion in den Trusttatbeständen hinausgehende Erbschaftsteuerrechtsfähigkeit besitzen, damit in dieser Konstellation ein Erwerb durch ihn möglich ist.

Nachfolgend ist zu prüfen, in welchen Fällen die Tatbestandsvoraussetzungen des § 3 Abs. 2 Nr. 1 S. 2 ErbStG, also die Bildung oder Ausstattung einer Vermögensmasse ausländischen Rechts, deren Zweck auf die Bindung von Vermögen gerichtet ist, anzunehmen sind.

a) Bildung oder Ausstattung

Unter der Bildung einer Vermögensmasse kann im Hinblick auf einen Trust nur die erstmalige Übertragung von Vermögenswerten auf diesen verstanden werden. Denn wie im ersten Kapitel der Arbeit festgestellt wurde, ist die Übertragung von Vermögenswerten eine Existenzvoraussetzung für den Trust.[433] Ohne Trustvermögen gibt es keinen Trust.

Die Ausstattung dieser Vermögensmasse mit Vermögenswerten tritt als tatbestandliche Alternative neben die Bildung.[434] Rein begrifflich folgt die Ausstattung der Bildung, so dass es für die Verwirklichung des Tatbestands keine Rolle spielen kann, wann die zusätzliche Ausstattung der Vermögensmasse erfolgt.[435] Die tatbestandliche Alternative der Ausstattung wird bei einem *testamentary trust* nur einen geringen Anwendungsbereich haben. Da schon die Bildung des *testamentary trust* den Tod des *settlor* voraussetzt, ist eine der Bildung

---

431 Auch aufgrund der weiten Fassung des § 3 Abs. 2 Nr. 1 S. 2 ErbStG, der jeden Übergang von Vermögen auf die Vermögensmasse der Besteuerung unterwirft, war es nicht nötig, den Trust in die in § 3 Abs. 1 Nr. 1 bis 4 ErbStG aufgeführten erbrechtlichen Vorschriften und somit in das erbrechtliche Begriffsinstrumentarium einzuordnen; gleichwohl hätte eine derartige Einordung der unter A. II. dieses Kapitels geschilderten Problematik entgegengewirkt.

432 Vgl. hierzu im ersten Kapitel unter B. I.

433 Vgl. hierzu im ersten Kapitel unter C. II.

434 BT-Drs. 14/443, S. 41; hinsichtlich nachträglicher Ausstattungen vgl. zudem unter B. I. 2. a) dieses Kapitels.

435 *Von Oertzen* in von Oertzen/Loose, ErbStG (2017), § 7 ErbStG, Rn. 362; *Geck* in Kapp/Ebeling, ErbStG (2018), § 7 ErbStG, Rn. 149.2.

nachfolgende Ausstattung nur durch eine andere Person als den *settlor* möglich. Die Konstellation ist jedoch beispielsweise bei Geschwistern möglich, bei denen der eine Geschwisterteil die Kinder des anderen Geschwisterteils bedenken will. So wird der Trust nach dem Tode des ersten Geschwisterteils durch Übertragung von dessen Vermögen gebildet und nach dem Tod des zweiten Geschwisterteils zusätzlich mit dessen Vermögenswerten ausgestattet.

Die Bildung oder Ausstattung muss im Rahmen von § 3 Abs. 2 Nr. 1 S. 2 ErbStG vom Erblasser angeordnet worden sein. Dieses Kriterium entspricht dem Übergang von Vermögen auf eine vom Erblasser angeordnete Stiftung nach § 3 Abs. 2 Nr. 1 S. 1 ErbStG.[436]

b) Vermögensmasse ausländischen Rechts, deren Zweck auf die Bindung von Vermögen gerichtet ist

Die Bildung oder Ausstattung eines *testamentary trust* kann einen steuerpflichtigen Vorgang jedoch nur begründen, wenn es sich bei dem konkreten Trust um eine „Vermögensmasse ausländischen Rechts, deren Zweck auf die Bindung von Vermögen gerichtet ist"[437] handelt. Der Begriff hat eine zentrale Stellung innerhalb der Trusttatbestände und ist daher im Folgenden genau zu erfassen.

(a) Wortsinn der Norm

(1) Vermögensmasse

Obwohl der Terminus „Vermögensmasse" isoliert in anderen Steuervorschriften verwendet wird[438], existiert für ihn keine gesetzliche Definition. Der Begriff ist so umfassend, dass aus ihm selbst kaum etwas abgeleitet werden kann.[439] Dies hat seinen Grund darin, dass der Begriff der „Vermögensmasse" meist als Oberbegriff für dem deutschen Zivilrecht bekannte Rechtsinstitute gebraucht wird und ihm somit keine eigene rechtliche Bedeutung zukommt.[440] Er ist deshalb zur Beschreibung von Rechtsinstituten wie dem des Trusts, die dem deutschen Zivilrecht unbekannt sind, grundsätzlich ungeeignet. Der Begriff ist derart weit gefasst, dass selbst ausländische Stiftungen, welche im Gegensatz zum Trust

---

436 Vgl. insofern *von Oertzen* in von Oertzen/Loose, ErbStG (2017), § 3 ErbStG, Rn. 101.

437 Bei der nachfolgenden Auslegung zum besseren Lesefluss als „Vermögensmasse…" abgekürzt.

438 Vgl. § 15 Abs. 3 und Abs. 4 AStG, § 44a Abs. 4 Nr. 1 EStG, §§ 1 Abs. 1, 2 Nr. 1 und 2 KStG sowie § 2 Abs. 1 Nr. 1 d) ErbStG.

439 *Füger/von Oertzen*, IStR 1999, 11 (13).

440 *Söffing/Kirsten*, DB 1999, 1626 (1628).

regelmäßig mit einer eigenen Rechtspersönlichkeit aufwarten, unter ihn subsumiert werden können.[441] Allerdings kommt dem Begriff ein hohes Maß an Flexibilität zu, so dass sich viele verschiedene Gestaltungen von ihm erfassen lassen.

Aus der isolierten grammatikalischen Auslegung des Wortes „Vermögensmasse" lässt sich nur der Schluss ziehen, dass sich Vermögenswerte gegenüber der Person, welcher sie ursprünglich zuzurechnen waren, verselbständigen.[442] Hierzu ist eine Übertragung der Vermögenswerte auf die Vermögensmasse durch das jeweilige Rechtssubjekt nötig. In Ermangelung einer solchen Verselbständigung bedarf es des Begriffs der Vermögensmasse nicht mehr, weil dann stets eine zivil- und steuerrechtliche Zurechnung der Vermögenswerte zu einem anderen Rechtssubjekt möglich ist.[443]

Es wird somit deutlich, dass es bei dem Begriff „Vermögensmasse" um die Erfassung rechtlich verselbständigter Vermögen ohne Rechtspersönlichkeit geht, bei denen eine steuerliche Zurechnung an andere natürliche oder juristische Personen nicht möglich ist. Solche Sondervermögen ohne Rechtspersönlichkeit – wie sie der Trust darstellt – gibt es lediglich im Ausland und nicht in Deutschland.

Weitere Erkenntnisse lassen sich allein aus dem Begriff der Vermögensmasse letztlich nicht ableiten.

(2) Bindung von Vermögen als Zweck

Es gilt zu klären, wann davon auszugehen ist, dass eine Vermögensmasse auf den Zweck der Vermögensbindung gerichtet ist.

Wie auch aus der Gesetzesbegründung hervorgeht[444], ist ein wirksam gebildeter Trust regelmäßig[445] eine Vermögensmasse.[446] Im Schrifttum wird zudem

---

441 Zuletzt FG Baden-Württemberg 22.4.2015 – 7 K 2471/12, BeckRS 2015, 95166; FG Hessen 10.2.2014 – 1 V 2602/13, BeckRS 2014, 95097; *Wassermeyer*, FR 2015, 149 (153); a.A. *von Oertzen* in von Oertzen/Loose, ErbStG (2017), § 3 ErbStG, Rn. 116: a.A. hinsichtlich selbständiger ausländischer Stiftung *Daragan*, ZErb 2017, 1 (4).

442 *Bödecker*, IWB 1999, Fach 3 Gruppe 9, 135 (137); *von Oertzen* in von Oertzen/Loose, ErbStG (2017), § 3 ErbStG, Rn. 118.

443 *Söffing/Kirsten*, DB 1999, 1626 (1628); *Bödecker*, IWB 1999, Fach 3 Gruppe 9, 135 (137).

444 BT-Drs. 14/443 vom 3.3.1999, S. 41; „[...] Übergang von Vermögen auf eine Vermögensmasse ausländischen Rechts, insbesondere auf einen Trust [...]".

445 Vgl. für den *revocable trust* und den *grantors trust* jedoch unter B. I. 2. b) dieses Kapitels.

446 *Habammer*, DStR 2002, 425 (430); *Halaczinsky*, NWB 1999, Fach 10, 905 (906); a.A. *Siemers*, ZEV 1998, 459 (460); *Füger/von Oertzen*, IStR 1999, 11 (13); *Söffing/Kirsten*, DB 1999, 1626 (1630).

die Meinung vertreten, dass eine Bindung von Vermögen – unabhängig von der vorliegenden Trustart – bereits angenommen werden könne, wenn der Übergang des Trustvermögens auf den *trustee* vollzogen ist und dieser das wirtschaftliche Eigentum innehat.[447] *Habammer* ist darüber hinaus der Ansicht, dass die einem Trust inhärente Eigentumsspaltung stets zu einer Bindung des Vermögens zu Gunsten der *beneficiaries* führe.[448] Angesichts der Mannigfaltigkeit der verschiedenen Trustkonstruktionen ist es jedoch naheliegender, dass die Zweckgerichtetheit der Bindung des Vermögens eine Differenzierung zwischen den unterschiedlichen Trustarten bewirken soll.

Fraglich ist, ob die Bindung von Vermögen zum Vorteil der Begünstigten oftmals nicht Hauptzweck, sondern bloßer Nebeneffekt der Trustbildung ist, welche für einen privatnützigen oder gemeinnützigen Zweck erfolgt.[449] Der Gesetzeswortlaut „…deren Zweck […] gerichtet ist" in den Trusttatbeständen des ErbStG legt nahe, dass im Zusammenhang mit der Besteuerung nach dem ErbStG die gezielte Verfolgung eines privatnützigen oder gemeinnützigen Zwecks durch den *settlor* erforderlich ist. Dies kommt durch die bei der Formulierung verwendete sprachliche Finalstruktur zum Ausdruck. Die Wörter „Zweck" und „gerichtet" lassen darauf schließen, dass hier eine Absicht des *settlor* zur Bindung des Vermögens zugunsten der *beneficiaries* nötig ist, um dem jeweiligen Trust das Merkmal der Vermögensbindung zuzuschreiben. Diese Vermögensbindung darf nicht bloßer Reflex der Trustbildung sein. Zwar ist bei einem Abstellen auf die Intention des *settlor* mit einzubeziehen, dass das Vorliegen eines rein subjektiven Tatbestandselements mit den regelmäßig bestehenden Beweisschwierigkeiten zu kämpfen hätte. Das Rekurrieren auf subjektive Merkmale ist dem Erbschaft- und Schenkungsteuerrecht aber nicht fremd, so dass diese Möglichkeit durchaus in Betracht gezogen werden kann. Als Beispiel sei nur die Freigebigkeit der Zuwendung bei Schenkungen unter Lebenden nach § 7 Abs. 1 Nr. 1 ErbStG erwähnt.[450] Möglicherweise könnte es sich daher auch anbieten, von objektiven Merkmalen auf die vom *settlor* ins Auge gefasste Zielsetzung zu schließen.[451] Aufgrund der damit einhergehenden Missbrauchsgefahren kann die Dauer der Vermögensbindung jedoch nicht als derartiges objektives Kriterium dienen. Das Abstellen

---

447 *Birnbaum/Lohbeck/Pöllath*, FR 2007, 479 (485).

448 *Habammer*, DStR 2002, 425 (430).

449 So schon *Schindhelm/Stein*, FR 1999, 880 (882).

450 Vgl. hierzu *Hannes/Holtz* in Meincke/Hannes/Holtz, ErbStG (2018), § 7 ErbStG, Rn. 12.

451 *Schindhelm/Stein*, FR 1999, 880 (882).

auf eine zeitliche Mindestdauer eröffnet gerade die Manipulationsmöglichkeiten, welche durch die Trustbesteuerungsnormen konterkariert werden sollten.[452]

Somit spricht der Wortlaut der Passage „...deren Zweck auf die Bindung von Vermögen gerichtet ist" dafür, dass eine entsprechende Intention des *settlor* zur fremdnützigen Bindung des Vermögens Voraussetzung für die Erfüllung des Tatbestandsmerkmals ist.

(3) Vermögensmasse ausländischen Rechts

Die Vermögensmasse muss zudem ausländischem Recht unterliegen. Aufgrund der Wahl des Begriffs „Vermögenmasse ausländischen Rechts" im Gegensatz zur Formulierung „ausländische Vermögenmasse", kann es nicht allein auf den Sitz oder die Geschäftsleitung der Vermögensmasse im Ausland ankommen. Vielmehr wird die Einordnung, ob eine ausländische oder inländische Vermögenmasse vorliegt, nach den Vorschriften des deutschen internationalen Privatrechts bestimmt. Nur wenn kraft deutschen internationalen Privatrechts auf die Vermögenmasse ausländisches Recht anzuwenden ist, kann eine Vermögenmasse ausländischen Rechts vorliegen.[453]

(b) Gesetzgeberische Vorstellungen

Fraglich ist, welche Regelungsabsichten der Gesetzgeber mit der Einführung einer Steuerpflicht nach § 3 Abs. 2 Nr. 1 S. 2 ErbStG[454] verfolgte. Hierfür ist die vor der Einführung spezieller Trusttatbestände vorherrschende Rechtslage von Bedeutung.

Nach der alten Rechtslage konnte eine Steuerpflicht nach dem ErbStG für den Erwerb der *beneficiaries* bei den deutlich häufiger eingesetzten *discretionary*

---

452 Für eine Mindestdauer von fünf Jahren in Anlehnung an § 21 Abs. 1 S. 4 ErbStG aber *Schindhelm/Stein*, FR 1999, 880 (885); *von Oertzen/Stein*, ZEV 2010, 500 (501); *von Oertzen* in von Oertzen/Loose, ErbStG (2017), § 3 ErbStG, Rn. 124; für das Erfordernis einer Mindestdauer, aber ohne konkrete Quantifizierung *Jülicher* in Troll/Gebel/Jülicher/Gottschalk, ErbStG (2018), § 2 ErbStG, Rn. 125.

453 *Uricher* in Daragan/Halaczinsky/Riedel, ErbStG (2017), § 3 ErbStG, Rn. 90; *Fischer* in Fischer/Pahlke/Wachter, ErbStG (2017), § 3 ErbStG, Rn. 74; *von Oertzen* in von Oertzen/Loose, ErbStG (2017), § 3 ErbStG, Rn. 119 f., auch zu den Folgen für die Besteuerung.

454 Sowie der Parallelnorm des § 7 Abs. 1 Nr. 8 S. 2 ErbStG, die allerdings eine Schenkung unter Lebenden als Rechtsfolge hat; aufgrund der Einheitlichkeit des Begriffs „Vermögensmasse..." in den Trusttatbeständen ist im Rahmen der Auslegung bereits auf Themen einzugehen, die genau genommen erst bei der Schenkungsbesteuerung relevant werden.

trusts nämlich erst mit dem Erhalt von Ertrags- oder Substanzausschüttungen während der Laufzeit des Trusts oder bei Beendigung der Trustverwaltung entstehen.[455] Gesetzliche Grundlage für diesen Entstehungszeitpunkt war § 9 Abs. 1 Nr. 1 c) ErbStG a.F. Die Zwischenschaltung eines Trusts wurde vom deutschen Steuerrecht als ein einziger aufschiebend bedingter Vermögenserwerb (§ 4 BewG) vom *settlor* auf den *beneficiary* behandelt.[456] Maßgebliches Kriterium für die Bestimmung der anzuwendenden Steuerklasse war das Verwandtschaftsverhältnis zwischen *beneficiary* und *settlor.*[457] Die Ausschüttung von Erträgen des Trusts sowie des Trustvermögens an die *beneficiaries* löste eine Steuerpflicht aus, sofern *settlor* oder *beneficiary* zu diesem Zeitpunkt Steuerinländer waren[458] oder einzelne Gegenstände des Trustvermögens zum Inlandsvermögen gehörten.[459]

Die Rechtsprechung ging von einem in die Länge gezogenen Vermögensübergang direkt vom *settlor* auf die *beneficiaries* aus[460], sodass die Existenz des Trusts letztlich ausgeblendet wurde. Aus der dem Trust inhärenten gespaltenen Eigentümerschaft wurde gefolgert, dass einerseits der *trustee* nicht im erbschaftsteuerlichen Sinne bereichert war, da die Vermögenswerte von ihm einzig im Interesse der *beneficiaries* gehalten werden.[461] Andererseits war auch der Trust selbst aufgrund mangelnder Rechtspersönlichkeit nicht direkt – wie beispielsweise eine Stiftung – bereichert.[462] Aufgrund dieser Rechtsprechung war die Möglichkeit eröffnet, die Auflösung des Trusts über lange Zeiträume hinauszuschieben und so die deutsche Erbschaft- und Schenkungsteuer erst zu einem für den Steuerpflichtigen günstigen Zeitpunkt auszulösen (sogenannte Stundungs- und Verzögerungseffekte).[463]

---

455 *Gottschalk* in Troll/Gebel/Jülicher/Gottschalk, ErbStG (2018), § 3 ErbStG, Rn. 322.

456 BFH 20.12.1957 – III 250/56 U, BStBl. III 1958, 79 (80); diese Rechtsprechung erging zum *testamentary trust*, ist jedoch nach h.M. auf den *inter vivos trust* übertragbar, vgl. *Jülicher* in Troll/Gebel/Jülicher/Gottschalk, ErbStG (2018), § 2 ErbStG, Rn. 125 m.w.N.

457 *Füger/von Oertzen,* IStR 1999, 11 (12); *Söffing/Kirsten,* DB 1999, 1626 (1629); zweifelnd hierzu *Siemers/Müller,* IStR 1998, 385 (389 f); a.A. *Jülicher*, IStR 1996, 575 (577); *Pöllath*, IWB 1986, Fach 3 Gruppe 1, 1079 (1084).

458 § 2 Abs. 1 Nr. 1 ErbStG.

459 § 2 Abs. 1 Nr. 3 ErbStG.

460 BFH 20.12.1957 – III 250/56 U, BStBl. III 1958, 79 (80); *Killius* in FS Rädler, S. 343 (351).

461 *Seibold* in IStR 1994, 16 (17).

462 BFH 20.12.1957 – III 250/56 U, BStBl. III 1958, 79 (81 f.); *Fuhrmann*, Modelle lebzeitiger Unternehmensübertragung, S. 192 ff.

463 Vgl. *Habammer,* DStR 2002, 425 (430); *Wassermeyer*, FR 2015, 149 (153).

Dieser aufgeschobene Vermögensübergang führte regelmäßig zu steuerlichen Vorteilen bei der Benutzung von Trustkonstruktionen und etablierte den Trust insbesondere als Alternative zur inländischen Familienstiftung, welche diese Vorteile auf dem Gebiet der Erbschaft- und Schenkungsteuer aufgrund des Vorliegens einer Rechtspersönlichkeit nicht auszulösen vermochte.[464] So konnte im Falle einer beschränkten Steuerpflicht nach § 2 Abs. 1 Nr. 3 ErbStG aufgrund der Belegenheit von Nachlassgegenständen auch der Umfang der Steuerpflicht beeinflusst werden; in Deutschland belegene Vermögenswerte konnten durch Vermögenswerte ersetzt werden, die zum Zeitpunkt des Eintritts der Steuerpflicht nicht der deutschen Erbschaft- und Schenkungsteuer unterlagen.[465] Auch eine taktisch gewählte Wohnsitzverlegung durch den jeweiligen Steuerpflichtigen brachte diesen in die Lage, die Entstehung einer unbeschränkten Erbschaft- und Schenkungsteuerpflicht zu vermeiden.[466]

Im Falle des Vorliegens eines *fixed interest trust* waren diese Stundungs- und Verzögerungseffekte nicht zu erreichen. Bei dieser Art von Trusts konnte der kapitalisierte Wert der feststehenden Ansprüche (§§ 13 - 15 BewG) der *beneficiaries* schon bei Bildung des Trusts nach § 7 Abs. 1 Nr. 1 ErbStG ähnlich einem Zuwendungsnießbrauch der Schenkungsteuer unterworfen werden.[467]

Die „Erbschaft- und Schenkungsteuerersparnis" im Rahmen der erörterten Stundungs- und Verzögerungseffekte beim Einsatz von *discretionary trusts* wurde im Koalitionsentwurf zum StEntlG 1999/2000/2002 als Grund für die Einführung spezieller Trustbesteuerungsnormen genannt. Nach der Gesetzesbegründung sollte daher unter anderem der Vermögensübergang auf den Trust bei seiner Bildung als jeweils zusätzlicher Erwerbstatbestand in die §§ 3 und 7 ErbStG aufgenommen werden und künftig der Besteuerung unterliegen, „weil bei dieser Konstruktion keine Steuerpflicht oder erst mit zeitlicher Verzögerung eine Steuerpflicht ausgelöst wird".[468] In diesem Entwurf wurde erstmals der Begriff der „Vermögensmasse…" verwendet, wobei der Trust als Regelbeispiel

---

464 *Birnbaum/Lohbeck/Pöllath,* FR 2007, 479 (485).

465 *Killius* in FS Rädler, S. 343 (351); *Seltenreich* in Preißer/Rödel/Seltenreich, ErbStG (2018), § 7 ErbStG, Rn. 642; *Weinmann* in Moench/Weinmann, ErbStG (2018), § 7 ErbStG, Rn. 221a.

466 *Schindhelm/Stein,* FR 1999, 880; *Jülicher,* IStR 1999, 106; *Siemers/Müller,* IStR 1998, 385 (389).

467 *Killius* in FS Rädler, S. 343 (351); BFH 21.4.1982 – II R 148/79, BStBl. II 1982, 597; BFH 6.3.1990 – II R 32/86, BStBl. II 1990, 786; BFH 12.5.1970 – II 52/64, BStBl. II 1972, 462.

468 BT-Drs. 14/23 vom 9.11.1998, S. 200.

für eine solche Vermögensmasse in den Gesetzestext eingefügt werden sollte.[469] So sollte § 3 Abs. 2 Nr. 1 S. 2 ErbStG ursprünglich lauten: „Als Stiftung gilt auch eine Vermögensmasse, insbesondere ein nichtrechtsfähiger Trust, deren Zweck auf die Bindung von Vermögen gerichtet ist und die ihre Geschäftsleitung oder ihren Sitz im Ausland hat."[470] Hier wird die Gleichstellung des Trusts mit der Stiftung noch deutlicher vollzogen, da der Trust selbst noch als Stiftung gelten sollte und nicht nur die Bildung des Trusts der Vermögensübertragung auf eine Stiftung gleich gesetzt wurde.

Die Gesetzesbegründung zur finalen Fassung des StEntlG 1999/2000/2002 greift die Stundungs- und Verzögerungseffekte als Grundlage nicht mehr auf. Sie beschränkt sich hinsichtlich der Bildung des Trusts auf die zuvor getätigte Aussage, dass der Übergang von Vermögen auf eine Vermögensmasse ausländischen Rechts, insbesondere auf einen Trust, zusätzlicher Erwerbstatbestand in §§ 3 und 7 ErbStG werden soll. In dieser Fassung wurde weiterhin der Begriff der „Vermögensmasse…" verwendet, wobei der Trust erneut als Regelbeispiel für eine solche Vermögensmasse gesehen wurde.[471] Dies hat jedoch im Gegensatz zum vorherigen Entwurf keinen Niederschlag in den einschlägigen Gesetzestexten gefunden.

Die Gesetzesbegründungen zeigen mithin auf, dass es dem Gesetzgeber bei der Einführung der Erwerbstatbestände primär um die Erfassung von Trusts ging[472], und der Begriff der „Vermögensmasse…", letztlich als Alternativbegriff[473] gebraucht werden sollte. Zudem wird deutlich, dass durch die Einführung einer Steuerpflicht hinsichtlich Bildung bzw. Ausstattung des Trusts die Schließung von Besteuerungslücken vom Gesetzgeber bezweckt wurde. Weiteres lässt sich aus den Gesetzesbegründungen nicht entnehmen. Aus ihnen geht insbesondere nicht der gesetzgeberische Wille hervor, dass eine Differenzierung der verschiedenen Arten von Trusts durch das Kriterium eines fremdnützigen Vermögensbindungszwecks angestrebt wurde.

---

469 BT-Drs. 14/23 vom 9.11.1998, S. 120; „[…] *Vermögensmasse, insbesondere ein nichtrechtsfähiger Trust, deren Zweck auf die Bindung von Vermögen gerichtet ist* […]".

470 BT-Drs. 14/23 vom 9.11.1998, S. 120; der Tatbestand des § 7 Abs. 1 Nr. 8 S. 2 ErbStG sollte entsprechend formuliert werden.

471 BT-Drs. 14/443 vom 3.3.1999, S. 41; „[…] *Übergang von Vermögen auf eine Vermögensmasse ausländischen Rechts, insbesondere auf einen Trust* […]".

472 *Eisele,* INF 1999, 324 (325); *Söffing/Kirsten,* DB 1999, 1626 (1627); FinMin NRW 6.4.1999 – S3730-32-V A2, DStR 1999, 718 (719); *Daragan,* ZErb 2017, 1 (4).

473 *Klein,* IStR 1999, 377.

Die Rechtsprechung sieht jedoch nicht jede Trustart allein aufgrund der Bezeichnung „Trust" als „Vermögensmasse…" an und stellt dabei auf den Willen des historischen Gesetzgebers ab. In der Sache geht es in einem entsprechenden Urteil des FG Baden-Württemberg darum, ob ein *grantors trust*[474] als „Vermögensmasse…" zu beurteilen ist. Das FG führt aus: „Die erforderliche Vermögensbindung ist bei einem Trust […] jedenfalls dann anzunehmen, wenn der Trusterrichter (*settlor* oder *grantor*) bei der Errichtung des Trusts bestimmt hat, dass die *trustees* das Vermögen im Interesse der Abkömmlinge oder anderer Familienangehöriger verwalten und auf diese im Rahmen einer sich über einen längeren Zeitraum erstreckenden Vermögensnachfolge übertragen sollen."[475] Dies sei aus den vom Gesetzgeber verfolgten Regelungsabsichten zu folgern: Ziel des Gesetzgebers bei der Einführung der Regelungen zur Trustbesteuerung im ErbStG sei es gewesen, die Nutzung von Trusts im Rahmen der – insbesondere längerfristig gestalteten – Vermögensnachfolge steuerlich effektiver zu erfassen. Deshalb falle der *grantors trust*, der weder einem fremdnützigen Zweck dient noch ein Element der Vermögensnachfolgeplanung aufweist, nicht unter die in Rede stehenden Vorschriften des ErbStG.[476]

Für das FG Baden-Württemberg manifestiert sich also in dem Erfordernis des Vermögensbindungszwecks der gesetzgeberische Wille, bestimmte Trustarten im erbschaft- und schenkungsteuerlichen Kontext von einer Besteuerung auszunehmen. Nur weil der *grantors trust* der Bezeichnung nach ein Trust ist, könne daraus noch keine rechtliche Schlussfolgerung gezogen werden; dies gelte insbesondere in Anbetracht der Auswechslung des Begriffes „nichtrechtsfähiger trust" in Entwürfen des StEntlG 1999/2000/2002 zugunsten des Begriffs der „Vermögensmasse…".[477] Gerade mit seiner letzten Ausführung macht das FG deutlich, dass dieses Verständnis des Begriffs der „Vermögensmasse…" im Sinne des ErbStG, welche sich am Sinn und Zweck der Trustbesteuerungstatbestände orientiert, nicht zwangsläufig auf *grantors trusts* beschränkt sein muss. Vielmehr muss ein Trust zunächst das Element einer fremdnützigen Nachfolgeplanung erfüllen, damit nach dem Willen des Gesetzgebers überhaupt eine Subsumtion unter den Begriff der „Vermögensmasse…" in Betracht kommen kann.

---

474 Der *grantors trust* ist ein *inter vivos trust*; aufgrund der Einheitlichkeit des Begriffs „Vermögensmasse…" in den Trusttatbeständen ist auf dessen Besonderheiten bereits an dieser Stelle einzugehen.

475 FG Baden-Württemberg 15.7.2010 – 7 K 37/07, DStRE 2011, 1139 (1141).

476 FG Baden-Württemberg 15.7.2010 – 7 K 37/07, DStRE 2011, 1139 (1141).

477 FG Baden-Württemberg 15.7.2010 – 7 K 37/07, DStRE 2011, 1139 (1142).

Das in Rede stehende Urteil des FG Baden-Württemberg gelangte in der Revision zum BFH[478], der die Aussagen zur einschränkenden Auslegung des Begriffs der „Vermögensmasse…“ in entscheidenden Punkten unterstützend wiederholte und erweiterte. So führt der BFH aus: „Die […] erforderliche Vermögensbindung ist bei einem Trust dann anzunehmen, wenn der Errichter bestimmt hat, dass die Verwalter des Trusts das Vermögen im Interesse der später Begünstigten verwalten und auf diese im Rahmen einer sich über einen längeren Zeitraum erstreckenden Vermögensnachfolge übertragen sollen.“[479] Der BFH erweitert somit den Kreis der von der Bindung des Vermögens profitierenden Begünstigten von Verwandten des *settlor* auf sämtliche Begünstigte. Damit wäre neben dieser privatnützigen Zweckrichtung nicht zuletzt auch bei einer gemeinnützigen Intention des *settlor* eine Bindung des Vermögens anzunehmen, wenn diese denn im Rahmen der Vermögensnachfolgeplanung erfolgt. Ansonsten ist eine Vermögensbindung abzulehnen.

Zwar ist es nicht überzeugend, die Langfristigkeit der Vermögensnachfolgeplanung durch das Erfordernis einer Mindestlaufzeit des Trusts zur Erfüllung des Vermögensbindungszwecks zu verlangen. Eine längerfristige Vermögensnachfolgeplanung ist auch bei Stiftungen kein Kriterium für die Erfüllung der Steuertatbestände. Zudem würde ein solches Erfordernis Missbrauchsmöglichkeiten eröffnen, die im Rahmen der Trusttatbestände gerade beseitigt werden sollen. Ein Abstellen auf die Fremdnützigkeit der Vermögensnachfolgeplanung ist aber inhaltlich nachvollziehbar. Das als konstituierend für eine „Vermögensmasse…“ erachtete Element der Vermögensnachfolgeplanung in fremdnütziger Absicht zugunsten der Abkömmlinge des *settlor* oder anderer Familienangehöriger ist klassisches Motiv bei der Errichtung einer privatnützigen Familienstiftung.[480] Dieses Element lässt sich mit bestimmten, aber eben nicht sämtlichen Trustkonstruktionen ebenso verwirklichen. Gleiches gilt im Hinblick auf eine (auch)[481] gemeinnützige Stiftung, deren Begünstigter etwa eine weitere gemeinnützige Einrichtung ist.

So verwendete auch der Erstentwurf einer Gesetzesinitiative des Landes Hessen den Begriff der „stiftungsähnlichen Vermögensmasse“[482] zur Erfassung

478 BFH 27.9.2012 – II R 45/10, BFH 27.9.2012 – II R 45/10, BStBl. II 2013, 84 ff.

479 So BFH 27.9.2012 – II R 45/10, BStBl. II 2013, 84 (85); vgl. zuletzt FG Düsseldorf – 4 K 2239/14 Erb, ZEV 2017, 230 (231).

480 Noch zweifelnd hinsichtlich des Erfordernisses einer „Stiftungsähnlichkeit“ *Schindhelm/Stein*, FR 1999, 880 (882 f.).

481 Für das Modell der Doppelstiftung gelten die hier getätigten Ausführungen ebenfalls.

482 Vgl. BR-Drs. 208/98 vom 2.3.1998, S. 5.

des Trusts. Trotz der Tatsache, dass dieser Begriff nicht die finale Fassung des StEnlG 1999/2000/2002 erreichte, ist diesem Originalimpuls zur Trustbesteuerung Gewicht einzuräumen. Zwar könnte als Gegenargument angeführt werden, dass der Gesetzgeber die Gleichstellung mit der Stiftung im finalen Entwurf des StEntlG 1999/2000/2002 aufgegeben hat. Es bestehen aber noch etliche Überschneidungen wie zum Beispiel die Verortung der Vorschriften zur Trustbesteuerung, die auf eine Anlehnung an die Besteuerung der Stiftung hindeuten. Auch ist in der Gesetzesbegründung zum finalen Entwurf des StEntlG 1999/2000/2002 keine widersprechende Stellungnahme des Gesetzgebers auffindbar. Somit ist zumindest noch von einer Annäherung der Trustbesteuerung an die Besteuerung einer Stiftung zu sprechen.[483]

Folglich kommt auch eine historische Auslegung zu dem Ergebnis, dass die „Vermögensmasse…" einen privat- oder gemeinnützigen stiftungsähnlichen Charakter im Rahmen einer Vermögensnachfolgeplanung aufweisen und darum grundsätzlich Trusts ausschließen muss, welchen dieses Merkmal fehlt. Zwar ergibt sich dies nicht unmittelbar aus der Gesetzesbegründung; es folgt aber aus der Gesamtentstehungsgeschichte der Trustbesteuerungsnormen, die sämtliche Gesetzesmaterialien berücksichtigt.

(c) Systematischer Zusammenhang

Die Tatbestände der Trustbesteuerung wurden in der endgültigen Fassung des StEntlG 1999/2000/2002 allesamt als Anwendungserweiterungen („Dem steht gleich…") zu den entsprechenden Regelungen betreffend Stiftungen formuliert. So wurde die Bildung bzw. Ausstattung eines *testamentary trust* mit der Errichtung einer Stiftung durch Stiftungsgeschäft von Todes wegen auf Anordnung des Erblassers nach § 3 Abs. 2 Nr. 1 S. 1 ErbStG gleichgesetzt.

Der Trust ist somit, was seine Bildung bzw. Ausstattung und Auflösung angeht, der Stiftung gleichgestellt.[484] Die Gleichstellung mit der Stiftung in steuerlichen Belangen war – zumindest nach den Entwürfen zum StEntlG 1999/2000/2002 – auch ursprüngliches Ziel der Kodifikation.[485] Diese Verortung

---

483 So auch *Seltenreich* in Preißer/Rödel/Seltenreich, ErbStG (2018), § 7 ErbStG, Rn. 658; *Jülicher* in Flick/Piltz, Internationaler Erbfall, Rn. 1910.

484 *Jülicher*, IStR 1999, 106.

485 FG Hessen 10.2.2014 – 1 V 2602/13, BeckRS 2014, 95097; zuletzt BFH 25.1.2017 – II R 26/16, BStBl. II 2018, 199 (201); vgl. auch *Seltenreich* in Preißer/Rödel/Seltenreich, ErbStG (2018), § 7 ErbStG, Rn. 658; *Jülicher* in Flick/Piltz, Internationaler Erbfall, Rn. 1910; *Werner* ZEV 2016, 133 (135) *Daragan*, ZErb 2017, 1 (4); *Radwan*, CCZ 2018, 67 (68).

der Trustbesteuerungsvorschriften, die nicht nur die Bildung und Ausstattung des Trusts erfasst[486], lässt gleichfalls auf das Erfordernis einer funktionalen Ähnlichkeit zur Stiftung schließen. So hätten die Trusttatbestände auch im Rahmen der Zweckzuwendungen nach § 8 ErbStG positioniert werden können, wobei nicht jeder beliebige Zweck, sondern nur der der Vermögensbindung in Betracht gekommen wäre.[487] Zudem hätte die Besteuerung des Trusts insgesamt parallel zu der der unselbständigen Stiftung erfolgen können, bei der trotz Zwischenschaltung des Stiftungsträgers im Falle eines eng begrenzten begünstigten Personenkreises auch eine unmittelbare nach § 3 Abs. 1 Nr. 1, 2 oder 4 oder nach § 7 Abs. 1 Nr. 1 ErbStG steuerbare Zuwendung an die zu diesem Kreis gehörenden Personen in Betracht kommt.[488] Dies ist aber nicht geschehen.

Zwar wurde die ursprünglich erwogene Erhebung der Erbersatzsteuer fallen gelassen[489], hieraus sollten aber keine zu weit gehenden Schlüsse auf eine Aufgabe der Gleichstellung mit der (Familien-)Stiftung gezogen werden. Der Grund für die Abkehr von dieser Form der Besteuerung ist eher darin zu sehen, dass dadurch nur inländische Trusts betroffen gewesen wären.[490] Eine Einbeziehung in die Erbersatzsteuer hätte wegen der regelmäßig fehlenden Anknüpfungspunkte eines Trusts zum Inland nach §§ 10, 11 AO nur einen sehr geringen Anwendungsbereich gehabt.

Selbst wenn Teile der Finanzverwaltung[491] und an anderer Stelle ebenfalls der BFH[492] davon ausgehen, dass von dem Begriff der „Vermögensmasse…" ausschließlich der Trust erfasst wird, können grundsätzlich auch ausländische

---

486 Vgl. zu den laufenden Trustausschüttungen und den Ausschüttungen bei Auflösung unter B. II. sowie B. III. dieses Kapitels.

487 So angedacht bei *Schindhelm/Stein*, FR 1999, 880 (883); vgl. zur Einordnung einer inländischen Vermögensmasse mit dem Zweck der Vermögensbindung als Zweckzuwendung *Daragan*, ZErb 2017, 1 (4).

488 *Schienke-Ohletz* in von Oertzen/Loose, ErbStG (2017), § 8 ErbStG, Rn. 9; *Theuffel-Wehrhahn*, ZEV 2014, 14 (18).

489 Hier zeigt sich eine steuerliche Parallele zur unselbständigen Stiftung, die nach BFH 25.1.2017 – II R 26/16, BStBl. II 2018, 199 (200 f.) ebenfalls nicht der Erbersatzsteuer unterliegt; vgl. hierzu noch *Godron* in Richter, Stiftungsrecht (2019), § 17, Rn. 72 f; *Oppel*, ZEV 2017, 22 (23).

490 *Eisele*, INF 1999, 324 (327); zur Möglichkeit der systematischen Gleichstellung mit der Stiftung durch Einführung einer (beschränkten) Erbersatzsteuer vgl. unter E. I. dieses Kapitels.

491 FinMin NRW 6.4.1999 – S3730-32-V A2, DStR 1999, 718 (719).

492 BFH 21.7.2014 – II B 40/14, BFH/NV 2014, 1554 (1555).

Stiftungen unter den Begriff subsumiert werden.[493] Gerade dies spricht im Umkehrschluss für die einschränkende Auslegung des Begriffs, da bei genauer Betrachtung die ausländische (Familien-)Stiftung und der stiftungsartig ausgestaltete Trust hauptsächlich formal durch Existenz bzw. Fehlen einer Rechtspersönlichkeit voneinander abgegrenzt sind.

Letztlich spricht die systematische Positionierung in den Besteuerungstatbeständen für Stiftungen ebenfalls für das Abgrenzungskriterium der Stiftungsähnlichkeit bei Trusts.

(d) Sinn und Zweck der Norm

Der Zusatz „...deren Zweck auf die Bindung von Vermögen gerichtet ist" könnte den Sinn und Zweck haben, zwar generell Trusts unter die Normen des ErbStG subsumieren zu können, zugleich aber ein begrenzendes Korrektiv zur Hand zu haben, um eine Besteuerung von Trustkonstruktionen zu vermeiden, wenn eine solche nach dem ErbStG nicht geboten ist. Die Fremdnützigkeit ist dem Vererben und Schenken inhärent. Sinn und Zweck der Erbschaft- und Schenkungsteuer als solcher ist es, fremdnützige Vermögensübergänge – aber eben auch nur diese – zu erfassen.

Dient ein Trust[494] also beispielsweise allein der Vermeidung des US-amerikanischen Nachlassverfahrens (*probate*)[495] und wird nach Abwicklung des Nachlasses wieder aufgelöst, ist sein Zweck von vornherein nicht auf die fremdnützige Bindung von Vermögen gerichtet. Dies zeigt sich objektiv durch die sofortige Auflösung des Trusts nach Abschluss des *probate.* Die Bindung des Vermögens dient dann allein der Vermeidung des *probate.*

---

493 So jüngst auch BFH 3.7.2019 – II R 6/16, BStBl. II 2020, 61 (64); FG Baden-Württemberg 22.4.2015 – 7 K 2471/12, BeckRS 2015, 95166; FG Hessen 10.2.2014 – 1 V 2602/13, BeckRS 2014, 95097; *Wassermeyer*, FR 2015, 149 (153); a.A. *von Oertzen* in von Oertzen/Loose, ErbStG (2017), § 3 ErbStG, Rn. 116: a.A. hinsichtlich selbständiger ausländischer Stiftung *Daragan*, ZErb 2017, 1 (4).

494 Diese Art von Trust ist klassischerweise als *inter vivos trust* ausgestaltet, um zu verhindern, dass das Nachlassgericht sich überhaupt mit der Wirksamkeit des Testaments auseinandersetzt, was es bei einem *testamentary trust* tun würde, vgl. bereits unter A. IV. des zweiten Kapitels; aufgrund der Einheitlichkeit des Begriffs „Vermögensmasse..." in den Trusttatbeständen ist auf ihre Besonderheiten jedoch bereits an dieser Stelle einzugehen.

495 Vgl. *Göckeler* in Flick/Piltz, Internationaler Erbfall, Rn. 1044; *Werz/Brunner,* PIStB 2006, 40 (41); *von Oertzen/Stein*, ZEV 2010, 500 (501); *Roth/Kather,* NJW-Spezial 2013, 551; *Siegwart,* ZEV 2006, 110 (111); vgl. ausführlich zum *probate* im zweiten Kapitel unter A. IV.

Ähnliches trifft auf die Erscheinungsformen des *business trust* sowie des *commercial trust* zu.[496] Beim *business trust* handelt es sich um eine in vielen angelsächsisch geprägten Rechtsordnungen[497] verbreitete Rechtsform für unternehmerische Aktivitäten. Durch Übertragung einzelner oder mehrerer Gewerbe auf den Trust wird dieser als Vehikel zur optimierten Geschäftsführung und als Alternative zur Handelsgesellschaft in diesen Rechtsordnungen verwendet. Ein *business trust* kombiniert die Vorzüge einer Personengesellschaft (beispielsweise zivilrechtliche Flexibilität, keine handelsrechtliche Offenlegungspflicht, keine kapitalmarktrechtlichen Verpflichtungen sowie keine Pflicht zur Abschlussprüfung) mit Vorteilen der Kapitalgesellschaft (zum Beispiel beschränkte Haftung und Unternehmenskontinuität).[498] Der Zweck der Vermögensmasse ist hier die Erleichterung der Geschäftsführung durch das *pooling* verschiedener Gewerbe. Die Bindung von Vermögen ist bloßer Nebeneffekt, welcher – in dieser Gestalt – bei jeder Trustkonstruktion zu finden ist. Sie ist daher nicht anders als bei der Kapitalgesellschaft oder der Personengesellschaft mit Gesamthandsvermögen zu bewerten.

Eben dies gilt bei im angloamerikanischen Rechtskreis beliebten *commercial trusts*, welche als Instrumente der kollektiven Vermögensverwaltung[499] verwendet werden und rechtstypologisch mit einem deutschen Investmentsondervermögen nach InvStG bzw. KAGB vergleichbar sind.[500] In solchen Fällen erscheint es geradezu grotesk, die Einlage eines Anlegers eines *commercial trust* bei der Einzahlung (sowie erneut bei der Auszahlung) der Schenkungsteuer zu unterwerfen. Denn keiner der beiden Vorgänge stellt eine freigebige, einen Dritten begünstigende Zuwendung dar, auf deren Besteuerung das ErbStG tatsächlich abzielt.

Im Gegensatz zu dem ursprünglich verwendeten Begriff „nichtrechtsfähiger trust“ bietet die Wendung „Vermögensmasse…“ genügend Raum, um zwischen den einzelnen Trustkonstruktionen zu unterscheiden. Hierdurch können gerade solche Konstellationen wie der *business trust* und der *commercial trust* von der Besteuerung durch das ErbStG ausgeklammert werden, zumal

---

496 Diese beiden Trustarten sind zwangsläufig als *inter vivos trusts* ausgestaltet; wegen der Einheitlichkeit des Begriffs „Vermögensmasse…“ in den Trusttatbeständen ist auf ihre Besonderheiten jedoch bereits an dieser Stelle einzugehen.

497 Insbesondere die USA, Neuseeland und Südafrika.

498 Vgl. *Honiball/Olivier*, Taxation, S. 309 ff.; *Honore/Cameron*, Law of Trusts, S. 74; *Rönck*, IStR 1997, 122 (126 f.).

499 *Haeusler* in Richter/Wachter, Handbuch, S. 229 (252).

500 Vgl. auch *Birnbaum/Lohbeck/Pöllath*, FR 2007, 479 (485), Fn. 79.

Vermögensübertragungen im Rahmen dieser Trustkonstruktionen grundsätzlich der Einkommensteuer[501] unterliegen.

Hauptindiz dafür, dass ein Ausscheiden bestimmter Trustkonstruktionen mit der Benutzung dieses Begriffs auch objektiv als Sinn und Zweck der Trustbesteuerungsnormen des ErbStG zum Ausdruck kommt, ist die Verwendung eines abweichenden Begriffs für die Erfassung von Trusts im Ertragsteuerrecht. In § 20 Abs. 1 Nr. 9 S. 2 EStG, welcher Leistungen des Trusts an seine *beneficiaries* der Ertragsteuer unterwerfen kann, ist die Rede von „Vermögensmassen, die weder Sitz noch Geschäftsleitung im Inland haben". Auch in den §§ 1 Abs. 1, 2 Nr. 1 KStG findet sich kein Hinweis, dass die Vermögensmasse einem bestimmten Zweck gewidmet sein muss. Zudem taucht in der Vorschrift des § 22 Nr. 1 S. 2 a) EStG, von der Leistungen des Trusts vor der Einführung von § 20 Abs. 1 Nr. 9 S. 2 EStG ertragsteuerlich erfasst wurden[502], gleichsam nur der Begriff „Vermögensmasse" als Tatbestandsmerkmal auf. Gleiches gilt für § 15 Abs. 1, Abs. 4 AStG, welcher die Zurechnung von Einkünften und Vermögen eines „Familientrusts" normiert. Somit tritt in der Verwendung des einschränkenden Zusatzes zum Begriff Vermögensmasse auch objektiv der Zweck zu Tage, bestimmte Trustformen wie die vorgenannten von einer Erfassung durch die Trustbesteuerungsnormen des ErbStG auszunehmen.

Paradoxerweise wäre der im Gesetzesentwurf des Landes Hessen zum „Abbau unerwünschter Steuergestaltungen und Vollzugsdefizite"[503] verwendete Begriff der „stiftungsähnlichen Vermögensmasse" hier deutlich besser zur Abgrenzung geeignet gewesen. Denn gerade in der Ähnlichkeit zu privatnützigen oder gemeinnützigen Stiftungen liegt das konstituierende Merkmal für die zu besteuernden Trustkonstruktionen, welche im Rahmen des StEntlG 1999/2000/2002 erfasst werden sollten. Bei dieser Art von Trust steht die Bindung von Vermögen und deren Verteilung an nachkommende Generationen tatsächlich im Vordergrund, so dass eine Besteuerung nach ErbStG in diesen Fällen folgerichtig ist.

Auch der objektiv aus den Normen der Trustbesteuerung und der Verwendung des Begriffs „Vermögensmasse…" zum Ausdruck kommende Zweck spricht für eine einschränkende Auslegung in Gestalt der Ähnlichkeit mit einer privat- oder gemeinnützigen Stiftung.

---

501 Vgl. hierzu detailliert im vierten Kapitel unter A. II.

502 BMF 14.5.2004 – IV B 4 - S 1340 - 11/04, BStBl. I 2004, Sondernummer 1/2004, 3, Tz. 15.1.1; *Pöllath,* IWB 1986, Fach 3 Gruppe 1, 1079 (1082 f.); *Werder/Wystrcil,* BB 2015, 412 (418); für ausländische Familienstiftungen vgl. *Milatz/Herbst,* BB 2011, 1500 (1504).

503 BR-Drs. 208/98 vom 2.3.1998, S. 5.

(e) Zwischenergebnis

Es ist somit geboten, nur Trusts, die in ihrem Charakter einer privatnützigen oder gemeinnützigen Stiftung entsprechen und einer fremdnützigen Vermögensnachfolgeplanung dienen, als „Vermögensmasse ausländischen Rechts, deren Zweck auf die Bindung von Vermögen gerichtet ist", zu behandeln. Die Stiftung ist Archetyp des besteuerungswürdigen Trusts. Selbst wenn sich hierfür in Bezug auf den historischen Willen des Gesetzgebers aus den Gesetzesbegründungen keine konkreten Anzeichen ergeben, lässt sich das Erfordernis einer Stiftungsähnlichkeit aus der Gesamtentstehungsgeschichte der Trustbesteuerungsnormen folgern. Zudem sprechen die grammatikalische, systematische und teleologische Auslegung des Begriffs in einer Zusammenschau für ein derartiges Verständnis.

c) Zusammenfassung

Es ist festzuhalten, dass die Übertragung von Vermögenswerten auf einen *testamentary trust* bei Tod des *settlor* eine Steuerpflicht nach § 3 Abs. 2 Nr. 1 S. 2 ErbStG nur auslöst, wenn es sich um einen stiftungsähnlich ausgestalteten Trust mit dem Ziel der Vermögensnachfolgeplanung handelt.

Allerdings ist diese Eingrenzung bei *testamentary trusts* im Gegensatz zu *inter vivos trusts* nur von geringer Bedeutung. Der *testamentary trust* wird aufgrund der klassischen Beweggründe des *settlor*, Dritte zu begünstigen, bei seiner Bildung bzw. Ausstattung regelmäßig einen fremdnützigen Zweck aufweisen.

2. Schenkung unter Lebenden

§ 1 Abs. 1 Nr. 2 ErbStG bestimmt auch die Schenkung unter Lebenden zu einem steuerauslösenden Ereignis. Nach dem Wortlaut des § 7 Abs. 1 Nr. 8 S. 2 ErbStG steht dem Übergang von Vermögen aufgrund eines Stiftungsgeschäfts unter Lebenden die Bildung oder Ausstattung einer Vermögensmasse ausländischen Rechts, deren Zweck auf eine Bindung von Vermögen gerichtet ist, als Schenkung unter Lebenden gleich. Die Steuer entsteht nach § 9 Abs. 1 Nr. 2 ErbStG mit dem Zeitpunkt der Ausführung der Zuwendung, also mit dem Zeitpunkt der Bildung bzw. Ausstattung des *inter vivos trust*.

Erneut fingiert genau genommen bereits § 7 Abs. 1 Nr. 8 S. 2 ErbStG im Rahmen der Formulierung „Als Schenkungen unter Lebenden gelten…" den Trust als Erwerber, ohne dass es der klarstellenden Regelung des § 20 Abs. 1 S. 2 ErbStG für die Begründung der Erwerbereigenschaft tatsächlich bedürfte. Genau wie im Rahmen einer Steuerpflicht nach § 3 Abs. 2 Nr. 1 S. 2 ErbStG besteht das Zuwendungsverhältnis somit bei der Bildung bzw. Ausstattung eines *inter vivos trust* zwischen *settlor* und Trust selbst. Nach § 7 Abs. 1 Nr. 8 S. 2 ErbStG i.V.m. § 10 Abs. 1 S. 1 ErbStG ist der Trust bei seiner Bildung bzw. Ausstattung als bereichert anzusehen.

Aufgrund der auf die steuerpflichtigen Vorgänge der §§ 3 Abs. 2 Nr. 1 S. 2, 7 Abs. 1 Nr. 8 S. 2, Nr. 9 S. 2 ErbStG begrenzten Fiktion der Rechtspersönlichkeit des Trusts kann der Grundtatbestand des § 7 Abs. 1 Nr. 1 ErbStG bei der Bildung bzw. Ausstattung eines *inter vivos trusts* nicht zur Anwendung kommen. Der Trust kann im Rahmen des § 7 Abs. 1 Nr. 1 ErbStG schon nicht Erwerber der übertragenen Vermögenswerte sein.[504]

a) Bildung oder Ausstattung einer Vermögensmasse

Hinsichtlich der Tatbestandsmerkmale „Bildung oder Ausstattung“ sowie „Vermögensmasse ausländischen Rechts, deren Zweck auf die Bindung von Vermögen gerichtet ist“ kann auf die Ausführungen zur Steuerpflicht beim Erwerb von Todes wegen nach § 3 Abs. 2 Nr. 1 S. 2 ErbStG verwiesen werden.[505] In diesem Zusammenhang ergeben sich in der Auslegung des Begriffs keine steuerrechtlich relevanten Unterschiede zwischen *testamentary trust* und *inter vivos trust.*

Der erneute Gebrauch der Wendung „Bildung oder Ausstattung“ zeigt, dass der Gesetzgeber in Abweichung von § 7 Abs. 1 Nr. 8 S. 1 ErbStG auch nachträgliche Ausstattungen erfassen wollte.[506] Somit sind nicht nur anfängliche, sondern auch alle darauf folgenden Vermögenszuführungen – im Unterschied zur Stiftung[507] – nach § 7 Abs. 1 Nr. 8 S. 2 ErbStG steuerpflichtig.[508]

b) Spezielle Erscheinungsformen des inter vivos trust

Im Folgenden soll herausgearbeitet werden, ob bei *grantors trust* sowie *revocable trust* als speziellen Erscheinungsformen des *inter vivos trust* von der Bildung

---

504 Vgl. zur Anwendbarkeit des § 7 Abs. 1 Nr. 1 ErbStG bei laufenden Ausschüttungen jedoch unter B. II. dieses Kapitels.

505 Vgl. unter B. I. 1. a) und b) dieses Kapitels.

506 *Von Oertzen* in von Oertzen/Loose, ErbStG (2017), § 7 ErbStG, Rn. 362; *Geck* in Kapp/Ebeling, ErbStG (2018), § 7 ErbStG, Rn. 149.2.

507 Spätere Zustiftungen stellen nach h.M. freigebige Zuwendungen nach § 7 Abs. 1 Nr. 1 ErbStG dar und fallen grundsätzlich nicht unter § 7 Abs. 1 Nr. 8 S. 1 ErbStG vgl. *von Oertzen* in von Oertzen/Loose, ErbStG (2017), § 7 ErbStG, Rn. 354 m.w.N.

508 *Gebel* in Troll/Gebel/Jülicher/Gottschalk, ErbStG (2018), § 7 ErbStG, Rn. 336; *Jülicher*, IStR 1999, 202; *Weinmann* in Moench/Weinmann, ErbStG (2018), § 7 ErbStG, Rn. 221a.

oder Ausstattung einer Vermögensmasse, deren Zweck auf die Bindung von Vermögen gerichtet ist, ausgegangen werden kann.

(a) Grantors Trust

Die Bildung oder Ausstattung eines *grantors trust* durch den *settlor* könnte einen steuerpflichtigen Vorgang nach § 7 Abs. 1 Nr. 8 S. 2 ErbStG darstellen, wenn es sich bei diesem um eine verselbständigte Vermögensmasse im Sinne des ErbStG handelt.

(1) Grundsätzliche Gestaltung eines *grantors trust*

Der *grantors trust* ist eine Form des *inter vivos trust*, bei welcher der *settlor* zugleich alleiniger *beneficiary* bezüglich sämtlicher Ertragsausschüttungen und allfälliger Substanzausschüttungen aus dem Trust ist.[509] Ferner klassifizieren den *grantors trust* mehr oder weniger weitreichende Weisungsrechte des *settlor* gegenüber dem *trustee*.[510] Typischerweise ist das *trust instrument* so ausgestaltet, dass im Falle des Todes des *settlor* andere Personen in die Begünstigtenstellung nachrücken. Häufig wird diese Art des Trusts zusätzlich als *revocable trust* ausgestaltet.[511]

(2) *Grantors trust* als Treuhandverhältnis

Aufschluss über die rechtliche Einordnung eines *grantors trust* als Vermögensmasse im Sinne des ErbStG gibt das bereits erwähnte Urteil des FG Baden-Württemberg[512]. Dieses hatte einen Fall zu entscheiden, bei dem die Ausschüttungen eines *fixed interest trust* zunächst an einen *grantors trust* vorgenommen und von diesem im Anschluss an den *beneficiary* dieses *grantors trust* ausgeschüttet wurden. Das zuständige Finanzamt wollte diese Ausschüttungen des *fixed interest trust* sodann einer dreifachen Besteuerung unterwerfen: Die Ausschüttungen seien sowohl Erwerbe des *beneficiary* vom *fixed interest trust* gemäß § 7 Abs. 1 Nr. 9 S. 2 ErbStG als auch zugleich Zuwendungen des *beneficiary* an den *grantors trust* und somit nach § 7 Abs. 1 Nr. 8 S. 2 ErbStG zu versteuern; ferner seien die Ausschüttungen des *grantors trust* als erneuter Erwerb der *beneficiaries* gemäß § 7 Abs. 1 Nr. 9 S. 2 ErbStG steuerbar.[513]

---

509 FG Baden-Württemberg 15.7.2010 – 7 K 37/07, DStRE 2011, 1139.

510 *Söffing/Kirsten*, DB 1999, 1626 (1630 f.); *Bruse*, DB 1989, 294 (296); für die ausländische Familienstiftung vgl. *Birnbaum*, ZEV 2014, 482 (483).

511 So zum Beispiel in den USA, vgl. *Werdich*, IWB 1995, Fach 8 Gruppe 3, 265 ff.; *Jülicher*, DStR 2001, 2177 (2182); *Bruse*, DB 1989, 294 (297).

512 FG Baden-Württemberg 15.7.2010 – 7 K 37/07, DStRE 2011, 1139 ff.; vgl. zu dieser Entscheidung bereits unter B. I. 1. b) (b) dieses Kapitels.

513 FG Baden-Württemberg 15.7.2010 – 7 K 37/07, DStRE 2011, 1139 (1140).

Das FG Baden-Württemberg sah in dem *grantors trust* indes keine „Vermögensmasse ausländischen Rechts, deren Zweck auf die Bindung von Vermögen gerichtet ist", so dass kein steuerbarer Erwerb nach § 7 Abs. 1 Nr. 8 S. 2 ErbStG anzunehmen sei. Hierfür spreche insbesondere, dass beim *grantors trust* lediglich eigennützige Beweggründe des *settlor* zu Tage träten, indem der Trust diesem allein zur Absicherung diene. Ein für die Vermögensbindung als konstitutiv erachteter fremdnütziger Zweck, wie er regelmäßig bei anderen Trustformen im Motiv der Vermögensnachfolgeplanung im Interesse der Abkömmlinge und anderer Familienangehöriger zum Ausdruck komme, fehle allerdings beim *grantors trust*. In diesem Sinne könne die Zwischenschaltung eines Trusts auch nach dem Inkrafttreten des StEntlG 1999/2000/2002 steuerlich ignoriert werden, wenn sich in diesem Zusammenhang getätigte Vermögensübertragungen als bloße Vermögensumschichtungen im Rahmen eines vereinbarten oder faktischen[514] Treuhandverhältnisses darstellen.[515]

Im zu entscheidenden Fall sei eine tatbestandslose Vermögensumschichtung gegeben, da die Bildung des *grantors trust* allein der Selbstbeschränkung des heranwachsenden *settlor/beneficiary* zum Nutzen gereichte; so sollte der *trustee* des in Rede stehenden *grantors trust* die zugeführten Vermögenswerte über einen überschaubaren Zeitraum im Interesse des *settlor/beneficiary* verwalten und letztendlich an diesen zurückübertragen. Das im *grantors trust* angelegte Vermögen verbleibe aus erbschaft- und schenkungsteuerlicher Sicht fortwährend beim *settlor*.[516] Die Ausführungen des FG lassen erkennen, dass bei einem *grantors trust*, der im Falle des (unerwarteten) Todes des *settlor/beneficiary* andere Personen in dessen Begünstigtenstellung aufrücken lässt, von einer „Vermögensmasse ausländischen Rechts, deren Zweck auf die Bindung von Vermögen gerichtet ist" im Sinne der Trustvorschriften im ErbStG auszugehen sein kann. Denn in diesem Falle wäre mit tatsächlichem Eintritt dieser Personen in die Position des *beneficiary* ein fremdnütziger Zweck zu erkennen und eine Vermögensbindung anzunehmen.

Letztlich wurde nur ein Erwerb des *settlor* des *grantors trust* als Begünstigter des ursprünglichen *fixed interest trust* nach § 7 Abs. 1 Nr. 9 S. 2 Hs. 2 ErbStG angenommen und der zwischengeschaltete *grantors trust* insoweit ignoriert.[517]

---

514 Vgl. zur objektiven Annahme eines Treuhandverhältnisses ohne entsprechende Vereinbarung BFH 25.1.2001 – II R 39/98, BFH/NV 2001, 908 (908 f.).

515 FG Baden-Württemberg 15.7.2010 – 7 K 37/07, DStRE 2011, 1139 (1141).

516 FG Baden-Württemberg 15.7.2010 – 7 K 37/07, DStRE 2011, 1139 (1141).

517 FG Baden-Württemberg 15.7.2010 – 7 K 37/07, DStRE 2011, 1139 (1142).

Die Argumente der Rechtsprechung sind inhaltlich nachvollziehbar und decken sich mit dem bei der Auslegung des Begriffs der Vermögensmasse im Sinne des ErbStG gefundenen Ergebnis.[518] Liegt ein *grantors trust* vor, können sowohl die Bildung bzw. Ausstattung des Trusts als auch sämtliche Ausschüttungen und letztlich die Trustauflösung keine Steuerpflicht nach dem ErbStG auslösen.[519] Unter wirtschaftlichen Gesichtspunkten findet nämlich keine Vermögensverschiebung statt. Vielmehr verbleibt das Eigentum am Trustvermögen stets beim *settlor* selbst.[520] Daher verbietet sich eine Subsumtion unter den Begriff der „Vermögensmasse ausländischen Rechts, deren Zweck auf die Bindung von Vermögen gerichtet ist". Es fehlt an der für eine Bindung erforderlichen fremdnützigen und zweckgerichteten Vermögensbindung. Bis zum Tode des *settlor* dient der *grantors trust* bloß dessen Selbstbeschränkung. Erst mit dem Eintritt einer dritten Person weist der Trust einen fremdnützigen Zweck im Rahmen der Vermögensnachfolgeplanung und damit das für die Besteuerung nach dem ErbStG notwendige Element der Vermögensbindung auf. Die „Übertragung" des Vermögens von *settlor* auf *trustee* ist beim *grantors trust* demnach regelmäßig als eine tatbestandslose Vermögensumschichtung einzuordnen.[521]

(3) Zwischenergebnis

Ein *grantors trust* stellt typischerweise keine Vermögensmasse im Sinne der Trustbesteuerungsnormen des ErbStG dar.

(b) Revocable Trust

Fraglich ist, ob die Bildung bzw. Ausstattung eines *revocable trust*, bei dem der *settlor* sich ein Widerrufsrecht bzw. Vermögens- oder Verwaltungsrechte am Trustvermögen vorbehalten hat, die Bildung bzw. Ausstattung einer Vermögensmasse im Sinne des ErbStG darstellt und so eine Steuerpflicht nach § 7 Abs. 1 Nr. 8 S. 2 ErbStG auslöst.

Wie bei der isolierten Auslegung des Begriffes Vermögensmasse herausgearbeitet, müssen sich Vermögenswerte gegenüber der Person, welcher sie ursprünglich zuzurechnen waren, verselbständigen. Fehlt es an einer solchen

518 Vgl. unter B. I. 1. b) dieses Kapitels.

519 So auch *Wienbracke*, English and Scots trust, S. 43 f. m.w.N.

520 *Schindhelm/Stein*, StuW 1999, 31 (48); *Siemers/Müller*, IStR 1998, 385 (388); *Jülicher*, IStR 1999, 106 (108); *Söffing/Kirsten*, DB 1999, 1626 (1631).

521 *Piltz*, ZEV 1996, 382 (383); *Werz/Brunner*, PIStB 2006, 40 (44); *Mutter* in FS Spiegelberger, S. 1330 (1335); a.A. in Bezug auf *revocable trusts Habammer*, DStR 2002, 425 (430 f.).

Verselbständigung, bedarf es des Begriffs der Vermögensmasse nicht mehr, weil dann eine steuerrechtliche Zurechnung der Vermögenswerte zum *settlor* möglich ist.[522] Klärungsbedürftig ist demnach, ob bei einem *revocable trust* eine ausreichende Verselbständigung der Vermögenswerte vorliegt, um von einer Vermögensmasse auszugehen, oder ob die Vermögenswerte der Sphäre des *settlor* zuzurechnen sind.

Die Frage nach einem derartigen Vorbehalt kann sich nur bei einem *inter vivos trust* stellen. Zwar kann ein den *testamentary trust* konstituierendes *trust instrument* vor Ableben des *settlor* geändert oder widerrufen werden; dies stellt jedoch rein technisch keinen Widerruf dar, da ein solcher erst bei einem tatsächlich in Aktion getretenen Trustverhältnis möglich ist. Bei einem *testamentary trust* ist dieser Zeitpunkt erst mit dem Ableben des *settlor* erreicht.

Laut *Habammer* wird nach der Gesetzesbegründung nicht zwischen den verschiedenen Ausgestaltungsmöglichkeiten des Trusts differenziert, sondern der Trust als solches stets als Vermögensmasse im Sinne der Trusttatbestände angesehen.[523] Somit sei auch der *revocable trust* eine Vermögensmasse im Sinne der Trustbesteuerungsnormen des ErbStG. Warum dieser pauschalen Ansicht nicht gefolgt werden kann, wurde bei der Auslegung des Begriffs der „Vermögensmasse ausländischen Rechts, deren Zweck auf die Bindung von Vermögen gerichtet ist" bereits detailliert aufgezeigt. Letztendlich ist eine derartige Gleichbehandlung nicht mit der Funktionsvielfalt des Trusts zu vereinbaren. So ist auch der *grantors trust* rein dem Namen nach ein Trust. Wie soeben gezeigt, ist es aufgrund der Einstufung als Treuhandverhältnis und wegen des fehlenden Vermögensbindungszwecks gleichwohl nicht geboten den *grantors trust* unter die Vorschriften des ErbStG zu subsumieren.[524] Dies zeigt, dass die bloße Bezeichnung als Trust nicht entscheidend sein kann und eine konkrete Betrachtung des *trust instrument* und des *letter of wishes* sowie etwaiger faktischer Weisungen an den *trustee* im Einzelfall erforderlich ist, um Vorliegen oder Fehlen einer selbständigen Vermögensmasse festzustellen.

Demnach ist bei der Bildung bzw. Ausstattung eines *revocable trust* nicht zwangsläufig von einer Steuerpflicht nach § 7 Abs. 1 Nr. 8 S. 2 ErbStG auszugehen. Es ist weiterhin zu klären, wann der Vorbehalt von Widerrufsrechten bzw.

---

522 *Bödecker*, IWB 1999, Fach 3 Gruppe 9, 135 (137); *von Oertzen* in von Oertzen/Loose, ErbStG (2017), § 3 ErbStG, Rn. 118.

523 *Habammer*, DStR 2002, 425 (430), welcher auf BT-Drs. 14/443 (wohl S. 41) verweist.

524 BFH 27.9.2012 – II R 45/10, BStBl. II 2013, 84 (85), vgl. hierzu unter B. I. 2. b) (a) dieses Kapitels.

Vermögens- oder Verwaltungsrechten zu einem Verbleib der Vermögenswerte in der Sphäre des *settlor* führt. Hierfür ist die Übertragung von Vermögenswerten auf einen Trust mit der Schenkung unter freiem Widerrufsvorbehalt und mit der Übertragung von Vermögenswerten auf eine Stiftung abzugleichen.

(1) Parallelität zur Schenkung unter freiem Widerrufsvorbehalt

Hat der *settlor* lediglich das Recht die Vermögensübertragung ohne Angabe von Gründen jederzeit zu widerrufen, spricht man von einem bloßen freien Widerrufsvorbehalt.[525] Eine freigebige Zuwendung nach § 7 Abs. 1 Nr. 1 ErbStG setzt in objektiver Hinsicht voraus, dass die Leistung zu einer Bereicherung des Bedachten auf Kosten des Zuwendenden führt und die Zuwendung (objektiv) unentgeltlich ist. Dies erfordert, dass der Empfänger über das Zugewendete im Verhältnis zum Leistenden tatsächlich und rechtlich frei verfügen kann. Hierfür kommt es ausschließlich auf die Zivilrechtslage und nicht darauf an, wem nach wirtschaftlicher Betrachtungsweise das übertragene Vermögen nach § 39 Abs. 2 Nr. 1 S. 2 AO zuzurechnen ist.[526] Die Vereinbarung eines bloßen freien Widerrufsvorbehalts steht einer Besteuerung nach § 7 Abs. 1 Nr. 1 ErbStG dabei nicht entgegen, da ein solcher den Bedachten nicht an der freien Verfügung über das auf ihn schenkweise übertragene Vermögen hindert.[527]

Im Ergebnis kann aus der Behandlung der Schenkung unter freiem Widerrufsvorbehalt gefolgert werden, dass ein bloßer freier Widerrufsvorbehalt für sich genommen nicht ausreichend ist, um die Bildung einer Vermögensmasse im Sinne des ErbStG abzulehnen. Auch bei Bestehen eines solchen Widerrufsvorbehalts kann der *trustee* gegenüber dem *settlor* rechtlich und tatsächlich frei über das Trustvermögen verfügen. Bestehen keine weitergehenden Vermögens- oder Verwaltungsrechte, ist ein *revocable trust* mithin stets eine Vermögensmasse im Sinne der Trustbesteuerungsnormen des ErbStG.

(2) Parallelität zur Vermögensübertragung auf eine Stiftung

Zudem kann eine Parallele zur Behandlung der Vermögensübertragung durch den Stifter auf eine ausländische Stiftung gezogen werden, um die Voraussetzungen einer freien Verfügungsmöglichkeit des *trustee* über das Trustvermögen zu eruieren.

---

525 *Götz*, NWB 2015, 3097 (3105 f.); *Götz*, ZEV 2017, 371.

526 BFH 25.1.2001 – II R 39/98, BFH/NV 2001, 908 (908 f.) m.w.N.; *Birnbaum*, ZEV 2014, 482 (483).

527 BFH 13.9.1989 – II R 67/86, BStBl. II 1989, 1034 (1036).

In Anlehnung an die Behandlung der Schenkung unter freiem Widerrufsvorbehalt stellte der BFH[528] klar, dass eine Vermögensübertragung nach § 7 Abs. 1 Nr. 8 S. 1 ErbStG nur schenkungsteuerbar sei, wenn die Stiftung nach den getroffenen Vereinbarungen und Regelungen über das Vermögen im Verhältnis zum Stifter tatsächlich und rechtlich frei verfügen könne. Dies sei nicht der Fall, wenn der Stifter durch die Stiftung durchregieren und über das Stiftungsvermögen „wie ein eigenes Bankguthaben" verfügen könne.[529] Nur in Fällen der freien Verfügungsmacht sei die Stiftung im Sinne von § 10 Abs. 1 S. 1 ErbStG tatsächlich bereichert.[530] Ein schenkungsteuerlich relevanter Vorgang sei wiederum stets anzunehmen, wenn dem *settlor* kein Widerrufsrecht zustehe und er keinerlei Möglichkeiten habe, auf die Vermögensverwaltung Einfluss zu nehmen.[531] Um im Einzelfall bewerten zu können, ob eine rechtlich und tatsächlich freie Verfügungsbefugnis der Stiftung vorliegt, sei auf die in einem BMF-Schreiben zum Strafbefreiungsergänzungsgesetz aufgestellten Kriterien[532] abzustellen.[533]

Grund für die Relevanz der Entscheidung in Bezug auf Trusts ist, dass die Steuerbarkeit der Stiftungserrichtung nach § 7 Abs. 1 Nr. 8 (S. 1) ErbStG in Rede steht. Die Norm sorgt für die steuerliche Gleichbehandlung des Trusts als verselbständigte Vermögensmasse mit der Stiftung im Hinblick auf die ursprüngliche Vermögensübertragung.[534] *Mutter* gesteht in diesem Zusammenhang zwar die fehlende Rechtspersönlichkeit des Trusts als entscheidenden Unterschied zur Stiftung ein. Gleichwohl ließen die gemeinsamen Besteuerungstatbestände des § 7 Abs. 1 Nr. 8 ErbStG sowie § 7 Abs. 1 Nr. 9 ErbStG eine deutliche Annäherung erkennen.[535] Eine unterschiedliche Behandlung in Bezug auf die schenkungsteuerlichen Tatbestände stünde dem entgegen; vielmehr müssten selbige Grundsätze in konsequenter Fortführung dieser Parallele auch auf nicht-liechtensteinische Stiftungs- oder Trustkonstruktionen anwendbar sein.[536] Dem ist

528 BFH 28.6.2007 – II R 21/05, BStBl. II 2007, 669 ff.

529 BFH 28.6.2007 – II R 21/05, BStBl. II 2007, 669 (672); *Birnbaum*, ZEV 2014, 482 (483).

530 BFH 28.6.2007 – II R 21/05, BStBl. II 2007, 669 (671).

531 *Mutter*, DStR 2004, 893 (899).

532 BMF 20.7.2004 – IV A 4-S 1928-94/04, Frage 19, BeckVerw 056209; vgl. hierzu *Kalenberg/Reichert*, IStR 2016, 140 (143).

533 BFH 28.6.2007 – II R 21/05, BStBl. II 2007, 669 (671); *Mutter/Schwarz*, IStR 2009, 807 (811).

534 *Werz/Brunner*, PIStB 2006, 40 (44).

535 *Mutter*, ZEV 2007, 440 (444).

536 *Mutter*, ZEV 2007, 440 (444); *von Oertzen* in von Oertzen/Loose, ErbStG (2017), § 7 ErbStG, Rn. 373; *Fischer* in Fischer/Pahlke/Wachter, ErbStG (2017), § 7 ErbStG, Rn. 442.

zuzustimmen, da wie oben gezeigt auch jede Stiftung eine einfache Vermögensmasse darstellt. Insofern müssen für die Steuerbarkeit einer Vermögensübertragung bei Trusts die gleichen Grundsätze gelten, um keine Wertungswidersprüche hervorzurufen. In diesem Sinne lassen sich die für Stiftungen herausgearbeiteten Kriterien zur Bestimmung einer rechtlich und tatsächlich freien Verfügungsbefugnis im Wesentlichen auf Trusts übertragen.

(3) Übertragung der Kriterien auf Trusts

Demnach liegt in der Vermögensübertragung auf den Trust kein schenkungsteuerbarer Vorgang nach § 7 Abs. 1 Nr. 8 S. 2 ErbStG, wenn die folgenden vier Kriterien kumulativ erfüllt sind[537]:

- Es handelt sich um einen jederzeit widerruflichen Trust
- Der *trustee* ist an Weisungen des *settlor* gebunden, zum Beispiel hinsichtlich der Höhe, des Zeitpunktes und des Empfängers von Ausschüttungen
- Der *trustee* kann jederzeit und ohne Bedingung entlassen bzw. auf andere Art abgelöst werden
- Der *settlor* kann wesentlichen Einfluss auf die Anlage- und Vermögensentscheidungen des *trustee* ausüben

Bei Erfüllung dieser Kriterien ist von einer umfassenden Befugnis des *settlor* hinsichtlich der Begünstigtenstellung auszugehen. Der *trustee* kann bei Vorliegen der Kriterien nicht rechtlich und tatsächlich frei über das Trustvermögen und dessen Verteilung an die *beneficiaries* verfügen, sondern ist einer Einflussnahme des *settlor* ausgesetzt. Somit ist die Bildung einer Vermögensmasse im Sinne von § 7 Abs. 1 Nr. 8 S. 2 ErbStG nicht bei einem *revocable trust* anzunehmen, bei dem der *settlor* Einfluss auf die Person des *trustee* bzw. dessen Entscheidungen in Bezug auf das Trustvermögen nehmen kann.[538] Dieser Einfluss kann sich auch dadurch verwirklichen, dass der *settlor* sich selbst als *trustee* eingesetzt hat.[539]

---

537 Vgl. *von Oertzen*, DStR 2002, 433; *Werder/Wystrcil*, BB 2015, 412 (414); *Zonder/Zöller*, IStR 2015, 960 (961); *von Oertzen* in von Oertzen/Loose, ErbStG (2017), § 7 ErbStG, Rn. 370.

538 *Füger/von Oertzen*, IStR 1999, 11 (14); *Carlé*, KÖSDI 1999, 11839 (11841); *Siemers*, ZEV 1998, 459 (460); *Halaczinsky*, NWB 1999, Fach 10, 905 (906); a.A. *Habammer*, DStR 2002, 425 (430); im Ergebnis auch *Jülicher*, IStR 1999, 106 (107); *Klein*, IStR 1999, 377 (379); *Schindhelm/Stein*, FR 1999, 880 (884).

539 *Söffing/Kirsten*, DB 1999, 1626 (1630 f.); *Bruse*, DB 1989, 294 (296); für die ausländische Familienstiftung vgl. *Birnbaum*, ZEV 2014, 482 (483); vgl. hierzu den Beispielsfall bei *Zonder/Zöller*, IStR 2015, 960 (961); in diesem Fall ist die Situation rechtlich sehr ähnlich zu der beim *grantors trust*.

Maßgeblich für die Prüfung dieser Kriterien ist sowohl das *trust instrument* als auch der *letter of wishes*. Sodann ist darauf abzustellen, ob die faktische Ausgestaltung des Trustverhältnisses die in den Trustdokumenten fixierten Vorgaben uneingeschränkt achtet.[540]

(4) Zwischenergebnis
Unter Berücksichtigung dieser Ausführungen kann festgehalten werden, dass *revocable trusts* keine Vermögensmasse im Sinne der Vorschriften zur Trustbesteuerung im ErbStG darstellen, wenn der *trustee* nicht rechtlich und tatsächlich frei über das Trustvermögen verfügen kann. Dies hängt maßgeblich von vier kumulativ erforderlichen Kriterien ab, wobei das Vorliegen eines freien Widerrufsvorbehalts lediglich ein Kriterium darstellt. Zwar finden sich Regelungen zu diesen Kriterien regelmäßig im *trust instrument* und im *letter of wishes*. Entscheidend für deren Vorliegen ist aber letztlich die faktische Ausgestaltung des Trustverhältnisses im Einzelfall.

c) Zusammenfassung

Eine Steuerpflicht nach § 7 Abs. 1 Nr. 8 S. 2 ErbStG entsteht typischerweise bei der ursprünglichen Übertragung von Vermögenswerten auf einen *inter vivos trust*, wenn dieser ähnlich einer Stiftung der Vermögensnachfolgeplanung verschrieben ist. Dies gilt auch bei der Bildung zeitlich nachfolgenden Ausstattungen eines *inter vivos trust*. Bei einem *grantors trust* greift § 7 Abs. 1 Nr. 8 S. 2 ErbStG regelmäßig nicht ein, bei einem *revocable trust* ist auf die konkrete Ausgestaltung des Trustverhältnisses abzustellen.

II. Erwerb durch Zwischenberechtigte während des Bestehens einer Vermögensmasse als Schenkung unter Lebenden

§ 1 Abs. 1 Nr. 2 i.V.m. § 7 Abs. 1 Nr. 9 S. 2 Hs. 2 ErbStG macht zudem den Erwerb durch Zwischenberechtigte während des Bestehens der Vermögensmasse als Schenkung unter Lebenden zu einem steuerpflichtigen Vorgang. Auch hinsichtlich laufender Ausschüttungen des Trusts wurde der Tatbestand für Stiftungen als Verortungspunkt für den Trusttatbestand gewählt. Gleichwohl existiert – im Unterschied zu den Trusttatbeständen bei Bildung bzw. Ausstattung sowie

540 BMF 20.7.2004 – IV A 4-S 1928-94/04, Frage 19 a.E., BeckVerw 056209; *Mutter*, DStR 2004, 893 (895); *von Oertzen* in von Oertzen/Loose, ErbStG (2017), § 7 ErbStG, Rn. 370.

Auflösung der Vermögensmasse – bei laufenden Ausschüttungen keine parallele Besteuerungsnorm für Stiftungen.[541]

Der Tatbestand findet Anwendung auf Erwerbe sogenannter Zwischenberechtigter von der Vermögensmasse nach dem 4.3.1999.[542] Dies gilt auch, wenn die Vermögensmasse schon vor diesem Stichtag existierte (sogenannte „Alt-Trusts“).[543]

Die Existenz von § 7 Abs. 1 Nr. 9 S. 2 Hs. 2 ErbStG ist im Rahmen der Trustbesteuerungsnormen nötig, um den Vermögensübergang vom *trustee* auf die *beneficiaries* einer Besteuerung unterwerfen zu können. Aus eben diesem Grund wird der in Wahrheit vom *trustee* initiierte Vermögensübergang als Vermögensübertragung von der Vermögensmasse auf die *beneficiaries* fingiert.[544]

Der Erwerb von Erträgen und Vermögenssubstanz des Trusts ist somit nach § 7 Abs. 1 Nr. 9 S. 2 Hs. 2 ErbStG während der Laufzeit des Trusts steuerpflichtig; nicht ausreichend ist die bloße Einräumung einer Zwischenberechtigung im *trust instrument*.[545] Der Gesetzgeber hat damit entschieden, dass der Erwerb der *beneficiaries* auch im Fall des *testamentary trust* systematisch nicht als Erwerb von Todes wegen, sondern als Schenkung unter Lebenden zu betrachten ist. Bei den laufenden Ausschüttungen ergeben sich damit auch rein formal keine Unterschiede zwischen einem *testamentary trust* und einem *inter vivos trust*. Die im Ausland bisweilen vorgenommene Differenzierung zwischen den Ausschüttungen eines *inter vivos trust* und denen eines *testamentary trust* spielt für das deutsche Erbschaft- und Schenkungsteuerrecht keine Rolle. Die Aufspaltung von Bildung bzw. Ausstattung durch den *settlor* und von Ausschüttungen des Trusts an die *beneficiaries* in separate steuerliche Vorgänge durchbricht die Klassifizierung einer ursprünglich durch den Erblasser angeordneten Zuwendung als Erwerb von Todes wegen und stuft sämtliche Trustausschüttungen als Schenkung unter Lebenden ein.

---

541 Eine Besteuerungsnorm existiert nur für den Erwerb bei Aufhebung einer Stiftung; laufende Ausschüttungen werden bei der Stiftung in der Regel ertragsteuerlich erfasst, vgl. detailliert unter B. II. 2. c) dieses Kapitels.

542 § 37 Abs. 1 ErbStG i.d.F. durch Art. 10 Nr. 8 a) des StEntlG 1999/2000/2002; Steuerentlastungsgesetz vom 24.3.1999, BGBl. I 1999, 402.

543 BFH 27.9.2012 – II R 45/10, BStBl. II 2013, 84 (86); vgl. zuletzt FG Düsseldorf 25.10.2016 – 4 K 2239/14 Erb, ZEV 2017, 230 (231).

544 BT-Drs. 14/443, S. 41.

545 *Von Oertzen* in von Oertzen/Loose, ErbStG (2017), § 7 ErbStG, Rn. 408; *von Oertzen/Kühn*, IStR 2016, 930 (932).

Steuerentstehungszeitpunkt ist im Sinne von § 9 Abs. 1 Nr. 2 ErbStG die Ausführung der Zuwendung. Die Steuer entsteht also mit dem Zeitpunkt der tatsächlichen Ausschüttung an die *beneficiaries*.

§ 20 Abs. 1 S. 2 ErbStG trifft keine besondere Regelung für den Erwerber nach § 7 Abs. 1 Nr. 9 S. 2 ErbStG. Auch hier lassen sich bereits aus dem Wortlaut von § 7 Abs. 1 Nr. 9 S. 2 ErbStG („Als Schenkungen unter Lebenden gelten…") der Trust selbst als Schenker und die *beneficiaries* als Erwerber der Ausschüttungen bestimmen. Überdies war der Trust – unabhängig davon, ob es sich um einen *testamentary trust* oder einen *inter vivos trust* handelt – bei seiner Bildung bzw. Ausstattung Erwerber. Er muss daher im Falle einer Ausschüttung Zuwendender sein. Das Zuwendungsverhältnis besteht also zwischen Trust und *beneficiary*.[546] Die Bereicherung tritt damit im Sinne von § 7 Abs. 1 Nr. 9 S. 2 Hs. 2 ErbStG i.V.m. § 10 Abs. 1 S. 1 ErbStG beim *beneficiary* ein.

Eine Anwendung von § 7 Abs. 1 Nr. 1 ErbStG kommt nur noch in Betracht, wenn laufende Ausschüttungen des Trusts an einen nicht im *trust instrument* aufgeführten Zuwendungsempfänger erfolgen.[547] Mangels Nennung im *trust instrument* sind derartige Zuwendungsempfänger schon begrifflich keine Zwischenberechtigten im Sinne von § 7 Abs. 1 Nr. 9 S. 2 Hs. 2 ErbStG. Aufgrund der auf die steuerpflichtigen Vorgänge der §§ 3 Abs. 2 Nr. 1 S. 2, 7 Abs. 1 Nr. 8 S. 2, Nr. 9 S. 2 ErbStG begrenzten Fiktion der Rechtspersönlichkeit des Trusts stellt der steuerpflichtige Vorgang nach § 7 Abs. 1 Nr. 1 ErbStG eine direkte Schenkung des *settlor* an den jeweiligen Zuwendungsempfänger dar.

1. Vermögensmasse ausländischen Rechts

Zur Erfüllung des Tatbestands des § 7 Abs. 1 Nr. 9 S. 2 Hs. 2 ErbStG ist erforderlich, dass ein Zwischenberechtigter Vermögenswerte von der Vermögensmasse während ihres Bestehens erwirbt. Erneut kann wegen des Tatbestandsmerkmals „Vermögensmasse ausländischen Rechts, deren Zweck auf die Bindung von Vermögen gerichtet ist" auf die Ausführungen zur Steuerpflicht beim Erwerb von Todes wegen nach § 3 Abs. 2 Nr. 1 S. 2 ErbStG verwiesen werden.[548] Es ist mithin erforderlich, dass es sich um einen stiftungsähnlichen Trust handelt. Der Erwerb

546 Dies gilt trotz der Fiktion des § 15 Abs. 2 S. 2 ErbStG, vgl. *von Oertzen* in von Oertzen/Loose, ErbStG (2017), § 7 ErbStG, Rn. 378; vgl. hierzu auch BT-Drs. 14/443, S. 41.

547 *Von Oertzen* in von Oertzen/Loose, ErbStG (2017), § 7 ErbStG, Rn. 403; FG Baden-Württemberg 22.4.2015 – 7 K 2471/12, DStRE 2017, 404 (405) für die ausländische Stiftung.

548 Vgl. unter B. I. 1. b) dieses Kapitels.

des Zwischenberechtigten muss nach dem Wortlaut des § 7 Abs. 1 Nr. 9 S. 2 Hs. 2 ErbStG in Abgrenzung zu § 7 Abs. 1 Nr. 9 S. 2 Hs. 1 ErbStG während des Bestehens der Vermögensmasse erfolgen.

2. *Zwischenberechtigter*

Die Ausschüttung der Vermögensmasse muss einen Erwerb eines Zwischenberechtigten darstellen. Es ist daher zu klären, wer Zwischenberechtigter im Sinne des § 7 Abs. 1 Nr. 9 S. 2 Hs. 2 ErbStG ist.

a) *Wortsinn der Norm*

Zunächst ist der Wortbestandteil der Berechtigung zu betrachten. Dieser kann im Kontext einer Trustkonstruktion lediglich einen im *trust instrument* aufgeführten *beneficiary* meinen. Eine wie auch immer geartete Berechtigung am Trustvermögen seitens der *beneficiaries* kann sich nur auf Grundlage des *trust instrument* – gegebenenfalls unter Hinzuziehung des *letter of wishes* – ergeben. Erfolgt eine laufende Ausschüttung an einen nicht im *trust instrument* aufgeführten Zuwendungsempfänger, ist dieser dennoch nicht „berechtigt" im Sinne des § 7 Abs. 1 Nr. 9 S. 2 Hs. 2 ErbStG. Wie soeben gezeigt, kann für diese Vermögensübertragung allenfalls § 7 Abs. 1 Nr. 1 ErbStG eingreifen.[549]

Fraglich ist, was dann unter einer „Zwischenberechtigung" zu verstehen ist. Im Schrifttum wird darauf hingewiesen, dass bei Trusts vielfach zwei Gruppen von Berechtigten nebeneinander existieren: zum einen diejenigen, die Ansprüche auf Nutzungen oder laufende Erträge (*interest in possession*) haben (sogenannte Bezugsberechtigte), und weiterhin diejenigen, denen die verbleibende Vermögenssubstanz (*interest in remainder*) zusteht (sogenannte Anfallsberechtigte).[550] Hier könnte man mit einigen Autoren[551] davon ausgehen, dass der Anfangs- und der Endberechtigte nicht als „Zwischen"-berechtigte in Betracht kommen. Demnach würden sowohl laufende Ausschüttungen an den *settlor* als Anfangsberechtigten als auch an die hinsichtlich der Vermögenssubstanz bedachten anfallsberechtigten *beneficiaries* gerade nicht als Erwerbe von Zwischenberechtigten unter § 7 Abs. 1 Nr. 9 S. 2 Hs. 2 ErbStG fallen. Diese könnten höchstens im Rahmen der Auflösung des Trusts nach § 7 Abs. 1 Nr. 9 S. 2 Hs. 1 ErbStG erfasst werden. Die Wortwahl „Zwischenberechtigung" könnte also eine

---

549 Vgl. hierzu bereits unter B. II. dieses Kapitels.

550 *Schindhelm/Stein,* FR 1999, 880 (886); *Birnbaum/Lohbeck/Pöllath,* FR 2007, 479 (486).

551 *Fischer* in Fischer /Pahlke/Wachter, ErbStG (2017), § 7 ErbStG, Rn. 471; *Jülicher* in Troll/Gebel/Jülicher/Gottschalk, ErbStG (2018), § 2 ErbStG, Rn. 142.

Einschränkung des Personenkreises der Berechtigten meinen, sodass anfallsberechtigte *beneficiaries* sowie der *settlor* selbst keine Zwischenberechtigten sein können.

Der Wortbestandteil „Zwischen" könnte jedoch auch im Sinne einer zeitlichen Einschränkung hinsichtlich der laufenden Ausschüttungen auszulegen sein. Als Erwerb eines „Zwischenberechtigten" müsste dann jeder Erwerb eines *beneficiary* von der Vermögensmasse bis zum Zeitpunkt ihrer Auflösung begriffen werden. Das würde zu dem Ergebnis führen, dass der Zwischenerwerb auch dann in den Bereich der Steuerbarkeit kommt, wenn der *settlor* selbst Zahlungen erhält.[552]

Insgesamt gesehen legt der Wortbestandteil „Zwischen" eine gewisse Eingrenzung des Tatbestandes nahe. Es ist nicht ersichtlich, warum andernfalls nicht der bloße Begriff „Berechtigter" oder besser noch „Begünstigter" gewählt wurde, wenn sämtliche bezugsberechtigte und anfallsberechtigte *beneficiaries* eines Trusts erfasst werden sollten.

Die grammatikalische Auslegung des Wortes „Zwischenberechtigung" lässt mithin auf eine persönliche Einschränkung des Kreises der Berechtigten bzw. auf eine zeitliche Einschränkung des Ausschüttungszeitpunktes schließen.

b) Gesetzgeberische Vorstellungen

Weiterhin sind Wille und Motive des Gesetzgebers bei der Einführung von § 7 Abs. 1 Nr. 9 S. 2 Hs. 2 ErbStG zu ermitteln und der Begriff des Zwischenberechtigten auf dieser Basis auszulegen.

Im Koalitionsentwurf zu § 7 Abs. 1 Nr. 9 S. 2 ErbStG wurde nur der Vermögensübergang auf die anfallsberechtigten *beneficiaries* bei Auflösung des Trusts der Besteuerung unterworfen.[553] Eine Besteuerung der *beneficiaries* als Zwischenberechtigte hinsichtlich Ausschüttungen von Trusterträgen oder Vermögenssubstanz während der Laufzeit des Trusts wurde in dieser Fassung noch nicht angedacht. Damit war dieser Entwurf noch konsequent der Annäherung der Trustbesteuerung an die der Stiftung verpflichtet.

Im finalen Entwurf wurde die Regelung des § 7 Abs. 1 Nr. 9 S. 2 ErbStG bedeutend verschärft. Die Hinweise auf konkrete gesetzgeberische Motive sind indes sehr knapp. In der Gesetzesbegründung zum finalen Entwurf wird auf die Ausführungen zu § 3 Abs. 2 Nr. 1 S. 2 ErbStG bzw. § 7 Abs. 1 Nr. 8 S. 2 ErbStG verwiesen. Dort wird verhältnismäßig kurz auf den Wunsch des Gesetzgebers

552 *Halaczinsky*, NWB 1999, Fach 10, 905 (906); *Jülicher*, IStR 1999, 202.
553 BT-Drs. 14/23, S. 120, S. 200.

Bezug genommen, einen Besteuerungstatbestand für Trusts zu schaffen.[554] Konkret zu § 7 Abs. 1 Nr. 9 S. 2 Hs. 2 ErbStG wird in der Gesetzesbegründung ausgeführt: „Für den Fall, daß Zwischennutzungsrechte am Vermögen der Vermögensmasse bestehen, wird klargestellt, daß auch insoweit ein Erwerb der Zwischenberechtigten von der Vermögensmasse vorliegt."[555] Hiermit bringt der Gesetzgeber zum Ausdruck, dass neben den laufenden Ausschüttungen an anfallsberechtigte *beneficiaries* zudem laufende Ausschüttungen an bezugsberechtigte *beneficiaries*, welche nach der alten BFH-Rechtsprechung[556] sogenannte Zwischennutzungsrechte am Trustvermögen innehaben, als Erwerb von Zwischenberechtigten gelten sollen.

Würdigt man diesen Passus in einer Zusammenschau mit den im Koalitionsentwurf als Motiv für die Gesetzesänderung genannten Erbschaft- und Schenkungsteuerersparnissen, wird klar, dass der Gesetzgeber eine weite Auslegung des Begriffs des Zwischenberechtigten im Sinn hatte. Auch hier stand die Abschaffung der Stundungs- und Verzögerungseffekte im Vordergrund. Der Begriff sollte nach der gesetzgeberischen Intention offensichtlich sämtliche laufenden Ausschüttungen erfassen, ganz gleich, ob sie an bezugsberechtigte oder anfallsberechtigte *beneficiaries* erfolgen. Die Tatsache, dass im finalen Entwurf nun erheblich von der laufenden Besteuerung der Leistungen einer Stiftung an deren Destinatäre abgewichen wird, findet gleichwohl weder Erwähnung noch Begründung.

Auch der BFH hat sich zunächst in seiner Entscheidung vom 27.9.2012[557] der Auffassung der Vorinstanz[558] im Sinne einer weiten Auslegung angeschlossen. Die zuvor weiteste Auffassung im Schrifttum, nach der jeder als Zwischenberechtigter zu sehen ist, der nach den Umständen Ausschüttungen des Trusts zu erwarten hat[559], geht unter Berücksichtigung des erbschaftsteuerlichen Bereicherungsprinzips nur auf den ersten Blick noch weiter. Sie wird in dem Urteil jedoch vielmehr übernommen. Nach dem BFH gehören alle Personen, die während des Bestehens eines Trusts Auszahlungen aus dem Trustvermögen erhalten,

---

554 BT-Drs. 14/443, S. 41.

555 BT-Drs. 14/443, S. 41.

556 BFH 7.5.1986 – II R 137/79, BStBl. II 1986, 615 (617).

557 BFH 27.9.2012 – II R 45/10, BStBl. II 2013, 84 ff.

558 FG Baden-Württemberg 15.7.2010 – 7 K 37/07, DStRE 2011, 1139 ff.; wiederum verweisend auf *Schindhelm/Stein*, FR 1999, 880 (886).

559 So *Bödecker*, IWB 1999, Fach 3 Gruppe 9, 135 (138); *Habammer*, DStR 2002, 424 (431); ähnlich *Halaczinsky*, NWB 1999, Fach 10, 905 (906).

zum Kreise der Zwischenberechtigten.[560] Nur diese Auslegung bringe den Zweck der Norm, die vor dem StEntlG 1999/2000/2002 bestehenden Lücken in der Besteuerung von Trusts zu schließen, zur Geltung.[561] Sicher wird eine Rolle gespielt haben, dass die Bildung ausländischer Trustkonstruktionen selbst bei Existenz eines deutschen *beneficiary* regelmäßig nicht in Deutschland steuerpflichtig ist. Zumindest kann eine Steuerpflicht des deutschen *beneficiary* bei Ausschüttungen an ihn mittels dieser Auslegung sichergestellt werden.

Die vom Gesetzgeber beabsichtigte Abgrenzung zur früheren Rechtslage, nach der ein nach dem ErbStG steuerbarer Erwerb beim *beneficiary* erst im Falle des Erlöschens der Zwischennutzungsrechte in Betracht kam[562], komme in der Einzelbegründung zu § 7 Abs. 1 Nr. 8 und 9 ErbStG zum Ausdruck. Hier stelle der Gesetzgeber klar, dass – falls Zwischennutzungsrechte am Vermögen des Trusts bestehen – auch insoweit ein Erwerb der Zwischenberechtigten von der Vermögensmasse vorliegt.[563] Der anschließende Hinweis auf das Urteil des BFH vom 7.5.1986, in dem die Auffassung zur alten Rechtslage dargelegt wird, mache dies zusätzlich deutlich. Daher sei es – so der BFH – ausgeschlossen, im Wege einer grammatikalischen Auslegung des Begriffs davon auszugehen, dass der Anfangs- und der Endberechtigte nicht als „Zwischen"-berechtigte in Betracht kämen; eine Ausnahme hiervon sei nur zu machen, wenn der Endberechtigte zugleich *settlor* des auszahlenden Trusts ist, da es sich nur um eine Vermögensverschiebung mit Selbstbeschränkungscharakter handele.[564] Würde eine einschränkende Auslegung des Begriffs vorgenommen, wären die Ausschüttung von Vermögenssubstanz sowie sämtlicher Erträge steuerfrei, solange sie nicht im Zusammenhang mit der Auflösung des Trusts geschieht; dies entspräche aber nicht dem mit § 7 Abs. 1 Nr. 9 S. 2 Hs. 2 ErbStG verfolgten Zweck.[565]

Der BFH stellt weiterhin klar, dass eine Besteuerung des Zwischenberechtigten sowohl bei laufenden Ausschüttungen der Vermögenssubstanz als auch bei der laufenden Ausschüttung von Erträgen greift; zudem soll es keine Rolle spielen, ob diese Auszahlungen aufgrund Ermessensausübung durch den *trustee*

---

560 BFH 27.9.2012 – II R 45/10, BStBl. II 2013, 84 (85); vgl. zuletzt FG Düsseldorf 25.10.2016 – 4 K 2239/14 Erb, ZEV 2017, 230 (231).

561 BFH 27.9.2012 – II R 45/10, BStBl. II 2013, 84 (85).

562 BFH 7.5.1986 – II R 137/79, BStBl. II 1986, 615 (617).

563 BFH 27.9.2012 – II R 45/10, BStBl. II 2013, 84 (85) unter Verweis auf BT-Drs. 14/443, S. 41.

564 BFH 27.9.2012 – II R 45/10, BStBl. II 2013, 84 (85).

565 BFH 27.9.2012 – II R 45/10, BStBl. II 2013, 84 (85).

oder aufgrund eines feststehenden Rechtsanspruchs erfolgen.[566] Es wird also nicht mehr differenziert, ob ein *fixed interest trust* oder ein *discretionary trust* vorliegt. Es kommt nun ebenfalls nicht mehr auf eine Unterscheidung zwischen Bezugs- und Anfallsberechtigung an. Ersteres folgert der BFH aus dem Wortlaut der Vorschrift, wobei aus dem Urteil nicht hervorgeht, an welche Passage hier genau angeknüpft werden soll.

Die Regelungsabsicht des Gesetzgebers war im Ergebnis dergestalt, sämtliche laufenden Ausschüttungen an alle Arten von *beneficiaries* zu erfassen, ohne dabei zwischen Bezugs- und Anfallsberechtigung zu differenzieren. Dies beugt jeglichem missbräuchlichen Ausschüttungsverhalten vor. Zugleich hat der Gesetzgeber damit die Entscheidung getroffen, laufende Auszahlungen eines Trusts – anders als bei Stiftungen – der Schenkungsteuer zuzuordnen.

Von dieser weiten Auslegung des Begriffs des Zwischenberechtigten hat der BFH indes jüngst wieder Abstand genommen und eine wortlautnahe enge Auslegung dieses Begriffs vertreten. Nach seiner Entscheidung vom 3.7.2019 soll Zwischenberechtigter nunmehr lediglich sein, wer unabhängig von einem konkreten Ausschüttungsbeschluss des zuerkennenden Organs über Rechte an dem Vermögen bzw. den Erträgen der jeweiligen Vermögensmasse ausländischen Rechts verfügt. Der Zuwendungsempfänger, der keinen Anspruch auf Zuwendungen besitzt, gehört nicht dazu.[567]

Zu diesem Ergebnis gelangt der BFH insbesondere durch die Wortlautauslegung des Begriffsteils „…berechtigt…". Der Wortlaut „Zwischenberechtigter" zeige bereits, dass nicht jeder Ausschüttungsempfänger erfasst werden soll. Vielmehr sei nur derjenige Zwischenberechtigter, der ein abstrakt-generelles „Recht" auf eine Ausschüttung geltend machen kann.[568] Insbesondere das im BFH-Urteil vom 7.5.1986 in Bezug genommen Konzept der Zwischennutzungsrechte[569] am Trustvermögen setze gedanklich Rechte und Ansprüche voraus.[570] Die damalige weite Definition des Zwischenberechtigten wird mit Verweis auf die Problematik der Rechtszuständigkeit des Empfängers in dem in 2012 entschiedenen Fall revidiert.[571]

Nach Ansicht des BFH scheidet somit ein Eingreifen von § 7 Abs. 1 Nr. 9 S. 2 Hs. 2 ErbStG bei satzungskonformen Zuwendungen ausländischer

566 BFH 27.9.2012 – II R 45/10, BStBl. II 2013, 84 (85 f.).
567 BFH 3.7.2019 – II R 6/16, BStBl. II 2020, 61 (64 f.).
568 BFH 3.7.2019 – II R 6/16, BStBl. II 2020, 61 (65).
569 BFH 7.5.1986 – II R 137/79, BStBl. II 1986, 615 (617).
570 BFH 3.7.2019 – II R 6/16, BStBl. II 2020, 61 (65).
571 BFH 3.7.2019 – II R 6/16, BStBl. II 2020, 61 (65).

Vermögensmassen an deren Begünstigte aus. Satzungswidrige Ausschüttungen können gleichwohl immer noch unter § 7 Abs. 1 Nr. 1 ErbStG fallen. Für die Abgrenzung satzungskonformer zu satzungswidrigen Ausschüttungen räumt der BFH dem zuerkennenden Stiftungsorgan allerdings einen umfangreichen Beurteilungsspielraum ein, der nur begrenzt gerichtlich überprüfbar ist.[572]

Zwar ist festzuhalten, dass die Entscheidung konkret für den Fall der Ausschüttungen einer schweizerischen Familienstiftung an deren Destinatäre erging. Doch zeigt der BFH, dass diese Auslegung des Begriffs des Zwischenberechtigten auch für Trusts Geltung beansprucht, indem er die Notwendigkeit eines Rechtstitels des *beneficiary* neben dem Wortlaut zugleich aus der gesetzlichen Entstehungsgeschichte des § 7 Abs. 1 Nr. 9 S. 2 Hs. 2 ErbStG herleitet.[573]

Nach der vom BFH vorgenommenen Auslegung werden grundsätzlich nur die *beneficiaries* eines *fixed interest trust* als zwischenberechtigt angesehen werden, nicht jedoch die *beneficiaries* eines *discretionary trust.*

c) Systematischer Zusammenhang

Wie oben bei der Auslegung des Begriffes der Vermögensmasse im Sinne des ErbStG herausgearbeitet[574], sollte – ohne dass dies in den Gesetzesbegründungen zum StEntlG 1999/2000/2002 explizit ausgeführt wurde – ursprünglich eine steuerliche Gleichstellung von Trust und Stiftung erreicht werden.[575] Deswegen ist auch der Erwerb des Zwischenberechtigten als Anwendungserweiterung zu einer Stiftungsbesteuerungsnorm formuliert worden. Dabei wurde die Norm zur Besteuerung bei der Aufhebung der Stiftung als Verortungspunkt für laufende Trustausschüttungen gewählt. Als Besteuerungsnorm für die laufenden Ausschüttungen von Stiftungen wäre jedoch nur § 7 Abs. 1 Nr. 1 ErbStG in Betracht gekommen. Dieser kommt bei laufenden Ausschüttungen der Stiftung an ihre Destinatäre aber kaum zum Tragen.

Denn bei der Stiftung sind Leistungen an die Destinatäre während des Bestehens der Stiftung grundsätzlich schenkungsteuerfrei, und zwar ganz gleich, ob diese Leistungen in der Stiftungssatzung festgelegt sind[576], oder ob eine Ermessensausübung seitens eines Stiftungsorgans dafür erforderlich ist.[577] Nur

---

572 BFH 3.7.2019 – II R 6/16, BStBl. II 2020, 61 (64).

573 BFH 3.7.2019 – II R 6/16, BStBl. II 2020, 61 (64 f.).

574 Vgl. unter B. I. 1. b) dieses Kapitels.

575 Zuletzt FG Hessen 10.2.2014 – 1 V 2602/13, BeckRS 2014, 95097; vgl. auch *Seltenreich* in Preißer/Rödel/Seltenreich, ErbStG (2018), § 7 ErbStG, Rn. 658; *Jülicher* in Flick/Piltz, Internationaler Erbfall, Rn. 1910; *Daragan*, ZErb 2017, 1 (4).

576 BFH 12.10.2011 – I R 102/10, BStBl. II 2014, 484 (486).

577 BGH 7.10.2009 – Xa ZR 8/08, NJW 2010, 234 (235).

in den Ausnahmefällen, in denen Leistungen an Destinatäre keine Grundlage in der Satzung finden, kann von dem Vorliegen einer freigebigen Zuwendung im Sinne von § 7 Abs. 1 Nr. 1 ErbStG ausgegangen werden.[578] Hauptgrund für die fehlende Steuerbarkeit der Leistungen nach dem ErbStG ist, dass die Stiftung diese Leistungen an die Destinatäre nicht freiwillig erbringt, sondern ihrer in der Satzung mehr oder minder niedergelegten Rechtspflicht gegenüber den Destinatären nachkommt. Rechtsgrund der Leistungen ist also stets der in der Stiftungssatzung fixierte[579], den Willen des Stifters widerspiegelnde Stiftungszweck.[580] Eben Gesagtes trifft allerdings nicht zu, wenn die Leistungen anlässlich der Aufhebung der Stiftung erbracht werden. Hier wird durch § 7 Abs. 1 Nr. 9 S. 1 ErbStG auch bei der Stiftung eine Steuerpflicht fixiert, die nicht zwischen der Ausschüttung von Erträgen und von Vermögenssubstanz differenziert.

Diese Argumentation hinsichtlich der Stiftung lässt sich aber gleichsam auf den Trust übertragen, sodass auch hier eine Parallelität mit der Stiftungsbesteuerung möglich gewesen wäre. Denn zumindest beim *fixed interest trust* ist Rechtsgrund der Leistungen an die *beneficiaries* stets das *trust instrument*, welches im Wesentlichen einer Stiftungssatzung entspricht.[581] In diesem *trust instrument* manifestiert und perpetuiert sich – wenn auch im Unterschied zur Stiftung nicht ewiglich[582] – der Wille des *settlor*, der letztlich den Zweck des Trusts bestimmt. Somit könnte auch an dieser Stelle argumentiert werden, dass Zahlungen eines *fixed interest trust* an seine *beneficiaries* nicht primär deren Bereicherung, sondern dem durch den *settlor* bestimmten Zweck des Trusts dienen.[583]

---

578 So schon RFH 11.5.1939 – III e 17/38, RStBl. 1939, 789; FG Baden-Württemberg 22.4.2015 – 7 K 2471/12, DStRE 2017, 404 (405).

579 BGH 16.1.1957 – IV ZR 221/56, NJW 1957, 708.

580 BGH 7.10.2009 – Xa ZR 8/08, NJW 2010, 234 (235); *Trißler*, Familienstiftung, S. 112; freilich kommt unabhängig davon eine Ertragsbesteuerung nach § 20 Abs. 1 Nr. 9 EStG in Betracht, vgl. *Schiffer/von Schubert*, BB 2002, 265 (268); so auch BMF 27.6.2006 – IV B 7 - S 2252 - 4/06, BStBl. I 2006, 417.

581 Gegen eine systemwidrige Steuerbarkeit dieser Leistungen beim *fixed interest trust* auch *Jülicher*, IStR 1999, 202 (203); *Bödecker*, IWB 1999, Fach 3 Gruppe 9, 135 (138); *Götzenberger* in Deininger/Götzenberger, Vermögensnachfolgeplanung, S. 86, Rn. 158; *Füger/von Oertzen*, IStR 1999, 11 (15); FG Hessen 10.2.2014 – 1 V2602/13, BeckRS 2014, 95097.

582 *Birnbaum/Lohbeck/Pöllath*, FR 2007, 479 (480).

583 So auch *Escher*, Steuerboard vom 13.3.2013, abrufbar unter: http://blog.handelsblatt.com/steuerboard/2013/03/13/besteuerung-von-trust-ausschuttungen-an-inlandische-begunstigte-doppelbesteuerung-durch-einkommen-und-schenkungsteuer/.

Bei genauer Betrachtung der Rechtsprechung des BGH[584] lässt sich eine ähnliche Argumentationslinie sogar für die Leistungen eines *discretionary trust* finden. Danach mache es nämlich keinen Unterschied, ob ein Anspruch des Destinatärs auf Leistungen durch die Stiftung direkt durch die Stiftungssatzung begründet wird, oder ob Leistungen dem Destinatär durch ein Stiftungsorgan später zuerkannt wurden. Voraussetzung sei lediglich, dass auch derartige Leistungen mit dem Satzungszweck und somit dem Stifterwillen übereinstimmen und gegebenenfalls bestehende satzungsmäßige Voraussetzungen vorliegen.[585] Eine solche Zuerkennung durch Stiftungsgremien erfolgt bei der Stiftung insbesondere dann, wenn die entsprechende Regelung in der Satzung vom Stifter bewusst nicht eindeutig gefasst wurde und den Stiftungsorganen so ein Ermessensspielraum eingeräumt wird.[586]

Diese rechtliche Bewertung trifft zugleich auf die meisten *discretionary trusts* zu. Auch hier basiert der Spielraum des *trustee* schlussendlich darauf, dass sich der *settlor* hinsichtlich der Auszahlungen nicht explizit festlegen wollte und dem *trustee* für seine Entscheidung entweder „Leitlinien" in Form von abstrakten Regelungen im *trust instrument* oder im *letter of wishes* zur Verfügung stellt, oder diesem gar völlig freie Hand bei Auszahlungsentscheidungen lässt. Der Anspruch des *beneficiary* auf Leistungen durch den *trustee* und somit seine eigentumsähnlichen Rechte an dem zugestandenen Trustvermögen ergeben sich erst mit der Ermessensentscheidung des *trustee*. Somit ist der *trustee* in dieser Situation mit einem die Leistungen an Destinatäre zuerkennenden Stiftungsorgan durchaus vergleichbar. Der *trustee* kann einseitig Leistungen zuerkennen, muss allerdings den im *trust instrument* fixierten Willen des *settlor* befolgen. Wollte der *settlor* dem *trustee* keine Vorgaben machen, achtet der *trustee* diesen Willen dahingehend, dass er eine autonome, unbeeinflusste Ermessensentscheidung trifft. Auch wenn das „ob" einer Auszahlung sowie Höhe und Zeitpunkt (oder gar die Identität des Empfängers) einer solchen für den *beneficiary* regelmäßig ungewiss sind, findet auch eine derartige Ausschüttung ihren Grund in dem *trust instrument*. Diese Ausschüttung kann folglich als „satzungsmäßig" klassifiziert werden. Denn kommt es einmal zu einer nach dem ErbStG steuerbaren Auszahlung, ist dies nur möglich, weil die Begünstigung des *beneficiary* durch den Willen des *settlor* ursprünglich Einzug in das *trust instrument* gefunden hat.

---

584 BGH 7.10.2009 – Xa ZR 8/08, NJW 2010, 234 ff.
585 BGH 7.10.2009 – Xa ZR 8/08, NJW 2010, 234 (235).
586 *Passarge*, NZG 2009, 1421.

Der *settlor* hält bzw. hielt es durch die Erwähnung als potentieller *beneficiary*[587] bei der Trustbildung zumindest für möglich, dass dieser Person einmal Vermögenswerte des Trusts zuteil werden.

In aktuellen Entscheidungen sehen sowohl das FG Hessen als auch der BFH Leistungen einer schweizerischen Familienstiftung an deren Destinatäre als satzungsgemäß an, obwohl diese beinahe ausschließlich im Ermessen eines Stiftungsgremiums liegen.[588] In den zugrundeliegenden Sachverhalten entschied der Stiftungsrat jeweils im Rahmen des Stiftungszwecks nach seinem Ermessen, ob eine Leistung erfolgt, wer Empfänger dieser Leistung sein soll und in welcher Höhe sowie zu welchem Zeitpunkt die Leistung erfolgen soll. Dass hier ohne weiteres noch von satzungsgemäßen Leistungen der Familienstiftung gesprochen wird, stützt die Auffassung, dass den Ausschüttungen eines *discretionary trust* – selbst bei weitestmöglich ausgestaltetem Ermessen des *trustee* – eine solche „Satzungsmäßigkeit" ebenfalls innewohnt.[589] Denn dem Stiftungsrat stehen hier im Wesentlichen die gleichen Befugnisse wie dem *trustee* eines *discretionary trust* zu.

Im Lichte des eben Gesagten ist bei konsequenter Einhaltung der steuerlichen Annäherung von Stiftung und Trust der Schluss zu ziehen, dass sowohl laufende Ausschüttungen eines *fixed interest trust* als auch eines *discretionary trust* satzungsmäßigen Leistungen einer Stiftung während deren Bestehen entsprechen können und insoweit nicht schenkungsteuerbar sein sollten.[590] Somit unterlägen nur noch Ausschüttungen an Personen, die nicht im *trust instrument* aufgeführt sind, der Besteuerung nach dem ErbStG.[591] Parallel zur Stiftung wären derartige Leistungen dennoch nicht steuerfrei, sondern könnten vielmehr der

---

587 Diese Nennung kann sich lediglich in einer Bestimmbarkeit der betreffenden Person erschöpfen, vgl. *Daragan,* ZEV 2007, 204 (205).

588 FG Hessen 10.2.2014 – 1 V2602/13, BeckRS 2014, 95097; BFH 21.7.2014 – II B 40/14, BFH/NV 2014, 1554 ff.; BFH 3.7.2019 – II R 6/16, BStBl. II 2020, 61 ff.

589 So auch BFH 3.7.2019 – II R 6/16, BStBl. II 2020, 61 (65).

590 Bei Leistungen anlässlich der Aufhebung der Stiftung greift – ungeachtet, ob es sich um Substanz oder Erträge handelt – ohnehin § 7 Abs. 1 Nr. 9 S. 1 ErbStG.

591 Ausschüttungen des Trusts, die an einen überhaupt nicht im *trust instrument* aufgeführten Zuwendungsempfänger erfolgen, sind wiederum als direkte Schenkungen des *settlor* an den jeweiligen Zuwendungsempfänger nach § 7 Abs. 1 Nr. 1 ErbStG steuerbar, vgl. *von Oertzen* in von Oertzen/Loose, ErbStG (2017), § 7 ErbStG, Rn. 403; FG Baden-Württemberg 22.4.2015 – 7 K 2471/12, DStRE 2017, 404 (405) für die ausländische Stiftung.

Einkommensteuer unterworfen werden. Dies gilt jedenfalls, soweit es sich nicht um Substanzausschüttungen des Trusts handelt.

Wäre die Gleichstellung mit der Stiftung konsequent weiterverfolgt worden, so wären Ausschüttungen eines *fixed interest trust* und eines *discretionary trust* während des Bestehens des Trusts entsprechend satzungsmäßiger Zuwendungen an Destinatäre bei einer Stiftung keiner Besteuerung nach dem ErbStG unterworfen worden.[592] Systematisch wird an dieser Stelle deutlich von der Besteuerungskonzeption der Stiftung abgewichen. Wie in der historischen Auslegung ermittelt, war dies eine bewusste Entscheidung des Gesetzgebers. Für Ausschüttungen eines *discretionary trust* scheint der BFH dies in seinem Urteil vom 3.7.2019[593] indes relativieren zu wollen und sorgt hiermit wiederum für eine Annäherung der Besteuerung von Ausschüttungen eines *discretionary trust* an die Ausschüttungen entsprechend ausgestalteter inländischer Stiftungen.

Insgesamt spricht die Verortung der laufenden Trustbesteuerung in § 7 Abs. 1 Nr. 9 S. 2 Hs. 2 ErbStG in Zusammenschau mit der Gesetzessystematik des ErbStG im Hinblick auf Stiftungen jedoch dafür, dass für Trusts eine Zuordnung laufender Ausschüttungen zur Schenkungsteuer erfolgen sollte. Hier hat sich der Gesetzgeber in Abkehr von der ursprünglichen Konzeption von dem Besteuerungsregime bei Stiftungen abgewandt.

d) Sinn und Zweck der Norm

Wie bereits bei der Beschäftigung mit dem Begriff der Vermögensmasse im Sinne des ErbStG sowie bei der historischen Auslegung herausgearbeitet, handelt es sich bei § 7 Abs. 1 Nr. 9 S. 2 Hs. 2 ErbStG wie bei den übrigen Trustbesteuerungsnormen um Missbrauchsvermeidungsnormen, die den „Erbschaft- und Schenkungsteuerersparnissen" der alten Rechtslage entgegenwirken sollten. Dieses Ziel der Missbrauchsbekämpfung kommt nur zur Geltung, wenn man den Begriff des Zwischenberechtigten derart auslegt, dass sowohl laufende Ertrags- als auch laufende Substanzausschüttungen des Trusts an bezugsberechtigte sowie anfallsberechtigte *beneficiaries* nach § 7 Abs. 1 Nr. 9 S. 2 Hs. 2 ErbStG schenkungsteuerpflichtig sind. Anderenfalls bestünde die Möglichkeit der Umgehung der Steuerpflicht, zum Beispiel Vermögenssubstanz an anfallsberechtigte *beneficiaries* während der Laufzeit des Trusts auszuschütten, und so einer Steuerpflicht zu entgehen. Allein eine weite Auslegung des Begriffs des Zwischenberechtigten trägt diesem Telos der Norm Rechnung.

---

592 *Jülicher*, IStR 1999, 106 (108); *Jülicher*, IStR 1999, 202 (203).
593 BFH 3.7.2019 – II R 6/16, BStBl. II 2020, 61 (65).

Auch der objektiv mit § 7 Abs. 1 Nr. 9 S. 2 Hs. 2 ErbStG verfolgte Sinn und Zweck fordert im Ergebnis eine weite Auslegung des Begriffs des Zwischenberechtigten.

e) Zwischenergebnis

Zwar bietet die grammatikalische Auslegung des Begriffs Zwischenberechtigter genügend Spielraum, anfallsberechtigte *beneficiaries* aus der Gruppe der Zwischenberechtigten auszunehmen. Im Zuge der systematischen Auslegung könnten zudem auf dem *trust instrument* beruhende „satzungsgemäße" Ausschüttungen des Trusts an bezugsberechtigte und anfallsberechtigte *beneficiaries* parallel zur Stiftung als nicht schenkungsteuerbar betrachtet werden. Im Rahmen der historischen sowie teleologischen Auslegung wird aber deutlich, dass der Gesetzgeber an dieser Stelle keinen Gleichlauf zwischen laufenden Trustausschüttungen sowie satzungsgemäßen Ausschüttungen einer Stiftung schaffen wollte. Laufende Ertrags- und Substanzausschüttungen des Trusts sollten demnach der Schenkungsteuer zugeordnet werden, wenn es sich um einen stiftungsähnlichen Trust handelt. In diesem Sinne ist festzuhalten, dass der Begriff des Zwischenberechtigten sowie die Norm des § 7 Abs. 1 Nr. 9 S. 2 Hs. 2 ErbStG eine umfassende Besteuerung laufender Trustausschüttungen sicherstellen sollten, um missbräuchlichem Ausschüttungsverhalten vorzubeugen. Der Begriff des Zwischenberechtigten ist daher tendenziell weit auszulegen. Der *settlor* selbst ist jedoch kein Zwischenberechtigter.

3. Zusammenfassung

Mit der Anordnung, dass die Bildung oder Ausstattung eines Trusts einen selbständigen steuerlichen Vorgang darstellt (§ 3 Abs. 2 Nr. 1 S. 2 bzw. § 7 Abs. 1 Nr. 8 S. 2 ErbStG), zu dem als zusätzlicher steuerpflichtiger Vorgang dann die Auszahlung an die *beneficiaries* hinzutritt (§ 7 Abs. 1 Nr. 9 S. 2 Hs. 2 ErbStG), hat der Gesetzgeber einen bis dahin als einstufig aufgefassten Vorgang in zwei steuerpflichtige Vorgänge aufgespalten. Dies bewirkt eine zweifache Besteuerung des Trustvermögens, welches nun bei der Übertragung auf den Trust sowie bei der Übertragung auf die *beneficiaries* besteuert wird. Ferner ist der Begriff des Zwischenberechtigten weit auszulegen. Eine Annäherung an die Besteuerung der satzungsmäßigen Ausschüttungen einer Stiftung wurde damit fallen gelassen. Die vorgenommene Auslegung bietet zudem wenig Raum für eine Differenzierung zwischen *discretionary trust* und *fixed interest trust*. Auch ist gleich, ob Erträge oder Vermögenssubstanz des Trusts ausgezahlt werden. Gleichwohl dürften nach jüngster BFH-Rechtsprechung satzungsmäßige Ausschüttungen eines *discretionary trust* grundsätzlich nicht schenkungsteuerbar sein, da dem *beneficiary* kein abstrakt-generelles Recht auf Ausschüttungen zusteht.

Eine Steuerpflicht nach § 7 Abs. 1 Nr. 9 S. 2 Hs. 2 ErbStG kann in Anlehnung an die hier vertretene Auslegung des Begriffs der Vermögensmasse jedoch nur eintreten, wenn der ausschüttende Trust in stiftungsähnlicher Weise der Vermögensnachfolgeplanung dient.[594]

III. Erwerb bei Auflösung einer Vermögensmasse als Schenkung unter Lebenden

§ 1 Abs. 1 Nr. 2 i.V.m. § 7 Abs. 1 Nr. 9 S. 2 Hs. 1 ErbStG ordnet schließlich an, dass der Erwerb bei Auflösung einer Vermögensmasse ausländischen Rechts, deren Zweck auf die Bindung von Vermögen gerichtet ist – wie der Erwerb bei Aufhebung einer Stiftung – als Schenkung unter Lebenden einen steuerpflichtigen Vorgang darstellt.

Der Tatbestand greift für Erwerbe bei der Auflösung einer Vermögensmasse, welche nach dem 4.3.1999 stattfinden.[595]

Parallel zu den laufenden Trustausschüttungen wird auch der Erwerb bei Auflösung systematisch als Schenkung unter Lebenden eingeordnet, sodass sich zwischen der Auflösung eines *testamentary trust* sowie eines *inter vivos trust* auch formal keine Unterschiede ergeben.

Steuerentstehungszeitpunkt ist im Sinne von § 9 Abs. 1 Nr. 2 ErbStG die Ausführung der Zuwendung. Folglich entsteht die Steuer mit dem Zeitpunkt der tatsächlichen Ausschüttung an die *beneficiaries.*

Das Zuwendungsverhältnis besteht zwischen Trust und *beneficiary*[596]; der *beneficiary* ist nach § 7 Abs. 1 Nr. 9 S. 2 Hs. 1 ErbStG i.V.m. § 10 Abs. 1 S. 1 ErbStG bereichert. Auch hier wird nicht mehr differenziert, ob der ausschüttende Trust ein *fixed interest trust* oder ein *discretionary trust* ist.

Eine steuerliche Erfassung der Ausschüttungen anlässlich der Auflösung des Trusts nach § 7 Abs. 1 Nr. 1 ErbStG kommt – parallel zur Besteuerung laufender Ausschüttungen – nur in Betracht, wenn diese an eine nicht im *trust instrument* als *beneficiary* benannte Person erfolgen.[597]

---

594 Vgl. unter B. I. 1. b) dieses Kapitels.

595 § 37 Abs. 1 ErbStG i.d.F. durch Art. 10 Nr. 8 a) des StEntlG 1999/2000/2002; Steuerentlastungsgesetz vom 24.3.1999, BGBl. I 1999, 402.

596 Vgl. zur Herleitung detailliert unter B. II. dieses Kapitels.

597 *Von Oertzen* in von Oertzen/Loose, ErbStG (2017), § 7 ErbStG, Rn. 399; FG Baden-Württemberg 22.4.2015 – 7 K 2471/12, DStRE 2017, 404 (405) für die ausländische Stiftung.

1. Vermögensmasse ausländischen Rechts

Zur Erfüllung des Tatbestands des § 7 Abs. 1 Nr. 9 S. 2 Hs. 2 ErbStG ist erforderlich, dass ein Erwerb bei Auflösung der Vermögensmasse geschieht. Nochmals kann wegen des Tatbestandsmerkmals „Vermögensmasse ausländischen Rechts, deren Zweck auf die Bindung von Vermögen gerichtet ist“ auf die Ausführungen zur Steuerpflicht beim Erwerb von Todes wegen nach § 3 Abs. 2 Nr. 1 S. 2 ErbStG verwiesen werden.[598] Es ist also erforderlich, dass es sich um einen stiftungsähnlichen Trust handelt.

2. Erwerb bei Auflösung

In Anlehnung an das zu § 7 Abs. 1 Nr. 9 S. 2 Hs. 2 ErbStG Gesagte ist der Erwerb von Vermögenssubstanz sowie von Erträgen des Trusts bei seiner Auflösung nach § 7 Abs. 1 Nr. 9 S. 2 Hs. 1 ErbStG steuerbar. Da der Gesetzeswortlaut hier lediglich von einem „Erwerb bei Auflösung“ spricht, ist der § 7 Abs. 1 Nr. 9 S. 2 Hs. 1 ErbStG unter Berücksichtigung von Sinn und Zweck der Trustbesteuerungsnormen noch weiter als § 7 Abs. 1 Nr. 9 S. 2 Hs. 2 ErbStG auszulegen. Es ist vom Wortlaut her nicht von einer persönlichen Einschränkung des Kreises der Berechtigten – wie bei laufenden Ausschüttungen an den *settlor* der Fall – oder von einer Differenzierung zwischen Erträgen und Substanz auszugehen.

3. Sonderproblem: Rückübertragung des Trustvermögens als Schenkung unter Lebenden

Es ist aber diskutabel, ob der Erwerb der ursprünglich eingebrachten Vermögenssubstanz durch den *settlor* stets als Erwerb bei Auflösung der Vermögensmasse nach § 7 Abs. 1 Nr. 9 S. 2 Hs. 1 ErbStG steuerbar ist, wenn der *settlor* zu den anfallsberechtigten *beneficiaries* zählt. Voraussetzung für eine Steuerpflicht beim Erwerb bei Auflösung ist stets, dass anfangs die Bildung einer selbständigen Vermögensmasse durch den *settlor* angenommen werden kann. Andernfalls entsteht nämlich kein Trust, und die in Rede stehenden Vermögenswerte verbleiben wirtschaftlich in der Sphäre des *settlor*. Somit ist die Frage einer Steuerpflicht der Rückübertragung beim *grantors trust* zu verneinen. Zählt der *settlor* gleichwohl nur zu den *beneficiaries* und ist nicht alleiniger *beneficiary* des Trusts, spricht im Grundsatz nichts gegen die Entstehung einer selbständigen Vermögensmasse.

598 Vgl. unter B. I. 1. b) dieses Kapitels.

Aber auch bei einem *revocable trust*, bei dem die Bildung einer Vermögensmasse nach § 7 Abs. 1 Nr. 8 S. 2 ErbStG vorliegt[599], ist nicht zwangsläufig von einer Steuerpflicht nach Rückfall der Vermögenssubstanz an den *settlor* auszugehen. Dies bestimmt die Vorschrift des § 29 Abs. 1 Nr. 1 ErbStG. Damit die Rückübertragung von Vermögenswerten aus dem Trustvermögen steuerlich nicht als Rückschenkung behandelt wird und somit der Vermögensübergang zwischen Trust und *settlor* nochmals der Besteuerung unterworfen wird, kann der *settlor* ein vertragliches Rückforderungsrecht nach § 29 Abs. 1 Nr. 1 ErbStG in Form eines freien Widerrufsvorbehalts vereinbaren.[600] Der Widerrufsvorbehalt muss dabei dem *settlor* zustehen sowie von vornherein im *trust instrument* fixiert sein und kann nicht nach Trustbildung noch vereinbart werden.[601]

Greift § 29 Abs. 1 Nr. 1 ErbStG, so ist nicht nur die Rückabwicklung der Vermögensübertragung von der Schenkungsteuer befreit, auch die bei der ursprünglichen Vermögensübertragung gezahlte Schenkungsteuer wird zurückerstattet.[602] Hier gibt der *trustee* das ursprüngliche Trustvermögen nicht freiwillig im Zuge einer eigenen Entscheidung heraus, vielmehr erhält der *settlor* die Vermögenssubstanz aufgrund seines Rückforderungsrechts zurück.

Liegen die Tatbestandsvoraussetzungen des § 29 Abs. 1 Nr. 1 ErbStG nicht vor, unterfällt die Rückübertragung der Vermögenssubstanz an den *settlor* bei Auflösung des Trusts nach § 7 Abs. 1 Nr. 9 S. 2 Hs. 1 ErbStG der Steuerpflicht. Anzuwendende Steuerklasse ist bei diesem Rückfall von Vermögen nach § 15 Abs. 2 S. 2 ErbStG die Steuerklasse III, da der *settlor* kein persönliches Verhältnis zu sich selbst aufweisen kann.[603]

---

599 Vgl. zu den kumulativen Erfordernissen der Vermögensübertragung unter B. I. 2. b) (b) dieses Kapitels.

600 *Jorde/Götz* in FS Spiegelberger, S. 1301 (1318); *Hannes/Holtz* in Meincke/Hannes/Holtz, ErbStG (2018), § 29 ErbStG, Rn. 9.

601 *Pahlke* in Fischer/Pahlke/Wachter, ErbStG (2017), § 29 ErbStG Rn. 16; *Theuffel-Werhahn*, ZEV 2017, 17 (21) für die Familienstiftung.

602 *Schütz*, DB 2008, 603 (607); *von Oertzen* in von Oertzen/Loose, ErbStG (2017), § 7 ErbStG, Rn. 380.

603 BFH 21.11.1992 – II R 77/90, BStBl. II 1993, 238; *Wassermeyer*, FR 2015, 149 (154); *Theuffel-Werhahn*, ZEV 2017, 17 (21); *Jülicher* in Troll/Gebel/ Jülicher/Gottschalk, ErbStG (2018), § 15 ErbStG, Rn. 121; kritisch auch *Fischer* in Fischer/Pahlke/Wachter, ErbStG (2017), § 7 ErbStG, Rn. 462; a. A. *Stein* in von Oertzen/Loose, ErbStG (2017), § 15 ErbStG, Rn. 93.

4. *Zusammenfassung*

Sowohl der Erwerb von Vermögenssubstanz als auch von Erträgen des Trusts bei seiner Auflösung ist nach § 7 Abs. 1 Nr. 9 S. 2 Hs. 1 ErbStG steuerbar, wenn es sich um einen stiftungsartigen Trust mit dem Ziel der Vermögensnachfolgeplanung handelt. Hinsichtlich der Steuerbarkeit einer Rückübertragung des anfänglichen Trustvermögens an den *settlor* bei Auflösung des Trusts sind die Tatbestandsvoraussetzungen von § 29 Abs. 1 Nr. 1 ErbStG maßgeblich.

C. Persönliche Steuerpflicht

Zusätzlich zum Vorliegen eines steuerpflichtigen Vorgangs ist erforderlich, dass eine persönliche Steuerpflicht zur Entrichtung der Erbschaft- und Schenkungsteuer besteht.

Häufig erlangt die Inländereigenschaft der an der Trustkonstruktion beteiligten Personen nach §§ 8, 9 AO deshalb Bedeutung, weil der Trust als Vermögensmasse mangels zivilrechtlicher Anerkennung weder die für eine unbeschränkte Steuerpflicht erforderliche inländische Geschäftsleitung nach § 10 AO noch einen inländischen Sitz nach § 11 AO besitzt und auch nicht mit Inlandsvermögen bestückt ist.

Die Erbersatzsteuer nach §§ 1 Abs. 1 Nr. 4, 2 Abs. 1 Nr. 2 ErbStG ist bei Trusts nicht einschlägig, sodass auf diesem Wege ohnehin keine persönliche Steuerpflicht hergeleitet werden kann. Schon vom Wortlaut her kann die Norm keine Anwendung finden, selbst wenn ein Trust ausnahmsweise seine Geschäftsleitung oder seinen Sitz in Deutschland hat. Denn ein Trust ist weder eine Stiftung noch ein Verein.

Im Folgenden soll die persönliche Steuerpflicht anhand der steuerpflichtigen Vorgänge zwischen den Trustbeteiligten untersucht werden.

I. Bildung oder Ausstattung einer Vermögensmasse

Zu Anfang ist die persönliche Steuerpflicht bei Bildung bzw. Ausstattung einer Vermögensmasse im Sinne des ErbStG zu bestimmen. Nach § 2 Abs. 1 Nr. 1 S. 1 ErbStG tritt eine unbeschränkte Steuerpflicht für in- und ausländisches Vermögen ein, wenn der Erblasser zur Zeit seines Todes, der Schenker zur Zeit der Ausführung der Schenkung oder der Erwerber zur Zeit der Entstehung der Steuer ein Inländer ist.

1. *Erwerb von Todes wegen*

Bei der Bildung oder Ausstattung eines *testamentary trust* handelt es sich nach § 1 Abs. 1 Nr. 1 ErbStG i.V.m. § 3 Abs. 2 Nr. 1 S. 2 ErbStG um einen Erwerb von Todes wegen in Form einer Zuwendung durch den Erblasser. Somit kommt es zu einer unbeschränkten Steuerpflicht, wenn der *settlor* als Erblasser zum Zeitpunkt seines Todes, der gleichzeitig der Zeitpunkt der Bildung bzw. Ausstattung des *testamentary trust* ist, die Inländereigenschaft nach § 2 Abs. 1 Nr. 1 S. 2 ErbStG aufweist. Im Rahmen der unbeschränkten Steuerpflicht nach § 2 Abs. 1 Nr. 1 S. 1 ErbStG wird sodann der gesamte Vermögensanfall erfasst. Da der Trust im Falle des § 3 Abs. 1 Nr. 1 S. 2 ErbStG als Erwerber fingiert wird und ihm regelmäßig Geschäftsleitung oder Sitz im Inland fehlen werden, wird sich eine unbeschränkte Steuerpflicht über den Trust selbst als Erwerber grundsätzlich nicht aus § 2 Abs. 1 Nr. 1 S. 2 d) ErbStG herleiten lassen. Auf den Steuerentstehungszeitpunkt für den Erwerber beim *testamentary trust* nach § 9 Abs. 1 Nr. 1 c) ErbStG kommt es daher regelmäßig nicht an.

Andernfalls kommt eine beschränkte Steuerpflicht nach § 2 Abs. 1 Nr. 3 ErbStG in Betracht, soweit Inlandsvermögen im Sinne von § 121 BewG übertragen wird. Die beschränkte Steuerpflicht erfasst nur das übertragene Inlandsvermögen.[604] Hierbei ist der Begriff „Inlandsvermögen" nicht mit dem Begriff „im Inland befindliches Vermögen" gleichzusetzen.[605] Es ist zu beachten, dass § 2 Abs. 1 Nr. 3 ErbStG nur eine Auffangvorschrift darstellt, welche nicht eingreift, wenn bereits ein Fall der unbeschränkten Steuerpflicht im Sinne von § 2 Abs. 1 Nr. 1 bzw. Nr. 2 ErbStG vorliegt.[606]

---

604 Hinsichtlich der erweitert beschränkten Steuerpflicht nach § 4 AStG, die auch sog. erweitertes Inlandsvermögen erfassen kann vgl. *Hannes/Holtz* in Meincke/Hannes/Holtz, ErbStG (2018), § 2 ErbStG, Rn. 29 ff.; *Schmidt* in Schmidt, AStG (2012), § 4 AStG, Rn. 3; *Escher,* Wegzugsbesteuerung, S. 51; vgl. zum Begriff des erweiterten Inlandsvermögens noch BMF 14.5.2004 – IV B 4 - S 1340 - 11/04, BStBl. I 2004, Sondernummer 1/2004, 3, Tz. 4.1.1.

605 *Jülicher* in Troll/Gebel/Jülicher, ErbStG (2018), § 2 ErbStG, Rn. 49 m.w.N.

606 *Hannes/Holtz* in Meincke/Hannes/Holtz, ErbStG (2018), § 2 ErbStG, Rn. 19; vgl. ebenda Rn. 20 ff. bezüglich Details zum Begriff des Inlandsvermögens im Sinne von § 121 BewG; *Weinmann* in Moench/Weinmann, ErbStG (2018), § 7 ErbStG, Rn. 221 a; *Jorde/Götz* in FS Spiegelberger, S. 1301 (1318).

2. *Schenkung unter Lebenden*

Bei der Bildung oder Ausstattung eines *inter vivos trust* handelt es sich hingegen nach § 1 Abs. 1 Nr. 2 ErbStG i.V.m. § 7 Abs. 1 Nr. 8 S. 2 ErbStG um eine Schenkung unter Lebenden. Es kommt zu einer unbeschränkten Steuerpflicht, wenn der *settlor* als Schenker zum Zeitpunkt der Bildung bzw. Ausstattung des *inter vivos trust* die Inländereigenschaft nach § 2 Abs. 1 Nr. 1 S. 2 ErbStG aufweist. Eine Begründung der unbeschränkten Steuerpflicht über den Trust als Erwerber nach § 2 Abs. 1 Nr. 1 S. 2 d) ErbStG scheidet auch hier regelmäßig aus. Der Steuerentstehungszeitpunkt für den Erwerber ergibt sich im Gegensatz zum *testamentary trust* aus § 9 Abs. 1 Nr. 2 ErbStG und liegt im Zeitpunkt der Bildung bzw. Ausstattung des Trusts.

Erneut kommt eine beschränkte Steuerpflicht jedenfalls in Betracht, soweit Inlandsvermögen übertragen wird.

II. Erwerb durch Zwischenberechtigte während des Bestehens der Vermögensmasse als Schenkung unter Lebenden

Nach § 1 Abs. 1 Nr. 2 ErbStG i.V.m. § 7 Abs. 1 Nr. 9 S. 2 Hs. 2 ErbStG ist der Erwerb durch einen Zwischenberechtigten während des Bestehens der Vermögensmasse eine Schenkung unter Lebenden. Hierbei spielt es keine Rolle, ob es sich bei dem ausschüttenden Trust um einen *testamentary trust* oder einen *inter vivos trust* handelt. Der Erwerb durch Zwischenberechtigte wird einheitlich als Schenkung unter Lebenden eingeordnet. Dem Trust als Schenker fehlt regelmäßig die Inländereigenschaft als Vermögensmasse nach § 2 Abs. 1 Nr. 1 S. 2 d) Er bStG. Aus diesem Grunde wird es bei laufenden Ausschüttungen des Trusts für die Annahme einer unbeschränkten Steuerpflicht stets auf die Inländereigenschaft der *beneficiaries* als Erwerber ankommen, § 2 Abs. 1 Nr. 1 S. 1 ErbStG.

Auch hier kann gegebenenfalls eine beschränkte Steuerpflicht hinsichtlich des Inlandsvermögens nach § 2 Abs. 1 Nr. 3 ErbStG eingreifen.

III. Erwerb bei Auflösung der Vermögensmasse als Schenkung unter Lebenden

Der Erwerb bei Auflösung der Vermögensmasse ist unabhängig von der Bildungsweise des Trusts nach § 1 Abs. 1 Nr. 2 ErbStG i.V.m. § 7 Abs. 1 Nr. 9 S. 2 Hs. 1 ErbStG als Schenkung unter Lebenden zu betrachten. Wie beim Erwerb durch Zwischenberechtigte begründet die Inländereigenschaft des *beneficiary* als Erwerber die unbeschränkte Steuerpflicht nach § 2 Abs. 1 Nr. 1 S. 1 ErbStG.

Abermals kann eine beschränkte Steuerpflicht in Bezug auf das Inlandsvermögen nach § 2 Abs. 1 Nr. 3 ErbStG greifen.

IV. Zusammenfassung

Bei dem steuerpflichtigen Vorgang der Bildung und Ausstattung eines *testamentary trust* sowie eines *inter vivos trust* beruht eine unbeschränkte Steuerpflicht regelmäßig auf der Inländereigenschaft des *settlor* zum Zeitpunkt der Vermögensübertragung. Bei den laufenden Ausschüttungen sowie den Ausschüttungen bei Auflösung begründet die Inländereigenschaft der *beneficiaries* als Erwerber der Trustausschüttungen die unbeschränkte Steuerpflicht in Deutschland. Die unbeschränkte Steuerpflicht erfasst den gesamten Vermögensanfall.

Sind weder *settlor* noch *beneficiary* als Inländer anzusehen, kann gegebenenfalls die beschränkte Steuerpflicht greifen, welche die Besteuerung auf das Inlandsvermögen einengt.

D. Steuerschuldner

Weiterhin ist der Steuerschuldner für den entsprechenden steuerpflichtigen Vorgang zu ermitteln.

I. Bildung oder Ausstattung einer Vermögensmasse

Zunächst ist der Steuerschuldner bei der Bildung bzw. Ausstattung des Trusts als erstem steuerpflichtigem Vorgang zu untersuchen.

1. Erwerb von Todes wegen

Die Bildung bzw. Ausstattung eines *testamentary trust* ist nach § 1 Abs. 1 Nr. 1 ErbStG i.V.m. § 3 Abs. 2 Nr. 1 S. 2 ErbStG steuerbar. § 20 Abs. 1 S. 2 ErbStG hat dabei zunächst klarstellende Funktion[607] hinsichtlich der Erwerbereigenschaft des Trusts[608]. Schon der Tatbestand des § 3 Abs. 2 Nr. 1 S. 2 ErbStG für sich genommen macht den Trust zum Erwerber des Trustvermögens. Im Rahmen von § 20 Abs. 1 S. 2 ErbStG wird jedoch über die Erwerbereigenschaft hinaus der Trust folgerichtig als Steuerschuldner bestimmt.

---

607 Auch die Finanzverwaltung sieht in § 20 Abs. 1 S. 2 ErbStG lediglich eine klarstellende Regelung, vgl. FinMin Baden-Württemberg 22.4.1999 – 34 - S. 3730/8, DB 1999, 937 (938).

608 Anders beispielsweise in der Schweiz, wo der Trust grundsätzlich nicht als Steuersubjekt behandelt wird, vgl. *Bauer-Balmelli/Harbeke*, IStR-LB 2008, 58 (58 f.).

Bei der Bildung bzw. Ausstattung eines *testamentary trust* mit Vermögenswerten ist der Trust mithin alleiniger Steuerschuldner.

2. *Schenkung unter Lebenden*

Die Bildung bzw. Ausstattung eines *inter vivos trust* ist gemäß § 1 Abs. 1 Nr. 2 ErbStG i.V.m. § 7 Abs. 1 Nr. 8 S. 2 ErbStG ein steuerbarer Vorgang. Erneut bestimmt § 7 Abs. 1 Nr. 8 S. 2 ErbStG bereits die Erwerbereigenschaft des Trusts. Gemäß § 20 Abs. 1 S. 2 ErbStG ist im Rahmen der Bildung oder Ausstattung eines *inter vivos trust* neben dem Trust entsprechend den Grundfällen einer Schenkung unter Lebenden Steuerschuldner zusätzlich derjenige, der die Vermögensmasse gebildet oder ausgestattet hat, also insbesondere der *settlor*.

Bereits aus dem Wortlaut („...auch derjenige...") wird deutlich, dass der *settlor* hier nur die Stellung eines Sekundärschuldners innehat, also erst nach erfolglos versuchter Inanspruchnahme der Vermögensmasse selbst als Steuerschuldner in Frage kommt.[609] Damit zeigen sich die noch darzustellenden Vollzugsschwierigkeiten[610] gerade bei nach § 3 Abs. 2 Nr. 1 S. 2 ErbStG gebildeten *testamentary trusts*, während bei Bildung eines *inter vivos trust* eine Inanspruchnahme des jeweiligen *settlor* in Betracht kommt.

Da die zusätzliche Ausstattung mit Vermögenswerten nach § 7 Abs. 1 Nr. 8 S. 2 ErbStG einen von der Bildung unabhängigen steuerpflichtigen Vorgang darstellt, steht auch bei nachfolgenden Vermögensübertragungen durch weitere personenverschiedene Ausstatter stets ein eigener Steuerschuldner zur Verfügung. Weil zwischen der Bildung und der Ausstattung als separaten Vorgängen unterschieden werden kann und diese damit jeweils einen eigenen Steuerschuldner haben, kann die entstandene Steuerschuld quotal zwischen *settlor* und nachfolgenden Ausstattern aufgeteilt werden.

II. Erwerb durch Zwischenberechtigte während des Bestehens der Vermögensmasse als Schenkung unter Lebenden

§ 1 Abs. 1 Nr. 2 ErbStG i.V.m. § 7 Abs. 1 Nr. 9 S. 2 Hs. 2 ErbStG macht den Erwerb durch Zwischenberechtigte vom Trust zum steuerbaren Vorgang. § 20 Abs. 1 S. 2 ErbStG findet bei diesem Erwerbsvorgang keine Anwendung. Vielmehr greift § 20 Abs. 1 S. 1 ErbStG. Somit ist primärer Steuerschuldner der *beneficiary* als

609 Vgl. *Seer* in Tipke/Lang, Steuerrecht, § 15, Rn. 36; *Gohlisch* in Daragan/Halaczinsky/Riedel, ErbStG (2017), § 20 ErbStG, Rn. 33 ff.; *Loose* in von Oertzen/Loose, ErbStG (2017), § 20 ErbStG, Rn. 21.

610 Vgl. nachfolgend unter F. dieses Kapitels.

Erwerber. Da es sich bei dem Tatbestand des § 7 Abs. 1 Nr. 9 S. 2 Hs. 2 ErbStG um eine Schenkung unter Lebenden handelt, ist der Trust als Schenkender zudem nachrangiger Steuerschuldner bei laufenden Ausschüttungen.

Auch in diesen Fällen hat sich die Finanzverwaltung bei pflichtgemäßer Ausübung ihres Auswahlermessens zunächst an den *beneficiary* als Erwerber zu wenden, was bereits im Wortlaut des § 20 Abs. 1 S. 1 ErbStG („...auch der Schenker...“) zum Ausdruck kommt.[611]

III. Erwerb bei Auflösung der Vermögensmasse als Schenkung unter Lebenden

Gemäß § 1 Abs. 1 Nr. 2 ErbStG i.V.m. § 7 Abs. 1 Nr. 9 S. 2 Hs. 1 ErbStG ist der Erwerb bei Auflösung des Trusts schenkungsteuerbar. Auch hier bestimmt allein § 20 Abs. 1 S. 1 ErbStG den Steuerschuldner. Da der Erwerb bei Auflösung ebenfalls als Schenkung unter Lebenden klassifiziert wird, ist vorrangiger Steuerschuldner der *beneficiary* und nachrangiger Steuerschuldner der Trust selbst als Schenker.

IV. Zusammenfassung

Die Bestimmung des § 20 Abs. 1 S. 2 ErbStG macht den Trust bei dem Vorgang der Bildung oder Ausstattung zum Steuerschuldner. Bei der Bildung und Ausstattung eines *testamentary trust* ist der Trust alleiniger Steuerschuldner. Handelt es sich um einen *inter vivos trust,* tritt dieser als Sekundärschuldner neben den *settlor*. Primärschuldner bei laufenden Ausschüttungen und hinsichtlich Ausschüttungen bei Auflösung ist nach § 20 Abs. 1 S. 1 ErbStG wiederum der *beneficiary* als Erwerber. Bei diesen Vorgängen kann der Trust allerdings als Sekundärschuldner herangezogen werden. Übertragen weitere Personen im Rahmen der nachträglichen Ausstattung Vermögen auf einen *inter vivos trust,* ist eine quotale Verteilung der Steuerschuld bei deren Inanspruchnahme angezeigt.

E. Steuerklasse

Im Folgenden soll die einschlägige Steuerklasse für die verschiedenen steuerpflichtigen Vorgänge eruiert werden.

---

611 Vgl. *Seer* in Tipke/Lang, Steuerrecht, § 15, Rn. 36; *Gohlisch* in Daragan/Halaczinsky/Riedel, ErbStG (2017), § 20 ErbStG, Rn. 33 ff.; *Loose* in von Oertzen/Loose, ErbStG (2017), § 20 ErbStG, Rn. 21.

I. Bildung oder Ausstattung einer Vermögensmasse als Erwerb von Todes wegen bzw. als Schenkung unter Lebenden

Bei der Bildung oder Ausstattung sowohl eines *testamentary trust* nach § 3 Abs. 2 Nr. 1 S. 2 ErbStG als auch eines *inter vivos trust* nach § 7 Abs. 1 Nr. 8 S. 2 ErbStG ist der Trust Erwerber der übertragenen Vermögenswerte.

Dies hat zur Folge, dass für die Bildung bzw. Ausstattung von *testamentary trust* und *inter vivos trust* die Steuerklasse III einschlägig ist. Denn nach § 15 Abs. 1 ErbStG ist für die Bestimmung der anzuwendenden Steuerklasse stets das persönliche Verhältnis vom Erwerber zum Erblasser oder Schenker ausschlaggebend. Im Falle einer Trustkonstruktion wäre somit ohne die Sonderregelungen für Trusts schon bei der Bildung das persönliche Verhältnis zwischen *settlor* und *beneficiary* entscheidend. Dieser direkte Erwerb von *settlor* zu *beneficiary* kennzeichnete die alte Rechtslage. Da aber nach §§ 3 Abs. 2 Nr. 1 S. 2, 7 Abs. 1 Nr. 8 S. 2 ErbStG nun der Trust selbst bei seiner Bildung bzw. Ausstattung als Erwerber gilt und zu diesem kein persönliches Verhältnis des *settlor* vorliegen kann, unterliegt die Bildung bzw. Ausstattung stets der ungünstigsten Steuerklasse III.

Ähnlich wäre die Lage bei der inländischen Familienstiftung, da auch diese nach der gesetzlichen Konzeption zwischen Stifter und Destinatär steht und einen auf einem persönlichen Verhältnis beruhenden Direkterwerb präkludiert. Im Falle der Errichtung der inländischen Familienstiftung wird allerdings nach § 15 Abs. 2 S. 1 ErbStG für die Besteuerung das Verwandtschaftsverhältnis des nach der Stiftungsurkunde entferntest Berechtigten zu dem Erblasser oder Schenker zugrunde gelegt.[612] Das Steuerklassenprivileg für Familienstiftungen nach § 15 Abs. 2 S. 1 ErbStG kommt bei der Trustbildung jedoch nicht zur Anwendung, da die Begünstigung auf Stiftungen mit Sitz oder Geschäftsleitung im Inland beschränkt ist.[613] Somit kann auch der inländische Familientrust nicht unter § 15 Abs. 2 S. 1 ErbStG subsumiert werden.[614] Neben dem Wortlaut der Norm spricht dagegen die aus der Gesetzesgenese abzuleitende Intention des Gesetzgebers, den Familientrust nicht durch Erhebung der Erbersatzsteuer nach § 1 Abs. 1 Nr. 4 ErbStG wie eine Familienstiftung zu behandeln und gerade

612 Dies hat auch erhebliche Auswirkungen auf die Freibeträge nach § 16 ErbStG.

613 *Jülicher*, PIStB 1999, 37; *Füger/von Oertzen*, IStR 1999, 11 (14); *Söffing/Kirsten*, DB 1999, 1626 (1629); a. A. *Radwan*, CCZ 2018, 67 (70); dies stellt eine steuerliche Parallele zur unselbständigen Stiftung dar, vgl. *Oppel*, ZEV 2017, 22 (24).

614 Für eine Anwendung von § 15 Abs. 2 S. 1 ErbStG aufgrund von Art. 24 Abs. 1 DBA D-FL bei der liechtensteinischen Familienstiftung hingegen *Gierharke*, ZErb 2016, 163 (164 f.); *von Oertzen*, BB 2016, 2571.

dies durch die Versagung des Steuerklassenprivilegs zu kompensieren.[615] Zwar ist diesem Kompensationsgedanken im Grundsatz zuzustimmen. Jedoch wirkt sich der erlittene Nachteil für den ausländischen Trust schon bei der Bildung aus[616], wohingegen die Erbersatzsteuer den Trust im Rahmen seiner ohnehin gegenüber der Stiftung begrenzten Laufzeit erst nach 30 Jahren treffen würde. Eine konsequente Angleichung zur rechtlichen Situation bei der inländischen Familienstiftung – beispielsweise durch Erhebung einer (beschränkten) Erbersatzsteuer beim (ausländischen) Familientrust[617] – wäre systematisch wünschenswerter gewesen wäre.

Nicht unerwähnt bleiben darf zudem, dass auch unionsrechtliche Bedenken gegen die Versagung des Privilegs aus § 15 Abs. 2 S. 1 ErbStG bei ausländischen Rechtsinstituten bestehen. Sowohl ausländische Familienstiftungen als auch ausländische Trusts sind kategorisch von der Gewährung des Privilegs ausgeschlossen, auch wenn sie in der Europäischen Union oder einem Vertragsstaat des EWR-Abkommens errichtet werden. Die Errichtung einer ausländischen Familienstiftung oder die Bildung eines ausländischen Trusts wird somit stets unter die Steuerklasse III fallen und somit gegenüber der Errichtung einer inländischen Familienstiftung steuerlich nachteilig sein. Dies wird in der Literatur als Verstoß gegen die unionsrechtlich gewährleistete Kapitalverkehrsfreiheit nach Art. 63 Abs. 1, 65 Abs. 3 AEUV sowie die Niederlassungsfreiheit nach Art. 49 Abs. 1, 54 Abs. 1 AEUV erachtet.[618] Auch in diesem Kontext wird der erlittene Nachteil jedoch durch das Ausbleiben der Erhebung einer beschränkten Erbersatzsteuer bei ausländischen Trusts und Stiftungen abgemildert.

Bildung und Ausstattung fallen somit immer unter die Steuerklasse III.

II. Erwerb durch Zwischenberechtigte während des Bestehens der Vermögensmasse als Schenkung unter Lebenden

Beim Vorgang des Erwerbs durch Zwischenberechtigte erwerben die *beneficiaries* ihre Ausschüttungen ebenfalls vom Trust als Schenker. Somit müsste hier im

---

615 *Füger/von Oertzen*, IStR 1999, 11 (14); FG Baden-Württemberg 22.4.2015 – 7 K 2471/12, DStRE 2017, 404 (406 f.) für die ausländische Stiftung; a.A. *Thömmes/Stockmann*, IStR 1999, 261 (265).

616 Vgl. zur Negierung des verwandtschaftlichen Verhältnisses im Kontext des Erbschaft- und Schenkungsteuerrechts sogleich detailliert unter E. IV. dieses Kapitels.

617 So auch *Wassermeyer*, FR 2015, 149 (154).

618 *Thömmes/Stockmann*, IStR 1999, 261 (268); *Hey*, DStR 2011, 1149 (1150 ff.); *Gierharke*, ZErb 2016, 163 (164 f.); vgl. zu der unionsrechtlichen Problematik detailliert unter A. III. 2. des vierten Kapitels.

Sinne des § 15 Abs. 1 ErbStG erneut die Steuerklasse III einschlägig sein. Durch die Fiktion des § 15 Abs. 2 S. 2 ErbStG wird allerdings die Berücksichtigung des persönlichen Verhältnisses zwischen *settlor* und *beneficiaries* bei dem Erwerb durch Zwischenberechtigte während des Bestehens des Trusts gemäß § 7 Abs. 1 Nr. 9 S. 2 Hs. 2 ErbStG sichergestellt. Denn in diesen Fällen gilt der *settlor* des jeweiligen *testamentary trust* oder *inter vivos trust* als Schenker. Somit können die laufenden Trustausschüttungen je nach dem persönlichen Verhältnis von *settlor* und *beneficiary* auch unter Steuerklasse I oder Steuerklasse II fallen.[619]

III. Erwerb bei Auflösung der Vermögensmasse als Schenkung unter Lebenden

Die erörterte Gesetzessystematik beim Erwerb durch Zwischenberechtigte kommt auch beim Erwerb bei Auflösung des Trusts nach § 7 Abs. 1 Nr. 9 S. 2 Hs. 1 ErbStG zum Einsatz. § 15 Abs. 2 S. 2 ErbStG normiert wiederum, dass das persönliche Verhältnis von *settlor* und *beneficiary* ausschlaggebend ist. Somit kann nicht nur ausschließlich Steuerklasse III, sondern auch eine günstigere Steuerklasse bei Ausschüttungen anlässlich der Auflösung des Trusts Anwendung finden.

IV. Sonderproblem: Steuerklasse bei unterschiedlichen Verwandtschaftsverhältnissen zu unterschiedlichen Zuwendern

Wenn *settlor* und Ausstatter des Trusts verschiedene Personen mit unterschiedlichem Verwandtschaftsgrad zu den *beneficiaries* sind, stellt sich ferner die Frage, welche Steuerklasse einschlägig ist, falls später Ausschüttungen aus einem solchen Trust erfolgen. Dieses Problem ergibt sich bei der Bildung bzw. Ausstattung des Trusts noch nicht, da diese Vorgänge nach derzeitiger Rechtslage in jedem Fall unter Steuerklasse III fallen. Für die Finanzverwaltung soll in diesem Fall entscheidend sein, wer den überwiegenden Teil des Trustvermögens beigesteuert hat.[620] Diese Handhabung verstößt jedoch gegen § 15 Abs. 1 ErbStG als Ausprägung des verfassungsrechtlich abgesicherten Verwandtenerbrechts[621]. Die Garantie des Verwandtenerbrechts manifestiert sich in § 15 Abs. 1 ErbStG,

619 Dies spiegelt die Situation vor Erlass des StEntlG 1999/2000/2002 bei Ausblenden des Trusts, vgl. *von Oertzen/Stein*, ZEV 2010, 500 (501 f.).

620 *Habammer*, DStR 2002, 425 (431).

621 Der Sinnzusammenhang zwischen der Erbrechtsgarantie in Art. 14 Abs. 1 S. 1 GG und der in Art. 6 Abs. 1 GG verankerten Garantie von Ehe und Familie begründet den verfassungsmäßig gewährleisteten Wesensgehalt des Erbrechts, der das Anrecht des Ehegatten, der Abkömmlinge und der Eltern kinderloser Erblasser auf einen

der die Einordnung in die verschiedenen Steuerklassen von dem persönlichen Verhältnis von Erblasser bzw. Schenker zum Erwerber abhängig macht. Diese einfachgesetzliche Ausprägung wird unter Zugrundelegung der Auffassung der Finanzverwaltung durch das Eingreifen einer ungünstigeren Steuerklasse verletzt. Selbst bei einer substanziellen Beteiligung eines mit dem jeweiligen Vermögensgeber im Sinne der Steuerklasse I verwandten *beneficiary* könnte die entsprechende Ausschüttung in Gänze unter Steuerklasse III fallen, wenn der *beneficiary* kein Verwandtschaftsverhältnis zu der Person aufweist, die den Hauptteil der Vermögenswerte auf den Trust übertragen hat. Zudem bietet diese Auffassung keine Lösung, wenn *settlor* und Ausstatter ein gleich großes Vermögen auf den Trust übertragen haben.

Von Oertzen regt an, quotal entsprechend den eingebrachten Vermögenswerten Zuwendungen in jeder Ausschüttung sowohl des Trustbildners als auch des Trustausstatters zu fingieren, wenn eingebrachte und ausgeschüttetes Vermögenssubstanz sowie deren Erträge nicht mehr auseinandergehalten werden können.[622] Man gehe beispielsweise davon aus, dass der Trust vom Vater des späteren *beneficiary* als *settlor* mit einem Drittel des endgültigen Gesamtvermögens gebildet wurde und anschließend eine dritte Person ohne Verwandtschaftsverhältnis zum *beneficiary* den Trust mit den übrigen zwei Dritteln der gesamten Vermögenswerte ausstattet. Eine einzelne Ausschüttung könnte in diesem Fall zu einem Drittel der Steuerklasse I und zu zwei Dritteln der Steuerklasse III unterfallen. Im Rahmen dieser Lösung bleibt die Privilegierung des Erwerbs durch das Verwandtschaftsverhältnis erhalten.

Ist eine Differenzierung zwischen eingebrachten und ausgeschütteten Vermögenswerten noch zweifelsfrei möglich, kann gleichsam nur eine streng quotale Aufteilung nach den verschiedenen Steuerklassen zu sachgerechten Ergebnissen führen, die sowohl die Vermögenswerte selbst als auch die aus ihnen hervorgehenden Erträge berücksichtigt. Zur Erreichung der fortwährenden Identifikation könnte der *trustee* beispielsweise ein Verzeichnis der ursprünglich zugeführten Vermögenswerte und der aus ihnen erwachsenden Erträge[623] führen.

---

angemessenen Anteil des Nachlasses beinhaltet, vgl. hierzu *Papier/Shirvani* in Maunz/Dürig, GG (2018), Art. 14 GG, Rn. 410 m.w.N.

622 *Von Oertzen,* DStR 2002, 433.

623 Vgl. hierzu detailliert unter B. II. des vierten Kapitels.

V. Zusammenfassung

Bei der Bildung bzw. Ausstattung des Trusts greift aufgrund des Zusammenspiels von § 15 Abs. 1 ErbStG mit §§ 3 Abs. 2 Nr. 1 S. 2, 7 Abs. 1 Nr. 8 S. 2 ErbStG, welche den Trust zum Erwerber der Vermögenswerte machen, stets die Steuerklasse III. Im Gegenzug unterliegt der (ausländische) Familientrust nicht der (beschränkten) Erbersatzsteuer. Bei laufenden Ausschüttungen sowie Ausschüttungen bei Auflösung sorgt die Fiktion des § 15 Abs. 2 S. 2 ErbStG dafür, dass aufgrund der Berücksichtigung des persönlichen Verhältnisses zwischen *settlor* und *beneficiary* auch eine günstigere Steuerklasse einschlägig sein kann. Sind Bildung bzw. Ausstattung des Trusts von Personen mit unterschiedlichem Verwandtschaftsgrad zum *beneficiary* vorgenommen worden, ist bei späteren Ausschüttungen an diesen eine quotale Aufteilung nach den jeweiligen Steuerklassen vorzunehmen. Hierfür ist es von Vorteil, wenn sich anfangs eingebrachte Vermögenswerte sowie deren Erträge bei der Ausschüttung noch sicher identifizieren lassen.

F. Vollstreckung der Steuerschuld

Wie bei der Untersuchung des Steuerschuldners der verschiedenen steuerpflichtigen Vorgänge herausgearbeitet[624], kann der Trust bei jedem einzelnen Vorgang als Steuerschuldner fungieren. So ist der Trust bei der Bildung bzw. Ausstattung eines *inter vivos trust* als Erwerber nach § 20 Abs. 1 S. 2 ErbStG sowie bei sämtlichen Ausschüttungen als Schenker nach § 20 Abs. 1 S. 1 ErbStG sekundärer Steuerschuldner. Im Falle der Bildung bzw. Ausstattung eines *testamentary trust* ist der Trust nach § 20 Abs. 1 S. 2 ErbStG alleiniger Steuerschuldner, da hier logischerweise kein *settlor* als Sekundärschuldner mehr vorhanden sein kann.

§ 20 Abs. 1 S. 2 ErbStG wird in der Literatur seit seiner Einführung erheblich kritisiert.[625] Insbesondere wird die Vollzugsfähigkeit der Steuerschuld gerügt, da der Trust regelmäßig Sitz und Geschäftsleitung im Ausland sowie hauptsächlich Auslandsvermögen aufweisen wird. Zusätzlich steht die Bestimmung des Trusts als Steuerschuldner dem Charakter der deutschen Erbschaft- und Schenkungsteuer als Erbanfallsteuer entgegen. Denn im System der Erbanfallsteuer ist

---

624 Vgl. oben unter D. dieses Kapitels.

625 Vgl. nur *Jülicher,* IStR 1999, 106 (107), *Schindhelm/Stein*, FR 1999, 880 (887), *Gebel,* ZEV 1999, 249 (253), *Hannes//Holtz* in Meincke/Hannes/Holtz, ErbStG (2018), § 20 ErbStG, Rn. 17; *Fischer* in Fischer/Pahlke/Wachter, ErbStG (2017), § 3 ErbStG, Rn. 75; *Wienbracke,* English and Scots Trust, S. 54; zuletzt *Bruschke*, StB 2016, 342 (346).

steuerbegründender Tatbestand gerade nicht das Vorhandensein des Nachlasses, sondern vielmehr der Vermögensübergang auf den oder die Erben.[626] Insofern wird der personenbezogene Zusammenhang zwischen Bereichertem und Steuerschuldner durchbrochen, da allenfalls die *beneficiaries* und nicht die Vermögensmasse die bei Bildung bzw. Ausstattung Bereicherten sind.

Letztlich ist § 20 Abs. 1 S. 2 ErbStG im System der Trustbesteuerung aber folgerichtig, da der Trust schon bei der Bildung bzw. Ausstattung nach § 3 Abs. 2 Nr. 1 S. 2 ErbStG bzw. § 7 Abs. 1 Nr. 8 S. 2 ErbStG als Erwerber fingiert wird und auch in diesem Zusammenhang (noch) nicht darauf abgestellt wird, wer in Wahrheit durch spätere Trustausschüttungen eine Bereicherung im erbschaftsteuerlichen Sinne erfährt.[627]

Nachfolgend soll untersucht werden, ob – und wenn ja wie – ein deutscher Erbschaftsteuerbescheid dem Trust bekanntgegeben und im Ausland vollstreckt werden kann.

I. Zustellung eines deutschen Steuerbescheids an den Trust

Fraglich ist zunächst, wem ein deutscher Steuerbescheid im Ausland bekannt zu geben bzw. zuzustellen ist.

Zwar wurde dem Trust im deutschen Erbschaft- und Schenkungsteuerrecht eine beschränkte Teilrechtsfähigkeit zuerkannt. Der ausländische Trust ist aber nach dem Trustrecht der jeweiligen Länder nicht rechtsfähig. Er selbst als Vermögensmasse kann daher nicht Bekanntgabeadressat eines deutschen Steuerverwaltungsakts sein.[628]

Als Bekanntgabeadressat im Sinne von § 122 Abs. 1 S. 1 AO kommen jedoch auch Dritte in Betracht, wenn sie für den Steuerschuldner als Inhaltsadressaten steuerliche Pflichten zu erfüllen haben.[629] Hierunter fallen insbesondere die Geschäftsführer nicht rechtsfähiger Vermögensmassen.[630] Bei nicht rechtsfähigen Vermögensmassen, die steuerrechtlich Träger von Rechten und Pflichten sind, werden ungeachtet der Terminologie des bürgerlichen Rechts alle Personen

---

626 Vgl. hierzu ausführlich unter A. I. dieses Kapitels.

627 So *Loose* in von Oertzen/Loose, ErbStG (2017), § 20 ErbStG, Rn. 21; sehr kritisch hierzu *Gebel* in Troll/Gebel/Jülicher/Gottschalk, ErbStG (2018), § 20 ErbStG, Rn. 43; *Bruschke*, StB 2016, 342 (346).

628 *Schindhelm/Stein*, FR 1999, 880 (887); *Deininger/Götzenberger*, Vermögensnachfolgeplanung, S. 84, Rn. 154; *Seltenreich* in Preißer/Rödel/Seltenreich, ErbStG (2018), § 7 ErbStG, Rn. 644.

629 AEAO zu § 122 Nr. 1.4.2., S. 1.

630 AEAO zu § 122 Nr. 1.4.2., S. 2 c).

als Geschäftsführer angesprochen, die die Geschäfte dieser Gebilde tatsächlich führen und nach außen auftreten.[631] Diese Rolle kommt beim Trust dem *trustee* zu. Daher kann der Steuerbescheid dem *trustee* als „vertretungsberechtigtem Organ" des Trusts bekannt gegeben werden.[632]

Klärungsbedürftig ist weiterhin, auf welche Art und Weise ein Steuerbescheid an den *trustee* übermittelt werden kann. Dies steht im Ermessen der handelnden Finanzbehörde.[633] Auch im Ausland ist eine Bekanntgabe des Steuerbescheids durch einfachen Brief nach § 122 Abs. 1, Abs. 2 Nr. 2 AO grundsätzlich ausreichend.[634] Gemäß § 122 Abs. 2 Nr. 2 AO gilt dieser aufgrund der längeren Postlaufzeiten bei Auslandssendungen einen Monat nach Aufgabe zur Post als bekannt gegeben, es sei denn der Brief ist nicht oder zu einem späteren Zeitpunkt zugegangen. Hierbei ist die Behörde nach § 122 Abs. 2 Hs. 2 AO für den Zugang des Steuerbescheids sowie den tatsächlichen Zeitpunkt des Zugangs beweisbelastet. Die Finanzverwaltung wird den Weg der einfachen Bekanntgabe daher nicht wählen, wenn der Zeitpunkt der Zustellung – wie bei Steuerbescheiden – für sie entscheidend ist.

Grundsätzlich wird für Steuerbescheide vielmehr der Weg der förmlichen Bekanntgabe in Gestalt der Zustellung gewählt werden, um Beweisschwierigkeiten vorzubeugen. Die Zustellung ist nach § 122 Abs. 5 S. 1 AO durch die Finanzverwaltung behördlich anzuordnen. Die Zustellung richtet sich nach § 9 VwZG. Die Finanzverwaltung wendet vorrangig das Verfahren nach § 9 Abs. 1 Nr. 1 VwZG an, die Zustellung per Einschreiben mit Rückschein.[635] Die Zustellung nach § 9 Abs. 1 Nr. 1 VwZG muss gleichwohl völkerrechtlich zulässig sein. Der AO-Anwendungserlass zu § 122 Nr. 3.1.4.1. enthält eine Liste der Staaten, in denen die Zustellung durch Einschreiben mit Rückschein völkerrechtlich nicht geduldet wird.[636] Klassische Trustjurisdiktionen, die diese Form der Zustellung nicht zulassen, sind die Schweiz und Liechtenstein. Bei diesen Ländern kann jedoch noch mit einem Zustellungsersuchen nach § 9 Abs. 1 Nr. 2 VwZG Abhilfe

---

631 *Rüsken* in Klein, AO (2016), § 34 AO, Rn. 8; BFH 15.10.1998 – III R 58/95, BStBl. II 1999. 237 (239).

632 So im Ergebnis auch *Jülicher,* IStR 1999, 106 (107); *Jülicher*, IStR 1999, 202 (203).

633 AEAO zu § 122 Nr. 1.8.4., S. 1.

634 AEAO zu § 122 Nr. 1.8.4.

635 AEAO zu § 122 Nr. 3.1.4.1., S. 1; *Ratschow* in Klein, AO (2016), § 122 AO, Rn. 98.

636 AEAO zu § 122 Nr. 3.1.4.1., S. 4; dies erfasst auch die Zustellung durch Übermittlung elektronischer Dokumente nach § 9 Abs. 1 Nr. 4 VwZG, vgl. *Müller-Franken* in Hübschmann/Hepp/Spitaler, AO (2016), § 122 AO, Rn. 405; auch ist in diesen Staaten keine Bekanntgabe durch einfachen Brief möglich, vgl. AEAO zu § 122 Nr. 1.8.4.

geschaffen werden.[637] Auf diesem Wege kann die förmliche Zustellung über das Bundeszentralamt für Steuern mit Hilfe der deutschen auswärtigen Vertretungen oder zuständiger ausländischer Behörden erwirkt werden.

Somit ist schon eine einfache Bekanntgabe des Steuerbescheids in vielen Staaten möglich. Hierunter befinden sich als besonders relevante Trustjurisdiktionen insbesondere Großbritannien, die Republik Irland sowie die Niederlande und die USA. Eine Zustellung des Steuerbescheids kann in allen Staaten erfolgen und beugt Beweisschwierigkeiten bei der Finanzverwaltung vor.

II. Vollstreckung eines deutschen Steuerbescheids gegen den Trust

Offen ist allerdings, ob und wie ein an den *trustee* gerichteter Steuerbescheid vollstreckt werden soll.[638] Regelmäßig werden sich sämtliche Vermögensgegenstände im Ausland befinden, so dass sich die die Durchsetzung des Steueranspruchs nach ausländischem Recht richtet. Im *common law* Rechtskreis gilt das Prinzip des *„non-enforcement for foreign revenue claims“*[639]: Hiernach müssen die Staaten Steueransprüchen, die sich aus den Gesetzen anderer Staaten ergeben, nicht zur Durchsetzung verhelfen.[640] Die deutschen Finanzbehörden werden bei Vollstreckungsversuchen demnach regelmäßig nicht auf die Unterstützung von Gerichten des *common law* Rechtskreises rekurrieren können.[641] Der Steuerzugriff der deutschen Finanzverwaltung kann vielmehr erst erfolgen, wenn ein deutscher *beneficiary* Ausschüttungen aus dem Trustvermögen erhält, und nicht mehr gegen die Vermögensmasse selbst vollstreckt werden muss.

Handelt es sich bei dem ausländischen Staat jedoch um einen Mitgliedsstaat der Europäischen Union, kann eine Vollstreckung der Steuerschuld noch im Rahmen des EU-Beitreibungsgesetzes[642] gelingen. Nach 10 Abs. 1 EUBeitrG

---

637 AEAO zu § 122 Nr. 3.1.4.2.

638 *Hannes/Holtz* in Meincke/Hannes/Holtz, ErbStG (2018), § 29 ErbStG, Rn. 17; *Gebel* in Troll/Gebel/Jülicher/Gottschalk, ErbStG (2018), § 20 ErbStG, Rn. 43; *Gebel*, ZEV 1999, 249 (254); *Schindhelm/Stein*, FR 1999, 880 (887).

639 „Nichtdurchsetzung ausländischer Steuerforderungen“ (Übersetzung des Verfassers); dieses Prinzip gilt insbesondere in Großbritannien, den USA, Kanada, der Republik Irland, Südafrika und Australien, vgl. *Klein*, Ausländische Zivilrechtsformen, S. 161 m.w.N.

640 Vgl. beispielhaft für Großbritannien die Grundsatzentscheidung des House of Lords Government of India v. Taylor (HL), 1955 A.C. S. 491.

641 *Klein*, FR 1999, 1110; *Wienbracke*, English and Scots trusts, S. 56.

642 EU-Beitreibungsgesetz (EUBeitrG) vom 07.12.2011, BGBl. I S. 2592; vgl. hierzu *Müller-Franken* in Hübschmann/Hepp/Spitaler, AO (2016), § 122 AO, Rn. 192; das EUBeitrG hat für die Finanzverwaltung im Verhältnis zu anderen EU-Mitgliedsstaaten

kann ein Beitreibungsersuchen bei einem anderen EU-Mitgliedsstaat gestellt werden, wenn die Voraussetzungen für die Vollstreckung gegeben sind und der Steuerbescheid nicht mehr angefochten werden kann. Gemäß § 10 Abs. 2 EUBeitrG muss die Vollstreckungsbehörde zuvor grundsätzlich sämtliche Vollstreckungsmöglichkeiten im Rahmen der AO erfolglos ausgeschöpft haben. Somit ist eine Vollstreckung in den *common law* Staaten der Republik Irland sowie Großbritannien– zumindest bis zum Abschluss des Austritts aus der EU – sowie in anderen Mitgliedsstaaten der EU, die den Trust kennen, unter den Voraussetzungen von Art. 10 ff. EUBeitrG grundsätzlich möglich.

Bei dem Vorhandensein von ausreichendem Inlandsvermögen könnte an dieser Stelle zudem die Steuerhaftung nach § 20 Abs. 3 ErbStG weiterhelfen.[643] Auch könnte die Möglichkeit der Haftung nach § 20 Abs. 6 S. 2 ErbStG Abhilfe schaffen: Mittels dieser Norm können Personen in die Haftung genommen werden, in deren Gewahrsam sich das Trustvermögen befand, bevor es auf den ausländischen Trust übertragen wurde. Hier kommen insbesondere Banken als potentiell Haftende in Betracht.[644]

In den meisten *common law* Jurisdiktionen wird damit eine Vollstreckung der Steuerschuld nicht möglich sein, wenn es sich nicht zugleich um EU-Mitgliedsstaaten handelt. Hier sind insbesondere liechtensteinische Trusts betroffen.[645] Es bleibt jedoch festzuhalten, dass abgesehen vom Vorgang der Bildung bzw. Ausstattung eines *testamentary trust* nach § 3 Abs. 2 Nr. 1 S. 2 ErbStG, bei allen steuerpflichtigen Vorgängen noch eine natürliche Person als weiterer Steuerschuldner vorhanden ist.

III. Zusammenfassung

Bei der Beschäftigung mit der eigentlich nur flankierend zu den Tatbeständen zur Trustbesteuerung eingeführten Norm des § 20 Abs. 1 S. 2 ErbStG zeigen sich Defizite bezüglich der Vollstreckung der Steuerschuld, die insbesondere den *testamentary trust* betreffen. Zwar ist die Zustellung des Steuerbescheids an den

---

Vorrang gegenüber bilateralen Rechtsgrundlagen, vgl. auch zu diesen Rechtsgrundlagen *Seer*, Vollstreckungsamtshilfe in Steuersachen in Europa in Holoubek/Lang, Verfahren der Zusammenarbeit von Verwaltungsbehörden, S. 85 (88 ff.).

643 *Schindhelm/Stein*, FR 1999, 880 (887); vgl. hierzu *Konrad* in Fischer/Pahlke/Wachter, ErbStG (2017), § 20 ErbStG, Rn. 30 ff.

644 *Habammer*, DStR 2002, 425 (431); vgl. detailliert *Gebel* in Troll/Gebel/Jülicher/Gottschalk, ErbStG (2017), § 20 ErbStG, Rn. 72 ff.

645 *Lennert/Blum*, ZEV 2009, 171 (172).

trustee eines ausländischen Trusts stets möglich, die Vollstreckung der Steuerschuld des Trusts scheitert jedoch in einigen klassischen Trustjurisdiktionen des *common law* Rechtskreises.

G. Fazit zum dritten Kapitel

Die Erfassung des Trusts im Erbschaft- und Schenkungsteuergesetz hat – insbesondere im Vergleich mit der ursprünglichen Behandlung des Trusts – gravierende steuerliche Implikationen. Diese Einschätzung gilt auch im Lichte der gebotenen restriktiven Behandlung des Begriffes der Vermögensmasse im ErbStG, wonach dieser ein fremdnütziger Stiftungscharakter innewohnen muss.

So sind gegenwärtig die Vermögensübertragung auf den Trust im Zuge seiner Bildung sowie sämtliche der Erstausstattung folgenden Zuwendungen durch den *settlor* oder andere Personen als erbschaft- und schenkungsteuerpflichtige Vorgänge zu werten, welche im Gegensatz zur steuerlichen Situation bei der inländischen Familienstiftung stets unter die Steuerklasse III fallen. Dieser Umstand ist zum einen der Teilrechtsfähigkeit des Trusts für Zwecke der Erbschaft- und Schenkungsteuer geschuldet, welche zusätzlich zu Schwierigkeiten bei der Vollstreckung der Steuerschuld führt; zum anderen der Tatsache, dass der Trust als dem deutschen Zivilrecht fremdes Rechtsinstitut regelmäßig Sitz und Geschäftsleitung im Ausland sowie Auslandsvermögen aufweisen wird.

Der Gesetzgeber wollte hier das Steuerklassenprivileg der inländischen Familienstiftung für den Trust nicht gewähren. Dies wird besonders anhand der Regelung des § 15 Abs. 2 S. 2 ErbStG deutlich, mittels welcher der Gesetzgeber ein Eingreifen des Steuerklassenprivilegs bei Auflösung des Trusts sowie bei Erwerben von Zwischenberechtigten sicherstellt. Die Verwehrung des Steuerklassenprivilegs bei Bildung und Ausstattung wird lediglich durch das Ausbleiben der Erhebung einer (beschränkten) Erbersatzsteuer bei (ausländischen) Familientrusts gemildert.

Der Anwendungsbereich von § 15 Abs. 2 S. 1 ErbStG könnte jedoch ebenso gut auf alle im Inland ansässigen und vornehmlich den Interessen einer Familie dienenden Vermögensmassen erweitert werden. Zugleich sollte über eine Einbeziehung von Familientrusts in die Erbersatzsteuer nach § 1 Abs. 1 Nr. 4 ErbStG nachgedacht werden, wie es bereits in der hessischen Gesetzgebungsinitiative postuliert wurde. In der Konsequenz sollte auch die Einführung einer beschränkten Erbersatzsteuer bei ausländischen Familientrusts im Ausgleich zu einer steuerlichen Privilegierung der Bildung bzw. Ausstattung erwogen werden.

Auch die Auflösung des Trusts sowie sämtliche Ausschüttungen von Trusterträgen und Trustsubstanz an *beneficiaries*[646] während seines Bestehens, ganz gleich, ob sie von einem *fixed interest trust* oder einem *discretionary trust* herrühren, sind schenkungsteuerpflichtige Ereignisse. Zwar greift in diesem Falle das erwähnte Steuerklassenprivileg, gleichwohl wird auch hier die Gleichstellung mit der Stiftung fallen gelassen, da bei dieser satzungsgemäße Ausschüttungen an die Destinatäre nicht nach dem ErbStG steuerbar sind, selbst wenn diese Ausschüttungen auf der Ermessensausübung eines Stiftungsorgans beruhen. Der Gesetzgeber hat bewusst entschieden, laufende Trustausschüttungen der Schenkungsteuer zuzuordnen, um sämtlichen Missbrauchsmöglichkeiten vorzubeugen.

Zwar ist die Schwierigkeit der steuerlichen Rezeption des *common law* Institutes Trust in *civil law* Rechtssystemen nicht zu verleugnen. Es muss zudem zugestanden werden, dass die erbschaft- und schenkungsteuerliche Erfassung des Trusts vor dem StEntlG 1999/2000/2002 Vollzugsdefizite aufwies, denen der Steuergesetzgeber entgegenwirkte. Dieses Vorhaben ist im Ergebnis auch als gelungen zu bezeichnen, Stundungs- und Verzögerungseffekte lassen sich nach der Neukonzeption der Trustbesteuerung nicht mehr erreichen. Dennoch zeigt sich anhand der vorstehenden Ausführungen, dass der Gesetzgeber die an der Stiftungsbesteuerung orientierte Konzeption der Trustbesteuerung im ErbStG nicht konsequent zu Ende denken wollte. Anders lassen sich die Unterschiede in der Besteuerung der Stiftung und ihrer Destinatäre im Vergleich zu der des Trusts und seiner *beneficiaries* nicht erklären, obwohl diese sich oft in einer nahezu identischen Situation befinden. Eine Angleichung der Besteuerung in sämtlichen Punkten, hätte sicherlich zu mehr Systemgerechtigkeit in der Trustbesteuerung geführt. Dieser Umstand wiegt umso schwerer, wenn durch die Gesetzesgenese der Eindruck vermittelt wird, dass die Trusttatbestände des ErbStG ursprünglich dieselbe Zweckrichtung wie die der Besteuerung von Stiftungen im Hinblick auf eine fremdnützige oder gemeinnützige Vermögensnachfolgeplanung verfolgten.

Festzuhalten ist gleichwohl, dass die Trustbesteuerungsnormen – isoliert im Rahmen des Erbschaft- und Schenkungsteuergesetzes betrachtet – folgerichtig ausgestaltet sind. So bleibt keine Vermögensübertragung zwischen den am Trust beteiligten Personen steuerfrei; zugleich kommt es nicht zu einer doppelten Erfassung desselben Vorgangs.

646 Ausgenommen ist nur der *settlor* selbst.

4. Kapitel: Der Trust im deutschen Ertragsteuerrecht

Im Folgenden soll sich der ertragsteuerlichen Behandlung des Trusts gewidmet werden.

Im Rahmen der Einführung sollen zunächst die ertragsteuerlich relevanten Trustarten des intransparenten und transparenten Trusts voneinander abgegrenzt werden, bevor die Zurechnungsbesteuerung nach § 15 AStG beim semi-transparenten Trust betrachtet wird. Anschließend wird der Erwerb von Ertrags- und Substanzausschüttungen während des Bestehens und bei Auflösung des intransparenten Trusts fokussiert.

A. Einführung zur ertragsteuerlichen Behandlung des Trusts

Die inländischen *beneficiaries* eines Trusts können grundsätzlich auf zwei verschiedene Weisen Einkünfte erzielen: Entweder durch Verwirklichung eines Einkünftetatbestandes des EStG bei tatsächlichen Ausschüttungen des Trusts an sie oder durch Zurechnung von Einkünften, welche durch den Trust erwirtschaftet und dort thesauriert werden.

Die Zurechnung kann wiederum auf zwei Arten verlaufen: Zum einen ist eine Zurechnung im Wege einer Durchgriffsbesteuerung nach § 39 Abs. 2 Nr. 1 AO möglich, wobei neben den *beneficiaries* auch der *settlor* oder gar der *trustee* im Rahmen des Durchgriffs als Steuersubjekt in Frage kommen.[647] Der Trust ist dann als transparent zu bezeichnen, da der steuerliche Fokus auf den hinter ihm stehenden Trustbeteiligten liegt. Zum anderen besteht die Möglichkeit der Inanspruchnahme von *settlor* oder bezugs- bzw. anfallsberechtigten *beneficiaries* über die Zurechnungsbesteuerung nach § 15 Abs. 1 S. 1, Abs. 4 AStG. Vermögen und Einkünfte eines ausländischen Trusts können den genannten Personen über diese Norm im Falle einer unbeschränkten Steuerpflicht zugerechnet werden.

647 Auf die erforderliche persönliche Steuerpflicht der Trustbeteiligten hinsichtlich der Ertragsteuer soll – gegensätzlich zum Vorgehen bei der Erbschaft- und Schenkungsteuer – im Folgenden nicht gesondert eingegangen werden, soweit sich im Zusammenhang mit Trusts keine nennenswerten Besonderheiten ergeben.

Man spricht dann im Rahmen der Zurechnungsbesteuerung von einem semitransparenten Trust[648].

Die Zurechnung nach § 39 Abs. 2 Nr. 1 AO ist gegenüber der Anwendung des § 15 AStG grundsätzlich vorrangig; erfolgt eine Zurechnung der die Einkünfte erzeugenden Wirtschaftsgüter bereits nach allgemeinen Grundsätzen an die am Trust beteiligten Personen, kann die reine Einkünftezurechnung nach § 15 AStG konsequenterweise nicht mehr Platz greifen.[649] Die Zurechnungsbesteuerung nach § 15 AStG ist wiederum vorrangig gegenüber der Einkommensbesteuerung bei den Ausschüttungen intransparenter Trusts, die eigene Steuersubjekte darstellen, an ihre *beneficiaries*.[650] Dabei ist die Verwirklichung eines Einkünftetatbestandes des EStG durch die *beneficiaries* nicht von vornherein dadurch ausgeschlossen, dass die in Rede stehende Trustausschüttung im Zuge einer weiten Auslegung des Begriffs des Zwischenberechtigten bereits als ein die Schenkungsteuer nach § 7 Abs. 1 Nr. 9 S. 2 Hs. 2 ErbStG auslösender Vorgang klassifiziert wurde[651]. Vielmehr besteht hinsichtlich einer Mehrfachbesteuerung des Steuerpflichtigen mit Schenkungsteuer sowie Einkommensteuer[652] erhebliche Rechtsunsicherheit.

Die steuerliche Behandlung von Erträgen aus dem Trustvermögen hängt also ganz maßgeblich davon ab, ob der Trust als transparent erachtet wird und somit zugunsten eines Abstellens auf bestimmte beteiligte Personen steuerlich unbeachtet bleibt. Ist der Trust nicht als transparent anzusehen, ist er selbst Steuersubjekt und die Besteuerung der Erträge des Trustvermögens erfolgt auf Ebene des Trusts und nicht bei den Beteiligten. Das eingesetzte Trustvermögen hat sodann eine gewisse wirtschaftliche Selbständigkeit erreicht[653]; trotz fehlender Rechtsfähigkeit liegt ein intransparenter Trust vor.

---

648 Vgl. sogleich unter A. III. dieses Kapitels; der Begriff „semi-transparent" rührt daher, dass die Abschirmwirkung des Trusts für Zwecke der Einkommensteuer, nicht aber für Zwecke der Erbschaft- und Schenkungsteuer durchbrochen wird.

649 *Wassermeyer*, IStR 2009, 191 (192 f.); *Schaumburg* in Schaumburg, Internationales Steuerrecht (2017), Rn. 14.14; *Hosp/Langer*, Liechtenstein-Journal 2012, 70; BFH 22.12.2010 – I R 84/09, BFHE 232, 352 (353 f.); technischer *Kirchhain*, IStR 2012, 602.

650 *Vogt* in Blümich, Nebengesetze EStG (2018), § 15 AStG, Rn. 33; *Werner*, ZEV 2016, 133 (134); *Orth*, DB 2017, 1410 (1412); dies gilt sowohl hinsichtlich § 22 Nr. 1 S. 2 a) EStG als auch § 20 Abs. 1 Nr. 9 S. 2 EStG.

651 Vgl. unter B. II. 2. des dritten Kapitels.

652 Dieser Problematik wird sich im fünften Kapitel der Arbeit gewidmet.

653 *Mutter* in FS Spiegelberger, S. 1330 (1335); *Werder/Wystrcil*, BB 2015, 412 (415).

Aufgrund dieser unterschiedlichen Rechtsfolgen sollen intransparenter, transparenter und semi-transparenter Trust im Folgenden weiter voneinander abgegrenzt werden.

I. Intransparenter Trust

Liegt kein steuerlicher Durchgriff auf die Trustbeteiligten vor, sind die Erträge aus dem Trustvermögen dem Trust einkommensteuerrechtlich zuzuordnen.[654] Der Trust stellt sodann ein Subjekt der deutschen Körperschaftsteuer dar und es kommen bei Ausschüttungen an die *beneficiaries* besondere steuerliche Regelungen[655] zum Einsatz.

Der Trust ist in diesem Fall – je nach Art seiner Körperschaftsteuerpflicht – entweder als eine Vermögensmasse im Sinne von § 2 Nr. 1 KStG zu begreifen, weil das Trustvermögen das wirtschaftliche Eigentum eines Steuersubjekts (*settlor*) verlassen hat, ohne in das wirtschaftliche Eigentum eines anderen Steuersubjekts (*beneficiary*) zu gelangen.[656] Oder der Trust unterfällt der Definition des Zweckvermögens als Unterfall der Vermögensmasse im Sinne von § 1 Abs. 1 Nr. 5 KStG: Ein Zweckvermögen ist ein abgrenzbarer Vermögensgegenstand, der rechtlich oder tatsächlich einer derartigen Zweckbindung unterliegt, dass kein sonstiges einkommen- oder körperschaftsteuerpflichtiges Subjekt über den Vermögensgegenstand und über die daraus gezogenen Erträge wie ein Eigentümer verfügen und auch die Zweckbindung nicht einseitig aufheben kann.[657] Mit *Sieker* ist festzustellen, dass ein Trust stets konstituierende Elemente eines Zweckvermögens aufweist. Dies gilt sowohl hinsichtlich der wirtschaftlichen Verselbständigung, die sich in der separaten Verwaltung des Trustvermögens vom persönlichen Vermögen des *trustee* verwirklicht, als auch bezüglich der Zweckbestimmung des Vermögens, welche sich im Halten und Verwalten des Trustvermögens für einen bestimmten vom *settlor* festgelegten Zweck manifestiert.[658]

Trotz der mangelnden Rechtsfähigkeit des Trusts, welche die Übertragung des Trustvermögens auf den *trustee* zur Folge hat, ist eine Einkünfteerzielung

---

654 BFH 20.7.1971 – VIII 24/65, BStBl. II 1971, 170 (171); *Werder/Wystrcil*, BB 2015, 412 (415); dies ergibt sich auch aus dem Wortlaut von § 3 Abs. 1 KStG.

655 Vgl. unten unter B. dieses Kapitels.

656 *Seibold*, IStR 1993, 545 (546).

657 *Streck*, StuW 1975, 135 (141); vgl. auch BFH 2.2.1994 – I R 66/92, BStBl. II 1994, 727 (730 f.); *Habammer*, DStR 2002, 425 (427).

658 *Sieker*, BB 1991, 1975 (1977).

durch den Trust im deutschen Steuerrecht möglich.[659] In Gestalt von §§ 1 und 2 KStG erkennt das Körperschaftsteuerrecht die Teilrechtsfähigkeit einer nichtrechtsfähigen Vermögensmasse bzw. eines Zweckvermögens an und ermöglicht so die Erzielung eigener Einkünfte durch diese.[660] Aufgrund der im Zuge der Intransparenz erlangten wirtschaftlichen Selbständigkeit ist der Trust also unter das Tatbestandsmerkmal des „nichtrechtsfähigen Zweckvermögens des privaten Rechts" im Sinne von § 1 Abs. 1 Nr. 5 KStG zu subsumieren, wenn seine Geschäftsleitung oder sein Sitz ausnahmsweise im Inland belegen ist. In diesem Falle unterliegt der Trust einer unbeschränkten Körperschaftsteuerpflicht in Deutschland. Dies spiegelt wie schon im Falle der Erbersatzsteuer die steuerliche Erfassung der unselbständigen Stiftung, welcher gleichsam wie dem Trust trotz fehlender Rechtspersönlichkeit unter bestimmten Voraussetzungen im Rahmen von § 1 Abs. 1 Nr. 5 KStG eine partielle körperschaftsteuerliche Rechtsfähigkeit verliehen wird.[661]

Hat der intransparente Trust Sitz und Geschäftsleitung im Ausland, was beim Trust der Regelfall sein wird, kommt nur eine beschränkte Körperschaftsteuerpflicht nach § 2 Nr. 1 KStG in Betracht. Hier dient der Begriff der „Vermögensmasse" zur Erfassung des Trusts.[662] Dieser wird im Körperschaftsteuergesetz ohne den einschränkenden Passus „...deren Zweck auf die Bindung von Vermögen gerichtet ist..." verwendet.[663] Unter einer Vermögensmasse im Sinne des § 2 Nr. 1 KStG ist ein selbständiges, einem bestimmten Zweck dienendes Sondervermögen zu verstehen, das aus dem Vermögen des Widmenden ausgeschieden ist und aus dem eigene Einkünfte fließen.[664] Im Fall einer beschränkten Körperschaftsteuerpflicht unterliegen nur die inländischen Einkünfte des Trusts im Sinne des Kataloges von § 49 EStG einer Besteuerung.[665]

Die Feststellung des Vorliegens eines intransparenten Trusts hat indes keinen Einfluss auf eine etwaige Zurechnungsbesteuerung nach § 15 Abs. 1 S. 1, Abs. 4 AStG. Ein intransparenter Trust kann dann bei Vorliegen der entsprechenden

---

659 *Sieker*, US-Trust, S. 340.

660 BFH 5.11.1992 – I R 39/92, BStBl. II 1993, 388 (390); *Götzenberger* in Deininger/Götzenberger, Vermögensnachfolgeplanung, S. 97, Rn. 181.

661 *Oppel*, ZEV 2017, 22 (23); *Wachter*, ZErb 2016, 323 (325).

662 *Richter* in von Campenhausen/Richter, Stiftungsrecht-Handbuch, § 39, 831 (842 f.).

663 Vgl. zu den Implikationen dieser Wortwahl durch den Gesetzgeber ausführlich oben unter B. I. a) (d) des dritten Kapitels.

664 BFH 5.11.1992 – I R 39/92, BStBl. II 1993, 388 (389).

665 *Birnbaum/Lohbeck/Pöllath*, FR 2007, 479 (482).

Tatbestandsvoraussetzungen der Zurechnungsbesteuerung für deren Zwecke als semi-transparent[666] eingestuft werden.

II. Transparenter Trust

Der Trust kann als transparent betrachtet werden, wenn der *settlor* trotz Übertragung des *legal title* am Trustvermögen auf den *trustee* bei wirtschaftlicher Betrachtung über die Stellung eines Treugebers in Bezug auf die Trustverwaltung durch den *trustee* verfügt (§ 39 Abs. 2 Nr. 1 S. 2 Var. 1 AO), in sonstiger Weise bereits wirtschaftlich um das Trustvermögen bereichert ist (sog. wirtschaftliches Eigentum, § 39 Abs. 2 Nr. 1 S. 1 AO) oder die Stellung des Treugebers bzw. wirtschaftlichen Eigentümers auf die *beneficiaries* übertragen hat.[667] Dabei sind die in § 39 Abs. 2 Nr. 1 S. 2 AO aufgeführten Fallgruppen letztlich Beispiele für das in § 39 Abs. 2 Nr. 1 S. 1 AO normierte wirtschaftlichen Eigentum.[668] Aufgrund der bereits dargestellten Parallelen zwischen Trust und Treuhand[669], wird ein steuerlicher Durchgriff regelmäßig über § 39 Abs. 2 Nr. 1 S. 2 Var. 1 AO oder aber über § 39 Abs. 2 Nr. 1 S. 1 AO erfolgen.

In diesem Fall wird unmittelbar auf den *settlor* oder die *beneficiaries* rekurriert und der Trust für Zwecke der Besteuerung der Erträge des Trustvermögens ignoriert.[670] Die laufenden Erträge des Trustvermögens werden sodann beim *settlor* oder den *beneficiaries* wie bei einer Treuhand nach allgemeinen Regeln besteuert.[671] Dies gilt völlig unabhängig davon, ob der Trust Ausschüttungen vorgenommen hat.[672] Die Steuerpflicht entsteht ausschüttungsunabhängig in dem Veranlagungszeitraum, in dem der Gewinn vom *trustee* realisiert wird.[673]

Die Möglichkeit des steuerlichen Durchgriffs auf die verschiedenen Trustbeteiligten soll nachfolgend vertieft werden.

---

666 Dazu sogleich unter A. III. dieses Kapitels.

667 *Bredow/Reich*, WiB 1995, 775 (780); *Wienbracke*, RIW 2007, 201; *Götzenberger*, BBV 2004, 31 (34).

668 *Ratschow* in Klein, AO (2016), § 39 AO, Rn. 60; BFH 15.7.1997 – VIII R 56/93. BStBl. II 1998, 152 (155).

669 Vgl. oben unter C. V. 1. des ersten Kapitels.

670 BFH 5.11.1992 – I R 39/92, BStBl. II 1993, 388 (390); so auch schon FinMin NRW 16.2.1968 – S 1300 - 3 - VB I, DB 1968, 330; *Siemers/Müller*, IStR 1998, 385 (390); *Sieker*, US-Trust, S. 337.

671 Vgl. hierzu BFH 2.2.1994 – I R 66/92, BStBl. II 1994, 727 (730); *Werder/Wystrcil*, BB 2015, 412 (417); *von Oertzen/Kühn*, IStR 2016, 930.

672 *Wienbracke*, RIW 2007, 201 (201 f.).

673 *Wienbracke*, RIW 2007, 201 (202).

1. Steuerlicher Durchgriff auf den settlor

Eine Vermögensverwaltung für den *settlor* liegt vor, wenn der Trust wirtschaftlich ein Treuhandverhältnis zwischen *settlor* und *trustee* begründet.[674] Ein *grantors trust* ist in aller Regel als Treuhandverhältnis[675] im Sinne von § 39 Abs. 2 Nr. 1 S. 2 Var. 1 AO zu werten. Er dient nur der Selbstbeschränkung des *settlor* bzw. *beneficiary*, der letztlich über den Trust eigene Einkünfte erzielt. Ein *grantors trust* ist daher typischerweise als transparent einzuordnen.

Genau genommen ist das Vorhandensein eines Treuhandverhältnisses jedoch im Kontext der Einkommensteuer nur ein substantieller Anhaltspunkt für einen steuerlichen Durchgriff im Rahmen des § 39 Abs. 2 Nr. 1 S. 2 Var. 1 AO; denn über § 39 Abs. 2 Nr. 1 AO lassen sich nur Wirtschaftsgüter selbst und nicht die mit ihnen erwirtschafteten Einkünfte zurechnen.[676] Ausschlaggebend ist daher stets, wer die Einkünfte im Sinne von § 2 Abs. 1 S. 1 EStG am Markt erzielt.[677] Im Ergebnis werden jedoch die Einkünfte in aller Regel von dem steuerlichen Durchgriffssubjekt erzielt, da das wirtschaftliche Eigentum maßgebliches Indiz für die Inhaberschaft einer Einnahmequelle ist.[678]

Die wichtigsten Anhaltspunkte dafür, dass ein *trustee* als bloßer Strohmann des *settlor* agiert und der *settlor* selbst die Einkünfte erzielt, sind dabei die Regelungen des *trust instrument* sowie der *letter of wishes*. Im Extremfall sind die Weisungsrechte des *settlor* derart weit, dass er das Trustvermögen wie ein eigenes Bankkonto benutzen kann; dies ist der Fall, wenn der *settlor* in seiner Funktion als Errichter des Trusts Einfluss auf die Ausschüttungsentscheidung des *trustee*

---

674 Vgl. allgemein zu Treuhandverhältnissen BFH 27.1.1993 – IX R 269/87, BFHE 170, 383 (386 f.); *Ratschow* in Klein, AO (2016), § 39 AO, Rn. 62 ff.

675 BFH 27.9.2012 – II R 45/10, BStBl. II 2013, 84 (85), vgl. ausführlich unter B. I. 2. b) (a) des dritten Kapitels; zu beachten ist, dass im zivilrechtlich geprägten Erbschaft- und Schenkungsteuerrecht der Tatbestand des § 7 Abs. 1 Nr. 8 S. 2 ErbStG auch erfüllt sein kann, wenn der Zuwendende aufgrund von vorbehaltenen Rechten weiter als wirtschaftlicher Eigentümer nach § 39 Abs. 2 Nr. 1 AO anzusehen ist.

676 *Sieker*, US-Trust, S. 334.

677 *Habammer*, DStR 2002, 425 (427); *Wienbracke*, RIW 2007, 201 (202); *Ratschow* in Klein, AO (2016), § 39 AO, Rn. 9, 61.

678 *Habammer*, DStR 2002, 425 (427); *Kalenberg/Reichert*, IStR 2016, 140 (142); theoretisch besteht auch die Möglichkeit, den Trust für mit bestimmten Wirtschaftsgütern erwirtschaftete Einkünfte als transparent und für mit anderen Wirtschaftsgütern erzielte Einkünfte als intransparent einzuordnen, abhängig davon wie sich das Trustverhältnis in Bezug auf diese Wirtschaftsgüter darstellt.

nehmen kann und gleichzeitig von diesem Einfluss als *beneficiary* des Trusts zu profitieren in der Lage ist.[679]

Ein Durchgriff auf den *settlor* kommt also in Betracht, wenn sich der *settlor* weitreichende Rechte – insbesondere ein umfassendes Weisungsrecht gegenüber dem *trustee* sowie ein Widerrufsrecht – hinsichtlich des Trustvermögens vorbehalten hat.[680] Weisungsrechte des *settlor* können beispielsweise die Anlage- und Ausschüttungspolitik des *trustee* sowie eine nachträgliche Erweiterung oder Eingrenzung des Kreises der *beneficiaries* betreffen.

Allein der Umstand, dass der *settlor* zugleich als einer der *beneficiaries* des Trusts von dessen erwirtschafteten Erträgen profitiert, reicht für einen Durchgriff auf diesen nicht aus, da hieraus noch nicht automatisch ein größerer Einfluss des *settlor* resultiert.[681] Allerdings muss ein Durchgriff ebenfalls stattfinden, wenn der *settlor* neben seiner Stellung als einer der *beneficiaries* zudem selbst (einer der) *trustee(s)* des Trusts ist.[682] Denn das Innehaben dieser Position geht noch einmal weit über die bloße Einflussnahme auf den *trustee* hinaus.

Eine Einflussnahme des *settlor* auf den *trustee* ist zudem über die Figur des *protector* möglich: Hat der *settlor* faktischen Einfluss auf den *protector*, welcher wiederum das Verhalten des *trustee* überwacht und kontrolliert, wird unter Umständen auf diesem Wege eine Kontrolle über das Trustvermögen ausgeübt.

Der steuerliche Durchgriff auf den *settlor* wird in der Praxis deutlich häufiger vorkommen, als die Zurechnung an die *beneficiaries*.[683] Dies ist dem Umstand geschuldet, dass die Gestaltungsfreiheit bei der Trustbildung ausschließlich beim *settlor* zu verorten ist, wenn dieser sich nicht (auch) als *beneficiary* des Trusts einsetzt.

---

679 Vgl. für den Fall einer liechtensteinischen Stiftung, bei der der Stifter durch diese „hindurch regieren“ konnte BFH 28.6.2007 – II R 21/05, BStBl. II 2007, 669 ff., bereits besprochen unter B. I. 2. b) (b) (2) des dritten Kapitels.

680 BFH 5.11.1992 – I R 39/92, BStBl. II 1993, 388 (390); *Seibold*, IStR 1993, 545 (546); vgl. auch den Katalog bei *Götzenberger* in Deininger/Götzenberger, Vermögensnachfolgeplanung, S. 99, Rn. 185.

681 *Götzenberger* in Deininger/Götzenberger, Vermögensnachfolgeplanung, S. 98, Rn. 183.

682 Hier wird weitgehend ein Gleichlauf mit den Kriterien zur Vermögensübertragung im Rahmen des ErbStG erreicht, vgl. unter B. I. 2. b) (b) des dritten Kapitels; vgl. zu diesem Gleichlauf schon *von Oertzen*, DStR 2002, 433; vgl. vertiefend *Werder/Wystrcil*, BB 2015, 412 (415).

683 *Pöllath*, IWB 1986 Fach 3 Gruppe 1, 1079 (1082); das gilt freilich nicht für die Fälle, in denen der *settlor* zugleich die Position des *beneficiary* einnimmt.

2. *Steuerlicher Durchgriff auf die* beneficiaries

Da die formelle Ausgestaltung der Begünstigtenposition den *beneficiaries* eigentumsähnlichen Rechte (*equitable interests*) einräumt, welche ihnen nach ausländischem Recht stets am Trustvermögen zustehen, könnte man versucht sein, die *beneficiaries* regelmäßig im Lichte von § 39 Abs. 2 Nr. 1 S. 1 AO – das heißt insbesondere vor jeglichem Erhalt von Ausschüttungen – als wirtschaftliche Eigentümer des Trustvermögens zu erachten.[684] Zwischen ihnen und dem Trustvermögen steht jedoch immer noch der *trustee*, der als formeller Eigentümer des Trustvermögens eine nach dem *trust instrument* festgesetzte Auszahlungsentscheidung umsetzen bzw. eine Ermessensentscheidung treffen muss. Selbst bei Vorliegen eines *fixed interest trust* ist demnach nicht von einem pauschalen Durchgriff auf die *beneficiaries* auszugehen. Nach heutiger Dogmatik kommt es nämlich nicht darauf an, ob das in Frage kommende Zurechnungssubjekt Inhaber eines dinglichen oder obligatorischen Rechts ist, sondern allein darauf, ob der Betreffende die zu steuerbaren Einkünften führende Erwerbsgrundlage eigenhändig nutzt und dadurch Einkünfte erzielt.[685]

Vielmehr müssen noch zusätzliche Umstände wie die Möglichkeit der Einflussnahme auf das *trust instrument* oder auf die Entscheidung des *trustee* zu der Begünstigtenstellung hinzutreten. Hat der *settlor* seine umfassenden Rechte – wie beispielsweise das Recht zur Auswechslung des *trustee* – den *beneficiaries* zugedacht, liegt ein Durchgriff auf diese nahe.[686] Die Auswechslung des *trustee* kann insbesondere bei einem *discretionary trust* eine erhöhte Möglichkeit zur Einflussnahme seitens der *beneficiaries* zur Folge haben. Denn hier bestimmt über deren Anspruch nicht allein das *trust instrument*, sondern eine individuelle Ermessensausübung, welche stark von der Identität der entscheidenden Person abhängig ist. Parallel zur Rechtslage beim *settlor* wird auch hier die Existenz von Weisungsrechten und freien Widerrufsrechten gegenüber dem *trustee* als möglicher Grund für einen steuerlichen Durchgriff angesehen.[687] Ebenso muss ein solcher erfolgen, wenn ein *beneficiary* zugleich ein *trustee* des Trusts ist. Die Zurechnung zu den *beneficiaries* erfordert neben einer der geschilderten

---

684 Vgl. hierzu *Birk/Desens/Tappe*, Steuerrecht, Rn. 327; BFH 14.5.2002 – VIII R 30/98, BStBl. II 2002, 741 (743).

685 BFH 24.9.1991 – VIII R 349/83, BStBl. II 1992, 330 (332); *Crezelius*, Steuerrecht BT, § 7, Rn. 1.

686 *Richter* in von Campenhausen/Richter, Stiftungsrecht-Handbuch, § 39, Rn. 31; vgl. hinsichtlich der Natur dieser Rechte oben unter A. II. 1. dieses Kapitels.

687 *Habammer*, DStR 2002, 425 (427).

Einflussmöglichkeiten zudem die völlige Aufgabe jeglicher Verfügungsmöglichkeit über das Trustvermögen auf Seiten des *settlor*.[688]

Eine indirekte Beeinflussung des *trustee* über die Figur des *protector* kann wegen dessen Verbundenheit gegenüber den *beneficiaries* ebenso zu einem Durchgriff führen wie die oben erwähnte Einflussnahme durch die Person des *settlor*.

3. *Steuerlicher Durchgriff auf den* trustee

Zwar erzielt im Außenverhältnis stets der *trustee* die Einkünfte aus dem Trustvermögen, grundsätzlich wird der *trustee* dies jedoch auf Rechnung des Trusts tun, weshalb dieser letztlich die Einkünfteerzielung ausübt.[689] Ein steuerlicher Durchgriff auf den *trustee* persönlich ist zwar grundsätzlich möglich[690], dürfte jedoch die absolute Ausnahme darstellen. Denn die Annahme einer Treugeberstellung im Sinne eines Treuhandverhältnisses auf Seiten des *trustee* widerspricht der Konzeption des Trustverhältnisses als solcher. Hätte der *trustee* neben seiner formalen Eigentümerposition zudem faktisch die Stellung eines wirtschaftlichen Eigentümers inne, verbliebe für die Rechtspositionen von *settlor* und *beneficiaries* kaum noch Raum. Hinzu tritt, dass der *trustee* im Rahmen der Einkünfteerzielung für sich selbst das Vermögen nicht für die *beneficiaries* bzw. für „den Trust" halten würde und daher schon das tatsächliche Bestehen eines Trusts abzulehnen ist.

4. *Zusammenfassung*

Bei einem *grantors trust* kann in aller Regel von einer Transparenz ausgegangen werden, da dieser ein Treuhandverhältnis darstellt und der *settlor* letztlich die Einkünfte selbst erzielt. Ansonsten kann bei der Bestimmung der Transparenz eines Trusts auf verschiedene Kriterien abgestellt werden, die kumulativ erfüllt sein müssen. Diese Kriterien sind das Recht des *settlor* zum Widerruf des Trusts, die Weisungsbefugnis des *settlor* gegenüber dem *trustee*, die Einflussnahme hinsichtlich Anlageentscheidungen und der Erweiterung bzw. Eingrenzung des

---

688 BFH 5.11.1992 – I R 39/92, BStBl. II 1993, 388 (391); *Richter* in von Campenhausen/Richter, Stiftungsrecht-Handbuch, § 39, Rn. 31.

689 BFH 5.11.1992 – I R 39/92, BStBl. II 1993, 388 (390 f.); *Götzenberger* in Deininger/Götzenberger, Vermögensnachfolgeplanung, S. 94, Rn. 177; *Jorde/Götz* in FS Spiegelberger, S. 1301 (1313).

690 *Wienbracke*, RIW 2007, 201; a.A. *Winkler*, Private Express Trust, S. 143; FinMin NRW 16.2.1968 – S 1300 - 3 - VB I, DB 1968, 330.

Begünstigtenkreises sowie das Recht des *settlor* zur Abberufung oder Auswechslung des *trustee*. Ein steuerlicher Durchgriff erfolgt auch, wenn der *settlor* neben seiner Rolle als einer der *beneficiaries* auch *trustee* ist. Die genannten Rechte und Befugnisse kann der *settlor* auf die *beneficiaries* übertragen; dann erfolgt der steuerliche Durchgriff auf die *beneficiaries* anstatt auf den *settlor*.

Ein transparenter Trust liegt vor, wenn der *settlor* oder die *beneficiaries* einerseits über die Verwaltung des Vermögens entscheiden und andererseits über die resultierenden Erträge verfügen können. Daraus folgt, dass bei einem *irrevocable discretionary trust* typischerweise kein steuerlicher Durchgriff stattfindet, da keine dominante Stellung der Trustbeteiligten hinsichtlich der Vermögensverwaltung oder der Ertragsverwendung besteht sowie kein Widerrufsrecht vorliegt.

An dieser Stelle ist trotz der Kollision der zivilrechtlichen Betrachtungsweise des Erbschaft- und Schenkungsteuerrechts mit der wirtschaftlichen Betrachtungsweise des Ertragsteuerrechts und deren unterschiedlichen gesetzlichen Anknüpfungspunkten eine Parallelität zu erkennen. Obwohl es im Erbschaftsteuer- und Schenkungsteuerrecht nicht auf vom zivilrechtlichen Eigentum abweichendes wirtschaftliches Eigentum, sondern auf die Frage der rechtlichen und tatsächlichen Vermögenstrennung ankommt, wird im Rahmen der ertragsteuerlichen Zurechnung letztlich auf identische Kriterien abgestellt wie bei der Frage der wirksamen Bildung einer Vermögensmasse im Sinne des Erbschaft- und Schenkungsteuergesetzes[691]. So ist ein aus ertragsteuerlicher Perspektive transparenter Trust keine Vermögensmasse im Sinne des ErbStG, ein intransparenter Trust hingegen schon. Zwar ist bei einem *grantors trust* als klassische Form eines Treuhandverhältnisses typischerweise davon auszugehen, dass keine Vermögensmasse im Sinne des ErbStG entstanden ist und ein transparenter Trust vorliegt. In anderen Fällen, wie beispielsweise bei einem *revocable trust*, ist aber anhand zusätzlicher Kriterien zu differenzieren, ob die Erträge des Trustvermögens wirtschaftlich den Trustbeteiligten zuzurechnen sind.

III. Semi-Transparenter Trust

Die Besteuerung des semi-transparenten Trusts erfolgt im Wege der Zurechnungsbesteuerung nach § 15 AStG. Dieser Zurechnungsbesteuerung können nur intransparente Trusts unterfallen, die weder Sitz noch Geschäftsleitung im Inland haben, da bei transparenten Trusts kein Raum für eine reine

691 Vgl. unter B. I. 2. b) (b) des dritten Kapitels.

Einkünftezurechnung verbleibt[692]. Nur intransparente Trusts können also semitransparent werden.

Nach einer Einführung zur Funktionsweise der Zurechnungsbesteuerung werden im Folgenden die beiden aktuellsten und insbesondere für Trusts relevanten Reformen der Vorschrift aufgearbeitet. Anschließend wird die konkrete Anwendung des § 15 AStG auf Trusts beleuchtet.

1. *Funktionsweise der Zurechnungsbesteuerung*

Nach § 15 Abs. 1 S. 1, Abs. 2, Abs. 4 AStG werden (thesaurierte) Einkünfte und Vermögen[693] eines Familientrusts, der seine Geschäftsleitung und seinen Sitz außerhalb des Geltungsbereichs des AStG hat, dem *settlor*, wenn er unbeschränkt steuerpflichtig ist, sonst den unbeschränkt steuerpflichtigen *beneficiaries*, die bezugsberechtigt oder anfallsberechtigt sind, entsprechend ihrem Anteil zugerechnet. Nach § 15 Abs. 1 S. 2 AStG gilt dies nicht für die Erbschaftsteuer. Gleiches gilt für die Schenkungsteuer; dies folgt aus § 1 Abs. 2 ErbStG.

§ 15 Abs. 4 AStG stellt sonstige Zweckvermögen, Vermögensmassen und rechtsfähige oder nichtrechtsfähige Personenvereinigungen den in § 15 Abs. 1 S. 1 AStG explizit aufgeführten Stiftungen gleich. Zu diesen Rechtsgebilden gehört auch der Trust als Vermögenmasse.[694] Nach § 15 Abs. 2, Abs. 4 AStG ist der Familientrust ein Trust, bei dem der *settlor*, seine Angehörigen und deren Abkömmlinge zu mehr als der Hälfte bezugsberechtigt oder anfallsberechtigt sind.

Über § 15 Abs. 1 S. 1, Abs. 2, Abs. 4 AStG werden somit Einkünfte eines ausländischen Familientrusts primär dem *settlor*, wenn er seinen Wohnsitz oder

---

692 *Wassermeyer*, IStR 2009, 191 (192 f.); *Schaumburg* in Schaumburg, Internationales Steuerrecht (2017), Rn. 14.14; *Hosp/Langer*, Liechtenstein-Journal 2012, 70; BFH 22.12.2010 – I R 84/09, BFHE 232, 352 (353 f.); technischer *Kirchhain*, IStR 2012, 602.

693 Dieser Verweis führt nun ins Leere, da die Vermögensteuer in Deutschland nicht mehr erhoben wird und die Zurechnungsbesteuerung nicht hinsichtlich der Erbschaft- und Schenkungsteuer greift; dies hat den Gesetzgeber indes nicht davon abgehalten den Verweis auf die Zurechnung des Vermögens auch nach mehrfacher Reform der Vorschrift noch aufzuführen, vgl. hierzu BVerfG 22.6.1995 – 2BvL 37/91, BStBl. II 1995, 655; *von Oertzen/Kühn*, IStR 2016, 930 (931); *Henneman-Raschke* in Haun/Kahle/Goebel/Reiser, AStG (2016), § 15 AStG, Rn. 3.

694 BFH 5.11.1992 – I R 39/92, BStBl. II 1993, 388; BFH 2.2.1994 – I R 66/92, BStBl. II 1994, 727 (729); *Schaumburg* in Schaumburg, Internationales Steuerrecht (2017), Rn. 14.14; *Schienke-Ohletz/Kühn*, ZEV 2015, 150; *Henneman-Raschke* in Haun/Kahle/Goebel/Reiser, AStG (2016), § 15 AStG, Rn. 27.

gewöhnlichen Aufenthalt in Deutschland hat, andernfalls den inländischen *beneficiaries* anteilig zugerechnet, wenn der *settlor*, seine Angehörigen und deren Abkömmlinge zu mehr als der Hälfte bezugs- oder anfallsberechtigt sind. Die Zurechnungsbesteuerung greift aber auch nach Ansicht der Finanzverwaltung nicht für „zufällige *beneficiaries*“[695].[696]

Wie der Wortlaut der Vorschrift deutlich macht, müssen insbesondere inländische *beneficiaries* ihnen zurechenbare Erträge des Trustvermögens ausschüttungsunabhängig in Deutschland versteuern. Im Ergebnis wird durch die Vorschrift eine Ausschüttung der Gesamteinkünfte des Trusts fingiert. Dies macht das Wesen der Zurechnungsbesteuerung aus. Gleichwohl werden nach § 15 AStG zugerechnete Einkünfte nicht noch einmal der Einkommensteuer unterworfen, wenn sie tatsächlich an die inländischen *beneficiaries* ausgezahlt werden.[697] Eine erneute Besteuerung der Auszahlungen nach § 7 Abs. 1 Nr. 9 S. 2 ErbStG als Schenkung unter Lebenden könnte allerdings trotz bereits erfolgter Zurechnung nach wie vor in eine doppelte Besteuerung münden.[698]

Steuersystematisch handelt es sich bei § 15 AStG um eine Durchbrechung der ertragsteuerlichen personellen Zurechnungsgrundsätze.[699] So wird die Trennung von *settlor* bzw. *beneficiaries* und intransparentem Trust durchbrochen, die Einkünfte des ausländischen Trusts den inländischen Einkünften dieser Personen hinzugerechnet und so eine Besteuerung im Inland erreicht. Der intransparente Trust wird im Zuge der Zurechnungsbesteuerung quasi-transparent[700]

---

695 Der Begriff wird in Anlehnung an den bei Stiftungen gebrauchten Ausdruck des „Zufallsdestinatärs“ verwendet; er bezeichnet einen *beneficiary*, der punktuelle und von engen objektiven Kriterien abhängige Auszahlungen des Trusts erhält, vgl. *Habammer*, DStR 2002, 425 (428); *Birnbaum/Lohbeck/Pöllath*, FR 2007, 479 (483): *Holm* in Winheller/Geibel/Jachmann, Gesamtes Gemeinnützigkeitsrecht (2017), § 15 AStG, Rn. 27.

696 BMF 14.5.2004 – IV B 4 - S 1340 - 11/04, BStBl. I 2004, Sondernummer 1/2004, 3, Tz. 15.2.1.

697 BMF 14.5.2004 – IV B 4 - S 1340 - 11/04, BStBl. I 2004, Sondernummer 1/2004, 3, Tz. 15.1.1 und 15.1.5 (bis VZ 2012); § 15 Abs. 11 AStG n.F. (seit VZ 2013).

698 *Mutter* in FS Spiegelberger, S. 1330 (1334); *Pohl/Höhfeld* in Hörger/Stephan/Pohl, Unternehmens- und Vermögensnachfolge, S. 520, Rn. 1636; *Wassermeyer*, IStR 2009, 191 (195); *Werder/Dannecker*, BB 2012, 2278 (2280); *Götz*, DStR 2014, 1047 (1050); *Werder/Wystrcil*, BB 2015, 412 (420); *von Oertzen/Windeknecht*, IStR 2018, 657 (661); *Wunderlich*, DStR 2018, 905 (906).

699 *Wassermeyer* in Flick/Wassermeyer/Baumhoff/Schönfeld, AStG (2009), § 15 AStG, Rn. 37; *Schaumburg* in Schaumburg, Internationales Steuerrecht (2017), Rn. 14.2 f.

700 *Mutter* in FS Spiegelberger, S. 1330 (1332).

bzw. besser semi-transparent[701]: die Abschirmwirkung wird für Zwecke der Einkommensteuer, nicht aber für Zwecke der Erbschaft- und Schenkungsteuer durchbrochen.

Das Telos von § 15 AStG liegt darin, diese Abschirmwirkung eines ausländischen Familientrusts zu beseitigen, um so eine Steuer- oder Kapitalflucht zu verhindern und ertragsteuerliche Transparenz schaffen.[702] Die Vorgängernorm wurde 1931 als Reaktion auf die erheblichen Vermögensabflüsse ins Ausland im Rahmen der Weltwirtschaftskrise eingeführt. Durch sie sollte verhindert werden, dass inländisches Vermögen einer ausländischen Stiftung zugeführt und so die Erträge des Vermögens dem deutschen Besteuerungszugriff entzogen werden. Um dem Telos von § 15 AStG zur Geltung zu verhelfen, ist in § 20 Abs. 1 AStG ein *treaty override* geregelt. Danach wird der Anwendungsbereich des § 15 AStG durch eventuell einschlägige DBA-Vorschriften weder eingeschränkt noch ausgeschlossen und sich im Endeffekt über diese Vorschriften hinweggesetzt.[703] Gleichwohl ermöglicht § 15 Abs. 5 AStG nach wie vor die Anrechnung bereits gezahlter ausländischer Steuern über § 12 AStG.[704]

2. *Reform der Zurechnungsbesteuerung durch JStG 2009 und deren Bedeutung für Trusts*

Durch das JStG 2009[705] wurde § 15 AStG erstmals reformiert und ein neuer Absatz 6 und Absatz 7[706] angefügt.

701 *Werder/Wystrcil*, BB 2015, 412 (420).

702 *Vogt* in Blümich, Nebengesetze EStG (2017), § 15 AStG, Rn. 2; *Wassermeyer* in Flick/Wassermeyer/Baumhoff/Schönfeld, AStG (2009), § 15 AStG, Rn. 13, 16; *Schaumburg* in Schaumburg, Internationales Steuerrecht (2017), Rn. 14.3; *Schiffer*, BBV 2006, 343 (346); *Werder/Wystrcil*, BB 2015, 412 (420); *Haag/Faltenbacher*, IStR 2017, 89.

703 *Schienke-Ohletz/Kühn*, ZEV 2015, 150; *Kraft* in Kraft, AStG (2009), § 15 AStG, Rn. 46; *Haag*, Steuerboard vom 9.7.2015; *Haag/Faltenbacher*, IStR 2017, 89 (94) a.A. *von Oertzen/Kühn*, IStR 2016, 930 (932 f.).

704 Vgl. hierzu noch *Habammer*, DStR 2002, 425 (429); BMF 14.5.2004 – IV B 4 - S 1340 - 11/04, BStBl. I 2004, Sondernummer 1/2004, 3, Tz. 15.5.2.

705 JStG 2009 vom 19.12.2008, BGBl. I 2008, 2794.

706 Auf die in § 15 Abs. 7 AStG normierte Einschränkung des Verlustabzugs nach § 10d EStG soll mangels Besonderheiten für Trusts an dieser Stelle nicht gesondert eingegangen werden.

Insbesondere den unionsrechtlichen Bedenken, die sich bereits im Rahmen eines Vertragsverletzungsverfahren[707] konzentriert hatten, wurde mit der Einfügung von § 15 Abs. 6 AStG im Zuge des JStG 2009 entgegen getreten.[708] Die EU-Kommission hatte die ungleiche Behandlung von inländischen und ausländischen Familienstiftungen sowohl unter dem Gesichtspunkt der Kapitalverkehrsfreiheit (Art. 56 EGV, heute Art. 63 AEUV) als auch der allgemeinen Freizügigkeit (Art. 18 EGV, heute Art. 21 AEUV) gerügt: Die steuerliche Behandlung im Rahmen von § 15 AStG behindere nicht nur die Gründung von Stiftungen im EU/EWR-Ausland, sondern halte darüber hinaus ursprünglich im EU/EWR-Ausland ansässige bezugs- bzw. anfallsberechtigte Personen davon ab, sich in Deutschland niederzulassen.[709] Durch die Anwendung von § 15 AStG entstehe ein Liquiditätsnachteil, der zur Begründung eines Verstoßes gegen die Grundfreiheiten bereits ausreiche.[710] Hierauf reagierte der Gesetzgeber mit der Einführung des § 15 Abs. 6 AStG.

Nach der *escape clause* § 15 Abs. 6 AStG unterbleibt die Einkünftezurechnung, wenn der Familientrust seinen Sitz oder seine Geschäftsleitung in einem Mitgliedsstaat der EU oder einem Vertragsstaat des EWR-Abkommens hat und das Trustvermögen dem *settlor*, seinen Abkömmlingen und deren Angehörigen rechtlich und tatsächlich entzogen ist[711] (Abs. 6 Nr. 1). Zusätzlich müssen zwischen der Bundesrepublik Deutschland und dem Staat, in dem der Familientrust Geschäftsleitung oder Sitz hat, auf Grund der Amtshilferichtlinie gemäß § 2 Abs. 2 des EU-Amtshilfegesetzes[712] oder einer vergleichbaren zwei- oder

---

707 Az. 2003/4610 der EU-Kommission; BR-Drs. 545/08, S. 123; vgl. hierzu auch *Henneman-Raschke* in Haun/Kahle/Goebel/Reiser, AStG (2016), § 15 AStG, Rn. 58; *Kalenberg/Reichert*, IStR 2016, 140 (141).

708 JStG 2009 vom 19.12.2008, BGBl. 2008, 2794 ff; BT-Drs. 16/10189, S. 78: vgl. detailliert *Mutter* in FS Spiegelberger, S. 1330 (1338); *Henneman-Raschke* in Haun/Kahle/Goebel/Reiser, AStG (2016), § 15 AStG, Rn. 29 ff.

709 Pressemitteilung IP/07/1151 vom 23.7.2007; ob auch eine Verletzung der Niederlassungsfreiheit (Art. 43 EGV, heute Art. 49 EUV) in Betracht kommt, hängt von den konkreten Umständen der Vermögensverwaltung des Trusts ab, vgl. *Hey*, IStR 2009, 181 (183 f.).

710 *Hey*, IStR 2009, 181 (182); *Kellersmann/Schnittger*, IStR 2005, 253 (259 f.); *Escher*, Steuerboard vom 1.8.2012, abrufbar unter http://blog.handelsblatt.com/steuerboard/2012/08/01/europarechtswidrige-verscharfung-der-besteuerung-auslandischer-familienstiftungen-im-euewr-raum-durch-das-jstg-2013.

711 Vgl. zur zweiten Voraussetzung BFH 28.6.2007 – II R 21/05, BStBl. II 2007, 669 ff., bereits oben unter B. I. 2. b) (b) (2) des dritten Kapitels besprochen.

712 Richtlinie 2011/16/EU des Rates vom 15.2.2011.

mehrseitigen Vereinbarung, Auskünfte erteilt werden, die erforderlich sind, um die Besteuerung durchzuführen (Abs. 6 Nr. 2). Im Rahmen von § 15 Abs. 6 Nr. 2 AStG werden große Auskunftsklauseln in Doppelbesteuerungsabkommen und Informationsaustauschsabkommen teilweise als ausreichend erachtet.[713]

Auch nach dieser Änderung sehen Teile der Literatur die unionsrechtliche Problematik als nicht geheilt an.[714] So kritisiert insbesondere *Hey* die Beweislastabwälzung auf den Steuerpflichtigen beim Tatbestandsmerkmal der Vermögenstrennung nach § 15 Abs. 6 Nr. 1 AStG, welcher die Missbrauchsvermutung der Norm entkräften müsse, wohingegen im Inlandsfall für eine von der Rechtsform abweichende Zurechnung im Rahmen von § 39 Abs. 2 AO die Finanzverwaltung die Beweislast trage.[715] § 15 Abs. 6 Nr. 2 AStG greife wiederum zu kurz, indem er auf das tatsächliche Handeln (und nicht etwa auf die Rechtspflicht zur Auskunft) der ausländischen Steuerbehörden abstellt, auf welches der Steuerschuldner naturgemäß keinen Einfluss habe.[716] Zudem wird die zeitliche Beschränkung des Entlastungsbeweises aus § 15 Abs. 6 AStG nach § 21 Abs. 18 S. 1 AStG moniert; trotz der ex-tunc-Wirkung von Unionsrechtsverstößen soll der Entlastungsbeweis nur für die Zukunft gelten.[717]

Die Kritik von Seiten der Literatur ist berechtigt. Aufgrund der geschilderten Defizite bei der Einführung des § 15 Abs. 6 AStG wird erneut keine vollständige Gleichstellung von Familientrusts im EU/EWR-Ausland mit inländischen Familienstiftungen erreicht. Die Bildung von Trusts im EU/EWR-Ausland ist weiterhin nachteilhaft gegenüber der Errichtung einer inländischen Stiftung. Aufgrund der nachteiligen Rechtsfolgen der Zurechnungsbesteuerung können im EU/EWR-Ausland ansässige *beneficiaries* und auch der *settlor* eines Familientrusts davon abgehalten werden, sich in Deutschland niederzulassen.

---

713 *Schaumburg* in Schaumburg, Internationales Steuerrecht (2017), Rn. 14.9; *Birnbaum,* ZEV 2014, 482 (483); *Kirchhain,* IStR 2015, 246 (247); a.A. FG Düsseldorf 22.1.2015 – 16 K 2858/13 F, BeckRS 2015, 94953; der BFH hat die anschließende Nichtzulassungsbeschwerde (Az. I B 23/15) mit Beschluss vom 30.9.2015 als unbegründet zurückgewiesen; a.A. wohl auch *Kalenberg/Reichert,* IStR 2016, 140.

714 *Lennert/Blum,* ZEV 2009, 171 (177); zuletzt *Kirchhain,* IStR 2015, 246; *Wassermeyer,* FR 2015, 149 (151 f.).

715 *Hey,* IStR 2009, 181 (182 f.); *Henneman-Raschke* in Haun/Kahle/Goebel/Reiser, AStG (2016), § 15 AStG, Rn. 31; vgl. detailliert zur Beweispflicht *Kalenberg/Reichert,* IStR 2016, 140 (145 f.); *Lüdicke/Eiling,* IStR 2017, 841 (843).

716 *Hey,* IStR 2009, 181 (185 f.); kritisch zu diesem Kriterium auch *Rehm/Nagler,* IStR 2008, 284 (287); kritisch jüngst auch *Haag/Faltenbacher,* IStR 2017, 89 (94 f.).

717 *Hey,* IStR 2009, 181 (187 ff.); *Kleinert/Podewills,* BB 2009, 1819 (1821).

Außerdem wird die Rettungsklausel des § 15 Abs. 6 AStG aufgrund der relativen Unbekanntheit des Rechtsinstituts Trust im europäischen Raum für Familientrusts nur vergleichsweise selten eingreifen.[718] Selbst für den liechtensteinischen Trust, welcher den häufigsten praktischen Anwendungsfall der Rettungsklausel hinsichtlich Trusts darstellt, ist ein Eingreifen nicht gesichert.[719] Trusts aus EU/EWR-Drittstaaten bleibt der Entlastungsbeweis zudem grundsätzlich verwehrt.[720]

3. *Reform der Zurechnungsbesteuerung durch AmtshilfeRLUmsG und deren Bedeutung für Trusts*

Eine weitere grundlegende Reformierung hat § 15 AStG durch das AmtshilfeRLUmsG[721] erfahren, welche überblicksartig dargestellt werden sollen.[722] Dabei ist festzustellen, dass die Reform ganz überwiegend auf die Rechtsfolgenseite des § 15 AStG abzielt. Die durchgeführten Änderungen wirken sich ab dem Veranlagungszeitraum 2013[723] aus.

a) *Zurechnung der Einkünfte*

§ 15 Abs. 1 S. 1 AStG spricht nun von „Einkünften" des Trusts, so dass nicht mehr das „Einkommen" zugerechnet wird. Hierdurch wird klargestellt, dass – wie bereits zuvor von Rechtsprechung und Finanzverwaltung angenommen[724] – von einer fiktiven unbeschränkten Steuerpflicht des Trusts auszugehen ist. Folglich

---

718 *Schienke-Ohletz/Kühn*, ZEV 2015, 150.

719 FG Düsseldorf 22.1.2015 – 16 K 2858/13 F, BeckRS 2015, 94953; *Kalenberg/Reichert*, IStR 2016, 140 ff.; positiver für Stiftungen *Milatz/Herbst*, BB 2011, 1500 (1502); gleichsam *Werner*, ZEV 2016, 133 (134); *Haag/Faltenbacher*, IStR 2017, 89 (94 f.)

720 Dies kann gerade für US-Trusts Relevanz entfalten, vgl. *Werder/Dannecker*, BB 2012, 2278 (2280); auch schweizerische Trusts sind davon betroffen, vgl. *Werner*, ZEV 2016, 133 (134) sowie *Kalenberg/Reichert*, IStR 2016, 140 (141); speziell zum englischen Trust post-Brexit vgl. *Haag*, Trusts & Trustees 2017, Vol. 23, 664 ff.

721 AmtshilfeRLUmsG vom 26.6.2013, BGBl. I 2013, 1809.

722 Bezüglich eines umfassenden Vergleichs der Vorschrift vor und nach der Reform wird auf die ausführliche Tabelle bei *Vogt* in Blümich, Nebengesetze EStG (2017), § 15 AStG, Rn. 13 verwiesen.

723 Vgl. § 21 Abs. 21 S. 4 AStG i.d.F. des AmtshilfeRLUmsG; vgl. zu Praxisfragen der neuen Einkünfteermittlung *von Oertzen/Kühn*, IStR 2016, 930 ff.; *Haag/Faltenbacher*, IStR 2017, 89 ff.

724 BFH 5.11.1992 – I R 39/92, BStBl. II 1993, 388; BMF 14.5.2004 – IV B 4 - S 1340 - 11/04, BStBl. I 2004, Sondernummer 1/2004, 3, Tz. 15.1.1.

fungiert der semi-transparente Trust selbst als Einkünfteermittlungssubjekt und es kommt gerade nicht auf die Zurechnungssubjekte an. Dies hat insbesondere zur Folge, dass die Einkünfte des Trusts nach § 15 Abs. 7 S. 1 AStG unter entsprechender Anwendung des Einkommen- und Körperschaftsteuergesetzes ermittelt werden.

Die Möglichkeit des Verlustabzugs sowie das Zurechnungsverbot bei negativen Einkünften bestehen nach wie vor gemäß § 15 Abs. 7 S. 2, 3 AStG. Die Vorschrift des § 10d EStG findet über § 10 Abs. 3 S. 5 AStG indirekte Anwendung, wobei das Eingreifen einer derartigen Einkommensermittlungsvorschrift bei der nun vorherrschenden Einkünftezurechnung schon im Rahmen der §§ 7 ff. AStG steuersystematisch kritikwürdig war.[725] Hier muss die Norm allerdings zur Vermeidung unbilliger Härten gegenüber dem Steuerpflichtigen in jedem Falle eingreifen.[726] Es ist nicht einzusehen, warum die Durchbrechung des Trennungsprinzips in Verlustfällen ausscheiden soll, zumal § 15 AStG nunmehr die Einkünfte zurechnen will. Dies muss die negativen Einkünfte mit einschließen.

§ 15 Abs. 8 AStG nimmt eine Qualifikation der zugerechneten Einkünfte bei den Zurechnungssubjekten vor. Auch dies ist eine direkte Folge der aktuellen Einkünftezurechnung. Die zugerechneten Trusteinkünfte sind bei natürlichen Personen als Einkünfte aus Kapitalvermögen nach § 20 Abs. 1 Nr. 9 EStG einzuordnen. § 15 Abs. 8 S. 1 AStG fingiert eine Ausschüttung im Sinne des § 20 Abs. 1 Nr. 9 EStG. Nach § 15 Abs. 8 S. 2 Hs. 2 AStG kommen § 3 Nr. 40 S. 1 d) EStG und § 32d EStG jedoch nur zur Anwendung, wie dies auch beim unmittelbaren Bezug der zuzurechnenden Einkünfte der Fall wäre.[727]

b) Nutzung von Zwischengesellschaften und vergleichbaren Strukturen

§ 15 Abs. 9 sowie Abs. 10 AStG verfolgen die gleiche Zweckrichtung: Ausweislich der Gesetzesbegründung soll durch sie die Möglichkeit der Umgehung der Vorschriften über die Zurechnungsbesteuerung durch Zwischenschaltung einer ausländischen Gesellschaft bzw. eines „anderen" ausländischen Familientrusts ausgeschlossen werden.[728]

---

725 *Moser/Gebhardt*, DStZ 2013, 753 (753 f.); *Wassermeyer/Schönfeld* in Flick/Wassermeyer/Baumhoff/Schönfeld, AStG (2009), § 10 AStG, Rn. 355 ff.

726 So auch *Moser/Gebhardt*, DStZ 2013, 753 (754).

727 Vgl. zu diesen unmittelbaren Bezügen die Ausführungen zu den Ertragsausschüttungen intransparenter Trusts unter B. I. dieses Kapitels.

728 BR-Drs. 302/12 zum ursprünglich geplanten JStG 2013 und BT-Drs. 17/13033, S. 88

Nach § 15 Abs. 9 S. 1, Abs. 4 AStG werden sodann bei Beteiligung eines Familientrusts bzw. eines „anderen“ Familientrusts im Sinne des Abs. 10 an einer ausländischen Körperschaft, Personenvereinigung oder Vermögensmasse im Sinne des KStG deren Einkünfte nach §§ 7 ff. AStG entsprechend den Einkünften des ursprünglichen Familientrusts hinzugerechnet. Dabei beschränkt sich die Hinzurechnung auf den Teil der Einkünfte, der auf die Beteiligung des Trusts am Nennkapital der Gesellschaft entfällt. Der Verweis auf sämtliche Vorschriften der Hinzurechnungsbesteuerung nach §§ 7 ff. AStG führt zu einer systematischen Annäherung an diese.[729] Schon zuvor wurde bei Beteiligungen an Zwischengesellschaften von der Finanzverwaltung die Rechtsauffassung vertreten, dass diese Normen unmittelbar bei dem in § 15 Abs. 1 AStG bezeichneten Personenkreis Anwendung finden.[730] Verstieß diese Auffassung wegen des eindeutigen Wortlauts von § 15 Abs. 5 S. 2 AStG a.F., welcher ein Rekurrieren auf die §§ 7 ff. AStG unter Ausnahme der Steueranrechnung nach § 12 AStG ausschloss, noch gegen geltendes Recht[731], ist sie im Lichte der Neufassung nicht mehr zu bemängeln. § 15 Abs. 9 S. 2 AStG soll vermeiden, dass bei späteren Gewinnausschüttungen durch die ausländischen Zwischengesellschaften eine Doppelbesteuerung eintritt.

Es bleibt insgesamt zu beanstanden, dass im Rahmen des § 15 Abs. 9 AStG auf jedwede Form der Beteiligung abgestellt wird. Hier wäre es im Zuge der Annäherung an die §§ 7 ff. AStG systematisch vorzugswürdig gewesen, eine Zurechnung nur über die Voraussetzung der mehrheitlichen Beteiligung zu gestatten. In jetziger Form droht eine Ausweitung des Anwendungsbereichs der Norm ins Uferlose.[732] Auch ist in der jetzigen Fassung nicht sichergestellt, dass der Steuerpflichtige auf den Trust wie ein Gesellschafter Einfluss nehmen kann; hier kommt es zu Defiziten, wenn der Steuerpflichtige außer Stande ist, die notwendigen Informationen zu besorgen.[733]

§ 15 Abs. 10 S. 1 AStG soll indes verhindern, dass durch Zwischenschaltung nachgeordneter weiterer Familientrusts eine Zurechnungsbesteuerung

---

729 *Moser/Gebhardt*, DStZ 2013, 753; *Holm* in Winheller/Geibel/Jachmann, Gesamtes Gemeinnützigkeitsrecht (2017), § 15 AStG, Rn. 58 ff.; BT-Drs. 17/10000, S. 82; näher zu dieser Annäherung *Haag/Faltenbacher*, IStR 2017, 89 (90 f.).

730 BMF 14.5.2004 – IV B 4 - S 1340 - 11/04, BStBl. I 2004, Sondernummer 1/2004, 3, Tz. 15.5.3.

731 *Werder/Dannecker*, BB 2012, 2278 (2279 f.).

732 So auch *Werder/Dannecker*, BB 2012, 2278 (2280); *Henneman-Raschke* in Haun/Kahle/Goebel/Reiser, AStG (2016), § 15 AStG, Rn. 35; *Kraft/Schulz*, IStR 2012, 897 (899).

733 *Werder/Dannecker*, BB 2012, 2278 (2280).

unterbleibt.[734] Der ausländische Familientrust muss sodann alleine oder zusammen mit seinen familiären *beneficiaries* zu mehr als der Hälfte mittelbar oder unmittelbar Bezugs- oder Anfallsberechtigter eines anderen ausländischen Trusts sein; sodann erfolgt eine Zurechnung der Einkünfte dieses ausländischen Trusts – welcher ebenfalls ein Familientrust sein kann, aber nicht sein muss – bei dem ursprünglichen ausländischen Familientrust. Handelt es sich bei dem anderen ausländischen Trust um einen nach § 15 Abs. 6 AStG von der Zurechnung ausgenommenen Trust, findet § 15 Abs. 10 AStG hingegen keine Anwendung. Neben der bereits zuvor an § 15 Abs. 6 AStG geübten Kritik, stellt sich hier die Frage, ob der Entlastungbeweis hinsichtlich § 15 Abs. 6 Nr. 1 AStG gelingen kann, wenn der ursprüngliche ausländische Familientrust die Verfügungsmacht über das Vermögen des nachgeordneten Trusts besitzt. Eine Zurechnung über § 39 AO würde in diesem Falle naheliegen.[735]

Zwar genügt auch die mittelbare Begünstigung des Familientrusts; dennoch könnte die Rechtsfolge des § 15 Abs. 10 AStG durch die Begünstigung zweier oder mehrerer ausländischer Familientrusts an dem nachgeordneten Trust in einem Maße, dass auch kumulativ mit der Begünstigung ihrer *beneficiaries* keine hälftige Bezugs- oder Anfallsberechtigung erreicht wird, umgangen werden. Denn der Gesetzeswortlaut lässt darauf schließen, dass die Anteile der anderen ausländischen Stiftungen bei der Ermittlung der Bezugs- und Anfallsberechtigung nicht addiert werden.[736]

§ 15 Abs. 10 S. 2 AStG soll in Anlehnung an § 15 Abs. 9 S. 2 AStG vermeiden, dass bei späteren Zuwendungen durch die nachgeordneten ausländischen Stiftungen eine Doppelbesteuerung erfolgt.

c) Vermeidung der Doppelbelastung zugerechneter Erträge

Zuletzt normiert nunmehr § 15 Abs. 11 AStG explizit das Verhältnis der zugerechneten Beträge zu den tatsächlichen Auszahlungen an die *beneficiaries*. Die zugerechneten Einkünfte sollen nach dem Wortlaut der Norm keiner erneuten Besteuerung bei späterer Ausschüttung unterliegen, solange sie tatsächlich an ein Zurechnungssubjekt gemäß § 15 Abs. 1 AStG ausgezahlt werden und dies „nachweislich" erfolgt ist. Hinsichtlich einer erneuten einkommensteuerlichen

734 *Kraft/Moser/Gebhardt*, DStR 2012, 1773 (1778).

735 *Kalenberg/Reichert*, IStR 2016, 140 (141 ff.).

736 *Kirchhain*, IStR 2012, 602 (605); *Vogt* in Blümich, Nebengesetze EStG (2017), § 15 AStG, Rn. 135.

Erfassung wurde die Auffassung bereits vor der Kodifikation in § 15 Abs. 11 AStG von Rechtsprechung und Finanzverwaltung vertreten.[737]

§ 15 Abs. 11 AStG soll neben seiner einkommensteuerlichen Wirkung nach umstrittener Ansicht auch für nach dem Erbschaft- und Schenkungsteuergesetz steuerbare Zuwendungen gelten.[738] Dieser Ansicht kann allerdings nicht gefolgt werden. Zwar spricht der Wortlaut der Vorschrift von „Zuwendungen“ an die *beneficiaries* und knüpft damit eher an das erbschaft- und schenkungsteuerliche Begriffsinstrumentarium[739] an. Zudem spricht § 15 Abs. 11 AStG von einer Ausnahme der Einkünfte aus der „Besteuerung“, ohne zwischen den verschiedenen Steuerarten zu differenzieren. Aus § 15 Abs. 1 S. 2 AStG in Zusammenschau mit der Systematik des § 15 AStG ergibt sich jedoch, dass die Norm gerade keine Regelungen hinsichtlich der Erbschaft- und Schenkungsteuer treffen will. Sollte eine solche Regelungswirkung ausnahmsweise doch angestrebt worden sein, hätte dies mit großer Sicherheit Niederschlag in der Gesetzesbegründung gefunden. Die Gesetzesbegründung zu § 15 Abs. 11 AStG erwähnt den Komplex der Erbschaft- und Schenkungsteuer jedoch mit keinem Wort, sondern verweist vielmehr auf die bisherige Ansicht zur Vermeidung der doppelten einkommensteuerlichen Erfassung.[740] Das Problem der Doppelbesteuerung von Trustausschüttungen mit Schenkungsteuer und Ertragsteuer bleibt somit auch im Rahmen von § 15 AStG bestehen.

Eine doppelte einkommensteuerliche Erfassung war nach Sichtweise der Finanzverwaltung vor der Einführung des § 15 Abs. 11 AStG nur sicher auszuschließen, wenn der Ausschüttungsempfänger zugleich zu dem in § 15 Abs. 1 AStG beschriebenen Personenkreis gehört.[741] Ausschüttungen an Dritte, die nicht zu diesem Personenkreis gehören, unterlägen dann der Besteuerung, auch

---

737 BFH 2.2.1994 – I R 66/92, BStBl. II 1994, 727 (729); BMF 14.5.2004 – IV B 4 - S 1340 - 11/04, BStBl. I 2004, Sondernummer 1/2004, 3, Tz. 15.1.1. sowie 15.1.5.

738 *Vogt* in Blümich, Nebengesetze EStG (2017), § 15 AStG, Rn. 142; *Götz*, DStR 2014, 1047 (1048); *Zondler/Zöller*, IStR 2015, 960 (965); *Werder/Wystrcil*, BB 2015, 412 (421); anders teilweise von der Finanzverwaltung verstanden, vgl. *Schulz* in Lademann, Nebengesetze EStG (2018), § 15 AStG, Rn. 23b m.w.N.; offen lassend *von Oertzen/Kühn*, IStR 2016, 930 (932); a.A. mit Verweis auf § 15 Abs. 1 S. 2 AStG *Fischer* in Fischer/Pahlke/Wachter, ErbStG (2017), § 7 ErbStG, Rn. 473.

739 Vgl. nur § 3 Abs. 2 Nr. 3 ErbStG sowie § 7 Abs. 1 Nr. 1 und Nr. 2 ErbStG; der Begriff wird allerdings seit dieser Reform auch in § 15 Abs. 10 AStG in anderem Kontext verwendet.

740 Vgl. BT-Drs. 17/13003, S. 89.

741 BMF 14.5.2004 – IV B 4 - S 1340 - 11/04, BStBl. I 2004, Sondernummer 1/2004, 3, Tz. 15.1.5.

wenn der zugewendete Betrag bereits zugerechnet wurde. Das trifft auf erhaltene Ausschüttungen des beschränkt oder nicht steuerpflichtigen *settlor* sowie der bezugs- und anfallsberechtigten *beneficiaries* zu; auch „zufällige *beneficiaries*" können davon betroffen sein.[742]

Da nach gesetzgeberischer Intention die doppelte Erfassung eines bereits zugerechneten Betrags zu vermeiden ist[743], verlangt eine teleologische Betrachtung nunmehr auch Ausschüttungen an Dritte mit einzubeziehen. Auch der weitere Wortlaut von § 15 Abs. 11 AStG „bereits nach Absatz 1 zugerechnet" legt nahe, dass der zugewendete Betrag lediglich irgendjemandem zugerechnet worden sein muss.[744] Somit wird auch am Wortlaut der Vorschrift die Gesinnung des Gesetzgebers deutlich, dass keine Identität zwischen Zurechnungssubjekt und Leistungsempfänger bestehen muss.[745] Selbiges muss auch gelten, wenn sich zeitlich nach der Zurechnung neue bezugsberechtigte *beneficiaries* – beispielsweise wegen des Vorversterbens anderer bezugsberechtigter *beneficiaries* – ergeben.[746] Somit kann an der erwähnten Auffassung der Finanzverwaltung nach Einführung des § 15 Abs. 11 AStG kaum festgehalten werden.

Die Tatbestandsvoraussetzung, dass die Auszahlung „nachweislich" erfolgt ist, wird dem Steuerpflichtigen in der Praxis große Schwierigkeiten bereiten, da sie von dem Trust eine hochgradig komplizierte Rechnungslegung unter Bildung von Rücklagen verlangt.[747]

d) Zwischenergebnis

Die Reform des § 15 AStG durch das AmtshilfeRLUmsG hat hauptsächlich zu Verschärfungen für den Steuerpflichtigen geführt.

---

742 *Kirchhain*, IStR 2012, 602 (606); *Vogt* in Blümich, Nebengesetze EStG (2017), § 15 AStG, Rn. 143.

743 BT-Drs. 17/13033, S. 89.

744 So auch *Vogt* in Blümich, Nebengesetze EStG (2017), § 15 AStG, Rn. 143; *Moser/ Gebhardt*, DStZ 2013, 753 (754)

745 *Kirchhain*, IStR 2012, 602 (606); *Götz*, DStR 2014, 1047 (1047 f.); *Werder/Wystrcil*, BB 2015, 412 (420).

746 *Moser*/Gebhardt, DStZ 2013, 753 (754); etwas enger *Götz*, DStR 2014, 1047 (1048, 1050); engere Auslegung auch bei *Holm* in Winheller/Geibel/Jachmann, Gesamtes Gemeinnützigkeitsrecht (2017), § 15 AStG, Rn. 77.

747 *Schulz* in Lademann, Nebengesetze EStG (2018), § 15 AStG, Rn. 104; *Henneman-Raschke* in Haun/Kahle/Goebel/Reiser, AStG (2016), § 15 AStG, Rn. 54; *Kirchhain*, IStR 2012, 602 (606); *von Oertzen/Kühn*, IStR 2016, 930 (934).

Im Rahmen von § 15 Abs. 1 S. 1 AStG werden nun die Einkünfte zugerechnet. Weiterhin wurden mit § 15 Abs. 9, Abs. 10 AStG Regelungen zur Verhinderung der Umgehung der Zurechnungsbesteuerung durch Nutzung von Zwischengesellschaften und vergleichbaren Strukturen geschaffen. § 15 Abs. 11 AStG unterbindet nun, dass zugerechnete Erträge bei ihrer Ausschüttung erneut der Ertragsteuer unterfallen. Auch hier dürfte der erforderliche Nachweis der Auszahlung dem Steuerpflichtigen jedoch größere Probleme bereiten. Ferner hat auch eine Auszahlung an einen Dritten dem Verbot der doppelten einkommensteuerlichen Erfassung im Sinne von § 15 Abs. 11 AStG nach dessen Wortlaut zu unterfallen. Hinsichtlich der erbschaft- und schenkungsteuerlichen Erfassung von Trustausschüttungen trifft § 15 Abs. 11 AStG gerade keine Aussage.

4. *Anwendung der Zurechnungsbesteuerung auf Trusts*

§ 15 AStG hat schon seit seiner ursprünglichen Fassung ein erhebliches Vollzugsproblem. Dieser Umstand ist gerade mit Blick auf die dem Wesen der Zurechnungsbesteuerung inhärenten potentiellen Liquiditätsschwierigkeiten beim Zurechnungssubjekt für den Steuerpflichtigen nachteilig. Insbesondere *beneficiaries* eines *discretionary trust* können in Zahlungsschwierigkeiten kommen, wenn ihnen bereits zugerechnete Einkünfte des Trusts aufgrund einer Ermessensentscheidung des *trustee* verwehrt bleiben.

Die beiden Kernprobleme sind gleich in § 15 Abs. 1 S. 1, Abs. 2 AStG zu finden. Zum einen ist unklar, wie im Sinne des § 15 Abs. 2 AStG die mehr als hälftige Bezugs- und Anfallsberechtigung des *settlor* sowie von dessen Angehörigen und deren Abkömmlingen, die regelmäßig *beneficiaries* des Trusts sein werden, festzustellen ist. Nur bei Bejahung einer derartigen Berechtigung liegt jedoch erst ein Familientrust vor und kann die Zurechnungsbesteuerung Platz greifen. Die Problematik beginnt bereits bei der Definition der Bezugs- und Anfallsberechtigung[748].

Zum anderen ist problematisch, wie der nach § 15 Abs. 1 S. 1 AStG in der Folge zuzurechnende „Anteil" an Trustvermögen und Trusteinkünften zu ermitteln ist, da konkrete Ausschüttungsquoten im *trust instrument* nicht immer zu finden sind. Besonders wenn verschiedene Personen bezugs- und anfallsberechtigt sind oder dieselben Personen zwar im gleichen Verhältnis zueinander bezugs- aber im unterschiedlichen Verhältnis zueinander anfallsberechtigt sind,

748 Die Begriffe Bezugs- und Anfallsberechtigung wurden im ersten Kapitel der Arbeit unter B. II. 3. sowie im dritten Kapitel der Arbeit unter B. II. 2. a) bereits in untechnischer Weise gebraucht, tauchen hier jedoch erstmals als Tatbestandsmerkmale auf.

gestaltet sich die Zurechnung diffizil.[749] Genügt es im Rahmen des § 15 Abs. 2 AStG noch, lediglich eine mehr als hälftige Bezugs- oder Anfallsberechtigung festzustellen, muss zur Zurechnung des Anteils eine exakte Bestimmung der Quote des bezugsberechtigten *beneficiary* an den Erträgen des bzw. des anfallsberechtigten *beneficiary* an der Vermögenssubstanz des Trusts erfolgen.

Diese beiden grundsätzlichen Probleme wirken sich gerade beim *discretionary trust* aus, da eine mehr als hälftige Bezugsberechtigung bzw. der zuzurechnende „Anteil" oft nicht feststellbar ist, weil die konkrete Ausschüttungsquote nicht feststeht und in den einzelnen Jahren stark variiert.

Nachfolgend soll geklärt werden, in welchen Fällen die Tatbestandsmerkmale der Bezugs- und Anfallsberechtigung bei den *beneficiaries* eines *fixed interest trust* bzw. eines *discretionary trust* erfüllt sind und ob eine sachgerechte Zurechnung der Einkünfte auch bei einem *discretionary trust* gelingen kann.

a) Vorliegen eines Familientrusts nach § 15 Abs. 2, Abs. 4 AStG

(a) Tatbestandsmerkmale der Bezugs- und Anfallsberechtigung

Während es beim Trust leicht sein wird, seinen *settlor* und dessen Art der Steuerpflicht zu eruieren, gestaltet sich der gleiche Vorgang bei der Feststellung der bezugs- und anfallsberechtigten *beneficiaries* deutlich schwieriger. Dabei ist zwar die Differenzierung zwischen bezugs- und anfallsberechtigten *beneficiaries* aufgrund der unterschiedlichen Anknüpfungspunkte Trusterträge und Trustvermögen unproblematisch. Unklar und umstritten ist aber, wann überhaupt von einer „Berechtigung" im Sinne des § 15 AStG gesprochen werden kann.[750] Der Wortbestandteil Berechtigung kann für bezugs- und anfallsberechtigte *beneficiaries* grundsätzlich im Gleichlauf ausgelegt werden.[751]

(1) Wortsinn der Norm

Eine Definition des Wortbestandteils „Berechtigung" findet sich nicht im AStG. Aufgrund einer fehlenden gesetzlichen Konturierung des Tatbestandsmerkmals ist es sinnvoll, zunächst auf den Wortsinn des verwendeten Begriffs abzustellen.[752]

---

749 *Birnbaum/Lohbeck/Pöllath*, FR 2007, 479 (484).

750 *Vogt* in Blümich, EStG Nebengesetze (2017), § 15 AStG, Rn. 42.

751 *Wassermeyer* in Flick/Wassermeyer/Baumhoff/Schönfeld, AStG (2009), § 15 AStG, Rn. 55 m.w.N.; so auch BFH 25.4.2001 – II R 14/98, BFH/NV 2007, 1457 (1459).

752 *Wassermeyer* in Flick/Wassermeyer/Baumhoff/Schönfeld, AStG (2009), § 15 AStG, Rn. 49.

Ein „Berechtigtsein" im Sinne des § 15 AStG setzt begrifflich eine hinreichend gesicherte Rechtsposition hinsichtlich Trustausschüttungen voraus. Rechtsansprüche oder rechtliche Anwartschaften auf Trustausschüttungen erwachsen aus dem *trust instrument*, dessen Funktion jener einer Satzung bei Stiftungen entspricht. Das Merkmal der Berechtigung können nach hier vertretener Auffassung damit nur *beneficiaries* erfüllen, die über einen Rechtsanspruch, zumindest aber eine Rechtsanwartschaft auf Ausschüttungen aus dem Trust verfügen, wobei sich Anspruch oder Anwartschaft aus dem *trust instrument* ergeben.[753]

Im Schrifttum wird die Auffassung vertreten, dass auch auf den Inhalt des *letter of wishes* abgestellt werden könne, um die Anfalls- und Bezugsberechtigung zu ermitteln.[754] Es ist davon auszugehen, dass auch die Finanzverwaltung diese Auffassung vertreten wird.[755] Denn der *letter of wishes* bindet den *trustee* zwar nicht nach dem *common law*, aber unter Gesichtspunkten des *equity law*.[756] Hinzu kommt die bereits erwähnte[757] etwaige faktische Bindungswirkung. Allerdings muss auch zu berücksichtigen sein, dass ein *letter of wishes* im Regelfall durch einen anderen, jüngeren *letter of wishes* ersetzt werden kann[758], so dass von einer gesicherten Rechtsposition aufgrund eines *letter of wishes* nicht ohne Weiteres ausgegangen werden kann. Hier könnte es sich in Zweifelsfällen anbieten, zur Feststellung des Ausmaßes der faktischen Bindungswirkung die Art und Weise der Vermögensverwaltung durch den *trustee* mit dem Inhalt vorheriger *letter of wishes* abzugleichen. Der *letter of wishes* sollte demnach bei Vorliegen der faktischen Bindungswirkung ergänzend neben das eine formale rechtliche Bindung erzeugende *trust instrument* treten, um eine Berechtigung zu

---

753 Wie bereits unter B. II. 2. a) des dritten Kapitels herausgearbeitet; so auch *Söffing/Kirsten*, DB 1999, 1626 (1629); *Seibold*, IStR 1993, 545 (548 f.); *Seibold*, IStR 1994, 16; *Sieker*, BB 1993, 1257; *Jülicher*, IStR 1996, 575; *Schaumburg* in Schaumburg, Internationales Steuerrecht (2017), Rn. 14.25; *Wassermeyer* in Flick/Wassermeyer/Baumhoff/Schönfeld, AStG (2009), § 15 AStG, Rn. 55; dies entspricht im Wesentlichen dem zivilrechtlichen Begriffsverständnis der Berechtigung, vgl. *Habammer*, DStR 2002, 425 (428).

754 Vgl. *Söffing/Kirsten*, DB 1999, 1626 (1629); *Götzenberger* in Deininger/Götzenberger, Vermögensnachfolgeplanung, S. 100 f., Rn. 191.

755 BMF 20.7.2004 – IV A 4-S 1928-94/04, Frage 19, BeckVerw 056209; vgl. hierzu *Kalenberg/Reichert*, IStR 2016, 140 (143).

756 *Siemers/Müller*, IStR 1998, 385 (386).

757 Vgl. unter E. des ersten Kapitels.

758 *Alpers*, IWB 2002, Fach 10 Gruppe 2, 1619 (1622); *Richter* in von Campenhausen/Richter, Stiftungsrecht-Handbuch, § 39, Rn. 35; *Birnbaum/Lohbeck/Pöllath*, FR 2007, 479 (484).

begründen. Auch mündliche Abreden zwischen dem *settlor* und dem *protector* könnten der Finanzverwaltung als Anhaltspunkt für eine Bezugs- oder Anfallsberechtigung dienen.[759] Sie sollten allein jedoch noch keine eine Zurechnungsbesteuerung auslösende gesicherte Rechtsposition vermitteln[760], da auch solche Abreden bis zum Tode des *settlor* jederzeit wieder abänderbar sind und mangels schriftlicher Fixierung keine Überprüfung ihrer faktischen Bindungswirkung möglich ist.

Nach dem BFH-Urteil vom 2.2.1994 sei die Bezugsberechtigung im Sinne von § 15 AStG aus dem „Zusammenhang zwischen abstrakter Bezugsberechtigung und tatsächlicher Auskehrung" zu verstehen.[761] In einem weiteren Urteil des BFH heißt es, dass „[…] eine Bezugsberechtigung […] nur anzunehmen ist, wenn das Familienmitglied nach der Stiftungssatzung auf die Leistung einen klagbaren Anspruch hat".[762] Diese Ansicht geht mithin noch weiter und lässt nur einen klagbaren Anspruch für die Annahme einer Berechtigung ausreichen.

Ebenfalls in Anknüpfung an den Wortsinn legte der BFH in seinem Urteil vom 25.4.2001[763] in einem Fall, welcher die Zurechnung des Vermögens einer liechtensteinischen Familienstiftung betraf, den Begriff der Berechtigung wiederum weiter aus. Der BFH begründet seine Auffassung damit, dass der Wortteil „Berechtigung" inhaltlich weitergehe als der Begriff Rechtsanspruch und auch Rechtspositionen geringerer Qualität umfasse. Der Anwendungsbereich der Vorschrift wäre nur auf Ausnahmefälle beschränkt, wenn für das Vorliegen einer Berechtigung ein einklagbarer Rechtsanspruch gegeben sein müsse. Eine Berechtigung nach § 15 AStG setze daher keinen Rechtsanspruch voraus, sondern es genüge bereits eine gesicherte Rechtsposition.[764]

Eine solche Rechtsposition war im Klagefall gegenüber den Kindern des Stifters gegeben, weil diese in den Beistatuten unter der Bezeichnung „eheliche Nachkommen" der Ehegattin als alleinige Anfallsberechtigte benannt waren und andere Personen als Anfallsberechtigte laut den Statuten ausgeschlossen waren. Des Weiteren konnte der Stiftungsrat laut Beistatuten nur bei begründeten Bedenken, dass die Mittel nicht im Interesse der Abkömmlinge des Begünstigten verwendet würden, die Auszahlung verweigern oder die Auszahlung an

759 *Jorde/Götz* in FS Spiegelberger, S. 1301 (1316).
760 *Götzenberger* in Deininger/Götzenberger, Vermögensnachfolgeplanung, S. 102, Rn. 191.
761 BFH 2.2.1994 – I R 66/92, BStBl. II 1994, 727 (729).
762 BFH 25.8.1987 – IX R 98/82, BStBl. II 1988, 344 (346).
763 BFH 25.4.2001 – II R 14/98, BFH/NV 2007, 1457 ff. für die Anfallsberechtigung.
764 BFH 25.4.2001 – II R 14/98, BFH/NV 2007, 1457 (1459).

Auflagen zur Sicherung der Abkömmlinge binden. Die Bestimmungen des Beistatuts waren darüber hinaus unabänderlich.

Aus diesen Umständen schloss der BFH, dass die Rechtsposition der Kinder unentziehbar war. Nur bei Eintreten ungewöhnlicher Verhältnisse in der Person eines der Kinder konnte es zu einer Beeinträchtigung seiner Rechte an der Auszahlung des Stiftungsvermögens kommen. Diese gesicherte Rechtsposition rechtfertigte es nach Auffassung des BFH, die Kinder als anfallsberechtigt im Sinne von § 15 AStG anzusehen. Es ist davon auszugehen, dass der BFH diese Grundsätze entsprechend auch auf die Bezugsberechtigung anwenden würde.[765] Jedenfalls setzen Bezugs- und Anfallsberechtigung im Sinne des § 15 Abs. 1 AStG demnach nicht voraus, dass ein Rechtsanspruch der bezugsberechtigten Person auf die Vermögenserträge bzw. ein Rechtsanspruch der anfallsberechtigten Person auf den Anfall der Vermögenssubstanz besteht. Vielmehr kann auch eine rechtlich gesicherte Anwartschaft zur Annahme einer Berechtigung ausreichen.

Im Ergebnis kann nach dem Wortlaut als berechtigt im Sinne des § 15 Abs. 1 S. 1 Hs. 2 AStG auch angesehen werden, wer über ein Anwartschaftsrecht auf Trustausschüttungen verfügt. Berechtigt im Sinne des § 15 AStG können folglich nicht nur die *beneficiaries* eines *fixed interest trust*, sondern auch die *beneficiaries* eines *discretionary trust* sein. Bei *discretionary trusts* räumt das *trust instrument* den *beneficiaries* ein Anwartschaftsrecht auf Vorteile aus dem Trust ein. Die Berechtigung kann dabei stets nur auf dem *trust instrument*, gegebenenfalls unter ergänzender Hinzuziehung des *letter of wishes*, fußen.

(2) Gesetzgeberische Vorstellungen

Anknüpfend an den Willen des historischen Gesetzgebers könnte man insbesondere die Vorgängernorm von § 15 AStG als Auslegungskriterium für die Bestimmung der Berechtigung heranziehen.

In seinem Urteil vom 25.4.2001[766] beruft sich der BFH im Rahmen seiner Auslegung der Berechtigung unter anderem auf § 2 Abs. 1 S. 1 der Durchführungsbestimmungen der Steueramnestieverordnung vom 23.8.1931.[767] Dieser enthielt eine Definition der Bezugsberechtigung und lautete: „Bezugsberechtigt im Sinne der §§ 2 bis 5 der Steueramnestieverordnung ist, wer nach der Satzung

765 In diesem Sinne auch *Alpers*, IWB 2002, Fach 10 Gruppe 2, 1619 (1621); *Henneman-Raschke* in Haun/Kahle/Goebel/Reiser, AStG (2016), § 15 AStG, Rn. 19.

766 BFH 25.4.2001 – II R 14/98, BFH/NV 2007, 1457 ff.

767 § 2 Abs. 1 der Durchführungsbestimmungen zur 1. Steueramnestie-VO vom 23.8.1931, RGBl. 1931, 449; diesem folgte § 12 Steueranpassungsgesetz vom 16.10.1934, RGBl. 1934, 924.

in der Gegenwart oder Zukunft Vermögensvorteile aus der Stiftung zu erhalten hat. Ergeben sich aus der Satzung bestimmte Bezugsberechtigte hiernach nicht, so gelten als bezugsberechtigt die Personen, bei denen nach der Satzung damit gerechnet werden kann, dass sie Vermögensvorteile aus der Stiftung erhalten werden."

Aus § 2 Abs. 1 S. 1 dieser Bestimmungen ergibt sich laut dem BFH, dass es für die Annahme einer Berechtigung nicht auf einen gegenwärtigen Rechtsanspruch angekommen sei. Wegen der Sachnähe sei davon auszugehen, dass der Gesetzgeber des AStG an die Bestimmungen der Steueramnestieverordnung habe anknüpfen wollen. Die Berechtigung im Sinne des § 15 AStG setze daher keinen Rechtsanspruch voraus, sondern es genüge bereits eine gesicherte Rechtsposition.[768] Zudem gehe aus der Gesetzesbegründung zum AStG hervor, dass der Gesetzgeber bei der Normierung des AStG im Jahre 1972 an „diese in der Praxis bewährte Regelung" habe anknüpfen wollen.[769] In der Tat ist die Gesetzesbegründung zu § 15 AStG sehr dünn und verweist im Wesentlichen auf die Vorgängervorschriften. Hätte der Gesetzgeber eine derartige Definition der Berechtigung etablieren wollen, stellt sich jedoch die Frage, warum er die gesetzliche Definition nicht erneut in den Wortlaut der Norm aufgenommen hat. Gesetzliche Definitionen sind dem § 15 AStG nicht fremd, wie sich an der Definition des Begriffs „Familienstiftung" in § 15 Abs. 2 AStG zeigt. Im Ergebnis verlangt der BFH dennoch eine gesicherte Rechtsposition und knüpft damit nicht nahtlos an die Definition des alten Gesetzes an, welche auch die spekulative Aussicht auf Trustausschüttungen ausreichen lässt.

Die Finanzverwaltung geht im Gegensatz dazu in direkter Anlehnung an die Vorgängervorschriften von einer noch weiteren Auslegung der Bezugsberechtigung im Sinne einer spekulativen Aussicht des *beneficiary* auf Trustausschüttungen aus. Hinsichtlich der Anfallsberechtigung wird wiederum darauf abgestellt, ob der *beneficiary* die Übertragung des Trustvermögens rechtlich verlangen oder tatsächlich bewirken kann.[770]

Eine Auslegung, die sich an dem Willen des historischen Gesetzgebers zu den dem § 15 AStG vorausgegangenen Vorschriften orientiert, möchte auch *beneficiaries* ohne gesicherte Rechtsposition mit einbeziehen. Auch nach Ansicht der

768 BFH 25.4.2001 – II R 14/98, BFH/NV 2007, 1457 (1459).

769 Vgl. BT-Drs. VI/2883, Begründung Rn. 119; die Zurechnung an die Anfallsberechtigten existierte vorher nicht und wurde erst im Zuge des AStG eingeführt.

770 Vgl. BMF 14.5.2004 – IV B 4 - S 1340 - 11/04, BStBl. I 2004, Sondernummer 1/2004, 3, Tz. 15.2.1., hierzu sogleich detailliert.

Finanzverwaltung kann eine rein tatsächliche Erwartung spekulativer Natur, Zuwendungen des Trusts zu erhalten, bereits ausreichen, die Berechtigung zu begründen.

(3) Systematischer Zusammenhang

Der Begriff der Berechtigung ist auch im Lichte der Gesetzessystematik zu betrachten. In der Regelungssystematik des AStG ergeben sich zwar keine Anhaltspunkte. Die Begriffe Bezugsberechtigung und Anfallsberechtigung werden jedoch in anderen Gesetzen verwendet. Insofern muss zwischen den beiden Begriffen differenziert werden.

Nach § 4b S. 1 EStG ist dem Betriebsvermögen eines Steuerpflichtigen der Anspruch aus einer Lebensversicherung nicht zuzurechnen, soweit hinsichtlich der Leistungen eines Versicherers ein anderer „bezugsberechtigt" ist. § 4b EStG greift hiermit auf § 159 VVG zurück.[771] Diese Norm vermittelt der im Versicherungsvertrag als bezugsberechtigt ausgewiesenen Person im Versicherungsfall einen unmittelbaren Anspruch auf die Versicherungsleistungen.[772] Zuvor begründet sie, falls ein unwiderrufliches Bezugsrecht im Sinne von § 159 Abs. 3 VVG vorliegt, ein Anwartschaftsrecht auf den Auszahlungsanspruch gegenüber dem Versicherer.[773] Dem Versicherungsfall des VVG ist im Rahmen des § 15 AStG die Entscheidung des *trustee* vergleichbar, die Trusteinkünfte nicht (vollumfänglich) zu thesaurieren, sondern an die *beneficiaries* auszuschütten. Demnach stützt § 4b EStG die sich aus dem Wortlaut des § 15 AStG ergebende Notwendigkeit eines Rechtsanspruchs bzw. eines Anwartschaftsrechts.

Die Anfallsberechtigung findet eine begriffliche Parallele in § 88 BGB. Nach § 88 BGB kann eine Anfallsberechtigung bei der Stiftung nur auf Grundlage der „Verfassung" – gemeint ist die Satzung der Stiftung[774] – bestimmt werden. Auch hier muss also eine gesicherte Rechtsposition aufgrund der Satzung vorliegen. Dass der Anfallsberechtigte den Vermögensanfall tatsächlich bewirken kann, reicht gerade nicht aus. Dass bei der Formulierung des AStG zwangsläufig von diesem Begriffsverständnis abgewichen werden sollte, ist nicht ersichtlich. Zweifel hieran werden – wie soeben im Rahmen der historischen Auslegung herausgearbeitet – besonders durch die fehlende Definition der Berechtigung in § 15 AStG geweckt. Zwar ist das Steuerrecht ein Rechtsgebiet mit eigener

---

771 *Heger* in Blümich, EStG (2017), § 4b EStG, Rn. 19, 31.

772 *Langheid* in Langheid/Rixecker, VVG (2016), § 159 VVG, Rn. 5; *Schneider* in Prössl/Martin, VVG (2018), § 159 VVG, Rn. 1.

773 *Bredemeyer*, ZEV 2010, 288 (290).

774 *Backert* in Bamberger/Roth/Hau/Poseck, BGB (2018), § 88 BGB, Rn. 3.

Sachgesetzlichkeit und Terminologie, so dass weder eine Vermutung für ein identisches noch ein alternatives Begriffsverständnis besteht.[775] Hier steht die Norm des § 88 BGB aber als Stiftungszivilrecht in besonderem Zusammenhang zu § 15 AStG als Stiftungssteuerrecht.

Auch eine systematische Betrachtung des Begriffes Berechtigung setzt einen Rechtsanspruch bzw. eine Rechtsanwartschaft auf Trustausschüttungen voraus.

(4) Sinn und Zweck der Norm

Zuletzt ist der Begriff der Berechtigung unter teleologischen Gesichtspunkten zu betrachten.

Wie eingangs erörtert, ist Sinn und Zweck der Zurechnungsbesteuerung nach § 15 AStG die Verhinderung der Steuer- und Kapitalflucht ins Ausland. Letztlich kommt es allerdings zu einem überschießenden Anwendungsbereich des § 15 AStG. Denn die Norm rechnet Einkünfte eines ausländischen Familientrusts selbst dann zu, wenn der Trust von einem ausländischen *settlor* errichtet und mit Auslandsvermögen ausgestattet worden ist. Zieht der *settlor* oder ein *beneficiary* dieses Trusts nach Deutschland, ist § 15 AStG grundsätzlich anwendbar. Dies gilt, obwohl bei derartigen *inbound*-Szenarien im Vergleich zu den ursprünglich anvisierten *outbound*-Szenarien von einer Steuer- und Kapitalflucht keine Rede sein kann.[776] Gleichwohl wird durch die Norm eine typisierte Missbrauchsvermutung aufgestellt.[777] Dem Steuerpflichtigen wird nicht die Möglichkeit gegeben, diese Missbrauchsvermutung in derartigen *outbound*-Fällen zu widerlegen. Der angestrebte Zweck der Zurechnungsbesteuerung wird aber in diesen Szenarien gerade nicht verwirklicht.

Das *inbound*-Szenario ist gleichwohl aufgrund der Unbekanntheit des Trusts im deutschen Zivilrecht das gängige Szenario bei Truststrukturen. So wird die Zurechnungsbesteuerung bei Trusts beinahe ausschließlich dadurch ausgelöst, dass ein *beneficiary* eines im Ausland gebildeten Trusts nach Deutschland zieht und so den Status eines unbeschränkt Steuerpflichtigen erreicht. In diesen Fällen wird jedoch gerade kein Vermögenssubstrat ins Ausland verlagert. Der

---

775 BFH 25.4.2001 – II R 14/98, BFH/NV 2007, 1457 (1459); BVerfG 27.12.1991 – 2 BvR 72/90, DStR 1992, 106 (107 f.); *Seer* in Tipke/Lang, Steuerrecht, § 1 Rn. 34.

776 Vgl. das Beispiel bei *Haag*, Steuerboard vom 9.7.2015, abrufbar unter: http://blog.handelsblatt.com/steuerboard/2015/07/09/dba-probleme-der-zurechnungsbesteuerung-bei-auslandischen-stiftungen-und-trusts/; vgl. auch die beiden Beispiele bei *Henneman-Raschke* in Haun/Kahle/Goebel/Reiser, AStG (2016), § 15 AStG Rn. 11; *Haag/Faltenbacher*, IStR 2017, 89 (93).

777 *Kraft* in Kraft, AStG (2009), § 15 AStG, Rn. 71; bestätigend BFH 25.4.2001 – II R 14/98, BFH/NV 2007, 1457 (1460); *Moser*, IStR 2017, 613 (616).

umgekehrte *outbound*-Fall, bei dem der in Deutschland unbeschränkt steuerpflichtige *settlor* Vermögenswerte auf einen ausländischen Trust überträgt, setzt die gezielte Vermögensnachfolgeplanung des deutschen *settlor* mit dem Rechtsinstitut Trust voraus und stellt die Ausnahme dar. Eine am Sinn und Zweck der Vorschrift orientierte Auslegung der Berechtigung muss diesen überbordenden Anwendungsbereich, welcher insbesondere bei Trusts relevant ist, mit einbeziehen.

Den Missständen hinsichtlich der Erfassung des *inbound*-Szenarios könnte durch den Gesetzgeber mit der Einfügung eines neuen Absatzes 12[778] in § 15 AStG begegnet werden, der den Fall eines nach Deutschland zugezogenen *settlor* oder *beneficiary* von der Zurechnungsbesteuerung ausnimmt. So entfällt die Zurechnungsbesteuerung in Einklang mit ihrem Sinn und Zweck insbesondere dann, wenn der *settlor* bei der Bildung des Trusts nicht im Inland steuerpflichtig war, später unbeschränkt steuerpflichtig wurde und das Vermögen des Trusts somit nicht von Inländern stammte und auch nie Inlandsvermögen gewesen ist.

Allerdings wird auch das *outbound*-Szenario von der bereits angeschnittenen unionsrechtlichen Problematik überschattet. Allein die abschreckende Wirkung hinsichtlich der Bildung eines ausländischen Familientrusts, welcher im Unterschied zur inländischen Stiftung die Einkünftezurechnung nach § 15 AStG nach sich zieht, kann als Verletzung der Kapitalverkehrsfreiheit zu erachten sein.[779] Neben der möglichen Verletzung der Niederlassungsfreiheit[780] in Fällen eines beherrschenden Einflusses des *settlor* und bei entgeltlicher, marktbezogener Tätigkeit des Trusts wird regelmäßig ein Verstoß gegen das Recht auf Freizügigkeit[781] zu kritisieren sein: *Settlor* und *beneficiaries* eines ausländischen Familientrusts könnten im Lichte der nachteiligen Einkünftezurechnung von einem Zuzug nach Deutschland abgeschreckt werden.[782]

778 Dieser neue Absatz könnte folgenden Wortlaut haben: „Zuwendungen der ausländischen Familienstiftung unterliegen bei Personen im Sinne des Absatzes 1 nicht der Besteuerung, soweit diese die unbeschränkte Steuerpflicht erstmalig und ausschließlich durch einen Zuzug ins Inland erlangt haben."

779 So schon *Wachter*, ZEV 2001, 495 (501); *Kalenberg/Reichert*, IStR 2016, 140 (141); jüngst *Haag/Faltenbacher*, IStR 2017, 89 (94).

780 Vgl. hierzu *Kraft/Hause*, DB 2006, 414 ff.; *Kinzl*, IStR 2005, 624 ff; *Haag/Faltenbacher*, IStR 2017, 89 (95).

781 *Wachter*, ZEV 2001, 495 (501); *Kellersmann/Schnittger*, IStR 2005, 253 ff; *Hey*, IStR 2009, 181 (184); *Haag/Faltenbacher*, IStR 2017, 89 (95).

782 *Henneman-Raschke* in Haun/Kahle/Goebel/Reiser, AStG (2016), § 15 AStG, Rn. 64.

In diesem Kontext ist zudem zu berücksichtigen, dass § 15 AStG die Einkünfte des Trusts bei den inländischen *beneficiaries* ohne Rücksicht auf deren Leistungsfähigkeit besteuert, sodass verfassungsrechtliche Bedenken gegen die Vorschrift nicht von vornherein abgewiesen werden können.[783] Konkreter wird eine Verletzung von Art. 3 Abs. 1 GG, Art. 6 Abs. 1 GG sowie Art. 2 Abs. 1, Art. 14 Abs. 1 GG gerügt.[784]. Ähnlich wie seine Vorgängervorschrift, der § 12 StAnpG[785], trägt § 15 AStG nach Ansicht eines ehemaligen Vorsitzenden desjenigen BFH-Senats, welcher sich mit dem Außensteuerrecht befasst, „deutliche Zeichen der Verfassungswidrigkeit auf der Stirn" und sei „eines Rechtsstaates unwürdig"[786]. Im Kern bestehen diese Bedenken seit Jahrzehnten und selbst nach mehrfacher Reform des § 15 AStG. Die Einbeziehung der bloßen spekulativen Aussicht auf Ausschüttungen als Berechtigung – wie von der Finanzverwaltung vertreten – würde die monierten Verstöße noch vertiefen.

Letztendlich ist den teleologischen Gesichtspunkten des § 15 AStG im Rahmen der Bestimmung der Berechtigung nur ein vermindertes Gewicht einzuräumen. So gilt es nicht, der Zurechnungsbesteuerung nach § 15 AStG durch eine besonders weite Auslegung der Berechtigung zur Geltung zu verhelfen, wenn das Telos der Norm in einer Vielzahl der Fälle gar nicht erreicht werden kann. Nur weil eine weite Auslegung des Begriffs der Berechtigung in Einzelfällen Missbrauch vorbeugt, rechtfertigt sie nicht die Ausweitung des Tatbestandes auf derart schwache Rechtspositionen wie die spekulative Aussicht auf Ausschüttungen.

Auch unter Berücksichtigung von Sinn und Zweck des § 15 AStG muss mithin mindestens eine Rechtsanwartschaft auf Trustausschüttungen vorliegen, um von einer Bezugs- oder Anfallsberechtigung des entsprechenden *beneficiary* sprechen zu können.

(5) Zwischenergebnis

Die grammatikalische und systematische Auslegung legen nahe, dass sowohl Bezugs- als auch Anfallsberechtigung eine gesicherte Rechtsposition

---

783 *Schaumburg* in Schaumburg, Internationales Steuerrecht (2017), Rn. 14.4.; *Wassermeyer* in Flick/Wassermeyer/Baumhoff/Schönfeld, AStG (2009), § 15 AStG, Rn. 22; *Wassermeyer*, IStR 2009, 191 (195); *Schulz*, Ausländische Familienstiftung, S. 262 ff.; *Schaumburg* in FS Tipke, S. 125 ff.

784 *Wassermeyer* in Flick/Wassermeyer/Baumhoff/Schönfeld, AStG (2009), § 15 AStG, Rn. 26; *Kraft* in Kraft, AStG (2009), § 15 AStG, Rn. 70 m.w.N.

785 § 12 StAnpG vom 16.10.1934, RGBl. 1934, 924; dieser ging wiederum auf §§ 2, 3 StAmnVO vom 23.8.1931, RGBl. 1931, 449 zurück.

786 *Wassermeyer*, IStR 2009, 191 (195).

voraussetzen. Auch die teleologische Auslegung vermag aufgrund des oft nicht zu erreichenden objektiven Zwecks der Vermeidung der Steuer- und Kapitalflucht keine verminderten Anforderungen an eine Berechtigung im Sinne des § 15 AStG zu begründen. Lediglich die historische Auslegung legt ein weites Verständnis dieser Berechtigung zu Grunde, wobei auch hier Zweifel geschürt werden, ob der Gesetzgeber im Rahmen des § 15 AStG tatsächlich an die Definition der Vorgängervorschrift anknüpfen wollte.

Bezugsberechtigt im Sinne von § 15 Abs. 1, Abs. 2 AStG sind demnach *beneficiaries*, die über einen Rechtsanspruch auf Bezüge aus dem Trust verfügen. Diese Definition umfasst sämtliche *beneficiaries* eines *fixed interest trust*. Ebenfalls als bezugsberechtigt kann angesehen werden, wer über ein Anwartschaftsrecht verfügt. Somit sind *beneficiaries* eines *discretionary trust* regelmäßig bereits mit ihrer Nennung im *trust instrument* bezugsberechtigt.[787]

Als anfallsberechtigter *beneficiary* im Sinne des § 15 Abs. 1, Abs. 2 AStG ist entsprechend der Bezugsberechtigung eine Person zu sehen, welcher das *trust instrument* bei einem *fixed interest trust* einen Rechtsanspruch auf die Vermögenssubstanz im Falle der Trustauflösung bzw. bei einem *discretionary trust* eine Rechtsanwartschaft auf den endgültigen Anfall der Vermögenssubstanz zuweist.

(b) Bestimmung der relativen Höhe der Berechtigung

Liegt eine Bezugs- oder Anfallsberechtigung eines *beneficiary* vor, muss deren Höhe bestimmt werden. Lediglich bei einer mehr als hälftigen Berechtigung[788] des *settlor*, seiner Angehörigen[789] und deren Abkömmlinge[790] im Sinne des § 15 Abs. 2 AStG können die Rechtsfolgen von § 15 Abs. 1 AStG greifen. Die zusammengezählten Bezugs- oder Anfallsberechtigungen aus dem Familienkreis müssen insgesamt mehr als die Hälfte dessen, was die bezugs- oder anfallsberechtigten *beneficiaries* des Trusts insgesamt erhalten sollen, umfassen. Maßgeblich ist also entweder die Summe der Bezugsberechtigungen oder die Summe der Anfallsberechtigungen. Die familiären Bezugs- oder Anfallsberechtigungen sind

---

787 Hinsichtlich der Problematik der Bezugsberechtigung nachrangiger Klassen von *beneficiaries* vgl. sogleich unter B. III. 4. a) (c) dieses Kapitels.

788 Anders als für die tatsächliche Zurechnung nach § 15 Abs. 1 AStG kommt es hier schon nach dem Wortlaut von § 15 Abs. 2 AStG nicht darauf an, ob *settlor* sowie bezugs- und anfallsberechtigte *beneficiaries* auch unbeschränkt steuerpflichtig sind.

789 Der Begriff bestimmt sich nach § 15 AO.

790 Der Begriff bestimmt sich nach § 1589 Abs. 1 S. 1 BGB.

jeweils mit ihrem Barwert dem gesamten Wert der Bezugs- bzw Anfallsberechtigungen gegenüberzustellen.[791]

Problematisch ist hier die Bezugsberechtigung, bei der zwischen *fixed interest trust* und *discretionary trust* zu unterscheiden ist. Bei einem *fixed interest trust* ist die Bestimmung der Höhe der Bezugsberechtigung selbst bei Vorliegen mehrerer *beneficiaries* zumeist problemlos möglich. Aufgrund der feststehenden Ansprüche der *beneficiaries* auf die Trusterträge lässt sich die Höhe der Bezugsberechtigung auch bei mehreren *beneficiaries* im Regelfall direkt dem *trust instrument* entnehmen.

Bei einem *discretionary trust*, bei dem die *beneficiaries* zwar festgelegt sind, es aber im Ermessen des *trustee* steht, ob, wieviel und an wen ausgeschüttet wird, wird eine anteilsmäßige Zuordnung der Bezugsberechtigung hingegen regelmäßig nicht möglich sein. Man wird in diesen Fällen nicht einfach davon ausgehen können, dass sämtliche *beneficiaries* im gleichen Verhältnis bezugsberechtigt sind, wenn sich ein bestimmter Anteil nicht ermitteln lässt.[792] Eine solche Fiktion hätte lediglich durch den Gesetzgeber erfolgen können. Vielmehr ist das Tatbestandsmerkmal „Anteil" in § 15 Abs. 1 S. 1 AStG nicht erfüllt, wenn keine genaue Quote des *beneficiary* eruiert werden kann.

Auch wenn also im Ergebnis nicht davon ausgegangen werden kann, dass ein *discretionary trust* ausschließlich „zufällige *beneficiaries*" hat[793], so ist doch eine genaue Bestimmung der Bezugsberechtigung in den meisten Fällen praktisch unmöglich. Eine derartige Zurechnung muss auch im Hinblick auf die von der Finanzverwaltung bemühte Prognoseentscheidung, welche das Ausschüttungsverhalten vergangener Jahre zugrunde legen will[794], regelmäßig zu ungerechten Ergebnissen für die bezugsberechtigten *beneficiaries* führen. Nur in den allerwenigsten Fällen wird ein *discretionary trust* in aufeinanderfolgenden Jahren auch nur annähernd gleiche Erträge an seine *beneficiaries* ausschütten, geschweige denn diese Ausschüttungen stets den Anteil der betreffenden *beneficiaries* an den Trusterträgen im Allgemeinen abbilden. Dies liefe dem Sinn und Zweck des Einsatzes eines *discretionary trust* zuwider. Hätte der *settlor* eine derartige

---

791 *Holm* in Winheller/Geibel/Jachmann, Gesamtes Gemeinnützigkeitsrecht (2017), § 15 AStG, Rn. 36; *Wassermeyer* in Flick/Wassermeyer/Baumhoff/Schönfeld, AStG (2009), § 15 AStG, Rn. 85.

792 So aber *Seibold*, IStR 1993, 545 (549) unter Verweis auf § 2 der Durchführungsbestimmungen zur 1. Steueramnestieverordnung vom 23.8.1931.

793 So aber *Götzenberger*, BBV 2004, 31 (34).

794 *Habammer*, DStR 2002, 425 (429); ähnlicher Ansatz auch bei *Werder/Wystrcil*, BB 2015, 412 (421).

Ausschüttungspraxis gewünscht, hätte er stattdessen einen *fixed interest trust* gebildet.

Die von der Finanzverwaltung propagierte Prognoseentscheidung muss oft selbst dann fehlgehen, wenn ein *discretionary trust* nur einen einzigen bezugsberechtigten *beneficiary* aufweist. Sind mehrere bezugsberechtigte *beneficiaries* vorhanden und muss ihr Anteil an den Erträgen möglichweise noch untereinander quotal verrechnet werden, gilt das soeben Gesagte umso mehr.

Nur in absoluten Ausnahmefällen wird das bisherige Ausschüttungsverhalten eine verlässliche Prognose zulassen.[795] Ein Beispiel dafür ist der Sachverhalt, welcher der Entscheidung des BFH vom 2.2.1994[796] zugrunde liegt: Obwohl dem *trustee* stets eine Ermessensentscheidung hinsichtlich der Auszahlung der Trusterträge zustand, wurden in der Tat sämtliche Erträge nach Abzug von Steuern und Verwaltungskosten jährlich an den einzigen bezugsberechtigten *beneficiary* ausgezahlt. In diesem Einzelfall ist die Bestimmung der konkreten Bezugsberechtigung unproblematisch.

Somit ist letztlich bei *discretionary trusts* zwischen drei Fallgruppen zu unterscheiden. Erste Fallgruppe ist diejenige, in denen die Bezugsberechtigung klar gegeben ist, wie in dem vom BFH entschiedenen Fall. Unter die zweite Fallgruppe sind Fälle zu fassen, in denen die Ausschüttungen in ihrer Höhe so stark auseinanderfallen oder gar in bestimmten Jahren ganz ausbleiben, sodass sich die Position als der eines „zufälligen *beneficiary*“ vergleichbar erweist und eine Bezugsberechtigung daher zu verneinen ist. Hier nutzt der *trustee* seinen Ermessensspielraum voll aus und der Sinn und Zweck eines *discretionary trusts* wird verwirklicht. Die dritte Fallgruppe bezeichnet die zwischen den ersten beiden Fallgruppen liegenden Fälle: Es werden zwar nicht gleiche, aber annähernd gleiche Beträge in den verschiedenen Jahren ausgeschüttet. In diesen Fällen sollte unter Berücksichtigung des Charakters sowohl von Einkommensteuer als auch Körperschaftsteuer als Jahressteuer eine kalenderjahrbezogene Betrachtung erfolgen.[797] Somit sollte in jedem Jahr das Vorliegen der mehr als hälftige Bezugsberechtigung erneut geprüft werden. Die kalenderjahrbezogene Betrachtungsweise sorgt dabei für eine praktikable und verlässliche Anwendung der Zurechnungsbesteuerung bei *discretionary trusts*.

795 Vgl. für Beispiele *Birnbaum/Lohbeck/Pöllath*, FR 2007, 479 (483); *Vogt* in Blümich, EStG Nebengesetze (2017), § 15 AStG, Rn. 42.

796 BFH 2.2.1994 – I R 66/92, BStBl. II 1994, 727 (729).

797 So für Stiftungen *Kraft* in Kraft, AStG (2009), § 15 AStG, Rn. 182, 240; zustimmend *Holm* in Winheller/Geibel/Jachmann, Gesamtes Gemeinnützigkeitsrecht (2017), § 15 AStG, Rn. 41.

(c) Bezugsberechtigung bei mehreren Begünstigtenklassen

Fraglich ist zudem, ob eine Bezugsberechtigung im Sinne des § 15 Abs. 1 S. 1, Abs. 2 AStG auch bei nachgeordneten Klassen von *beneficiaries* angenommen werden kann.

Das *trust instrument* eines auf die Vermögensnachfolgeplanung gemünzten Trusts wird regelmäßig mehrere Klassen von bezugsberechtigten *beneficiaries* aufweisen.[798] Dabei ist es bei einem Familientrust üblich, dass sich der *settlor* selbst und seinen Lebenspartner als Begünstigte der ersten Klasse einsetzt. Weitere Klassen enthalten sodann die Angehörigen des *settlor* und wiederum deren Angehörige. Die hier vorgestellte Reihenfolge ist freilich nicht zwingend, stellt bei einem Familientrust aber die wahrscheinlichste Gestaltung dar. Um nicht am Ende – beispielsweise bei Vorversterben der *beneficiaries* vorhergehender Klassen oder bei Kinderlosigkeit einer Generation – ein Leerlaufen der Bezugsberechtigung zu riskieren, ist *beneficiary* der letzten Klasse üblicherweise eine (gemeinnützige) Institution. Zugehörige nachgeordneter Klassen sind von Trustausschüttungen solange ausgeschlossen, wie Personen existieren, die einer vorrangigen Klasse angehören. Die *beneficiaries* der ersten Klasse sind somit die einzigen Personen, die als Bezugsberechtigte Ausschüttungen der Trusterträge erhalten können.

Daher sind nach hier vertretener Auffassung grundsätzlich bei einem *fixed interest trust* bezugsberechtigt nur diejenigen *beneficiaries* der ersten Klasse, die in dieser Kapazität gegenwärtig einen Rechtsanspruch auf Trustauszahlungen innehaben. Nachfolgende Klassen als Zurechnungssubjekte heranzuziehen, erscheint im Lichte der Auslegung der „Berechtigung" im Sinne des § 15 AStG nicht überzeugend. Gleich wie wahrscheinlich eine spätere Bezugsberechtigung dieser Klassen auch sein mag, rechtfertigt sie keine Zurechnung nach § 15 Abs. 1 S. 1 AStG, solange die jeweils vorhergehende Klasse noch eine Bezugsberechtigung innehat. In diesem Sinne sollten nachfolgende Begünstigtenklassen bis zum Wegfall der vorherigen Begünstigtenklasse auch nicht zur Begründung einer mehr als hälftigen Bezugsberechtigung im Sinne von § 15 Abs. 2 AStG herangezogen werden können.

Bei einem *discretionary trust* ist der *trustee* frei in seiner Entscheidung über Auszahlung oder Thesaurierung der Trusterträge. Je nach konkreter Ausgestaltung dieses Ermessensspielraums kann sich der *trustee* stets gegen eine Auszahlung und beispielsweise für die Wiederanlage der Trusterträge entscheiden. Bei

798 *Von Oertzen*, DStR 2002, 433; vgl. für Stiftungen *von Löwe*, IStR 2005, 577 (581); dies gilt nicht für die Anfallsberechtigung.

discretionary trusts verfügt somit auch die erste Begünstigtenklasse nicht über einen Rechtsanspruch auf Trustausschüttungen. Jedoch ist zuzugestehen, dass ihnen das *trust instrument* ein Anwartschaftsrecht auf Vorteile aus dem Trust beschert. Denn sobald der *trustee* sich dafür entscheidet, einen gewissen Teil der Trusterträge oder des Trustvermögens auszuzahlen, können diese Ausschüttungen nur an bezugsberechtigte *beneficiaries* der ersten Begünstigtenklasse erfolgen. Damit sind von dem mehraktigen Entstehungstatbestand des Rechts auf Trustauszahlungen bereits so viele Erfordernisse erfüllt, dass von einer gesicherten Rechtsposition gesprochen werden kann.[799] Dies muss auch gelten, wenn der *trustee* berechtigt ist, die *beneficiaries* des *discretionary trust* auszuwechseln. Denn die Entscheidung über die Auswechslung der *beneficiaries* befindet sich auf einer anderen Ebene. Sie ist der Ermessensentscheidung hinsichtlich einer Auszahlung vorgelagert.

Auch beim *discretionary trust* ist es allerdings so gelagert, dass vorrangige Begünstigtenklassen die nachrangigen Klassen als Zurechnungssubjekte nach § 15 Abs. 1 S. 1 AStG und als Faktoren für eine mehr als hälftige Bezugsberechtigung nach § 15 Abs. 2 AStG grundsätzlich ausschließen. Selbst bei einer Ermessensentscheidung zugunsten einer Auszahlung kommen nur die *beneficiaries* der ersten Klasse zum Zuge. Die folgenden Begünstigtenklassen verfügen mithin nicht einmal über eine Anwartschaft auf Ausschüttungen. Dass die nachgeordneten Klassen theoretisch später von Auszahlungen profitieren steht dem nicht entgegen; denn die Bezugsberechtigung im Sinne von § 15 AStG setzt einen Anspruch oder eine Anwartschaft in jenem Veranlagungszeitraum voraus, in dem die Zurechnung der Einkünfte erfolgen soll.[800]

Wie oben angerissen, ist die Finanzverwaltung der Ansicht, dass bezugsberechtigt auch ist, wer Zuwendungen aus einem ausländischen Familientrust tatsächlich erhält oder bei wem nach den Umständen zu erwarten ist, dass er sie erhalten wird. Grundlage für diese Feststellung ist das *trust instrument*.[801] Nach dieser Ansicht könnten auch nachrangige Begünstigtenklassen als bezugsberechtigt angesehen werden und so zur Begründung einer mehr als hälftigen Bezugsberechtigung im Sinne von § 15 Abs. 2 AStG herangezogen werden, da hier nach den jeweiligen Umständen und den Vorgaben im *trust instrument*

---

799 Zu den Voraussetzungen der Entstehung eines Anwartschaftsrechts vgl. nur BGH 24.3.1994 – X ZR 108/91, NJW 1994, 3099 (3100) m.w.N.

800 *Wassermeyer* in Flick/Wassermeyer/Baumhoff/Schönfeld, AStG (2009), § 15 AStG, Rn. 58.

801 BMF 14.5.2004 – IV B 4 - S 1340 - 11/04, BStBl. I 2004, Sondernummer 1/2004, 3, Tz. 15.2.1.

spätere Auszahlungen zu erwarten sein können. Der mutmaßliche Geschehensablauf im Hinblick auf die Ausschüttungen müsse dabei vorhergesehen werden, die Berechtigung müsse bestimmbar und damit auch prognostizierbar sein.[802] Dies wird bei einem *discretionary trust* regelmäßig nur dann der Fall sein, wenn das bisherige Ausschüttungsverhalten oder andere Umstände eine Prognose für die Zukunft zulassen.

Im Ergebnis kann die bloße Erwartung, Ausschüttungen aus dem Trust zu erhalten, für die Annahme einer Bezugsberechtigung nicht ausreichend sein. Denn das Element der Berechtigung macht schon vom Wortsinn her deutlich, dass es sich um eine Position handeln muss, die rechtlich fundiert ist. Aus diesem Grunde werden von § 15 AStG Zufallsdestinatäre, beim Trust also „zufällige *beneficiaries*", auch nach Ansicht der Finanzverwaltung nicht erfasst.[803] Gleichwohl wird die Finanzverwaltung die Stellung eines „zufälligen *beneficiaries*" voraussichtlich nur demjenigen Leistungsempfänger zusprechen, der punktuelle und von engen objektiven Kriterien abhängige Auszahlungen des Trusts erhält.[804]

Der von der Finanzverwaltung vertretenen Auslegung der Bezugsberechtigung ist einerseits ihre mangelnde Praktikabilität vorzuwerfen, da eine uferlose Ausdehnung des im Einzelfall nicht mehr bestimmbaren Kreises bezugsberechtigter *beneficiaries* erfolgt.[805] Andererseits ist dieser Auslegung ihre Widersprüchlichkeit entgegenzuhalten, weil „zufällige *beneficiaries*" gerade keine Bezugsberechtigten sein sollen.[806]

Es folgt somit hinsichtlich der bei Familientrusts beliebten gestuften Bezugsberechtigung, dass eine als Anwartschaft zu beurteilende Position der hintanstehenden Begünstigtenklassen nicht gegeben ist. Je weiter hinten der *beneficiary* eines Trusts also klassenmäßig steht, desto unsicherer ist seine Rechtsposition hinsichtlich des Erhalts von Trusterträgen; nur wenn die vorhergehenden

---

802 *Habammer*, DStR 2002, 425 (428).

803 BMF 14.5.2004 – IV B 4 - S 1340 - 11/04, BStBl. I 2004, Sondernummer 1/2004, 3, Tz. 15.2.1.

804 *Habammer*, DStR 2002, 425 (428); *Birnbaum/Lohbeck/Pöllath*, FR 2007, 479 (483): *Holm* in Winheller/Geibel/Jachmann, Gesamtes Gemeinnützigkeitsrecht (2017), § 15 AStG, Rn. 27; dort werden als derartige Kriterien beispielhaft Notbedarf, Krankheit sowie herausragende Leistungen des „zufälligen *beneficiaries*" genannt.

805 Ähnlich *Wassermeyer* in Flick/Wassermeyer/Baumhoff/Schönfeld, AStG (2009), § 15 AStG, Rn. 52; kritisch zudem *Richter* in von Campenhausen/Richter, Stiftungsrecht-Handbuch, § 39, Rn. 34.

806 So auch *Wassermeyer* in Flick/Wassermeyer/Baumhoff/Schönfeld, AStG (2009), § 15 AStG, Rn. 53.

Klassen nicht zum Zuge kommen, kann jemals mit einer Auszahlung gerechnet werden. Wer in einer derartigen Situation schon eine Bezugsberechtigung nach § 15 Abs. 1 S. 1 AStG annimmt, der besteuert letztlich die Aussicht auf einen Vermögensvorteil, die wirtschaftlich derjenigen eines „zufälligen *beneficiaries*" gleichkommt. Wer hier anders entscheidet, würde das Wortelement „berechtigt" der Bezugsberechtigung negieren und damit an dessen Wortsinn vorbei argumentieren. Im Ergebnis käme es zu einer Besteuerung nach Verdacht, die dem Grundprinzip der Besteuerung nach der Leistungsfähigkeit des Steuerpflichtigen[807] widerspricht.

Es ist festzustellen, dass nicht nur die Möglichkeit einer Bezugsberechtigung ausreichen kann. Genauso liegt es aber bei den hintanstehenden Begünstigtenklassen, die keine aktuelle rechtlich abgesicherte Bezugsberechtigung haben und mit einer tatsächlichen Auszahlung nur dann rechnen können, wenn die vorhergehenden Klassen von *beneficiaries* ausgefallen sind. Ausnahmen von diesem Grundsatz sind nur möglich, wenn die konkrete Ausgestaltung der verschiedenen Begünstigtenklassen lediglich künstlich vorgeschoben wird, um der Einordung als Familientrust im Sinne von § 15 Abs. 2 AStG zu entgehen.

Sowohl bei einem *fixed interest trust* als auch bei einem *discretionary trust* schließen damit vorrangige Begünstigtenklassen nachrangige Begünstigtenklassen bei der Bestimmung der Bezugsberechtigten nach § 15 Abs. 1 S. 1 AStG grundsätzlich aus. Nachrangige Begünstigtenklassen können somit auch nicht zur Begründung einer mehr als hälftigen Bezugsberechtigung im Sinne von § 15 Abs. 2 AStG herangezogen werden.

b) Anteilige Zurechnung der Einkünfte nach § 15 Abs. 1 AStG

(a) Rangfolge der Zurechnungssubjekte

§ 15 Abs. 1 S. 1 AStG beinhaltet eine Rangfolge der Zurechnungssubjekte. Die vorrangige Rechtsfolge besteht in der Zurechnung der Einkünfte des Trusts an den *settlor*.[808] Nur, wenn dieser im Zurechnungszeitpunkt keine unbeschränkte Steuerpflicht aufweist, ist über eine Zurechnung an die unbeschränkt steuerpflichtigen *beneficiaries* nachzudenken.

Sinnvoll und logisch wäre eine Rangfolge auch zwischen den bezugs- und anfallsberechtigten *beneficiaries*, da der Trust für die Bezugsberechtigten eine

807 Vgl. hierzu insbesondere *Schaumburg* in FS Tipke, S. 125 ff.

808 BFH 5.11.1992, BStBl. II 1993, 388 (389); *Schaumburg* in Schaumburg, Internationales Steuerrecht (2017), Rn. 14.19.

Einkommensbezugsquelle darstellt während die Anfallsberechtigten eine Art der Vermögensbeteiligung am Trust innehaben.[809] Insofern ist der Rückgriff auf einen Vermögensbeteiligten in einer mittlerweile rein ertragsteuerlich geprägten Vorschrift schon für sich genommen systematisch verfehlt. Einkünfte des Trusts sollten daher vorrangig dem bezusgberechtigten *beneficiary* zugerechnet werden. Eine derartige Rangfolge zwischen Bezugs- und Anfallsberechtigten ergibt sich jedoch nicht aus dem Wortlaut von § 15 Abs. 1 S. 1 AStG, welcher vielmehr ein Nebeneinander von bezugs- und anfallsberechtigten *beneficiaries* nahelegt und diese lediglich vom *settlor* („...sonst...") abgrenzt.

Die Finanzverwaltung will in diesem Sinne beide Berechtigungsgruppen zugleich heranziehen, um die Höhe der Berechtigung im Sinne von § 15 Abs. 2 AStG und die Aufteilung der zuzurechnenden Einkünfte nach § 15 Abs. 1 AStG zu bestimmen. Hierbei soll das Verhältnis der Berechtigungsgruppen untereinander maßgeblich sein.[810] Der Anteil eines Bezugsberechtigten für die Zurechnung berechnet sich danach, welche Quote ihm an den gesamten Einkünften des Trusts zugesprochen wird. Der Anteil eines Anfallsberechtigten richtet sich danach, welche Quote am Gesamtvermögen des Trusts, dem auch thesaurierte Einkünfte hinzufließen können[811], er erhalten soll. Die anteilige Zurechnung der Einkünfte des Trusts an beide Berechtigungsgruppen ist dabei wenig praktikabel[812].

Der BFH sieht zwar kein Subsidiaritätsverhältnis zwischen Bezugs- und Anfallsberechtigten, geht aber bei unbilligen Härten für den Steuerpflichtigen im Rahmen einer verfassungskonformen Auslegung des § 15 Abs. 1 S. 1 AStG

---

809 Im Ergebnis auch *Wassermeyer* in Flick/Wassermeyer/Baumhoff/Schönfeld, AStG (2009), § 15 AStG, Rn. 64; *Schaumburg* in Schaumburg, Internationales Steuerrecht (2017), Rn. 14.26; *Götzenberger* in Deininger/Götzenberger, Vermögensnachfolgeplanung, S. 100, Rn. 189.

810 BMF 14.5.2004 – IV B 4 - S 1340 - 11/04, BStBl. I 2004, Sondernummer 1/2004, 3, Tz. 15.2.3.; zustimmend *Kraft* in Kraft, AStG (2009), § 15 AStG, Rn. 184.

811 Vgl. bereits unter B. II. 3. des ersten Kapitels; oft werden die Einkünfte des Trusts jedoch gänzlich zur laufenden Ausschüttung an die bezugsberechtigten *beneficiaries* bestimmt sein, sodass nur an diese zugerechnet werden kann, vgl. *Birnbaum/Lohbeck/Pöllath*, FR 2007, 479 (484).

812 So kann dies aufgrund der verschiedenen Anknüpfungspunkte der Bezugs- und Anfallsberechtigung dazu führen, dass Anteile von mehr als 100 % ermittelt werden; diese sollten sodann bis zum Erreichen der Summe von 100 % im gleichen Verhältnis zueinander reduziert werden, vgl. *Holm* in Winheller/Geibel/Jachmann, Gesamtes Gemeinnützigkeitsrecht (2017), § 15 AStG, Rn. 43.

von einer primären Zurechnung beim Bezugsberechtigten aus.[813] Im Ergebnis stehen bezugs- und anfallsberechtigte *beneficiaries* somit grundsätzlich auf einer Stufe.

(b) Berechnung des zuzurechnenden Anteils

Unklar ist schließlich, wie der letztlich zuzurechnende „Anteil" von *settlor* und *beneficiary* an den Trusterträgen und Trustvermögen im Sinne von § 15 Abs. 1 S. 1 a.E. AStG zu bestimmen ist. Auch das offizielle Schreiben des BMF wiederholt lediglich den Gesetzeswortlaut und liefert keine weiteren Anhaltspunkte zur Bestimmung des Anteils.[814]. Die Bestimmung des Anteils ist – entsprechend der soeben diskutierten Bestimmung einer hälftigen Berechtigung – problematisch, weil das *trust instrument* in vielen Fällen keine konkreten Ausschüttungsquoten vorsieht. Erneut besteht dieses Problem insbesondere beim *discretionary trust*, da die Höhe der Ausschüttung stets im Ermessen des *trustee* steht. Zudem reicht es im Rahmen der Zurechnung des Anteils nicht, eine mehr als hälftige Berechtigung des *beneficiary* festzustellen. Vielmehr muss dessen genauer Anteil an Erträgen bzw. Vermögen ermittelt werden, um diesen sodann zurechnen zu können.

Die Finanzverwaltung will entsprechend der Bestimmung der Höhe der Berechtigung auch hier das Ausschüttungsverhalten des *trustee* in vergangenen Jahren als Indikator für die zu besteuernde Ausschüttungsquote heranziehen. Wegen der familiären Prägung des Trusts soll zu unterstellen sein, dass der *trustee* sein Entscheidungsermessen stets zugunsten der *beneficiaries* ausüben wird.[815] Selbst ein völlig freies Ermessen des *trustee* bei der Bemessung von Ausschüttungen verhindert ein Eingreifen der Zurechnungsbesteuerung also jedenfalls dann nicht, wenn der betreffende *beneficiary* in der Vergangenheit bereits Ausschüttungen aus dem Trust erhalten hat.[816] Dies wird bei *discretionary trusts* zwangsläufig zu Nachteilen für den Steuerpflichtigen führen, da nur in den seltensten Fällen aufeinanderfolgende ermessensabhängige Zahlungen in ihrer Höhe keinen Schwankungen unterliegen. Dahingehend ist nicht gesichert, an welchen Zeitpunkt bzw. an welche Zeiträume man zur Typisierung des

---

813 BFH 25.4.2001 – II R 14/98, BFH/NV 2007, 1457 (1460), gleichwohl in Bezug auf die mittlerweile obsolet gewordene Vermögensteuer.

814 BMF 14.5.2004 – IV B 4 - S 1340 - 11/04, BStBl. I 2004, Sondernummer 1/2004, 3, Tz. 15.5.1.

815 *Habammer*, DStR 2002, 425 (429); *Richter/Haag* in FS Meincke, S. 299 (318).

816 BFH 2.2.1994 - I R 66/92, BStBl. II 1994, 727 (728).

Ausschüttungsverhaltens anknüpfen möchte. Auch diese Unsicherheit hindert eine vorhersehbare und verlässliche Anwendung der Vorschrift aus Sicht des Steuerpflichtigen. So kann dieser in Liquiditätsschwierigkeiten geraten, wenn beispielsweise in vergangenen Jahren ein hoher Betrag ausgeschüttet wurde und dieser von der Finanzverwaltung als maßgeblich zur Bestimmung des „Anteils" erachtet wird. Kommt es in den darauffolgenden Jahren zu niedrigen oder gar keinen Auszahlungen, wird der Steuerpflichtige seine Steuerschuld aus seinem eigenen Vermögen befriedigen müssen, wenn denn ein solches vorhanden ist. Zumindest untersagt das Leistungsfähigkeitsprinzip, einem *beneficiary* etwas zuzurechnen, was nicht an ihn ausgeschüttet wird.[817]

Auch hier wird die Lösungsmöglichkeit sein, sich an den oben definierten drei Fallgruppen der Bezugsberechtigung bei *discretionary trusts* zu orientieren. Die Möglichkeit einer kalenderjahrbezogenen Betrachtung in den Grenzfällen der dritten Fallgruppe hilft auch im Rahmen der anteiligen Zurechnung nach § 15 Abs. 1 AStG. Sollte sich in aufeinanderfolgenden Jahren stets eine mehr als hälftige Bezugsberechtigung der *beneficiaries* beim *discretionary trust* ergeben, kann immer noch deren Ausschüttungsquote in diesem mehr als hälftigen Bereich variieren. Die Betrachtung nach dem Kalenderjahr vermeidet, dass dem *beneficiary* eines *discretionary trust* Einkünfte zugerechnet werden, die anschließend nicht an ihn ausgeschüttet werden.

5. *Zusammenfassung*

In den vergangenen Jahren stattgefundene Reformen des § 15 AStG fokussierten sich im Wesentlichen auf dessen Rechtsfolgenebene. Dies ist bedauerlich, da insbesondere bei der Zurechnung an *beneficiaries* eines *discretionary trust* bereits gravierende Probleme auf der Tatbestandsebene festzustellen sind. Anhand der Unterteilung der Bezugsberechtigung der *beneficiaries* eines *discretionary trust* in drei Fallgruppen, sowie unter Anwendung der kalenderjahrbezogenen Betrachtungsweise in Zweifelsfällen, lässt sich die Zurechnungsbesteuerung jedoch noch relativ sachgerecht und verlässlich anwenden, ohne den Steuerpflichtigen in Liquiditätsschwierigkeiten zu bringen.

B. Steuerpflichtige Vorgänge bei intransparenten Trusts

Im Folgenden wird sich den steuerpflichtigen Vorgängen im Zusammenhang mit intransparenten Trusts gewidmet. Im Gegensatz zur Vorgehensweise im

817 *Werder/Wystrcil*, BB 2015, 412 (421).

dritten Kapitel wird hier nicht die Steuerpflicht bei der Bildung bzw. Ausstattung des Trusts beleuchtet, sondern die Untersuchung auf die steuerpflichtigen Vorgänge der Ertrags- und Substanzausschüttungen während der Laufzeit und bei Auflösung des Trusts beschränkt.

I. Besteuerung der Ertragsausschüttungen intransparenter Trusts

Kommt es tatsächlich zu einer Ausschüttung von Trusterträgen während der Laufzeit oder bei Auflösung des intransparenten Trusts, ohne dass diese Vermögenspositionen bereits der Zurechnungsbesteuerung unterlagen[818], könnten die Trustausschüttungen bei den *beneficiaries* im Auszahlungszeitpunkt der Einkommensteuer unterworfen werden.

1. Ertragsausschüttungen des Trusts als sonstige Einkünfte

Ertragsausschüttungen des Trusts könnten als wiederkehrende Bezüge den Tatbestand des § 22 Nr. 1 S. 2 a) EStG erfüllen.

a) Trustausschüttungen als wiederkehrende Bezüge

(a) Von Vermögenmasse gewährte Bezüge

Für die Erfüllung des Tatbestands des § 22 Nr. 1 S. 2 a) EStG ist zunächst erforderlich, dass eine Vermögensmasse Bezüge gewährt. Unter Bezügen sind alle Einnahmen im Sinne von § 8 Abs. 1 EStG und somit insbesondere Geldzahlungen zu verstehen.[819] Zudem handelt es sich beim Trust um eine Vermögensmasse.[820] Ertragsausschüttungen des Trusts sind somit von einer Vermögensmasse gewährte Bezüge.

(b) Wiederkehrende Bezüge

Vor den durch das JStG 2010[821] eingeführten Änderungen konnten Ausschüttungen eines intransparenten Trusts an inländische *beneficiaries* ausschließlich nach § 22 Nr. 1 S. 2 a) EStG besteuert werden, wenn diese Ausschüttungen

---

818 Vgl. § 15 Abs. 11 AStG, detailliert hierzu unter A. III. 3. c) dieses Kapitels.

819 BFH 2.2.1994 – I R 66/92, BStBl. II 1994, 727 (733); *Glenk* in Blümich, EStG (2017), § 8 EStG, Rn. 13 f.

820 Vgl. ausführlich unter A. I. dieses Kapitels.

821 JStG vom 21.6.2010, BT-Drs. 17/2249; dazu sogleich unter B. I. 2. dieses Kapitels.

wiederkehrende Bezüge darstellten.[822] Auch heute noch ist die Norm bei mangelndem Eingreifen von § 20 Abs. 1 Nr. 9 S. 2 EStG anwendbar, § 22 Nr. 1 S. 1 Hs. 1 EStG.[823]

Einkünfte aus wiederkehrenden Bezügen nach § 22 Nr. 1 S. 2 a) EStG setzen die regelmäßige Wiederkehr von Bezügen aufgrund eines einheitlichen Entschlusses oder eines einheitlichen Rechtsgrunds voraus.[824] Stehen Auszahlungen wie im Falle eines *fixed interest trust* im Zeichen eines von vornherein im *trust instrument* fixierten Entschlusses des *settlor*, ist § 22 Nr. 1 S. 2 a) EStG unproblematisch anwendbar. Die Nennung der *beneficiaries* im *trust instrument* wird in diesem Fall von der Existenz feststehender Ansprüche flankiert. Hingegen sind Bezüge, die sich aufgrund einheitlichen Rechtsgrunds wiederholen, aber jedes Mal einer neuen Entschlussfassung bedürfen, keine wiederkehrenden Bezüge im Sinne des § 22 Nr. 1 S. 2 a) EStG.[825] Ihnen fehlt es an dem Charakter der Nutzung eines Rechtsverhältnisses.

Dies gilt gerade im Zusammenhang mit Trustausschüttungen, über die der *trustee* autonom entscheiden kann. Bestimmt also bei einem *discretionary trust* der *trustee* frei, oder gegebenenfalls in Abstimmung mit dem *protector*, über Thesaurierung oder Ausschüttung der Einkünfte des Trusts, können sich die

822 BMF 14.5.2004 – IV B 4 - S 1340 - 11/04, BStBl. I 2004, Sondernummer 1/2004, 3, Tz. 15.1.1; *Richter* in von Campenhausen/Richter, Stiftungsrecht-Handbuch, § 39, Rn. 38; *Pöllath*, IWB 1986 Fach 3 Gruppe 1, 1079 (1082 f.); für ausländische Familienstiftungen vgl. *Milatz/Herbst*, BB 2011, 1500 (1504).

823 Im Falle der Anwendbarkeit von § 20 Abs. 1 Nr. 9 S. 2 ErbStG würde auf Ebene der *beneficiaries* die Abgeltungsteuer in Höhe von 25 % zuzüglich Solidaritätszuschlag erhoben, während bei der Einordnung als sonstige Einkünfte nach § 3 Nr. 40 i) EStG eine Besteuerung im Umfang von 60 % mit dem persönlichen Einkommensteuersatz des *beneficiary* im Rahmen des Teileinkünfteverfahrens erfolgt. Demzufolge ist für *beneficiaries,* welche den Spitzensteuersatz zahlen, das Eingreifen von § 20 Abs. 1 Nr. 9 S. 2 EStG steuerlich günstiger, vgl. *Milatz/Herbst*, BB 2011, 1500 (1505); *Escher* in Falk/Richter, FR 2012, 158 (160); *Wassermeyer*, FR 2015, 149 (152); *Werner*, ZEV 2016, 133 (134); *Orth*, DB 2017, 1410 (1413).

824 *Nacke* in Blümich, EStG (2018), § 22 EStG, Rn. 29, 32; BFH 20.7.1971 – VIII 24/65, BFH 20.7.1971 – VIII 24/65, BStBl. II 1972, 170 (172 f.); BFH 27.9.1973 – VIII R 71/69, BStBl. II 1974, 101 (102); BFH 13.3.1974 – I R 180/72, BStBl. II 1974, 423 (424); BFH 25.8.1987 – IX R 98/82, BStBl. II 1988, 344 (346); BFH 14.4.2015 – IX R 35/13, BStBl II 2015, 795; BFH 28.2.2018 – VIII R 30/15, BFHE 261, 47 (52).

825 So auch *Nacke* in Blümich, EStG (2018), § 22 EStG, Rn. 32; BFH 20.7.1971 – VIII 24/65, BFH 20.7.1971 – VIII 24/65, BStBl. II 1972, 170 (171); *Siemers/Müller*, IStR 1998, 385 (391); *Birnbaum/Lohbeck/Pöllath*, FR 2007, 479 (485).

beneficiaries der regelmäßigen Wiederkehr etwaiger Bezüge niemals sicher sein. Ihr Erhalt stellt sich nicht als schlichte Nutzung eines Rechtsverhältnisses dar und es fehlt an einem einheitlichen Rechtsgrund etwaiger Trustausschüttungen. Zwar werden auch beim *discretionary trust* die *beneficiaries* derart im *trust instrument* aufgeführt sein, dass ihre Bestimmbarkeit sichergestellt ist; andernfalls wäre bereits die Wirksamkeit der Trustbildung gefährdet.[826] Jedoch begründet diese Nennung im Gegensatz zur Situation beim *fixed interest trust* noch keinen Anspruch auf Ausschüttungen. Selbst wenn es später zu Auszahlungen an die *beneficaries* kommt, kann zwar davon ausgegangen werden, dass das *trust instrument* als schriftliche Fixierung des Willens des *settlor* den einheitlichen Rechtsgrund derer bildet.[827] Es kann aber nicht angenommen werden, dass ein vorher gefasster einheitlicher Entschluss im *trust instrument* letztlich zu diesen Auszahlungen geführt hat. Somit ist bei immer wieder neuen, voneinander unabhängigen Entschlüssen des *trustee* im Rahmen eines *discretionary trust* nicht vom Vorliegen wiederkehrender Bezüge auszugehen.[828]

Sollte es einmal so gelagert sein, dass Auszahlungen trotz erneuter Ermessensausübung auf einen ursprünglichen Entschluss des *trustee* zurückgeführt werden können, stünde einer Besteuerung nach § 22 Nr. 1 S. 2 a) EStG indes nichts entgegen. Diese Situation wird bei *discretionary trusts* gleichwohl den Ausnahmefall darstellen.

b) Zwischenergebnis

Zusammenfassend lässt sich sagen, dass Ausschüttungen von intransparenten *fixed interest trusts* stets als wiederkehrende Bezüge besteuert werden können, während dies bei Leistungen eines *discretionary trust* mangels des Charakters der Nutzung eines Rechtsverhältnisses in der Regel nicht möglich ist. § 22 Nr. 1 S. 2 a) EStG spielt auch heute noch eine Rolle für Trustausschüttungen, wenn diese nicht unter die Regelung des § 20 Abs. 1 Nr. 9 S. 2 EStG subsumiert werden können.

---

826 Vgl. hierzu bereits unter C. I. 3. des ersten Kapitels.

827 Vgl. zur Situation bei der Stiftung *Desens/Hummel*, DStZ 2011, 710 (715 f.).

828 *Birnbaum/Lohbeck/Pöllath*, FR 2007, 479 (485); *Werder/Wystrcil*, BB 2015, 412 (418); a.A. BFH 2.2.1994 – I R 66/92, BStBl. II 1994, 727 (733 f.), wonach wiederkehrende Bezüge auch bei *discretionary trusts* vorliegen, wenn das „ob“ und das „wie“ von Ausschüttungen im Ermessen des *trustee* stehen, aber der Zeitpunkt der Auszahlung in regelmäßigen Abständen auftritt; ebenso *Orth*, DStR 2001, 325 (333).

2. *Ertragsausschüttungen des Trusts als Einkünfte aus Kapitalvermögen*

a) *Trustausschüttungen als Leistungen einer ausländischen Vermögensmasse*

Wie soeben herausgearbeitet, können Ausschüttungen eines *discretionary trust* regelmäßig nicht unter den subsidiären[829] § 22 Nr. 1 S. 2 a) EStG subsumiert werden. Derartige Auszahlungen konnten ursprünglich potentiell nur noch von § 20 Abs. 1 Nr. 9 EStG a.F. erfasst werden. Gleichwohl schied auch eine Besteuerung der Trustausschüttungen als Einkünfte aus Kapitalvermögen nach § 20 Abs. 1 Nr. 9 EStG a.F. in der Regel aus, weil die Vorschrift in ihrer alten Fassung nur Leistungen von unbeschränkt körperschaftsteuerpflichtigen Zweckvermögen des privaten Rechts im Sinne des § 1 Abs. 1 Nr. 5 KStG der Besteuerung unterwarf.[830] Somit wäre ein Eingreifen der Bestimmung in ihrer alten Fassung allenfalls bei dem unwahrscheinlichen Fall von Geschäftsleitung oder Sitz des Trusts in Deutschland in Betracht gekommen.

(a) Leistungen einer ausländischen Vermögensmasse

Im Rahmen des JStG 2010 wurde die Norm des § 20 Abs. 1 Nr. 9 EStG a.F. um einen Satz 2 erweitert. Nach § 20 Abs. 1 Nr. 9 S. 2 EStG findet Satz 1 der Vorschrift nun entsprechende Anwendung auf Leistungen ausländischer Körperschaften, Personenvereinigungen oder Vermögensmassen, wenn diese Leistungen mit Dividendenzahlungen von Kapitalgesellschaften an deren Gesellschafter im Sinne des § 20Abs. 1 Nr. 1 EStG wirtschaftlich vergleichbar sind und nicht bereits unter diesen Tatbestand fallen.[831] Für inländische Körperschaften, Personenvereinigungen und Vermögensmassen galt dies bereits seit dem Steuersenkungsgesetz (StSenkG) vom 23.10.2000[832]; nach der Senkung der Körperschaftsteuer und der damit einhergehenden Nachbesteuerung der Anteilseigner im Ausschüttungsfalle war es steuersystematisch nötig geworden, Leistungen derartiger Körperschaften an ihre „Mitglieder" der Kapitalertragsteuer zu unterwerfen.[833]

Soweit Ausschüttungen eines ausländischen Trusts an inländische *beneficiaries* betroffen sind, welche zuvor nach § 22 Nr. 1 S. 2 a) EStG als wiederkehrende

829 Vgl. Wortlaut von § 22 Nr. 1 S. 1 Hs. 1 EStG: „...soweit sie nicht zu den in § 2 Absatz 1 Nummer 1 bis 6 bezeichneten Einkunftsarten gehören...".

830 Vgl. zur Anwendung auf ausländische Stiftungen *Wassermeyer*, DStR 2006, 1733 (1735); *von Löwe*, IStR 2005, 577 (583).

831 BR-Drs. 318/10, S. 77.

832 BGBl. I 2000, 1433; BStBl. I 2000, 1428.

833 *Ratschow* in Blümich, EStG (2018), § 20 EStG, Rn. 335; *Desens/Hummel*, DStZ 2011, 710 (711); vgl. zum Ablauf die Darstellung bei *Orth*, DB 2017, 1410 (1411 ff.).

Bezüge einzuordnen gewesen wären, ist ein Eingreifen von § 20 Abs. 1 Nr. 9 S. 2 EStG bereits ab dem 1.1.2009 anzunehmen; dies hat insbesondere zur Folge, dass für solche Ausschüttungen nach § 32d Abs. 1 EStG bereits ab diesem Zeitpunkt der Tarif der Abgeltungsteuer zur Anwendung gelangt. Betroffen sind somit insbesondere sämtliche Ausschüttungen eines *fixed interest trust*. Für die Auszahlungen eines *discretionary trust* ist Stichtag grundsätzlich der 1.1.2011.[834]

Da der Trust regelmäßig eine Vermögensmasse mit Sitz und Geschäftsleitung im Ausland nach § 2 Nr. 1 KStG darstellt, kann er als Rechtssubjekt unter § 20 Abs. 1 Nr. 9 S. 2 EStG subsumiert werden.

(b) Wirtschaftliche Vergleichbarkeit der Leistungen zu Gewinnausschüttungen einer Gesellschaft

Das Erfordernis der wirtschaftlichen Vergleichbarkeit fand mit dem Unternehmenssteuerfortentwicklungsgesetz (UntStFG) vom 20.12.2001[835] seinen Weg in § 20 Abs. 1 Nr. 9 a.F. EStG[836]. Tatsächlich nehmen Trusts als Vermögensmassen nach § 2 Nr. 1 KStG keine nach § 20 Abs. 1 Nr. 1 EStG zu versteuernden Gewinnausschüttungen vor; in Betracht kommt aber die Besteuerung von Leistungen, welche mit Gewinnausschüttungen an Gesellschafter nach § 20 Abs. 1 Nr. 1 S. 1 EStG wirtschaftlich vergleichbar sind.[837] Zwar ist insbesondere bei Vermögensmassen wie dem Trust nicht von Leistungen an Anteilseigner oder Mitglieder zu sprechen. Dennoch finden auch hier Vermögensübertragungen an die „hinter diesem Gebilde stehenden“ Personen statt, welchen eine wirtschaftliche Vergleichbarkeit zu den erstgenannten Leistungen innewohnen kann und die deshalb im Zuge einer steuerlichen Gleichbehandlung auf der Ebene des „Anteilseigners“ einer steuerlichen Nachbelastung unterliegen müssen.[838]

Die Gesetzesbegründung zum JStG 2010 verweist zur Rechtfertigung der Neuregelung zudem auf den Umstand, dass Gewinnanteile auch bei einem Herrühren von ausländischen Schuldnern grundsätzlich nach § 20 EStG besteuert werden; daher sei es nur gerecht, wenn die Leistungen vergleichbarer ausländischer Körperschaften, Personenvereinigungen und Vermögensmassen von § 20

834 BT-Drs. 17/2249, S. 63.

835 BGBl. I 2001, 3858.

836 Vgl. zu den Details *Biachini-Hartmann/Richter* in Hof/Bianchini-Hartmann/Richter, Stiftungen, S. 357 ff.

837 *Ratschow* in Blümich, EStG (2018), § 20 EStG, Rn. 336 f.; *Werder/Wystrcil*, BB 2015, 412 (418); BFH 28.2.2018 – VIII R 30/15, BFHE 261, 47 (49).

838 So BT-Drs. 14/2683, S. 114; in diesem Sinne auch BGH 8.9.2016 – II ZR 7/15, DB 2016, 2536 (2537).

Abs. 1 Nr. 9 EStG erfasst werden.[839] Somit können nun insbesondere Leistungen von ausländischen Stiftungen an ihre Destinatäre[840] sowie Leistungen von ausländischen Trusts an deren *beneficiaries* jeweils als Leistungen ausländischer Vermögensmasse im Grundsatz als Einkünfte aus Kapitalvermögen unter die Regelung des § 20 Abs. 1 Nr. 9 S. 2 EStG fallen.[841] Voraussetzung ist allerdings stets die wirtschaftliche Vergleichbarkeit dieser Leistungen mit Gewinnausschüttungen einer Gesellschaft. Zudem müssen die *beneficiaries* des ausländischen Trusts in Deutschland unbeschränkt steuerpflichtig sein. Wegen der Einordnung als Einkünfte aus Kapitalvermögen ist eingreifender Tarif nun nach § 32d Abs. 1 EStG der Tarif der Abgeltungsteuer.

Gesetzessystematisch ist die Einordnung von Ausschüttungen eines Trusts an dessen *beneficiaries* als Einkünfte aus Kapitalvermögen nicht überzeugend.[842] *Beneficiaries* eines Trusts sind – wie die Destinatäre einer Stiftung – weder Mitglieder[843] noch Gesellschafter des Trusts.[844] Auch sind sie im Falle eines intransparenten Trusts niemals Eigentümer des den Trust ausmachenden Trustvermögens; allenfalls besitzen sie eigentumsähnliche Rechte am Trustvermögen. Der BFH hat für den Fall satzungsmäßiger Ausschüttungen von Stiftungen indes klargestellt, dass die Destinatäre niemals rechtlich die Stellung eines Anteilseigners ausfüllen müssten; eine wirtschaftliche Vergleichbarkeit reiche in jedem Falle aus.[845] Für die Anwendung des § 22 Nr. 1 S. 2 a) EStG verbleibt jedoch wegen dessen Subsidiarität gegenüber den Einkünften aus Kapitalvermögen nach § 2 Abs. 1 Nr. 5 EStG im Zuge der Neuregelung nur Raum, wenn eine wirtschaftliche Vergleichbarkeit von Trustausschüttungen im konkreten Fall auszuschließen ist.

---

839 BT-Drs. 17/2249, S. 52.

840 Die Stiftung wird explizit in der Gesetzesbegründung aufgeführt; *Schiffer/von Schubert*, BB 2002, 265 (268).

841 *Richter* in Richter/von Campenhausen, Stiftungsrecht-Handbuch, § 39, Rn. 36; *Schienke-Ohletz/Kühn*, ZEV 2015, 150.

842 Dagegen für den Fall der Stiftung insbesondere *Kirchhain*, BB 2006, 2387 (2388).

843 *Wernicke*, ZEV 2003, 301 (303); Kirchhain, BB 2006, 2387 (2388); *Wachter*, FR 2017, 130 (131); *Orth*, DB 2017, 1410 (1415); *Werner*, ZEV 2017, 181 (184 f.); *Wystrcil*, Destinatärsleistungen, S. 19.

844 *Richter* in Richter/von Campenhausen, Stiftungsrecht-Handbuch, § 41, Rn. 71.

845 BFH 3.11.2010 – I R 98/09, BFHE 232, 22 (25).

b) Zwischenergebnis

Wichtigste Folge der Neuregelung ist mithin, dass theoretisch auch bei ausländischen Vermögensmassen – wie dem Trust mit Geschäftsleitung und Sitz im Ausland – die einkommensteuerliche Erfassung von Ausschüttungen eines *discretionary trust* an dessen *beneficiaries* möglich ist. Dies gilt jedoch nur, wenn derartige Ausschüttungen das Erfordernis der wirtschaftlichen Vergleichbarkeit mit Gewinnausschüttungen an Anteilseigner im konkreten Fall erfüllen. Wann dies der Fall ist, soll im Folgenden ergründet werden.

3. Vergleich von Trustausschüttungen mit Ausschüttungen von Stiftungen an deren Destinatäre

Zur wirtschaftlichen Vergleichbarkeit von Trustausschüttungen an die *beneficiaries* gegenüber Gewinnausschüttungen an Anteilseigner einer Kaptalgesellschaft ist bis jetzt noch keine Rechtsprechung ergangen. Die Frage der wirtschaftlichen Vergleichbarkeit wird in der Literatur und Rechtsprechung nur in Zusammenhang mit Leistungen ausländischer Stiftungen an deren Destinatäre angegangen.[846] Daher soll in der vorliegenden Untersuchung zunächst die wirtschaftliche Vergleichbarkeit von Leistungen einer (ausländischen) Stiftung an deren Destinatäre zu den in Rede stehenden Dividendenzahlungen von Kapitalgesellschaften erörtert werden. Anschließend sollen aus dem Vergleich der Rechtsstellung zwischen Destinatären und *beneficiaries* Rückschlüsse auf die wirtschaftliche Charakterisierung von Ausschüttungen des Trusts gezogen werden. Auch Destinatärsleistungen wurden vor Einführung des § 20 Abs. 1 Nr. 9 EStG als wiederkehrende Bezüge erfasst, so dass eine Parallelität zu der Behandlung von Ausschüttungen des Trusts an seine *beneficiaries* auf dem Gebiet der Einkommensteuer besteht.

a) Problemstellung

Dabei ist auch im Auge zu behalten, dass aufgrund der Steuerpflicht beim Erwerb durch Zwischenberechtigte nach § 7 Abs. 1 Nr. 9 S. 2 Hs. 2 ErbStG eine Mehrfachbesteuerung dieser Ausschüttungen mit Einkommensteuer und Schenkungsteuer möglich ist. Es gilt zu beachten, dass dieses Problem bei der inländischen Stiftung aufgrund der grundsätzlichen Steuerfreiheit satzungsmäßiger Ausschüttungen nach dem ErbStG erst bei Leistungen im Rahmen von

---

846 So beispielsweise *Ratschow* in Blümich, EStG (2018), § 20 EStG, Rn. 339 a.

deren Auflösung virulent wird.[847] Es besteht sodann bezüglich der Ausschüttungen anlässlich der Aufhebung der inländischen Stiftung die Möglichkeit einer Mehrfachbesteuerung mit Einkommensteuer (§ 20 Abs. 1 Nr. 9 S. 1 Hs. 2 i.V.m. Nr. 2 EStG) sowie Schenkungsteuer (§ 7 Abs. 1 Nr. 9 S. 1 ErbStG).

Beim Trust (und bei der ausländischen Stiftung) besteht dieses Problem sowohl bei laufenden Ausschüttungen (Potentielles Eingreifen von § 20 Abs. 1 Nr. 9 S. 2 EStG bzw. § 22 Nr. 1 S. 2 a) EStG sowie § 7 Abs. 1 Nr. 9 S. 2 Hs. 2 ErbStG) als auch bei Ausschüttungen anlässlich der Auflösung (Möglichkeit der doppelten Besteuerung nach § 20 Abs. 1 Nr. 9 S. 2 i.V.m. S. 1 Hs. 2 i.V.m. Nr. 2 EStG sowie § 7 Abs. 1 Nr. 9 S. 2 Hs. 1 ErbStG). Mit dem Problem der doppelten Besteuerung soll sich im letzten Kapitel der Arbeit beschäftigt werden.

Klärungsbedürftig ist zunächst, unter welchen Voraussetzungen bei Stiftungsleistungen an Destinatäre von einer wirtschaftlichen Vergleichbarkeit mit Gewinnausschüttungen ausgegangen werden kann. Gewinnausschüttungen sind gesellschaftsrechtlich motivierte offene oder verdeckte Verteilungen der Gewinne, welche im Rahmen des Geschäftszwecks der Gesellschaft erwirtschaftet wurden.[848] Grundsätzlich sind Vermögensübertragungen an Nicht-Kapitalgesellschafter mit diesen wirtschaftlich vergleichbar, wenn diese nicht durch eine Gegenleistung – wie beispielsweise durch die Entrichtung von Mitgliedsbeiträgen – beglichen werden.[849] § 20 Abs. 1 Nr. 9 EStG soll demnach nicht für Leistungen greifen, welche im weitesten Sinne mit einer Gegenleistung des Empfängers der Leistung korrespondieren.[850] Wann jedoch positiv von einer wirtschaftlichen Vergleichbarkeit gesprochen werden kann, ist nach wie vor heftig umstritten.

b) Position der Rechtsprechung

Der BFH hat sich mittlerweile[851] zu der Problematik positioniert. In einer der wenigen bislang ergangenen Entscheidungen zu der Thematik befürwortet er die Anwendung von § 20 Abs. 1 Nr. 9 EStG auf Stiftungen, sofern die Destinatäre

847 Erstmals erwähnt bei *Kirchhain*, BB 2006, 2387 (2388); vertiefend diskutiert bei *Desens/Hummel*, DStZ 2011, 710 ff.; da die Stiftung im Gegensatz zum Trust „auf ewig“ errichtet wird, ist dieses Problem dort weniger schwerwiegend.

848 BT-Drs. 14/6882, S. 35; *Biachini-Hartmann/Richter* in Hof/Bianchini-Hartmann/Richter, Stiftungen, S. 358.

849 BT-Drs. 14/6882, S. 35; BR-Drs. 638/01, S. 54.

850 BFH 3.11.2010 – I R 98/09, BFHE 232, 22 (24).

851 Noch offenlassend in BFH 14.7.2010 – X R 62/08, BStBl. II 2014, 320 (321).

unmittelbar oder mittelbar Einfluss auf das Ausschüttungsverhalten der Stiftung zu nehmen im Stande sind.[852]

Zunächst macht der BFH deutlich, dass eine Vergleichbarkeit mit Gewinnausschüttungen jedenfalls bei einer Gegenleistung des Leistungsempfängers ausscheide.[853] Solche Gegenleistungen dürften bei Zuwendungen einer Stiftung an ihre Destinatäre allerdings in der Regel ohnehin nicht vorkommen.[854] Auf eine Vermögensbeteiligung seitens des Leistungsempfängers könne es allein deshalb schon nicht ankommen, weil die Aufzählung in § 20 Abs. 1 Nr. 9 EStG auch Vermögensmassen – wie sie Stiftung und Trust darstellen – aufführt, bei denen definitionsgemäß eine derartige Beteiligung sowie mitgliedschaftsähnliche Rechte ausgeschlossen sind.[855]

Da die Differenzierung zwischen den in § 20 Abs. 1 Nr. 9 EStG aufgeführten Körperschaftsteuersubjekten dem Gesetzgeber somit klar gewesen sei, müsse man sich nicht darauf konzentrieren, ob die Destinatäre rechtlich die Stellung eines Anteilseigners inne haben; sie müsse lediglich wirtschaftlich der Position eines Anteilseigners entsprechen.[856] Dass diesem Umstand im Urteil erneut Gewicht eingeräumt wird, erstaunt insofern, als das Erfordernis der lediglich wirtschaftlichen Vergleichbarkeit bereits seit der Änderung im Rahmen des Unternehmenssteuerfortentwicklungsgesetzes explizit im Tatbestand des § 20 Abs. 1 Nr. 9 EStG aufgeführt ist. Der erneute Hinweis des BFH an dieser Stelle ist möglicherweise als Abkehr von teilweise sehr stark systematisch geprägten und an der rechtlichen Vergleichbarkeit orientierten Lösungsansätzen zum in Rede stehenden Abgrenzungsproblem zu verstehen.[857]

In der Folge lässt der BFH ausdrücklich offen, ob diese wirtschaftliche Vergleichbarkeit bei Leistungen an die Destinatäre stets vorliegt oder von welchen Voraussetzungen sie ansonsten abhängig sein kann.[858] Sie liege jedenfalls in dem zu beurteilenden Sachverhalt vor, da die Destinatäre alleinige Nutznießer sowie

---

852 BFH 3.11.2010 – I R 98/09, BFHE 232, 22 (26); bestätigend BFH 28.2.2018 – VIII R 30/15, BFHE 261, 47 (49).

853 BFH 3.11.2010 – I R 98/09, BFHE 232, 22 (24).

854 A.A. *Escher* in Falk/Richter, FR 2012, 158 (161).

855 BFH 3.11.2010 – I R 98/09, BFHE 232, 22 (24); vgl. auch *von Oertzen* in von Oertzen/Loose, ErbStG (2017), § 3 ErbStG, Rn. 117.

856 BFH 3.11.2010 – I R 98/09, BFHE 232, 22 (25); so schon Schleswig-Holsteinisches FG 7.5.2009 – 5 K 277/06, DStRE 2009, 1429 (1431).

857 Vgl. als Beispiel für einen solchen Ansatz *Kirchhain*, BB 2006, 2387 (2388).

858 So auch *Richter* in von Campenhausen/Richter, Stiftungsrechtshandbuch, S. 920, § 41, Rn. 74.

Anfallsberechtigte der Stiftungserträge seien und zudem die Möglichkeit der Einflussnahme auf deren Verwendung gehabt hätten. Somit hätten die Destinatäre wie Gesellschafter die Früchte aus dem einst zugeführten Stiftungskapital gezogen. Dass dieses vom Stifter und nicht von den Destinatären selbst eingebracht worden ist, sei aufgrund der exklusiven Bezugs- und Anfallsberechtigung irrelevant. Teilweise vermittelte die Satzung gar unmittelbare Ansprüche bezüglich einzelner Leistungen. Daher handele es sich im konkreten Fall bei den Destinatären um „hinter der Stiftung stehende Personen".[859]

Zur Klärung der sich stellenden Rechtsfrage eignet sich der vom BFH entschiedene Fall nur sehr bedingt. Die Sachverhaltskonstellation dürfte den Extremfall der Annäherung der Stellung eines Destinatärs an die eines Gesellschafters darstellen. Kriterien zur Eruierung einer unteren Schwelle, die zur erforderlichen Abgrenzung geeignet wären, werden vom BFH nicht bereitgestellt.[860]

c) Position der Finanzverwaltung

Eine klare, wenn auch im Endeffekt wenig differenzierte Linie, präsentiert die Finanzverwaltung. Diese äußerte sich zum diskutierten Problem erstmals im BMF-Schreiben vom 27.6.2006[861]: *„Unter § 20 Abs. 1 Nr. 9 EStG fallen alle wiederkehrenden oder einmaligen Leistungen einer Stiftung, die von den beschlussfassenden Stiftungsgremien aus den Erträgen der Stiftung an den Stifter, seine Angehörigen oder deren Abkömmlinge ausgekehrt werden. Der Stifter, seine Angehörigen oder deren Abkömmlinge erzielen entsprechende Einkünfte aus Kapitalvermögen. Dies gilt auch, wenn die Leistungen anlässlich der Auflösung der Stiftung erbracht werden."*

Dem Anwendungserlass lassen sich drei wesentliche Punkte entnehmen.

Zunächst macht die Finanzverwaltung mittels des ersten einschränkenden Relativsatzes deutlich, dass nicht sämtliche Leistungen einer Stiftung an deren Destinatäre die notwendige wirtschaftliche Vergleichbarkeit mit Gewinnausschüttungen von Kapitalgesellschaften aufweisen, und so eine Anwendung von § 20 Abs. 1 Nr. 9 EStG rechtfertigen.

Ferner geht die rechtliche Einschätzung dahin, dass lediglich bei Familienstiftungen im Allgemeinen der Stifter sowie seine Angehörigen oder deren Abkömmlinge als hinter der Stiftung stehende Personen zu qualifizieren sind,

---

859 BFH 3.11.2010 – I R 98/09, BFHE 232, 22 (26).

860 Ebenso Schleswig-Holsteinisches FG 7.5.2009 – 5 K 277/06, DStRE 2009, 1429 (1432).

861 BMF 27.6.2006 – IV B 7 - S 2252 - 4/06, BStBl. I 2006, 417; kritisch dazu *Wassermeyer*, DStR 2006, 1733 (1736).

bei denen stets eine gesellschafterähnliche Stellung gegeben sein wird. Zur Differenzierung wird somit an die Person des Leistungsempfängers angeknüpft und von dessen Identität eine Schlussfolgerung auf eine gesellschafterähnliche Stellung gezogen. Unabhängig von der konkreten Rechtsstellung der Destinatäre wird eine pauschale steuerliche Einordnung einem tatsächlich individuell zu erfassenden Sachverhalt übergestülpt. Es wird in dem kurzen Erlass nicht ausgeführt, warum bei einer Familienstiftung stets von der Anwendbarkeit von § 20 Abs. 1 Nr. 9 EStG auszugehen ist.

Nach dieser Ansicht sind die Destinatäre einer Familienstiftung stets als „hinter der Stiftung stehende Personen" einzuordnen, ganz gleich, ob die Stiftung tatsächlich von diesen beeinflusst wird und ihnen somit Erträge erwirtschaftet. Dem liegt eine Form von Typisierung durch die Finanzverwaltung zugrunde, welche von einer Korrelation der familiären Zweckrichtung zu einem hohen Grad an Einflussnahme durch die Destinatäre auf die Geschicke der Stiftung ausgeht. Dies kann nicht überzeugen, da nach der gesetzlichen Konzeption eine Familienstiftung eine Stiftung „für" eine Familie darstellt. Es spielt in diesem Zusammenhang gerade keine Rolle, ob die Stiftung „von" einer Familie errichtet, kontrolliert oder in besonderem Maße beeinflusst wird.[862] Aber auch an anderer Stelle bringt die Finanzverwaltung diese Ansicht zum Ausdruck, wenn sie in den Erbschaftsteuer-Richtlinien 2019 einen wesentlichen Einfluss auf die Geschäftsführung der Stiftung als Kriterium für das Vorliegen einer Familienstiftung erachtet.[863] In der geäußerten Form ist die Ansicht jedoch zu schemenhaft und orientiert sich in keiner Weise an der konkreten Ausgestaltung der Struktur.

Schlussendlich ist zu konstatieren, dass die Finanzverwaltung nur die aus den Erträgen erfolgenden Zahlungen an die genannte Personengruppe nach § 20 Abs. 1 Nr. 9 EStG erfassen möchte. Zu Ausschüttungen der Vermögenssubstanz wird gerade keine Aussage getroffen. Folglich ist eine Erfassung von Vermögensausschüttungen durch § 20 Abs. 1 Nr. 9 EStG selbst nach Ansicht der Finanzverwaltung nicht möglich. Stiftungserträge sollen jedoch auch steuerbar sein, wenn sie anlässlich der Auflösung der Stiftung ausgekehrt werden.[864]

Zwar trifft das BMF-Schreiben keine expliziten Aussagen bezüglich der Ausschüttungen von Trusts an deren *beneficiaries.* Zunächst spricht jedoch

---

862 *Richter* in von Campenhausen/Richter, Stiftungsrecht-Handbuch, § 13, Rn. 4; *von Oertzen/Hosser*, ZEV 2010, 168 (169); *Orth*, DB 2017, 1410 (1411) mit Nachweisen aus den Stiftungsgesetzen der Länder.

863 R E 1.2 Abs. 2 S. 3 ErbStR 2019, BStBl. I 2019, Sondernummer 1/2019, 2.

864 A.A. BFH 28.2.2018 – VIII R 30/15, BFHE 261, 47 (50).

die ähnliche steuerliche Behandlung für eine vergleichbare Ansicht betreffend Trusts. Überdies würde eine Erwähnung des Trusts in diesem BMF-Schreiben noch wenig Sinn machen. Denn das Schreiben wurde zu § 20 Abs. 1 Nr. 9 a.F. EStG[865] erlassen, der lediglich inländische Vermögensmassen, also die äußerst seltenen Trusts mit Sitz oder Geschäftsleitung in Deutschland, tatbestandlich erfasste. Ein Verweis, dass die Ansicht des BMF auch auf „Familientrusts" Anwendung finden kann, hätte hier noch kaum praktische Relevanz entfaltet. Schließlich lässt die spätere Erweiterung des Tatbestandes auf entsprechende ausländische Vermögensmassen erkennen, dass ausländische Stiftungen und Trusts in den Anwendungsbereich der Norm mit einbezogen werden sollten. In diesem Sinne spricht zunächst nichts gegen eine Übertragbarkeit der Ansicht der Finanzverwaltung für den Fall, dass die Vermögensmasse Sitz und Geschäftsleitung im Ausland aufweist.[866]

In Abgrenzung zur Ansicht des BFH ist festzuhalten, dass dieser zur Feststellung der wirtschaftlichen Vergleichbarkeit an die konkrete Rechtsposition des Destinatärs sowie dessen Stellung beeinflussende Faktoren anknüpft und nicht wie das BMF die bloße Identität des Destinatärs als Kriterium für die Anwendung von § 20 Abs. 1 Nr. 9 EStG ansieht. Allein der erste Leitsatz der Entscheidung[867] macht deutlich, dass auch der BFH nicht jede Leistung an die Destinatäre einer Stiftung als Einkünfte aus Kapitalvermögen einstuft.

Auf gesetzgeberischer Seite wird diese Einschätzung durch die oben erwähnte nachträgliche Einfügung des einschränkenden Relativsatzes „...die mit Gewinnausschüttungen [...] wirtschaftlich vergleichbar sind..." etwa ein Jahr nach der Einführung von § 20 Abs. 1 Nr. 9 EStG unterstützt. Hier wollte der Gesetzgeber allem Anschein nach ein begrenzendes Korrektiv für die Subsumtion unter anderem von Destinatärsleistungen unter die Norm schaffen. Dies gilt besonders im Lichte der Begründung zum UntStFG, dass es sich bei dem in Rede stehenden Zusatz um eine Klarstellung zu der Frage handle, welche Einnahmen aus Leistungen unter die Neuregelung des § 20 Abs. 1 Nr. 9 EStG i. d. F. des StSenkG fielen.[868]

865 Jetzt § 20 Abs. 1 Nr. 9 S. 1 EStG.

866 Zweifelnd *Werder/Wystrcil*, BB 2015, 412 (419).

867 „Können die Leistungsempfänger einer Stiftung unmittelbar oder mittelbar Einfluss auf das Ausschüttungsverhalten der Stiftung nehmen, handelt es sich bei den Leistungen um Einkünfte aus Kapitalvermögen i. S. des § 20 Absatz 1 Nr. 9 EStG 2002 i. d. F. des UntStFG."

868 BT-Drs. 14/6882, S. 35; kritisch zu dieser Klarstellungsfunktion *Meilicke*, DStR 2017, 227 (228 f.).

d) Position der Literatur

In der Literatur besteht angesichts der noch unklaren Rechtslage ein äußerst breites Meinungsspektrum zu der Frage, wann die in Rede stehende wirtschaftliche Vergleichbarkeit vorliegen soll.[869]

In der bisher eingehendsten Untersuchung der Thematik kommt *Wystrcil* für Stiftungen zu dem Ergebnis, dass in satzungsgemäßen Leistungen einer Stiftung an ihre Destinatäre nur dann Gewinnausschüttungen im Sinne eines nach § 20 Abs. 1 Nr. 1 EStG steuerbaren mittelbar-originären Markteinkommens zu erblicken seien, wenn die Stiftung als am Markt teilnehmendes „Erwirtschaftungsinstrument" des Leistungsempfängers einzustufen ist. Dies wiederum sei der Fall, wenn die Stiftung abstrakt als Institution von einer bestimmten Personengruppe (also zum Beispiel einer Familie) zumindest mittelbar über deren Organe „beherrscht" wird, dem Leistungsempfänger aufgrund seiner definitiven Bezugs- als auch Anfallsberechtigung das Kapital der Stiftung in einem weiten wirtschaftlichen Sinne[870] zuzuordnen ist und Leistungsgegenstand tatsächlich ein zuvor von der Stiftung am Markt erwirtschaftetes Einkommen ist. Nur bei kumulativer Erfüllung dieser Voraussetzungen nehme der Destinatär dergestalt am Marktgeschehen teil, dass Leistungen an ihn als mittelbar-originäres Markteinkommen und somit als Einkünfte aus Kapitalvermögen qualifizierbar sind.[871]

Letztlich ist in den aufgeführten Kriterien eine Verschmelzung der zum Thema vertretenen Meinungen zu sehen. Die Kriterien stellen in gewisser Hinsicht sowohl auf die persönliche Prägung der Stiftung selbst als auch auf die Rechtsposition der Destinatäre sowie den Charakter der Leistungen ab. Die Ansicht besticht also in ihrer Differenziertheit bezüglich dieser kumulativ erforderlichen Anknüpfungspunkte. Damit wird eine hohe Schwelle für die Annahme von Einkünften aus Kapitalvermögen gesetzt, die nur in verhältnismäßig wenigen Fällen – wie dem vom BFH entschiedenen – überschritten sein wird.

Handele es sich bei den Leistungen an die Destinatäre um solche aus dem Grundstockvermögen der Stiftung und demnach um derivatives Markteinkommen, solle es auch als solches besteuert werden. Dies sei Ausfluss des Gebots der Folgerichtigkeit und verstoße zudem nicht gegen die Systematik des Halb- bzw. Teileinkünfteverfahrens. Wird derivatives Markteinkommen also während des Bestehens der Stiftung ausgeschüttet, greife § 22 Nr. 1 S. 2 a) EStG. Werden

869 Vgl. die umfassende Darstellung aktueller Literaturmeinungen bei *Wystrcil*, Destinatärsleistungen, S. 48 ff.

870 Nicht im Sinne von § 39 Abs. 2 Nr. 1 AO.

871 Für Stiftungen *Wystrcil*, Destinatärsleistungen, S. 203.

Stiftungserträge als mittelbar-originäres Markteinkommen anlässlich der Aufhebung der Stiftung ausgezahlt[872], sei es verfassungsrechtlich indiziert den Wortlaut von § 7 Abs. 1 Nr. 9 S. 1 ErbStG derart reduziert auszulegen, dass lediglich derivativ erworbenes Einkommen steuerlich erfasst wird.[873] Die Vermögenssubstanz sei nämlich als zuvor vom Stifter erwirtschaftetes und anschließend eingebrachtes Vermögen niemals mittelbar-originäres Markteinkommen im oben definierten Sinne, sondern stets als derivatives Markteinkommen einzustufen.[874] Im Ergebnis entspricht diese Auffassung der der Finanzverwaltung, welche ein Eingreifen von § 20 Abs. 1 Nr. 9 EStG bei Ausschüttung von Vermögenssubstanz – jedenfalls im BMF-Schreiben vom 27.6. 2006[875] – ebenfalls ablehnt.

Wird lediglich derivatives Markteinkommen bei Aufhebung der Stiftung ausgekehrt, sei eine teleologische Reduktion des § 7 Abs. 1 Nr. 9 S. 1 ErbStG hingegen nicht von Nöten. Denn zum einen würden derartige Ausschüttungen von der Anfallsberechtigung und nicht von der Bezugsberechtigung der jeweiligen Destinatäre begründet, zum anderen könne eine derartige „Endleistung" schwerlich als wiederkehrende Leistung eingestuft werden.[876] Somit kommt ein gleichzeitiges Eingreifen von § 22 Nr. 1 S. 2 a) EStG neben § 7 Abs. 1 Nr. 9 S. 1 ErbStG ohnehin nicht in Frage.

Im Wege dieser Auslegung ist die Möglichkeit einer Mehrfachbesteuerung von Ertragsausschüttungen bei der Aufhebung der Stiftung in sachgerechter Weise beseitigt, da jede Markteinkommensart nur nach einem Tatbestand der Besteuerung unterliegen kann.

e) *Übertragung der Ergebnisse auf Ausschüttungen eines Trusts an seine beneficiaries*

Nachfolgend bleibt zu prüfen, ob die Kriterien zur wirtschaftlichen Vergleichbarkeit von Gewinnausschüttungen einer Kapitalgesellschaft zu den Leistungen einer Stiftung an deren Destinatäre auf Ausschüttungen des Trusts an seine *beneficiaries* übertragen werden können. Mit anderen Worten ist also zu klären, wann der Trust als ein „Erwirtschaftungsinstrument" seiner *beneficiaries*

872 Für Stiftungen *Wystrcil*, Destinatärsleistungen, S. 204.

873 Im Ergebnis auch *von Oertzen/Friz*, BB 2014, 87 (90 f.); a.A. *Desens/Hummel*, DStZ 2011, 710 (716); *Werner*, ZEV 2016, 133 (138).

874 Für Stiftungen *Wystrcil*, Destinatärsleistungen, S. 205.

875 BMF 27.6.2006 – IV B 7 - S 2252 - 4/06, BStBl. I 2006, 417.

876 *Desens/Hummel*, DStZ 2011, 710 (716); *Werder/Wystrcil*, BB 2015, 412 (418); BFH 28.2.2018 – VIII R 30/15, BFHE 261, 47 (52).

gesehen werden kann und diesen daher seine Erträge in einem weiten Sinne wirtschaftlich zurechenbar sind.

(a) Vergleichbarkeit der Rechtsinstitute

Im ersten Kapitel dieser Arbeit wurde bereits die Vergleichbarkeit der Rechtsinstitute Stiftung und Trust untersucht. Dabei wurden Gemeinsamkeiten, aber auch Unterschiede festgestellt, so dass letztlich von in ihrer Funktion ähnlichen, aber nicht gleichen Rechtsinstituten gesprochen werden kann. Der Trust des angloamerikanischen Rechtskreises ist daher nicht das Pendant zur Stiftung nach deutschem Recht.[877] Dies ist im Wesentlichen seiner größeren Flexibilität zuzuschreiben. Allerdings ist die Rechtsstellung von Destinatären und *beneficiaries* in ihren Grundzügen vergleichbar, wenn der Trust bzw. die Stiftung zu Zwecken der Vermögensnachfolgeplanung eingesetzt werden.[878] Wie der Stifter den Destinatären etwas schenken möchte, hegt auch der *settlor* den Wunsch den *beneficiaries* des Trusts eine unentgeltliche Bereicherung zukommen zu lassen; diese Gemeinsamkeit besteht sowohl bei privatnütziger als auch bei gemeinnütziger Zweckrichtung der beiden Rechtsinstitute. Trust und Stiftung werden diesem Wunsch letztlich nur vor- bzw. zwischengeschaltet. Auch der *trustee* bzw. die Stiftungsgremien dienen lediglich der Verwirklichung und – falls Erträge durch Stiftung bzw. Trust erwirtschaftet werden – Optimierung dieses ursprünglichen Ziels. Gerade das Dreipersonenverhältnis von *settlor, trustee* und *beneficiaries* weist somit eine Parallele zur Stiftung auf, in der es den Stifter, die Stiftungsorgane und die Destinatäre gibt.[879] Bei diesen Personen ist bisweilen eine erhebliche Funktionsüberschneidung festzustellen.

Insbesondere die Rechtsstellung eines Destinatärs und die eines *beneficiary,* denen jeweils die Früchte des Stiftungs- bzw. Trustvermögens vom Stifter bzw. *settlor* zugedacht sein sollen, können auf den ersten Blick deckungsgleich erscheinen. Dies ist jedoch nur bedingt der Fall. Hier ist zwischen *fixed interest trust* und *discretionary trust* zu differenzieren. Denn den *beneficiaries* stehen im Falle eines *fixed interest trust* stets eigentumsähnliche Rechte am Trustvermögen zu, während die Destinatäre nur in Einzelfällen[880] unmittelbare Ansprüche gegen

---

877 Zahlreiche Ähnlichkeiten hat der Trust mit dem Rechtsinstitut der unselbständigen Stiftung; der Gesetzgeber hat den Trust allerdings nicht in das Besteuerungsregime für unselbständige Stiftungen eingeordnet.

878 Für die oben erwähnten Trustformen des *business trust* sowie des *commercial trust* gelten die folgenden Ausführungen also gerade nicht.

879 *Von Oertzen/Stein/Reich,* ZEV 2013, 109 (112); *Siemers/Müller,* ZEV 1998, 206 (207).

880 Vgl. BFH 3.11.2010 – I R 98/09, BFHE 232, 22 (26).

die Stiftungsorgane haben, die dann lediglich schuldrechtlicher Natur sind. In der Regel haben die Destinatäre keinen Anspruch auf die Leistung, sondern vielmehr eine Anwartschaft auf eine Ausschüttung seitens der Stiftung, welche auf einer Ermessensentscheidung des Stiftungsorgans beruht.[881] Auch den Stiftungsorganen stehen im Gegensatz zum Volleigentum des *trustee* keine dinglichen Rechte am Stiftungsvermögen zu; eine Eigentumsspaltung ist daher bei der Stiftung gar nicht zu finden. Nach ihrer grundsätzlichen Konzeption entspricht die Rechtsstellung der Destinatäre somit eher der Rechtsstellung der *beneficiaries* eines *discretionary trust*.

Stehen ausnahmsweise konkrete Ansprüche der Destinatäre nach der Stiftungssatzung fest, nähert sich die Rechtsposition des Destinatärs der eines *beneficiary* eines *fixed interest trust* hingegen sehr stark an. In diesem Kontext sollten die bloßen Unterschiede in der Natur der Ansprüche keine unterschiedliche einkommensteuerliche Behandlung der beiden Positionen rechtfertigen. Denn wie oben erörtert, führt das Bestehen eigentumsähnlicher Rechte der *beneficiaries* am Trustvermögen per se nicht zu einer wirtschaftlichen Zuordnung desselben zu ihnen und birgt deshalb keinen grundlegenden Unterschied für die Behandlung der Position der *beneficiaries* und der Destinatäre im deutschen Steuerrecht. Da es sich hier um eine steuerrechtliche Betrachtung der Gegebenheiten handelt und nicht um eine abgrenzende zivilrechtliche Betrachtung der beiden Rechtsinstitute, steht dieser Schluss auch nicht in Widerspruch zu den im ersten Kapitel der Arbeit gefundenen Ergebnissen. Es spricht somit nichts gegen eine Übertragung der Kriterien von der Stiftung auf den Trust.

(b) Trust als von Personengruppe beherrschte Vermögensmasse

Der Trust müsste sich durch die Realisierung von mittelbarer oder unmittelbarer Einflussnahme auf das Ausschüttungsverhalten des *trustee* als eine von den *beneficiaries* beherrschte Vermögensmasse darstellen.

Wird Einfluss auf die Entscheidung des *trustee* hinsichtlich der Ausschüttung ausgeübt, kann der diesem eventuell zustehende Ermessensvorbehalt keine Rolle mehr spielen. Die Einflussnahme kann sich daher sowohl beim *fixed interest trust* als auch beim *discretionary trust* verwirklichen.

Kann der *beneficiary* die Ausschüttungspolitik des *trustee* mittelbar oder unmittelbar beeinflussen und so über die aus dem Trustvermögen resultierenden Erträge verfügen, ist nur eine der für eine Transparenz erforderlichen

---

881 BGH 22.1.1987 – III ZR 26/85, BGHZ 99, 344 (354); BFH 25.4.2001 – II R 14/98, BFH/NV 2007, 1457 (1459); *Schulze-Borges*, ZEV 2017, 190 (191).

Komponenten erfüllt. Entscheidet der *beneficiary* also nicht zugleich über die Verwaltung des Trustvermögens, ist der Trust nicht als transparent zu erachten.[882]

Sowohl *fixed interest trust* als auch *discretionary trust* können sich als von einer Personengruppe beherrschte Vermögensmassen darstellen.

(c) Bezugs- und anfallsberechtigter Leistungsempfänger

Um die wirtschaftliche Vergleichbarkeit der Ausschüttungen eines Trusts zu denen einer Kapitalgesellschaft bejahen zu können, muss der *beneficiary* des Trusts ferner sowohl bezugsberechtigt hinsichtlich laufender Ertragsausschüttungen als auch anfallsberechtigt bezüglich der Substanz des Trustvermögens sein.

Nur bei gleichzeitigem Vorliegen einer sicheren Bezugs- und Anfallsberechtigung sind das wirtschaftliche Interesse des Begünstigten und das wirtschaftliche Schicksal der Vermögensmasse derart miteinander verflochten, dass bei wirtschaftlichem Erfolg der Struktur ein Mehr an Erträgen an diese fließt und im extremsten Falle einer Misswirtschaft zum Zeitpunkt der Auflösung des Trusts nicht einmal Substanz zur Ausschüttung verbleibt.[883] Das Erfordernis einer Anfallsberechtigung auf Seiten des *beneficiary* ist dabei als Voraussetzung der wirtschaftlichen Vergleichbarkeit durchaus einleuchtend. Wie dem Gesellschafter nach Auflösung der Gesellschaft seine Einlagen zurückerstattet werden, erhält der *beneficiary* bei Trustauflösung mit der Vermögenssubstanz die ursprünglichen „Einlagen" – allerdings des *settlor* – zurück.

Eine Erfüllung dieses Merkmals kommt nur beim *fixed interest trust* in Betracht, da hier von einer definitiven Bezugs- und Anfallsberechtigung gesprochen werden kann.

Anders stellt sich die Situation der *beneficiaries* bei einem *discretionary trust* dar. Sämtliche Leistungen des Trusts an seine *beneficiaries* sind allein vom Ermessen des *trustee* abhängig, auf den die *beneficiaries* keinerlei Einfluss haben. Es fehlt somit stets an einem konkreten Anspruch auf Leistungen, lediglich eine Anwartschaft wird den *beneficiaries* zuerkannt. Ein Anspruch der *beneficiaries* auf eine Ermessensausübung seitens des *trustee* besteht zwar in der Regel. Da

---

882 Vgl. oben unter A. II. 5. dieses Kapitels; im Ergebnis auch *Schienke-Ohletz/Kühn*, ZEV 2015, 150 (152).

883 Für Stiftungen *Wystrcil*, Destinatärsleistungen, S. 203; bestätigend und entgegen BMF 27.6.2006 – IV B 7 - S 2252 - 4/06, BStBl. I 2006, 417; vgl. auch BFH 28.2.2018 – VIII R 30/15, BFHE 261, 47 (49 ff.).

diese Ermessensentscheidung aber auch zu einem Ausbleiben von Leistungen führen kann, sind sich die *beneficiaries* eines *discretionary trust* einer solchen Leistung niemals sicher. Die *beneficiaries* sind in diesem Falle dem durch den *settlor* vorgegebenen Entscheidungsrahmen des *trustee* bezüglich Ausschüttungen vollständig ausgeliefert. Daher wäre die Annahme einer gesellschafterähnlichen Stellung auch im hier maßgeblichen weiten, wirtschaftlich verstandenen Sinne nicht nachvollziehbar.

Auch wenn der *beneficiary* eines *discretionary trust* zusätzlich zu seiner Bezugsberechtigung ein Anfallsberechtigter des Trustvermögens ist, rechtfertigt dies keine abweichende Einschätzung. Die Unsicherheit hinsichtlich der Ertragsausschüttungen kann zumindest nicht gänzlich von einem Zufallen der Vermögenssubstanz bei Beendigung der Trustverwaltung kompensiert werden, was die Einstufung als Erwirtschaftungsinstrument betrifft. Dies gilt umso mehr, als die Beendigung der Trustverwaltung und die Ausschüttung des Trustvermögens bei Auflösung oft zu einem unbestimmten Zeitpunkt in der Zukunft liegen. Zudem ist die Anfallsberechtigung eine Berechtigung auf die Vermögenssubstanz des Trusts und stellt somit für den Empfänger einen derivativen Erwerb (nämlich vom ursprünglich den Trust mit Vermögen ausstattenden *settlor*) dar. Diese Anfallsberechtigung herzunehmen, um das Vorliegen eines mittelbar-originären Markteinkommens zu konstatieren, wäre folglich widersinnig. Nur in Synergie mit einer Bezugsberechtigung im Sinne feststehender Ansprüche vermag somit nach hier vertretener Ansicht eine Anfallsberechtigung die Annahme eines mittelbar-originären Markteinkommens zu bedingen.

Ein *discretionary trust* kann in der Konsequenz nicht als „Erwirtschaftungsinstrument" seiner *beneficiaries* einzuordnen sein.[884]

(d) Trusteinkommen als Leistungsgegenstand

Zuletzt muss die Ausschüttung an eben diesen bezugs- und anfallsberechtigten *beneficiary* erfolgen und sich ausschließlich aus am Markt erwirtschafteten Erträgen zusammensetzen. Sie darf nicht etwa (auch) Vermögenssubstanz des Trustvermögens enthalten. Wird ein derartiges derivatives Einkommen mit ausgeschüttet kann dieses jedenfalls nicht nach § 20 Abs. 1 Nr. 9 S. 2 EStG besteuert werden.

---

884 Im Ergebnis auch *Escher*, Steuerboard vom 13.3.2013, abrufbar unter http://blog.handelsblatt.com/steuerboard/2013/03/13/besteuerung-von-trust-ausschuttungen-an-inlandische-begunstigte-doppelbesteuerung-durch-einkommen-und-schenkungsteuer/; zweifelnd *Richter/Haag* in FS Meincke, S. 299 (315).

Sämtliche aufgeführten Kriterien gelten dabei unabhängig davon, ob die Ertragsausschüttung während des Bestehens des Trusts oder anlässlich seiner Auflösung gewährt wird.[885]

f) Schlussfolgerungen für Trustausschüttungen

Nachdem eine grundsätzliche Vergleichbarkeit der Rechtsstellung von Destinatären und *beneficiaries* aus Sicht des deutschen Steuerrechts bejaht wurde, kann eine Übertragung der Kriterien zur wirtschaftlichen Vergleichbarkeit auf den Trust erfolgen. Eine Besteuerung der Ausschüttungen eines *fixed interest trust* nach § 20 Abs. 1 Nr. 9 S. 2 EStG ist möglich, wenn die *beneficiaries* unmittelbaren oder mittelbaren Einfluss auf die Ausschüttungspolitik des *trustee* erlangen, die Ausschüttungen an einen bezugs- und anfallsberechtigten *beneficiary* erfolgen und lediglich vom Markt herrührende Trusterträge umfassen. Nur bei kumulativer Erfüllung dieser Voraussetzungen handelt es sich um mittelbar-originäres Markteinkommen und der *beneficiary* steht als Person wirtschaftlich „hinter dem Trust“. Ein gleichzeitiges Eingreifen von § 7 Abs. 1 Nr. 9 S. 2 ErbStG neben § 20 Abs. 1 Nr. 9 S. 2 EStG erscheint aber nach wie vor möglich.

Andernfalls handelt es sich bei den Leistungen um derivatives Markteinkommen und es greift – wie vor der Einführung von § 20 Abs. 1 Nr. 9 S. 2 EStG – § 22 Nr. 1 S. 2 a) EStG bei laufenden Ausschüttungen eines Trusts. Dies ist bei Ertragsausschüttungen eines *discretionary trust* aufgrund der unsicheren Bezugs- und Anfallsberechtigung der *beneficiaries* der Fall. Diese können nicht mit der wirtschaftlichen Vergleichbarkeit zu Gewinnausschüttungen aufwarten und daher nicht unter § 20 Abs. 1 Nr. 9 S. 2 EStG subsumiert werden. Dies gilt auch, wenn den *beneficiaries* eines *discretionary trust* als Anfallsberechtigten bei Auflösung des Trusts letztlich sowohl anfängliche Vermögenssubstanz als auch thesaurierte Erträge zur Ausschüttung verbleiben. Auch hier ist im Unterschied zur steuerlichen Situation bei der Stiftung beim Trust wiederum eine Mehrfachbesteuerung durch ein gleichzeitiges Eingreifen von § 7 Abs. 1 Nr. 9 S. 2 Hs. 2 ErbStG möglich, die im letzten Kapitel der Arbeit zu diskutieren ist.

II. Besteuerung der Substanzausschüttungen intransparenter Trusts als wiederkehrende Bezüge bzw. Einkünfte aus Kapitalvermögen

Ähnlich wie bei den Ertragsausschüttungen, könnte auch bei Substanzausschüttungen anlässlich der Auflösung des Trusts neben § 7 Abs. 1 Nr. 9 S. 2 Hs. 2

885 Für Stiftungen vgl. *Wystrcil*, Destinatärsleistungen, S. 203.

ErbStG bzw. während des Bestehens des Trusts neben § 7 Abs. 1 Nr. 9 S. 2 Hs. 1 ErbStG zugleich § 20 Abs. 1 Nr. 9 S. 2 EStG eingreifen.

Bei Ausschüttungen der Vermögenssubstanz an die *beneficiaries* ist eine wirtschaftliche Vergleichbarkeit mit Gewinnausschüttungen jedoch entschieden abzulehnen. Der *beneficiary* erhält hier gerade keine Gewinne bzw. Erträge des Trusts, sondern lediglich dasjenige Grundstockvermögen, mit welchem der *settlor* den Trust ursprünglich ausgestattet hat. Insbesondere ist Leistungsgegenstand hier kein zuvor am Markt generiertes Einkommen, der Trust dient in diesem Falle in keiner Form als „Erwirtschaftungsinstrument“.[886] Für diese Ansicht spricht zudem, dass die Einlagerückgewähr bei Kapitalgesellschaften nach § 27 KStG gleichsam keiner Besteuerung unterworfen wird, da der Leistungsgegenstand kein zuvor am Markt erwirtschaftetes Einkommen darstellt.[887] In diesem Sinne hat der BFH zumindest bei Stiftungen anerkannt, dass das Verbot der Besteuerung rückgewährter Einlagen zu berücksichtigen ist; der Wiedererhalt des ursprünglichen Trustvermögens ist somit kein steuerbarer Vorgang.[888]

Auch § 22 Nr. 1 S. 2 a) EStG muss bei laufenden Substanzausschüttungen mangels einer Einkünfteerzielungsabsicht der *beneficiaries*[889] und wegen der nachvollziehbaren Zuordnung des Sachverhalts zur Erbschaft- und Schenkungsteuer durch den Gesetzgeber zurückstehen. Diese Zuordnung wurde im Rahmen der historischen sowie systematischen Auslegung des § 7 Abs. 1 Nr. 9 S. 2 Hs. 2 ErbStG detailliert herausgearbeitet.[890] Der Wortlaut des § 22 Nr. 1 S. 2 a) EStG steht dem nicht entgegen. Erfolgen die Substanzausschüttungen anlässlich der Auflösung des Trusts, kann § 22 Nr. 1 S. 2 a) EStG mangels Vorliegens eines „wiederkehrenden Bezugs“ ohnehin nicht zur Anwendung kommen.

Um jederzeit sachgerecht zwischen (thesaurierten) Erträgen und Vermögenssubstanz des Trusts differenzieren zu können, sollte der *trustee* die Führung eines steuerlichen Einlagekontos im Sinne von § 27 Abs. 1 KStG[891] bzw. die Aufstellung einer Vermögensübersicht erwägen. Zwar werden Vermögensmassen

---

886 Für Stiftungen *Wystrcil*, Destinatärsleistungen, S. 203; *Pohl/Höhfeld* in Hörger/Stephan/Pohl, Unternehmens- und Vermögensnachfolge, S. 520, Rn. 1636; *Desens/Hummel*, DStZ 2011, 710 (717); *Escher* in Falk/Richter, FR 2012, 158 (162).

887 *Richter/Haag* in FS Meincke, S. 299 (315); *Escher* in Falk/Richter, FR 2012, 158 (162).

888 Für Stiftungen BFH 14.7.2010 – X R 62/08, BStBl. II 2014, 320 (322).

889 Vgl. *Nacke* in Blümich, EStG (2018), § 22 EStG, Rn. 13a

890 Vgl. oben unter B. II. 2. des dritten Kapitels; dazu sogleich noch detailliert unter C. II. des fünften Kapitels.

891 Vgl. für Trusts *von Oertzen/Windeknecht*, IStR 2018, 657 (661); vgl. für Stiftungen *Kraft/Kraft*, DStR 2011, 1837 (1838 f.).

wie der Trust in § 27 Abs. 7 KStG nicht explizit aufgeführt. Dennoch greift § 27 Abs. 7 KStG und somit dessen Absätze 1 bis 6 nach einer Literaturansicht auch für ausländische Vermögensmassen als andere Körperschaften, da die Vermögensmasse in § 20 Abs. 1 Nr. 9 EStG eigens erwähnt wird.[892] Im Ergebnis ist eine Anwendung der Norm auf Vermögensmassen nur folgerichtig: Wenn Trusts in Einzelfällen als Vermögensmassen Leistungen nach § 20 Abs. 1 Nr. 9 EStG gewähren können, muss ihnen im Umkehrschluss auch die Führung eines steuerlichen Einlagekontos gestattet sein. Nach anderer Ansicht ist die Lücke im Wortlaut des § 27 Abs. 7 KStG sodann im Wege einer Analogie zur Behandlung der „anderen Körperschaften und Personenvereinigungen" zu schließen.[893] Die Ansicht geht wohl davon aus, dass ein gesetzgeberisches Versehen der Grund für das Fehlen von Vermögensmassen im Wortlaut des § 27 Abs. 7 KStG ist. Somit ist in der Auslassung der Vermögensmasse eine planwidrige Regelungslücke zu sehen. Aufgrund der Tatsache, dass Vermögensmassen Leistungen nach § 20 Abs. 1 Nr. 9 EStG gewähren können, ist auch eine vergleichbare Interessenlage zu Körperschaften und Personenvereinigungen gegeben. Folglich ist zumindest von einer analogen Anwendung von § 27 Abs. 7 KStG auf Trusts auszugehen.

Die Führung eines Einlagekontos wird jedoch nur möglich sein, wenn der Trust nach § 27 Abs. 8 S. 1 KStG in einem Mitgliedsstaat der Europäischen Union unbeschränkt körperschaftsteuerpflichtig ist.[894] Sollte es sich um einen nicht unbeschränkt körperschaftsteuerpflichtigen Trust handeln, kommt alternativ die Aufstellung einer Vermögensübersicht mitsamt jährlicher Fortschreibung in Betracht, um festzustellen, ob im konkreten Fall eine Ertrags- oder eine Substanzausschüttung vorliegt.[895]

Somit unterfallen laufende Ausschüttungen der Vermögenssubstanz des Trusts § 7 Abs. 1 Nr. 9 S. 2 Hs. 2 ErbStG. Substanzausschüttungen bei Auflösung des Trusts sind nach § 7 Abs. 1 Nr. 9 Hs. 1 ErbStG ebenfalls allein der Erbschaft- und Schenkungsteuer zuzuordnen. Ein Eingreifen der Normen des Einkommensteuerrechts scheidet aus.

---

892 So für Stiftungen *Oellerich* in Blümich, EStG (2017), § 27 KStG, Rn. 75; nach a.A. ist zu differenzieren, ob der Trust tatsächlich Leistungen nach § 20 Abs. 1 Nr. 9 EStG gewährt, vgl. für Stiftungen *Wystrcil*, Destinatärsleistungen, S. 154; so auch *Escher* in Falk/Richter, FR 2012, 158 (161).

893 So für Stiftungen *Orth*, DB 2017, 1472 (1481); dieser weist allerdings bereits auf die Ablehnung der Finanzverwaltung hinsichtlich der Führung eines steuerlichen Einlagekontos durch Stiftungen hin.

894 Für Stiftungen hierzu *Werner*, ZEV 2016, 133 (134 f.).

895 *Werder/Wystrcil*, BB 2015, 412 (419).

C. Fazit zum vierten Kapitel

Nachdem im dritten Kapitel herausgearbeitet wurde, dass der in den Trustbesteuerungsnormen des ErbStG verwendete Begriff der „Vermögensmasse ausländischen Rechts, deren Zweck auf die Bindung von Vermögen gerichtet ist" auf die der Vermögensnachfolgeplanung verschriebenen Trusts anzuwenden ist, verbleibt nur ein relativ enger Anwendungsbereich für eine Einkommensbesteuerung bei Ausschüttungen des Trusts an dessen *beneficiaries*.

Lediglich Ertragsausschüttungen eines in Einzelfällen als „Erwirtschaftungsinstrument" seiner *beneficiaries* einzustufenden *fixed interest trust* können nach § 20 Abs. 1 Nr. 9 S. 2 EStG besteuert werden. Dies gilt unabhängig davon, ob Erträge während des Bestehens oder bei Auflösung des Trusts ausgeschüttet werden. § 20 Abs. 1 Nr. 9 S. 2 EStG kann aufgrund der schwachen, dem Gesellschafter einer Kapitalgesellschaft auch nicht wirtschaftlich vergleichbaren Rechtsposition der *beneficiaries* bei einem *discretionary trust* nicht zur Anwendung kommen.

Bei Ausschüttungen der Vermögenssubstanz an die *beneficiaries* kann die Einkommensbesteuerung nach § 20 Abs. 1 Nr. 9 S. 2 EStG bzw. dem subsidiären § 22 Nr. 1 S. 2 a) EStG erst recht nicht zur Anwendung kommen. Denn hier werden nicht Erträge des Trusts, sondern vom *settlor* bereit gestelltes Grundstockvermögen an die *beneficiaries* verteilt. Der Trust stellt in diesem Sinne kein „Erwirtschaftungsinstrument" der *beneficiaries* dar. Die Substanzausschüttungen sind daher der Schenkungsteuer zuzuordnen. Somit unterfallen laufende Ausschüttungen der Vermögenssubstanz des Trusts § 7 Abs. 1 Nr. 9 S. 2 Hs. 2 ErbStG, Substanzausschüttungen anlässlich der Auflösung des Trusts sind nach § 7 Abs. 1 Nr. 9 Hs. 1 ErbStG steuerbar.

5. Kapitel: Problematik einer möglichen Doppelbesteuerung mit Einkommensteuer sowie Schenkungsteuer bei Ertragsausschüttungen des Trusts

Nachfolgend soll der Begriff der Doppelbesteuerung definiert und von dem der wirtschaftlichen Doppelbelastung abgegrenzt werden. Anschließend soll der Frage nachgegangen werden, ob die Gesetze eine solche Doppelbesteuerung bei Ertragsausschüttungen eines Trusts tatsächlich normieren und geprüft werden, ob auf den ersten Blick entsprechende naheliegende Ergebnisse einer – insbesondere systematischen – Gesetzesauslegung standhalten.

A. Begriffe der Doppelbesteuerung und der Doppelbelastung

Unter einer wirtschaftlichen Doppel- oder Mehrfachbelastung ist die Situation zu verstehen, dass dasselbe wirtschaftliche Substrat entweder ganz oder teilweise das Steuerobjekt verschiedener Steuergesetze darstellt und so mehrfach steuerlich belastet wird; ist zusätzlich dasselbe Steuersubjekt von dieser Situation betroffen, liegt eine Doppel- oder Mehrfachbesteuerung vor.[896] Wirtschaftliches Substrat und somit zumindest potentielles Steuerobjekt sowohl nach EStG als auch nach ErbStG könnten die Ertragsausschüttungen des Trusts sein. Steuersubjekt ist, wer die Steuer schuldet; wird der Steuerschuldner nicht explizit durch das jeweilige Steuergesetz bestimmt, ist der Steuerschuldner derjenige, der subjektiv steuerpflichtig ist und dem das Steuerobjekt zugerechnet werden kann.[897]

Demgemäß ist Steuerschuldner bezüglich der Einkommensteuer der Trustausschüttungen der nach § 1 Abs. 1 EStG unbeschränkt steuerpflichtige *beneficiary*, welcher das Einkommen nach § 2 Abs. 1 Nr. 5 bzw. Nr. 7 EStG erzielt hat. Dem Erzielenden wird dieses Einkommen dann auch grundsätzlich zugerechnet. Hingegen findet sich im Erbschaft- und Schenkungsteuergesetz zur Bestimmung des Steuerschuldners die spezielle Regelung des § 20 ErbStG. Liegt eine Steuerpflicht nach § 7 Abs. 1 Nr. 9 S. 2 Hs. 2 ErbStG vor, greift die eigens für den Trust eingeführte Regelung des § 20 Abs. 1 S. 2 ErbStG allerdings nicht ein.

896 *Crezelius*, BB Beilage 10/2007, 1 (12); ähnlich *Huber/Reimer*, DStR 2007, 2042 (2046).
897 *Birk/Desens/Tappe*, Steuerrecht, Rn. 100, 252.

Somit ist primärer Steuerschuldner nach § 20 Abs. 1 S. 1 ErbStG der Empfänger der Trustausschüttungen, mithin der *beneficiary*.[898] Im Ergebnis liegt also bei isolierter Betrachtung der Vorschriften eine Doppel- oder Mehrfachbesteuerung bei Ertragsausschüttungen an den *beneficiary* nahe.

Überdies ist festzustellen, dass die genannte wirtschaftliche Doppelbelastung zwar von der Rechtsprechung[899] anerkannt ist und im Ergebnis als systemgerecht nach den einzelnen Steuergesetzen eingestuft wird. Selbst ihr kommt jedoch bereits gewichtige Kritik aus der Literatur[900] entgegen. Die Haltung der Rechtsprechung greift dabei primär auf eine Entscheidung des Bundesverfassungsgerichts zur Verfassungskonformität der Grunderwerbsteuer[901] zurück. Diese verneint die Existenz eines allgemeinen Verfassungsgrundsatzes mit dem Inhalt, dass eine Pflicht zur Abstimmung sämtlicher Steuerarten aufeinander bestehe. Somit seien sowohl Mehrfachbelastungen mit Steuern verschiedener Gesetze als auch Lücken in der Besteuerung hinzunehmen.[902]

Paradebeispiel für eine derartige wirtschaftliche Doppelbelastung durch zeitlich nacheinander eingreifende Steuertatbestände ist die Versagung eines bereicherungsmindernden Abzugs latenter Einkommensteuerlasten des Erben als Nachlassverbindlichkeit.[903] In dem genannten Beispiel und anderen diese Problematik tangierenden Fällen resultiert die Mehrfachbelastung allerdings

---

898 Fraglich ist allerdings, ob hier im Lichte von § 20 Abs. 1 S. 2 ErbStG der Trust oder der *settlor* nachrangig als Steuerschuldner in Betracht kämen, da sie als Schenker der Ertragsausschüttungen gesehen werden könnten; dem soll an dieser Stelle aber nicht weiter nachgegangen werden.

899 BFH 14.3.2006 – VIII R 60/03, BStBl. II 2006, 650 (651 f.); BFH 18.1.2011 – X R 63/08, BStBl. II 2011, 680 (682 ff.); zuletzt BFH 17.2.2010 – II R 23/09, BStBl. II 2010, 641 (643 f.).

900 Vgl. *Crezelius* in DStJG 1999, Band 22, S. 73 ff. (S. 121); *Mellinghoff* in DStJG 1999, Band 22, S. 127 ff. (S. 159 f.); *Kroschel/Wellisch*, BB 1999, 2533 (2535); *Crezelius*, BB Beilage 10/2007, 1 (8 ff.); *Hannes/Holtz* in Meincke/Hannes/Holtz, ErbStG (2018), Einführung, Rn. 4; *Keß*, FR 2010, 954 (955); *Huber/Reimer*, DStR 2007, 2042 (2046 f.); a.A. *Biachini-Hartmann/Richter* in Hof/Bianchini-Hartmann/Richter, Stiftungen, S. 342; *Gebel* in Troll/Gebel/Jülicher/Gottschalk, ErbStG (2018), Einführung, Rn. 16.

901 BVerfG 8.1.1999 – 1 BvL 14/98, NJW 1999, 1098 ff.

902 BVerfG 8.1.1999 – 1 BvL 14/98, NJW 1999, 1098 (1099); sehr kritisch hierzu *Keß*, ZEV 2015, 254 (255 f.); vgl. jüngst BFH 6.12.2016 – I R 50/16, ZEV 2017, 169 (171 f.).

903 So der Fall bei BFH 17.2.2010 – II R 23/09, BStBl. II 2010, 641 ff.; BVerfG 7.4.2015 – 1 BvR 1432/10, WM 2015, 1121 ff.; vgl. zudem die Stellungnahme des Deutschen Anwaltvereins Nr. 46/2011 von August 2011 sowie die Stellungnahme der Bundesrechtsanwaltskammer Nr. 46/2011 von August 2011.

aus Unsicherheiten hinsichtlich der Höhe der späteren einkommensteuerlichen Inanspruchnahme des Erben im Moment des Erbfalls. Diese Unsicherheiten beruhen wiederum auf der Kollision des das Erbschaft- und Schenkungsteuerrecht beherrschenden Stichtagsprinzips und des im Einkommensteuerrecht geltenden Realisationsprinzips. Zudem ist in manchen Fällen der zeitlich nachfolgenden Doppelbelastung gegebenenfalls eine gewisse Erleichterung für den Steuerpflichtigen im Wege der Tarifermäßigung nach § 35b EStG zu erreichen.[904]

Ob eine derartige Mehrfachbelastung gerechtfertigt werden kann, ist äußerst fraglich. Auch wenn verschiedene Senate des BFH[905] ebenfalls an deren Zulässigkeit zu zweifeln scheinen, stellt die wirtschaftliche Mehrfachbelastung derzeit die Rechtsrealität dar.[906] So wurde ihre Verfassungsmäßigkeit erst kürzlich vom BVerfG im Rahmen der Vererbung von Zinsansprüchen bestätigt.[907] Jedoch ist anzumerken, dass das Urteil des BVerfG den Charakter einer „Jedenfalls-Entscheidung" aufweist und keine über den Einzelfall hinausgehenden Aussagen zum Verhältnis der beiden Steuerarten enthält. So wird lediglich festgestellt, dass bei zum Nachlass gehörenden Zinsansprüchen die Doppelbelastung aufgrund der Typisierungs- und Pauschalisierungsbefugnis des Gesetzgebers gerechtfertigt sei.[908] Jedenfalls im zu entscheidenden Fall seien weder Art. 14 Abs. 1 GG noch Art. 3 Abs. 1 GG verletzt, da die Mehrbelastung des Steuerpflichtigen in der spezifischen Konstellation bagatellarischer Natur war.[909] Aufgrund der im konkreten Fall zu vernachlässigenden[910] Mehrbelastung könne gerade keine generelle Aussage zum Verhältnis von Erbschaft- und Schenkungsteuer und Einkommensteuer sowie letztlich nicht einmal zu dem Problemkreis der latenten Einkommensteuerbelastung getroffen werden.[911]

---

904 *Crezelius*, FR 2009, 881 (886); *Desens/Hummel*, DStZ 2011, 710 (711 f.); *Escher*, Steuerboard vom 13.3.2013, abrufbar unter http://blog.handelsblatt.com/steuerboard/2013/03/13/besteuerung-von-trust-ausschuttungen-an-inlandische-begunstigte-doppelbesteuerung-durch-einkommen-und-schenkungsteuer/.

905 Vgl. neben den im Folgenden vorgestellten Urteilen auch die ähnlichen Erwägungen anderer Senate des BFH in BFH 6.12.2013 – VI B 89/13; BFH 15.7.2014 – X R 41/12; BFH 27.8.2014 – II R 44/13.

906 Vgl. nur *Wassermeyer*, FR 2015, 149 (154).

907 BVerfG 7.4.2015 – 1 BvR 1432/10, WM 2015, 1121 ff.

908 BVerfG 7.4.2015 – 1 BvR 1432/10, WM 2015, 1121 (1122).

909 BVerfG 7.4.2015 – 1 BvR 1432/10, WM 2015, 1121 (1123).

910 Vgl. *Friz*, DStR 2015, 2409 (2413).

911 BVerfG 7.4.2015 – 1 BvR 1432/10, WM 2015, 1121 (1122); vgl. zu dieser Entscheidung noch *Fischer*, Steuerboard vom 26.5.2015, abrufbar unter http://blog.handelsblatt.com/steuerboard/2015/05/26/verhaltnis-von-einkommensteuer-zur-erbschaftsteuer/.

Bei der Mehrfachbesteuerung ist im Gegensatz zur Situation bei der Doppelbelastung eine nachträgliche steuerliche Ermäßigung über § 35b EStG nicht mehr möglich. Zudem greift die Vorschrift nur für Erbfälle. Schenkungen sind von ihrem Anwendungsbereich ausgenommen. Allenfalls wäre eine abweichende Steuerfestsetzung im Wege einer Billigkeitsmaßnahme durch die Finanzverwaltung nach § 163 S. 1 AO im Einzelfall dazu geeignet, einer Mehrfachbesteuerung entgegenzuwirken. Zusätzlich ließe sich eine Erhebung der beiden Steuern hier nicht mit den Kollisionsproblemen rechtfertigen, welche bei der zeitlich nachfolgenden Doppelbelastung auftreten. Es läge somit ein deutlich schwerwiegenderer Eingriff in die Rechte des Steuerpflichtigen vor als bei der schon von der Literatur angezweifelten Doppelbelastung. Die Mehrfachbesteuerung bedürfte, wenn sie die Rechtsfolge der Auslegung einfachen Gesetzesrechts wäre, somit einer Rechtfertigung in höherem Maße.

Im Lichte der bisherigen Ergebnisse könnte auf den ersten Blick eine solche Mehrfachbesteuerung bei sämtlichen Ausschüttungen eines *fixed interest trust* vorkommen, da diese entweder bei wirtschaftlicher Vergleichbarkeit mit Gewinnausschüttungen nach § 20 Abs. 1 Nr. 9 S. 2 EStG oder andernfalls nach § 22 Nr. 1 S. 2 a) EStG einkommensteuerlich erfasst werden. Zudem wird das Problem bei Ausschüttungen eines *discretionary trust* virulent, wenn diese tatsächlich einmal unter § 22 Nr. 1 S. 2 a) EStG subsumiert werden können. Ein besonderes Augenmerk ist auf Ausschüttungen zu legen, die dem unbeschränkt steuerpflichtigen *beneficiary* bereits im Rahmen des § 15 AStG zugerechnet wurden. Die Kollisionsszenarien dieser Normen mit § 7 Abs. 1 Nr. 9 S. 2 ErbStG sollen im Folgenden untersucht werden. Würde man ein gleichzeitiges Eingreifen von Einkommen- und Schenkungsteuer in den soeben geschilderten Trustfällen annehmen, käme in Gestalt der erhöhten steuerlichen Belastung[912] des steuerpflichtigen *beneficiary* ein Verstoß gegen den Grundsatz der Folgerichtigkeit und somit gegen den allgemeinen Gleichheitssatz des Art. 3 Abs. 1 GG sehr ernsthaft in Betracht[913]. Jedoch wäre ein solcher Verstoß von vornherein zu verneinen, wenn es aufgrund einfacher Gesetzesauslegung nicht zum gleichzeitigen Eingreifen beider Steuern käme.

---

912 Vgl. den Beispielsfall bei *Wunderlich*, DStR 2018, 905 (906), bei dem sich die Steuerbelastung des Destinatärs einer ausländischen Familienstiftung aufgrund der gleichzeitigen Anwendung von § 20 Abs. 1 Nr. 9 S. 2 EStG und § 7 Abs. 1 Nr. 9 S. 2 ErbStG etwa verdoppelt.

913 Vgl. hierzu die Prüfung bei *Desens/Hummel*, DStZ 2011, 710 (713 f.) für die Doppelbesteuerungssituation bei der Stiftungsaufhebung.

B. Erstes Doppelbesteuerungsszenario

Die Ertragsausschüttungen eines Trusts könnten der Schenkungsteuer nach § 7 Abs. 1 Nr. 9 S. 2 ErbStG als Erwerb durch Zwischenberechtigte bzw. als Erwerb bei Auflösung der Vermögensmasse und zugleich der Einkommensteuer nach § 20 Abs. 1 Nr. 9 S. 2 EStG als Einkünfte aus Kapitalvermögen unterliegen.

I. Ertragsausschüttungen des Trusts als Schenkung unter Lebenden

Im Kontext der Besteuerung des Trusts nach dem Erbschaft- und Schenkungsteuergesetz[914] wurde herausgearbeitet, dass sämtliche Ertragsausschüttungen eines *fixed interest trust* sowie eines *discretionary trust* an „Zwischenberechtigte" nach § 7 Abs. 1 Nr. 9 S. 2 ErbStG der Schenkungsteuer unterliegen. Zwar wurde dies im Zuge jüngster BFH-Rechtsprechung für *discretionary trusts* in Zweifel gezogen.[915] Insbesondere das Telos von § 7 Abs. 1 Nr. 9 S. 2 ErbStG spricht aber nach wie vor für eine weite Auslegung des Begriffs des Zwischenberechtigten.

Das vom Gesetzgeber im Rahmen des StEntlG 1999/2000/2002 eingeführte System der Trustbesteuerung ist bei isolierter Betrachtung folgerichtig ausgestaltet; in Zusammenschau mit den potentiell einschlägigen Normen des EStG kommt gleichwohl eine Doppelbesteuerung in Betracht. Der BFH hat in seinen Entscheidungen zur Anwendung des § 7 Abs. 1 Nr. 9 S. 2 ErbStG[916] zu dem etwaigen Problem einer doppelten Besteuerung bei Trusts keine Stellung bezogen.

Wie im erbschaftsteuerlichen Teil[917] gezeigt wurde, greift § 7 Abs. 1 Nr. 9 S. 2 ErbStG jedoch nur ein, wenn der Trust als privatnütziges Instrument der Vermögensnachfolgeplanung eingesetzt wird. Tatsächlich haben diese Trustausschüttungen aufgrund der Tatsache, dass ihnen keine Gegenleistung der *beneficiaries* gegenübersteht, Schenkungscharakter; dies ist vom *settlor* auch so gewollt. Mithin haben die Ausschüttungen an die *beneficiaries* bei den privatnützigen Trusts, welche als Instrument der Vermögensnachfolgeplanung dienen, den Charakter einer freigebigen Zuwendung. Eine tatsächliche Erwerbshandlung, welche ein Eingreifen des EStG bedingt, liegt im Fall von Trustausschüttungen gerade nicht vor. Mit anderen Worten möchte der *settlor* dem *beneficiary* über den Trust etwas schenken bzw. vererben; der Trust wird diesem Wunsch lediglich zwischengeschaltet.

914 Vgl. unter C. II. 2. des dritten Kapitels.
915 BFH 3.7.2019 – II R 6/16, BStBl. II 2020, 61 (65).
916 BFH 27.9.2012 – II R 45/10, BStBl. II 2013, 84 ff.
917 Vgl. unter C. II. 3 des dritten Kapitels.

II. Ertragsausschüttungen des Trusts als Einkünfte aus Kapitalvermögen

Anders gestaltet sich die Situation bei den bereits vorgestellten *commercial trusts* und *business trusts*. Hier werden die oben erwähnten Kriterien für das Vorliegen eines Trusts als Erwirtschaftungsinstrument, insbesondere die Beherrschung durch eine Personengruppe, in der Regel erfüllt sein, da gerade die mittelbare oder unmittelbare Beeinflussung des Ausschüttungsverhaltens des *trustee* Sinn und Zweck derartiger „gesellschaftsähnlicher" Trusts ist.

Wie aus der bisherigen Untersuchung hervorging, können Ertragsausschüttungen eines *fixed interest trust* in Einzelfällen eine wirtschaftliche Vergleichbarkeit mit Gewinnausschüttungen aufweisen, sodass vorrangig § 20 Abs. 1 Nr. 9 S. 2 EStG zur Anwendung kommt.

Es ist nur folgerichtig im Fall des Eingreifens von § 20 Abs. 1 Nr. 9 S. 2 EStG, bei dem unter engen Voraussetzungen eine konkrete Einordnung der Ertragsauszahlung als Gewinnausschüttung vorgenommen wird, die Einkommensteuer als einschlägig zu erachten. Soll ein Gewinn an einen „gesellschafterähnlichen" *beneficiary* eines Trusts ausgeschüttet werden, ist darin gerade keine Schenkung zu sehen. Dies wird typischerweise bei *business trust* und *commercial trust* der Fall sein. Ausschüttende Vermögensmasse ist hier keine, deren Zweck auf die Bindung von Vermögen gerichtet ist, sodass § 7 Abs. 1 Nr. 9 S. 2 ErbStG schon von seinem Wortlaut her nicht einschlägig ist. Nach der in den beiden vorangegangenen Kapiteln herausgearbeiteten Abgrenzung der Tatbestandsmerkmale „Vermögensmasse, deren Zweck auf die Bindung von Vermögen gerichtet ist" im Sinne des ErbStG sowie „Vermögensmasse, deren Leistungen mit Gewinnausschüttungen einer Gesellschaft vergleichbar sind" im Sinne des EStG kann vom bloßen Wortlaut her für sämtliche Ertragsausschüttungen des Trusts immer nur § 7 Abs. 1 Nr. 9 S. 2 ErbStG oder § 20 Abs. 1 Nr. 9 S. 2 EStG eingreifen. Über diese Tatbestandsmerkmale werden letztlich zwei grundverschiedene Trustarten abgegrenzt. Wie die gefundenen Ergebnisse zeigen, ist eine teleologische Reduktion des § 7 Abs. 1 Nr. 9 S. 2 Hs. 1 ErbStG bei Trusts im Gegensatz zur Stiftung[918] also nicht von Nöten.

Für diese Lösung streitet zusätzlich, dass § 20 Abs. 1 Nr. 9 S. 2 EStG und somit die einkommensteuerliche Erfassung des ausländischen Trusts im Wege des JStG 2010 und somit deutlich später als die Zuordnung zur Erbschaft- und Schenkungsteuer durch Einführung des § 7 Abs. 1 Nr. 9 S. 2 ErbStG im Zuge

918 Vgl. hierzu *Desens/Hummel*, DStZ 2011, 710 (716); *von Oertzen/Friz*, BB 2014, 87 (90 f.); *Werner*, ZEV 2016, 133 (138).

des StEntlG 1999/2000/2002 erfolgte. Zwar stellt die Anwendung des § 20 Abs. 1 Nr. 9 S. 2 EStG im Endeffekt eine Verkürzung des Anwendungsbereichs von § 7 Abs. 1 Nr. 9 S. 2 Hs. 2 ErbStG dar; letztlich widerspricht dies jedoch nicht dem BFH-Urteil zur Auslegung des Begriffs des Zwischenberechtigten aus 2012[919], nach dem sämtliche Ertragsausschüttungen von § 7 Abs. 1 Nr. 9 S. 2 Hs. 2 ErbStG erfasst werden sollten. Denn dieses Urteil ist zu einem Fall vor Einführung des § 20 Abs. 1 Nr. 9 S. 2 EStG ergangen.[920]

Zudem ist ein Ausschluss von Einkommensteuer sowie Schenkungsteuer aufgrund einer systematischen Auslegung der auf den ersten Blick gleichzeitig einschlägigen Tatbestände sehr naheliegend. Nach der heute vorherrschenden Markteinkommenstheorie[921] können „Einkünfte" im Sinne von § 2 Abs. 1 S. 1 Nr. 1 bis 7 EStG begrifflich nur der Einkommensteuer unterliegen, wenn sie durch wirtschaftliche Betätigung am Markt erzielt wurden. Entsprechend setzen sämtliche Einkunftsarten das Vorliegen einer Einkünfteerzielungsabsicht voraus.[922] Einnahmen im Sinne von § 8 EStG sind alle Güter, die in Geld oder Geldeswert bestehen und dem Steuerpflichtigen im Rahmen einer der Einkunftsarten des § 2 Abs. 1 S. 1 Nr. 4 bis 7 EStG zufließen. „Einnahmen" aus Leistungen einer ausländischen Vermögensmasse im Sinne von § 20 Abs. 1 Nr. 9 S. 2 EStG sowie „Einkünfte" aus Kapitalvermögen im Sinne von § 2 Abs. 1 S. 1 Nr. 5 EStG müssen also durch wirtschaftliche Tätigkeit am Markt erzielt werden.

So zielt die Einkommensteuer auf den Zuwachs an Leistungsfähigkeit durch ein am Markt generiertes Einkommen ab, die Erbschaft- und Schenkungsteuer will die Bereicherung im Wege eines unentgeltlichen Vermögensübergangs besteuern. Beide Steuerarten knüpfen an eine gesteigerte finanzielle Leistungsfähigkeit des Steuerpflichtigen an und haben daher den gleichen Besteuerungsgegenstand. In diesem Sinne ist rein technisch auch die Erbschaft- und Schenkungsteuer im Kern als Einkommensteuer einzuordnen, da es letztlich gleich ist, ob die Steigerung der Leistungsfähigkeit entgeltlich durch eigene Tätigkeit oder unentgeltlich

---

919 BFH 27.9.2012 – II R 45/10, BStBl. II 2013, 84 ff.; auch steht diese Lösung mit dem Ansatz in BFH 3.7.2019 – II R 6/16, BStBl. II 2020, 61 ff. in Einklang, wobei sich nicht erschließt, wie die Ausschüttungen von *discretionary trusts* sodann als vergleichbar mit Dividendenausschüttungen angesehen und so nach § 20 Abs. 1 Nr. 9 S. 2 EStG einer Einkommensbesteuerung unterworfen werden sollen.

920 So auch *Werder/Wystrcil*, BB 2015, 412 (419).

921 Vgl. *Ratschow* in Blümich, EStG (2018), § 2 EStG, Rn. 45 m.w.N.

922 *Nacke* in Blümich, EStG (2018), § 22 EStG, Rn. 13a; *Birk/Desens/Tappe*, Steuerrecht, Rn. 605.

durch Erbfall oder Schenkung vonstattengeht.[923] Um eine steuerliche Ungleichbehandlung zu vermeiden, müssten die beiden Steuern in Abkehr von der bisherigen Rechtsprechung[924] miteinander abgestimmt werden.[925] Ein und derselbe Vermögenszufluss darf nicht von beiden Steuerarten erfasst werden, da er nicht zugleich dem Steuerpflichtigen als entgeltlich erwirtschaftet und unentgeltlich aufgrund eines Erbfalls oder einer Schenkung zufließen kann. Es ist tatbestandlich ausgeschlossen, mit derselben Handlung eine freigebige Zuwendung zu verwirklichen und zugleich durch diese wirtschaftlich am Markt teilzunehmen. Will jemand einer anderen Person etwas schenken, liegt keine Erwerbshandlung vor, da diese Handlung nicht auf Einkünfteerzielung am Markt im Sinne eines Hinzuerwerbs von Einkommen abzielt. Umgekehrt kann keine Schenkung angenommen werden, wenn der Steuerpflichtige im Wege einer Erwerbshandlung die Einkünfteerzielung am Markt anstrebt.

Ist das beide Steuern auslösende Ereignis also identisch – wie dies bei Trustausschüttungen der Fall ist – müssen sich Einkommensteuer und Schenkungsteuer aus systematischen Gründen bereits auf der Tatbestandsebene gegenseitig ausschließen.

Die rechtliche Einschätzung, dass ein Exklusivitätsverhältnis zwischen den beiden Steuerarten vorliegt, teilt auch der BFH. In Abkehr von bisheriger Rechtsprechung[926] äußert der VIII. Senat des BFH in einem Beschluss[927] Zweifel an der Gesetzmäßigkeit einer Doppelbesteuerung. Im zu entscheidenden Fall hatte der Steuerpflichtige dadurch, dass ihm eine Kapitalsumme auf Zeit unentgeltlich überlassen wurde, scheinbar zugleich den Tatbestand des § 20 Abs. 1 Nr. 7 EStG und den Tatbestand des § 7 Abs. 1 Nr. 1 ErbStG verwirklicht. Der

---

923 *Crezelius*, ZEV 2015, 392 (393); *Seer* in Tipke/Lang, Steuerrecht, § 15, Rn. 1 f.; *Friz*, Erbschaft- und Schenkungsteuer, S. 46; teilweise wird die Erbschaft- und Schenkungsteuer noch als Verkehrsteuer angesehen, vgl. *von Oertzen* in von Oertzen/Loose, ErbStG (2017), § 7 ErbStG, Rn. 372; BFH 25.1.2017 – II R 26/16, BStBl II 2018, 199 (200 f.).

924 In BVerfG 8.1.1999 – 1 BvL 14/98, NJW 1999, 1098 ff. wird ein solches Abstimmungsgebot entschieden abgelehnt.

925 *Keß*, ZEV 2012, 119.

926 BFH 26.11.1986 – II R 190/81, BStBl. II 1987, 175 (177); BFH 7.12.1990 – X R 72/89, BStBl. II 1991, 350 (353); BFH 17.2.2010 – II R 23/09, BStBl. II 2010, 641 (643).

927 BFH 12.9.2011 – VIII B 70/09, BFH/NV 2012, 229 ff: auch in BFH 21.7.2014 – II B 40/14, BFH/NV 2014, 1554 (1556) begründet die Doppelbesteuerung mit Einkommen- und Schenkungsteuer „ernstliche Zweifel“ an der Rechtmäßigkeit des zugrunde liegenden Schenkungsteuerbescheids.

BFH konstatiert, dass in derartigen Fällen, bei denen derselbe Lebenssachverhalt tatbestandlich sowohl der Einkommensteuer als auch der Schenkungsteuer unterliegt und das die beiden Steuern auslösende Ereignis identisch ist, die Ertragsbesteuerung weichen müsse, damit keine Doppelbesteuerung eintrete.[928] Dogmatisch wird dies dadurch erreicht, dass – worauf der BFH nur unterschwellig eingeht[929] – der Tatbestand des § 20 Abs. 1 Nr. 7 EStG aufgrund einer fehlenden Einkünfteerzielungsabsicht des Steuerpflichtigen nicht als einschlägig erachtet wird.[930] In seiner Begründung schließt der BFH sich im Wesentlichen dem von etlichen Autoren[931] vertretenen Kernargument an, dass in derselben Handlung nicht gleichzeitig eine wirtschaftliche Marktteilnahme und eine freigebige Zuwendung gesehen werden kann. Da im zu entscheidenden Fall die in Rede stehende Handlung eine Schenkung sei, liege gerade keine Handlung vor, welche auf die Erwirtschaftung von Einnahmen am Markt abstelle. Der Wille zur Freigebigkeit bei einer Zuwendung schließe es aus, dass dieselbe Handlung mit Einkünfteerzielungsabsicht getätigt würde, eine solche Handlung sei keine Erwerbshandlung.[932]

Bemerkenswert ist insbesondere, dass der BFH zwar im Ergebnis der früher ergangenen Rechtsprechung entgegentritt. Er bezieht jedoch nicht zu den Bedenken der Literatur Stellung, dass in einer derartigen Doppelbesteuerung ein Verstoß gegen das den Gesetzgeber in seiner Gestaltungsfreiheit beengende Gebot der Folgerichtigkeit und somit auch ein Verstoß gegen den allgemeinen Gleichheitssatz nach Art. 3 Abs. 1 GG zu sehen sei.[933] Die Ausführungen des BFH lassen mithin darauf schließen, dass er von einem gesetzessystematischen Ausschluss gerade dieser beiden Steuerarten ausgeht, die in einem Alternativverhältnis

---

928 BFH 12.9.2011 – VIII B 70/09, BFH/NV 2012, 229 (230).

929 Vgl. BFH 12.9.2011 – VIII B 70/09, BFH/NV 2012, 229 (230); so sei der Tatbestand „dem Grunde nach“ zu bejahen, aber die wirtschaftliche Teilnahme am Markt zu verneinen; gleiche Ansicht in BFH 6.12.2013 – VI B 89/13, BFH/NV 2014, 511 ff.

930 So *Bron/Seidel*, BB 2012, 883.

931 *Crezelius*, BB Beilage 10/2007, 1 (8 f., 13); *Huber/Reimer*, DStR 2007, 2042 (2047); *Desens/Hummel*, DStZ 2011, 710 (712); *Birnbaum*, DStR 2011, 252 (255); *Keß*, ZEV 2015, 254 (259); *Friz*, DStR 2015, 2409 (2410); *Crezelius*, ZEV 2015, 392 (395); *Meilicke*, DStR 2017, 227 (232 f.); zuletzt *Wunderlich*, DStR 2018, 905 (909).

932 BFH 12.9.2011 – VIII B 70/09, BFH/NV 2012, 229 (230) (231).

933 *Desens/Hummel*, DStZ 2011, 710 (714); *Keß*, ZEV 2015, 254 (255); *Wystrcil*, Destinatärsleistungen, S. 204 f.

zueinander stehen und somit schon gar nicht in einer Weise kollidieren können, welche einen Verstoß gegen Verfassungsrecht in sich birgt.[934]

Allerdings hat jüngst der I. Senat des BFH[935] die Kumulation von Erbschaftsteuer und Körperschaftsteuer für den zugrundeliegenden Sachverhalt als zulässig eingestuft. Zwar ist zuzuerkennen, dass die Überschneidung von Erbschaftsteuer und Körperschaftsteuer in diesem Fall aus der Systematik des § 8 Abs. 2 KStG resultierte und viele der soeben bei Trustausschüttungen vorgebrachten Argumente und Auslegungsansätze nicht greifen. Gleichzeitig wird sich aber explizit von dem vom VIII. Senat des BFH angenommenen Exklusivitätsverhältnis abgewandt und an einer älteren Rechtsprechung[936] des gleichen Senats orientiert, wonach eine tatbestandliche Alternativität von Einkommen- und Erbschaftsteuer grundsätzlich zu verneinen ist.[937] Der abweichenden Rechtsprechung anderer BFH-Senate[938] wird dabei entgegen gehalten, sich nicht ausreichend mit den Entscheidungsgründen des Urteils des VIII. Senats vom 14.3.2006 auseinandergesetzt zu haben.[939] Der Senat weist darauf hin, dass es gerade keinen Verfassungsgrundsatz mit dem Gebot einer Abstimmung der Steuern gäbe, wonach eine mehrfache Besteuerung zu vermeiden wäre. So veranschauliche bereits die Regelung des § 35b EStG, dass sich Ertrags- und Erbschaftsteuer miteinander überschneiden könnten und ein Zusammentreffen keinen Verstoß gegen Art. 3 Abs. 1 GG begründe.[940] Neben dem bereits herausgearbeiteten Umstand, dass § 35b EStG lediglich die Doppelbelastung im Gegensatz zur Doppelbesteuerung abzufedern in der Lage ist, merkt *Crezelius* zu Recht an, dass dieser rudimentären Regelung keine steuersystematischen Grundsätze entnommen werden können.[941]

Das Verhältnis der beiden Steuerarten ist demnach sogar zwischen den verschiedenen Senaten des BFH umstritten. Ein genereller Vorrang einer der

934 So auch *Escher,* Steuerboard vom 13.3.2013, abrufbar unter http://blog.handelsblatt.com/steuerboard/2013/03/13/besteuerung-von-trust-ausschuttungen-an-inlandische-begunstigte-doppelbesteuerung-durch-einkommen-und-schenkungsteuer/

935 BFH 6.12.2016 – I R 50/16, BStBl. II 2017, 324 ff.

936 BFH 14.3.2006 – VIII R 60/03, BStBl. II 2006, 650 ff.

937 BFH 6.12.2016 – I R 50/16, BStBl. II 2017, 324 (326).

938 In den Entscheidungsgründen wird explizit auf den soeben besprochenen Beschluss BFH 12.9.2011 – VIII B 70/09 sowie unter anderem auf BFH 20.10.2015 – VIII R 40/13 und BFH 6.12.2013 – VI B 89/13 Bezug genommen.

939 BFH 6.12.2016 – I R 50/16, BStBl. II 2017, 324 (326).

940 BFH 6.12.2016 – I R 50/16, BStBl. II 2017, 324 (326 f.); im konkreten Fall wurde zudem auf die Regelung des § 8 Abs. 2 KStG abgestellt.

941 BFH 6.12.2016 – I R 50/16, Anmerkung *Crezelius,* ZEV 2017, 172 (173).

beiden Steuerarten kann jedenfalls nicht festgestellt werden.[942] Aus den genannten Gründen überzeugt die Ansicht des VIII. Senats. Eine definitive Positionierung der Rechtsprechung wäre jedoch im Interesse der Rechtssicherheit für den Steuerpflichtigen wünschenswert.[943] Denn die Finanzverwaltung vollzieht die gleichzeitige Erhebung der beiden Steuern nach wie vor.[944]

Jedenfalls lässt sich nach der hier durchgeführten Auslegung des Gesetzes eine Doppelbesteuerung in diesem Szenario nicht feststellen. Somit kommt es nicht zu den oben problematisierten verfassungsrechtlichen Verstößen.

C. Zweites Doppelbesteuerungsszenario

Die Ertragsausschüttungen eines Trusts könnten der Schenkungsteuer nach § 7 Abs. 1 Nr. 9 S. 2 ErbStG als Erwerb durch Zwischenberechtigte bzw. als Erwerb bei Auflösung der Vermögensmasse und zugleich der Einkommensteuer nach § 22 Nr. 1 S. 2 a) EStG als sonstige Einkünfte unterliegen. § 22 Nr. 1 S. 2 a) EStG greift dabei nur, wenn § 20 Abs. 1 Nr. 9 S. 2 EStG nicht zur Anwendung kommt.

I. Ertragsausschüttungen des Trusts als Schenkung unter Lebenden

Wie schon im ersten Doppelbesteuerungsszenario festgehalten: Ist der Trust kein „Erwirtschaftungsinstrument" seiner *beneficiaries* und vielmehr in seiner Ausprägung dem Leitbild einer gemein- oder privatnützigen Stiftung ähnlich, hat eine Besteuerung nach § 7 Abs. 1 Nr. 9 S. 2 ErbStG zu erfolgen. In diesen Fällen handelt es sich gerade um eine „Vermögensmasse, deren Zweck auf Bindung von Vermögen gerichtet ist" im Sinne der Trustnormen des ErbStG; der *settlor* möchte hier den *beneficiaries* etwas schenken bzw. vererben, ohne diesen eine allzu große Einflussnahme auf die Geschicke des Trusts einzuräumen. Dies muss umso mehr gelten, als der Gesetzgeber mit dem durch das StEntlG 1999/2000/2002 eingeführten § 7 Abs. 1 Nr. 9 S. 2 ErbStG den Fall von Ertrags- sowie Substanzausschüttungen eines Trusts explizit regeln wollte und dadurch im Kern eine Zuordnung dieses Sachverhalts zur Schenkungsteuer vorgenommen

---

942 Vgl. BFH 21.7.2014 – II B 40/14, BFH/NV 2014, 1554 (1556): Einkommensteuer verdrängt Schenkungsteuer; BFH 12.9.2011 – VIII B 70/09, BFH/NV 2012, 229 (230): Schenkungsteuer verdrängt Einkommensteuer.

943 Im Rahmen der Entscheidungen BFH 28.2.2018 – VIII R 30/15, BFHE 261, 47 ff. sowie BFH 3.7.2019 – II R 6/16, BStBl. II 2020, 61ff. konnte dies jeweils offengelassen werden; vgl. zu dieser Problematik noch *Kraft/Schaz*, EWS 2017, 26 ff.

944 Oberste Finanzbehörden der Länder, gleichlautender Erlass vom 5.6.2013, DStR 2014, 104; vgl. für die ausländische Familienstiftung *Wunderlich*, DStR 2018, 905 (906),

hat.[945] Dass dem so ist, wurde ausführlich bei der Auslegung des Begriffs des Zwischenberechtigten herausgearbeitet.[946] Eine Einkünfteerzielungsabsicht der *beneficiaries*, welche zu einer Anwendbarkeit von § 22 Nr. 1 S. 2 a) EStG führen könnte, liegt bei der Prägung des Trusts zur Vermögensnachfolgeplanung gerade nicht vor.

Da § 7 Abs. 1 Nr. 9 S. 2 ErbStG im Vergleich zu § 22 Nr. 1 S. 2 a) EStG die jüngere Vorschrift darstellt, spricht hiergegen auch nicht das soeben für die Anwendung des § 20 Abs. 1 Nr. 9 S. 2 EStG nutzbar gemachte historische Argument. Der Gesetzgeber wollte nach hier vertretener Auffassung derartige Ausschüttungen von den Trustbesteuerungsnormen des ErbStG erfasst wissen.

Dies lässt sich auch am weiteren Wortlaut von § 7 Abs. 1 Nr. 9 S. 2 ErbStG festmachen, der den Erwerb bei Auflösung „sowie den Erwerb durch Zwischenberechtigte während des Bestehens der Vermögensmasse“ besteuern möchte. Im Gegensatz zum Wortlaut des § 7 Abs. 1 Nr. 9 S. 1 ErbStG im Hinblick auf die Stiftung, der nur den Erwerb bei Auflösung besteuert, sollte beim der Vermögensnachfolgeplanung dienenden Trust zusätzlich eine zielgerichtete Zuordnung laufender Ausschüttungen zur Schenkungsteuer erfolgen. Diese Auslegung steht also mit dem Wortlaut von § 7 Abs. 1 Nr. 9 S. 2 Hs. 2 ErbStG in Einklang. Der Wortlaut von § 22 Nr. 1 S. 2 a) EStG[947] steht dieser Auslegung zumindest nicht entgegen.

II. Ertragsausschüttungen des Trusts als sonstige Einkünfte

Im Gegensatz zur Situation bei § 20 Abs. 1 Nr. 9 S. 2 EStG findet sich in § 22 Nr. 1 S. 2 a) EStG lediglich das Wort „Vermögensmasse“ ohne einschränkenden Zusatz zur Erfassung des Trusts, sodass nicht bereits über diesen Begriff eine Abgrenzung zur Einordnung als Erwerb durch Zwischenberechtigte möglich ist. Auch der Begriff „Bezüge“ ist im Gegensatz zu dem in § 8 EStG definierten Begriff „Einnahmen“ nicht notwendigerweise einkommensteuerrechtlich geprägt. Letztendlich werden aber auch diese „wiederkehrenden Bezüge“ im

---

945 *Escher*, Steuerboard vom 13.3.2013, abrufbar unter http://blog.handelsblatt.com/steuerboard/2013/03/13/besteuerung-von-trust-ausschuttungen-an-inlandische-begunstigte-doppelbesteuerung-durch-einkommen-und-schenkungsteuer/; *Keß*, ZEV 2015, 254 (258); ebenso für den Vorrang von § 7 Abs. 1 Nr. 9 S. 1 ErbStG bei Stiftungen *Escher* in Falk/Richter, FR 2012, 158 (162); *Desens/Hummel*, DStZ 2011, 710 (717); a. A. *Wassermeyer*, FR 2015, 149 (155); *von Oertzen/Friz*, BB 2014, 87 (90 f.).

946 Vgl. unter B. II. 2. des dritten Kapitels.

947 Vgl. zur Wortlautgrenze bei der verfassungskonformen Auslegung, BVerfG 19.09.2007 – 2 BvF 3/02, BVerfGE 119, 247 (274).

Gesamtgefüge der Norm als Einkünfte im Sinne von § 2 Abs. 1 S. 1 Nr. 7 EStG bestimmt. Somit können auch hier nur Trustausschüttungen erfasst werden, die sich als durch wirtschaftliche Marktteilnahme der *beneficiaries* erzielt darstellen.

Es sind dabei gleichwohl praktisch keine Fälle denkbar, in denen der Trust nicht als Erwirtschaftungsinstrument seiner *beneficiaries* im Sinne von § 20 Abs. 1 Nr. 9 S. 2 EStG einzuordnen ist, bei denen aber trotzdem das Element der entgeltlichen Marktteilnahme durch die *beneficiaries* im Vordergrund steht. Sind die Trustausschüttungen also nicht als Einkünfte aus Kapitalvermögen steuerbar, werden diese fast immer Schenkungscharakter haben und als Erwerb durch Zwischenberechtigte steuerbar sein.[948]

Im Ergebnis ist auch in diesem Szenario keine Doppelbesteuerung anzunehmen.

Erfolgen die Ertragsausschüttungen anlässlich der Auflösung des Trusts, kann § 22 Nr. 1 S. 2 a) EStG mangels Vorliegens eines „wiederkehrenden Bezugs" nicht zur Anwendung kommen. Nach vorstehender Argumentation ist hier im Falle einer wirtschaftlichen Vergleichbarkeit mit Gewinnausschüttungen nach § 20 Abs. 1 Nr. 9 S. 2 EStG zu besteuern und andernfalls auf § 7 Abs. 1 Nr. 9 S. 2 Hs. 1 ErbStG zu rekurrieren. Es kommt von vornherein zu keiner Kollision der beiden Steuern.

D. Drittes Doppelbesteuerungsszenario

Fraglich ist, wie mit Ertrags- und Substanzausschüttungen umzugehen ist, die den bezugs- bzw. anfallsberechtigten *beneficiaries* unabhängig von dem konkreten Gepräge des Trusts bereits im Rahmen des § 15 Abs. 1 S. 1 AStG zugerechnet wurden. Klarzustellen ist dabei, dass diese Problematik nur ausländische Familientrusts im Sinne von § 15 Abs. 2, Abs. 4 AStG tangiert.

I. Einkünfte des Trusts als zugerechnete Einkünfte der bezugs- und anfallsberechtigten *beneficiaries*

Eine erneute Erfassung der zugerechneten Beträge nach dem ErbStG ist vor allem möglich, da das AStG – wie auch § 22 Nr. 1 S. 2 a) EStG – zur Erfassung des Trusts lediglich den Begriff „Vermögensmasse" ohne jegliche weitere Differenzierung verwendet. Da die Zurechnungsbesteuerung ausweislich von § 15 Abs. 1 S. 2 AStG i.V.m. § 1 Abs. 2 ErbStG nur für die Einkommensteuer greift, ist mit der Zurechnung der Einkünfte des Trusts an die bezugs- bzw.

948 Anders aber wohl BFH 3.7.2019 – II R 6/16, BStBl. II 2020, 61 ff.

anfallsberechtigten *beneficiaries* eine Zuordnung zur Einkommensteuer verbunden. § 15 Abs. 8 S. 1 AStG ordnet die zuzurechnenden Einkünfte dogmatisch im Rahmen einer fingierten Ausschüttung als Einkünfte aus Kapitalvermögen im Sinne von § 20 Abs. 1 Nr. 9 EStG ein.[949] Diese Einordnung gilt fort, auch wenn die spätere Ausschüttung in Wahrheit Schenkungscharakter aufweist und als Ausschüttung einer „Vermögensmasse ausländischen Rechts, deren Zweck auf die Bindung von Vermögen gerichtet ist" lediglich der Schenkungsteuer unterworfen werden sollte.

Erfolgt eine Zurechnung der Einkünfte des Trusts im Rahmen der Zurechnungsbesteuerung und fingiert damit gegebenenfalls Schenkungen als Einkommen, muss der Gesetzgeber sich an dieser Fiktion festhalten lassen. Im Lichte der oben herausgearbeiteten Exklusivität von Einkommensteuer sowie Erbschaft- und Schenkungsteuer wäre es widersprüchlich und systematisch verfehlt, die Einkünfte einmal als Einkommen zuzurechnen und bei einer Ausschüttung womöglich als Schenkung erneut zu besteuern. Der später ausgeschüttete Betrag ist den *beneficiaries* bereits als Einkunft zugerechnet worden und kann daher bei der tatsächlichen Ausschüttung nicht noch einmal als Schenkung besteuert werden. Im Rahmen des § 15 AStG wird der Einkommensteuer so ein Vorrang vor der Erbschaft- und Schenkungsteuer eingeräumt.

II. Bereits zugerechnete Einkünfte des Trusts als Schenkung unter Lebenden

Soweit der bezugs- oder anfallsberechtigte *beneficiary* also einen bereits als Einkunft zugerechneten Betrag erhält, ist diese Ausschüttung zwar genau betrachtet nach § 20 Abs. 1 Nr. 9 S. 2 EStG steuerbar. § 15 Abs. 11 AStG verhindert aber eine erneute Besteuerung der bereits zugerechneten Beträge bei tatsächlicher Ausschüttung. Nach den obigen grundlegenden systematischen Überlegungen kann dieser bereits als Einkunft zugerechnete Betrag zudem nicht gleichzeitig als Schenkung eingeordnet werden. Daher ist die tatsächliche Ausschüttung nicht als Erwerb durch Zwischenberechtigte bzw. als Erwerb bei Auflösung der Vermögensmasse nach § 7 Abs. 1 Nr. 9 S. 2 ErbStG steuerbar.

Soweit der bezugs- oder anfallsberechtigte *beneficiary* gleichwohl einen Betrag ausgeschüttet erhält, der über dem bereits zugerechneten Betrag liegt, können im Rahmen der tatsächlichen Ausschüttung erneut die in den ersten beiden Doppelbesteuerungsszenarien herausgearbeiteten Kriterien zur Differenzierung der steuerlichen Anknüpfungspunkte dienen.

949 Vgl. bereits unter A. II. 3. a) des vierten Kapitels.

E. Fazit zum fünften Kapitel

Eine Doppelbesteuerung bei Ertragsausschüttungen eines Trusts lässt sich im Wege einfacher Gesetzesauslegung vermeiden.

Im Ergebnis kommt es nur bei Ertragsausschüttungen eines in Einzelfällen als „Erwirtschaftungsinstrument" seiner *beneficiaries* einzustufenden *fixed interest trust* zu einer Besteuerung der Erträge bei den *beneficiaries* nach dem EStG. Dies gilt unabhängig davon, ob sie während des Bestehens oder bei Auflösung des Trusts ausgeschüttet werden. Beim *discretionary trust* verbleibt nach hier vertretener Auffassung allerdings kaum ein Anwendungsbereich für eine Einkommensbesteuerung. Es sind praktisch keine Fälle denkbar, bei denen trotz Vorliegens eines *discretionary trust* das Element der entgeltlichen Marktteilnahme durch die *beneficiaries* überwiegt und somit § 22 Nr. 1 S. 2 a) EStG zur Anwendung gelangen kann. In aller Regel sind die Ertragsausschüttungen eines *discretionary trust* folglich nach § 7 Abs. 1 Nr. 9 S. 2 Hs. 1 bzw. Hs. 2 ErbStG steuerbar.

So verbleibt ein – wenn zugegeben auch recht enger – Anwendungsbereich für § 20 Abs. 1 Nr. 9 S. 2 EStG bei ausländischen Trusts.

In allen anderen Fällen bleibt es bei der Anwendung von § 7 Abs. 1 Nr. 9 S. 2 Hs. 1 bzw. Hs. 2 ErbStG, so dass diese speziell für Trusts geschaffene Vorschrift weiterhin einen großen Anwendungsbereich haben wird.

Sind Einkünfte des Trusts im Rahmen von § 15 AStG einmal als Einkommen der bezugs- bzw. anfallsberechtigten *beneficiaries* zugerechnet worden, muss diese Einordnung bei tatsächlicher Ausschüttung an die *beneficiaries* aufrechterhalten werden.

§ 3 Gesamtzusammenfassung

Im Folgenden sollen die wichtigsten Ergebnisse des Hauptteils dieser Arbeit in gebotener Kürze in Form von Thesen zusammengefasst werden.

I. Der Trust ist ein Rechtsinstitut des *common law*, welches in England zur Zeit der Kreuzzüge etabliert wurde. Er lässt sich für deutsche Rechtswissenschaftler am besten als Vertrag zugunsten Dritter begreifen, obwohl er auch Elemente der Stiftung und der Treuhand aufweist und große Ähnlichkeit zur unselbständigen Stiftung besitzt. Auch wenn der Trust keine eigene Rechtspersönlichkeit besitzt, hat er – vor allem im allgemeinen Sprachgebrauch – eine gewisse Institutionalisierung erfahren. Der Trusterrichter (*settlor)* überträgt Vermögen auf den Trustverwalter (*trustee*), damit dieser es zu Gunsten der Begünstigten (*beneficiaries*) verwalten kann. Es ist üblich, dass der *trustee* hierbei Trusterträge während des Bestehens des Trusts an die *beneficiaries* ausschüttet, sowie dass zum Ende der Trustverwaltung die Ausschüttung der Vermögenssubstanz an die *beneficiaries* erfolgt. Die Erträge des Trusts können jedoch auch thesauriert werden und so zur Mehrung der Vermögenssubstanz führen. Die Vorgaben des *settlor* hinsichtlich der Verwaltung werden in einem *trust instrument* festgehalten; dieses wird regelmäßig von einem *letter of wishes* flankiert.

II. Das deutsche Zivilrecht kennt den Trust nicht. Mangels Ratifizierung des Haager Trustübereinkommens bestehen große Unsicherheiten hinsichtlich der Rezeption des Trusts im internationalen Privatrecht Deutschlands. Da im deutschen internationalen Privatrecht kein „Truststatut" existiert, konnte eine kollisionsrechtliche Einordnung des zu Lebzeiten des *settlor* gebildeten Trusts (*inter vivos trust*) sowie des durch Verfügung von Todes wegen gebildeten Trusts (*testamentary trust*) nur nach den Statuten des EGBGB vonstattengehen. Zumeist erfolgt eine Umdeutung in ein oder mehrere Rechtsgeschäfte des deutschen Zivilrechts. An dieser Situation hat sich bei *inter vivos trusts* trotz Erlass der Rom I-VO nichts geändert, da diese nach Art. 1 Abs. 2 h) Rom I-VO keine Anwendung auf Trusts findet. Die kollisionsrechtliche Behandlung des *testamentary trust* wurde allerdings im Zuge des Erlasses der EU-ErbVO reformiert. Zwar sind nach Art. 1 Abs. 2 j) EU-ErbVO die Errichtung, Funktionsweise und Auflösung eines Trusts vom Anwendungsbereich der Verordnung ausgenommen.

Dies soll aber im Gegensatz zur Rom I-VO nicht als genereller Ausschluss von Trusts verstanden werden.

III. Der Trust ist nicht – wie so oft propagiert – als bloßes Steuervermeidungsinstrument zu sehen. Vielmehr bestehen mannigfaltige Einsatzmöglichkeiten abseits steuerlicher Ziele. Dazu gehören die Vermögenssicherung, die Wahrung von Diskretion sowie die Verfolgung gemeinnütziger Zwecke. Aber gerade als Instrument der Nachlassplanung zeigt sich der Trust besonders vielseitig. Auf diesem Gebiet ist besonders seine Eignung zur familiären Vorsorge bzw. zur Vermögensnachfolgeplanung zu nennen. In diesem Kontext lassen sich durch Einsatz eines Trusts Effekte erzielen, die durch Institute des deutschen Erbrechts gar nicht oder nur in Kombination zu erreichen wären.

IV. Die Erfassung von Vermögensübertragungen zwischen den am Trust beteiligten Personen bereitete dem deutschen Erbschaft- und Schenkungsteuerrecht vor dem StEntlG 1999/2000/2002 große Probleme. Dies galt insbesondere bei Trusts, bei denen der *trustee* eine Ermessensentscheidung hinsichtlich der Auszahlungen an die *beneficiaries* trifft (*discretionary trust*). Bei Nutzung dieser Art von Trust konnten für den Steuerpflichtigen günstige Stundungs- und Verzögerungseffekte erzielt werden. Hier fand nur ein einziger aufschiebend bedingter Erwerb der *beneficiaries* vom *settlor* statt, so dass zudem das persönliche Verhältnis zwischen diesen Personen für die anzuwendende Steuerklasse maßgeblich war. Die problematische Rezeption im Erbschaft- und Schenkungsteuerrecht wird dabei vom deutschen System der Erbanfallsteuer, der Systematik des deutschen Erbschaft- und Schenkungsteuergesetzes im Allgemeinen sowie der Ausgestaltung der deutschen Erbschaft- und Schenkungsteuer als Stichtagsteuer bedingt.

V. Die steuerliche Erfassung der Vermögensübertragungen zwischen dem Trust und den beteiligten Personen hat nach dem StEntlG 1999/2000/2002 eine Verschärfung erfahren. Die Trustbildung sowie die Vermögensübertragungen vom *trustee* auf die *beneficiaries* unterliegen nun als zwei separate Vorgänge der Steuerpflicht nach dem ErbStG. Die dem Trust gewährte „Teilrechtsfähigkeit" für Zwecke der Erbschaft- und Schenkungsteuer verschlechtert die steuerliche Behandlung außerdem indirekt. So wird dem Trust das Steuerklassenprivileg der inländischen Familienstiftung verwehrt; allerdings wird er im Gegenzug von der die inländische Familienstiftung erfassenden Erbersatzsteuer freigestellt. Obwohl der Trust nach dem jeweiligen ausländischen Recht nicht rechtsfähig ist, wird die Zustellung eines deutschen Steuerbescheids über den *trustee* stets möglich sein, eine Vollstreckung jedoch regelmäßig scheitern. Die ursprünglich beabsichtigte Gleichstellung des Trusts mit der Stiftung wurde insbesondere deshalb verfehlt, da bei dieser satzungsgemäße Ausschüttungen an die Destinatäre nicht nach dem ErbStG steuerbar sind. Im Zuge der Auslegung des § 7 Abs. 1 Nr. 9 S. 2 Hs. 2 ErbStG sind jedoch beim Trust sämtliche Ausschüttungen steuerpflichtig, auch wenn sie auf dem *trust instrument* beruhen und sich somit als „satzungsgemäß" darstellen. Dies wurde lediglich für den *discretionary trust* durch die Rechtsprechung jüngst in Frage gestellt. Stundungs- und Verzögerungseffekte lassen sich nicht mehr erzielen.

VI. Der im deutschen ErbStG für den Trust verwendete Begriff der „Vermögensmasse ausländischen Rechts, deren Zweck auf die Bindung von Vermögen gerichtet ist" ist restriktiv auszulegen. So ist eine Besteuerung der Vermögensübertragungen nach den Trusttatbeständen des ErbStG nur vorzunehmen, wenn dem Trust ein Stiftungscharakter mit dem Element der längerfristigen Vermögensnachfolgeplanung innewohnt. So werden insbesondere der *commercial trust* sowie der *business trust* von diesen Normen nicht erfasst. Selbiges gilt für ausschließlich zur Nachlassabwicklung im Rahmen des US-amerikanischen Nachlassverfahrens (*probate)* genutzte Trusts.

VII. Im Rahmen der ertragsteuerlichen Betrachtung können sich Trusts als transparent, intransparent oder auch als semi-transparent darstellen. Die Zurechnung von Einkünften des semi-transparenten Trusts an den *settlor* bzw. die bezugs- oder anfallsberechtigten *beneficiaries* nach § 15 Abs. 1 S. 1, Abs. 2, Abs. 4 AStG stellt den wohl problematischsten Punkt in der ertragsteuerlichen Behandlung des *discretionary trust* dar. Durch die Einführung von § 15 Abs. 6 AStG wurde der europarechtswidrige Ist-Zustand der Vorschrift nur marginal verbessert. Hingegen wurde die Zurechnungsbesteuerung durch eine weitere Reform verschärft. Positiv fällt aber die Einführung von § 15 Abs. 11 AStG ins Gewicht, wobei das Maß von dessen Anwendbarkeit noch in Zweifel steht.

VIII. Bezugsberechtigt im Sinne von § 15 Abs. 1 S. 1, Abs. 2, Abs. 4 AStG können die *beneficiaries* eines *fixed interest trust* aufgrund ihrer feststehenden Ansprüche auf Trustausschüttungen sein. Auch *beneficiaries* eines *discretionary trust* können bereits mit ihrer Nennung im *trust instrument* bezugsberechtigt sein. Entsprechendes gilt für die Anfallsberechtigung. Nicht ausreichend ist eine Erwartung auf den Erhalt von Trustausschüttungen, die rein spekulativer Natur ist. Der Inhalt des *letter of wishes* kann für die Bestimmung der Berechtigungen zum *trust instrument* hinzugezogen werden, wenn von ihm eine faktische Bindungswirkung ausgeht.

IX. Bezugsberechtigt im Sinne von § 15 Abs. 1, Abs. 2 AStG sind bei einem *fixed interest trust* nur *beneficiaries* der ersten Begünstigtenklasse, die in dieser Kapazität aktuell einen Rechtsanspruch auf Auszahlungen des Trusts innehaben. Nachfolgende Klassen können bis zum Wegfall der vorherigen Begünstigtenklasse weder als Zurechnungssubjekte noch zur Begründung einer hälftigen Bezugsberechtigung im Sinne von § 15 Abs. 2 AStG herangezogen werden. Egal wie wahrscheinlich eine spätere Bezugsberechtigung dieser Klassen auch sein mag, rechtfertigt sie keine Zurechnung, solange die jeweils vorhergehende Klasse noch eine Bezugsberechtigung innehat. Bei *discretionary trusts* verfügt die erste Begünstigtenklasse über ein Anwartschaftsrecht, welches im Zeitpunkt der Entscheidung des *trustee* zur Auszahlung zu einem Rechtsanspruch erstarkt. Auch beim *discretionary trust* schließen vorrangige Begünstigtenklassen die nachrangigen Begünstigtenklassen von einer Bezugsberechtigung aus. Selbst bei einer Ermessensentscheidung zugunsten einer Auszahlung profitieren von dieser nur die *beneficiaries* der ersten Begünstigtenklasse. Die folgenden Begünstigtenklassen verfügen hingegen nicht einmal über eine Anwartschaft auf Auszahlungen des Trusts. Dies gilt auch, wenn der *trustee* die *beneficiaries* des *discretionary trust* auswechseln kann.

X. Eine sachgerechte Anwendung der Zurechnungsbesteuerung nach § 15 Abs. 1 S. 1, Abs. 2, Abs. 4 AStG ist bei Vorliegen eines *discretionary trusts* nur unter Bildung von Fallgruppen möglich. Wenn die Ausschüttungen an den *beneficiary* eines *discretionary trust* von Jahr zu Jahr variieren oder gar ganz ausbleiben können, muss der Prognoseansatz der Finanzverwaltung versagen. Dies gilt für die Frage des Vorliegens eines Familientrusts nach § 15 Abs. 2 AStG und noch vermehrt für die anteilige Zurechnung der Einkünfte nach § 15 Abs. 1 S. 1 AStG, da hier eine exakte Bestimmung des Anteils geschehen muss. Eine Zurechnung gelingt stets in der seltenen Fallgruppe der stetigen Ausschüttungen eines *discretionary trusts*, welche die Bildung einer faktischen Ausschüttungsquote beim *beneficiary* zulassen. Variieren die Ausschüttungen an den *beneficiary* sehr stark oder bleiben sie in bestimmten Jahren gar ganz aus, sollte eine Zurechnungsbesteuerung bei diesem „zufälligen" *beneficiary* innerhalb dieser Fallgruppe unterbleiben. Bei den dazwischen liegenden Grenzfällen der letzten Fallgruppe kann nur eine kalenderjahrbezogene Betrachtungsweise eine korrekte und für den Steuerpflichtigen verlässliche Anwendung der Zurechnungsbesteuerung gewährleisten.

XI. Lediglich bei *fixed interest trusts* kann § 20 Abs. 1 Nr. 9 S. 2 EStG Platz greifen, wenn diese als „Erwirtschaftungsinstrument" ihrer *beneficiaries* einzuordnen sind. Hierfür müssen die *beneficiaries* unmittelbaren oder mittelbaren Einfluss auf die Ausschüttungspolitik des *trustee* ausüben können. Zusätzlich müssen die Ausschüttungen des *fixed interest trust* an einen bezugs- und anfallsberechtigten *beneficiary* erfolgen und lediglich vom Markt herrührendes Trusteinkommen umfassen. Ein solches „Erwirtschaftungsinstrument" werden typischerweise der *business trust* und der *commercial trust* darstellen.

XII. Ausschüttungen der Vermögenssubstanz des Trusts sind in jedem Falle der Erbschaft- und Schenkungsteuer zuzuordnen. Somit unterfallen laufende Ausschüttungen der Vermögenssubstanz des Trusts § 7 Abs. 1 Nr. 9 S. 2 Hs. 2 ErbStG. Die Substanzausschüttungen anlässlich der Auflösung des Trusts sind nach § 7 Abs. 1 Nr. 9 Hs. 1 ErbStG steuerbar. Insbesondere ist Leistungsgegenstand hier kein zuvor am Markt generiertes Einkommen, sondern vom *settlor* bereitgestelltes Grundstockvermögen. Der Trust dient in diesem Falle in keiner Form als „Erwirtschaftungsinstrument", so dass eine Anwendung von § 20 Abs. 1 Nr. 9 S. 2 EStG nicht in Betracht kommt.

XIII. Eine Doppelbesteuerung bei Ertragsausschüttungen lässt sich im Falle des Trusts durch Gesetzesauslegung vermeiden. Die ausgeschütteten Erträge eines Trusts können nicht zugleich der Einkommensteuer nach § 20 Abs. 1 Nr. 9 S. 2 EStG bzw. § 22 Nr. 1 a) S. 2 EStG und der Schenkungsteuer nach § 7 Abs. 1 Nr. 9 S. 2 Hs. 1 bzw. Hs. 2 ErbStG unterliegen. Derselbe Vorgang kann nämlich nicht zugleich eine entgeltliche Marktteilnahme sowie eine unentgeltliche Schenkung darstellen. Über die Tatbestandsmerkmale „Vermögensmasse, deren Zweck auf die Bindung von Vermögen gerichtet ist" im Sinne des ErbStG sowie „Vermögensmasse, deren Leistungen mit Gewinnausschüttungen einer Gesellschaft vergleichbar sind" nach § 20 Abs. 1 Nr. 9 S. 2 EStG werden letztlich zwei gänzlich verschiedene Trustarten voneinander abgegrenzt. Beim *discretionary trust* ist § 20 Abs. 1 Nr. 9 S. 2 EStG nicht einschlägig. Da Ausschüttungen eines *discretionary trust* nicht das Ergebnis einer entgeltlichen Marktteilnahme, sondern eine Schenkung darstellen, unterfallen diese nicht § 22 Nr. 1 S. 2 a) EStG. Ertragsausschüttungen eines *discretionary trust* sind vielmehr nach § 7 Abs. 1 Nr. 9 S. 2 Hs. 1 bzw. Hs. 2 ErbStG steuerbar. Die Auslegung des § 7 Abs. 1 Nr. 9 S. 2 ErbStG hat gezeigt, dass der Gesetzgeber derartige Ertragsausschüttungen von eben dieser Norm erfasst wissen wollte.

XIV. Werden dem *settlor* oder den *beneficiaries* im Rahmen der Zurechnungsbesteuerung bereits zugerechnete Einkünfte des Trusts tatsächlich ausgezahlt, können diese entsprechend der hier vorgenommenen Auslegung der Tatbestände nicht erneut nach § 7 Abs. 1 Nr. 9 S. 2 ErbStG als Schenkung unter Lebenden der Schenkungsteuer unterworfen werden. Im Rahmen der Zurechnung wurden diese bereits als Einkünfte aus Kapitalvermögen nach § 20 Abs. 1 Nr. 9 EStG der Einkommensteuer zugeordnet.

XV. Abschließend soll in einer Übersicht die Entstehung von Steuerpflichten bei den wichtigsten vorgestellten Trustarten aufgezeigt werden:

Tabelle 1:

Trustart	**Steuerpflicht bei Bildung bzw. Ausstattung**	**Steuerpflicht bei laufenden Ausschüttungen von Erträgen und Substanz**	**Steuerpflicht bei Ausschüttung von Erträgen und Substanz bei Auflösung**
Revocable Trust (bloßes Widerrufsrecht, keine weitergehenden Befugnisse des *settlor* gegenüber *trustee*)	§ 3 Abs. 2 Nr. 1 S. 2 ErbStG (*Testamentary*) bzw. § 7 Abs. 1 Nr. 8 S. 2 ErbStG (*Inter Vivos*)	§ 7 Abs. 1 Nr. 9 S. 2 Hs. 2 ErbStG	§ 7 Abs. 1 Nr. 9 S. 2 Hs. 1 ErbStG
Revocable Trust (weitreichende Befugnisse des *settlor* gegenüber *trustee*)	Keine Steuerpflicht	Ggf. § 7 Abs. 1 Nr. 1 ErbStG bei direkter Schenkung von *settlor* an *beneficiaries*	Ggf. § 7 Abs. 1 Nr. 1 ErbStG bei direkter Schenkung von *settlor* an *beneficiaries*
Grantors Trust	Keine Steuerpflicht	Ggf. § 7 Abs. 1 Nr. 1 ErbStG bei direkter Schenkung von *settlor* an *beneficiaries*	Ggf. § 7 Abs. 1 Nr. 1 ErbStG bei direkter Schenkung von *settlor* an *beneficiaries*
Irrevocable Fixed Interest Trust	§ 3 Abs. 2 Nr. 1 S. 2 ErbStG (*Testamentary*) bzw. § 7 Abs. 1 Nr. 8 S. 2 ErbStG (*Inter Vivos*)	§ 7 Abs. 1 Nr. 9 S. 2 Hs. 2 ErbStG; bei Ertragsausschüttungen im Einzelfall § 20 Abs. 1 Nr. 9 S. 2 EStG	§ 7 Abs. 1 Nr. 9 S. 2 Hs. 1 ErbStG; bei Ertragsausschüttungen im Einzelfall § 20 Abs. 1 Nr. 9 S. 2 EStG
Irrevocable Discretionary Trust	§ 3 Abs. 2 Nr. 1 S. 2 ErbStG (*Testamentary*) bzw. § 7 Abs. 1 Nr. 8 S. 2 ErbStG (*Inter Vivos*)	Ggf. § 7 Abs. 1 Nr. 9 S. 2 Hs. 2 ErbStG	§ 7 Abs. 1 Nr. 9 S. 2 Hs. 1 ErbStG
Business/Commercial Trust	Grds. keine Steuerpflicht	§ 20 Abs. 1 Nr. 9 S. 2 EStG bei Ertrags-ausschüttungen	§ 20 Abs. 1 Nr. 9 S. 2 EStG bei Ertrags-ausschüttungen

Literaturverzeichnis

Albrecht, Philipp: Die steuerliche Behandlung deutsch-englischer Erbfälle, Köln, 1992 (zitiert als: *Albrecht,* Deutsch-englische Erbfälle, S.)

Alexander, Gregory: Trust Protectors - Who will watch the Watchmen?, Cardoza Law Review Vol 27:6 2006, S. 2807 ff.

Alpers, Lutz: Erbschaftsteuer-Sparpotenziale durch angelsächsische Trusts, DSWR 2005, S. 242 f.

Amonn, Toni: Trustbesteuerung in der Schweiz – eine Standortbestimmung, ASA Archives 76, Nr. 8, 2007/08, S. 493 ff.

Ausness, Richard: The Role of Trust Protectors in American Law, Law Faculty Publications UKnowledge 2010, S. 320 ff.

Bamberger, Heinz Georg/Roth, Herbert/Hau, Wolfgang/Poseck, Roman: Beck OK-BGB, 47. Edition, München, 2018 (zitiert als: *Bearbeiter* in Bamberger/Roth/Hau/Poseck, Beck-OK BGB (2018), §, Rn.)

Basedow, Jürgen: Grundlagen des europäischen Privatrechts, JuS 2004, S. 89 ff.

Bauer-Balmelli, Maja/Harbeke, Nils: Schweiz: Besteuerung von Trusts, IStR-LB 2008, S. 58 ff.

Becker, Rainer: Die fiducie von Québec und der trust, Thüringen, 2007 (zitiert als *Becker,* Fiducie, S.)

Beckmann, Christian: Das Gesetz zur Umsetzung der Vierten EU-Geldwäscherichtlinie – Was ändert sich für Steuerberater?, DStR 2017, S. 1724 ff.

Bengel, Manfred/Reimann, Wolfgang: Handbuch der Testamentsvollstreckung, 6. Auflage, München, 2017 (zitiert als *Bearbeiter* in Bengel/Reimann, Handbuch, Kapitel, Rn.)

Bernstorff, Christoph Graf von: Der Trust als Instrument der Vermögensverwaltung, RIW 2007, S. 641 ff.

Biedermann, Klaus: Die Treuhänderschaft des liechtensteinischen Rechts, dargestellt an ihrem Vorbild, dem Trust des Common Law, Bern, 1981 (zitiert als: *Biedermann,* Treuhänderschaft, S.)

Birk, Dieter: Steuern auf Erbschaft und Vermögen, Veröffentlichungen der Deutschen Steuerjuristischen Gesellschaft e.V. (DStJG), Band 22, Köln, 1999 (zitiert als: *Bearbeiter* in DStJG 1999, Band 22, S.)

Birk, Dieter/Desens, Marc/Tappe, Henning: Steuerrecht, 21. Auflage, Heidelberg, 2018

Birnbaum, Matthias/Lohbeck, Allit /Pöllath, Reinhard: Die Verselbständigung von Nachlassvermögen – Stiftung Trust und andere Gestaltungen im Vergleich, FR 10/2007, S. 479 ff.

Birnbaum, Matthias: Die verdeckte Gewinnausschüttung wird schenkungsteuerpflichtig, DStR 2011, S. 252 ff.

Birnbaum, Matthias: Doppelbesteuerung von Ausschüttungen liechtensteinischer Stiftungen?, ZEV 2014, S. 482 ff.

Bisle, Michael: Asset Protection durch den Einsatz inländischer Familienstiftungen, DStR 2012, S. 525 ff.

Bogert, George Gleason: Trusts, 6. Auflage, 1997 (zitiert als: *Bogert*, Trusts, S.)

Bredow, Günther/Reich, Thomas: Ausländische Trusts deutscher Steuerpflichtiger – Gestaltungsprobleme bei Vermögensnachfolge, Anlagemanagement und Steuerplanung, WiB 1995, S. 775–782

Breitschmid, Peter: Schweiz - Asset Protection seit dem „Klimawandel" in den „Geheimniswelten", ZEV 2013, S. 548–549

Breuninger, Gottfried/Müller, Welf/Strobl-Haarmann, Elisabeth: Steuerrecht und Europäische Integration in Festschrift für Albert J. Rädler zum 65. Geburtstag, München, 1999 (zitiert als: *Bearbeiter* in FS Rädler, S.)

Bruse, Matthias: Steuerliche Aspekte der Anlage in US-Immobilien, DB 1989, S. 294 ff.

Bödecker, Carsten: Trustbesteuerung nach neuem Erbschaftsteuergesetz, IWB 1999, Fach 3, Gruppe 9, S. 135 ff.

Bron, Jan/Seidel, Karsten: Doppelbelastung mit Erbschaftsteuer und Einkommensteuer, Eine Analyse des § 35b EStG unter besonderer Berücksichtigung von Kapitalanlagen, Teil I, ErbStB 2010, S. 48 ff.

Bron, Jan/Seidel, Karsten: Doppelbelastung mit Erbschaftsteuer und Einkommensteuer, Eine Analyse des § 35b EStG unter besonderer Berücksichtigung von Kapitalanlagen, Teil II, ErbStB 2010, S. 81 ff.

Bron, Jan/Seidel, Karsten: Kommentar zu BFH v. 12.9.2011, VIII B 70/09, Keine Doppelbelastung mit Ertrag- und Schenkungsteuer, BB 2012, S. 883 ff.

Bruschke, Gerhard: Haftungs- und Steuerschuld bei der Erbschaft- und Schenkungsteuer, StB 2016, S. 342 ff.

Campenhausen, Axel Freiherr von/Richter, Andreas: Stiftungsrechts-Handbuch, 4. Auflage, München, 2014 (zitiert als *Bearbeiter* in von Campenhausen/Richter, Stiftungsrecht-Handbuch, §, Rn.)

Carlé, Thomas: Der Trust als Gestaltungselement der Nachfolgeplanung - Zivil- und steuerrechtliche Aspekte, KÖSDI 1999, S. 11839–11841

Carlé, Thomas: Trustgestaltungen im Erbschaftsteuerrecht – inländische Steuerfolgen eines unbekannten nationalen Rechtsinstituts, ErbStB 2003, S. 235 ff.

Coing, Helmut: Die Treuhand kraft privaten Rechtsgeschäfts, München, 1973 (zitiert als: *Coing*, Treuhand)

Crezelius, Georg: Die Erbschaft- und Schenkungsteuer nach der Entscheidung des Bundesverfassungsgerichts vom 7.11.2006, DStR 2007, S. 415 ff.

Crezelius, Georg: Konkurrenz zwischen Einkommensteuer und Erbschaft- und Schenkungsteuer, ZEV 2015, S. 392 ff.

Crezelius, Georg: Mehrfachbelastung mit Erbschaftsteuer und Ertragsteuern nach der Entscheidung des BVerfG vom 07.11.2006, BB 2007, BB-Special 10, S. 1 ff.

Crezelius, Georg: Steuerrecht - Die einzelnen Steuerarten, 2. Auflage, München, 1994 (zitiert als: *Crezelius*, Steuerrecht BT, §, Rn.)

Crezelius, Georg: Systeminkonsequenzen und Rückausnahmen, FR 2009, S. 881 ff.

Czermak, Peter: Der express trust im internationalen Privatrecht, Frankfurt (Main), Bern, New York, 1986

Daragan, Hanspeter: Die Stiftung und die Familienstiftung des Erbschaftsteuergesetzes, ZErb 2017, S. 1 ff.

Daragan, Hanspeter: Trusts und gespaltenes Eigentum, ZEV 2007, S. 204 ff.

Daragan, Hanspeter/Halaczinsky, Raimond/Riedel, Christopher: Praxiskommentar Erbschaftsteuergesetz und Bewertungsgesetz, 3. Auflage, Bonn, 2017 (zitiert als: *Bearbeiter* in Daragan/Halaczinsky/Riedel, ErbStG/BewG (2017), §, Rn.)

Deininger, Rainer/Götzenberger, Anton-Rudolf: Internationale Vermögensnachfolgeplanung mit Auslandsstiftungen und Trusts, Angelbachtal, 2006 (zitiert als: *Bearbeiter* in Deininger/Götzenberger, Vermögensnachfolgeplanung, S., Rn.)

Desens, Marc/Hummel, David: Zur Vermeidung der Doppelbesteuerung der Destinatäre bei der Auflösung einer Stiftung mit Einkommen- und Schenkungsteuer, DStZ 2011, S. 710 ff.

Dodge, Joseph: Wills, Trusts, and Estate Planning: Law and Taxation, Cases and Materials, St. Paul, 1988 (zitiert als: *Dodge,* Wills, Trusts and Estate, S.)

Dörner, Heinrich: Der Trust im deutschen internationalen Privatrecht, Veröffentlichungen des Schweizerischen Instituts für Rechtsvergleichung, Vol. 52 2005, S. 73 ff.

Dürrschmidt, Daniel: Antrag auf Behandlung als unbeschränkt steuerpflichtig nach § 2 Abs. 3 Satz 1 ErbStG im System des deutschen Internationalen Erbschaftsteuer- und Schenkungsteuerrechts, IStR 2012, S. 410 ff.

Eisele, Dirk: Die Änderungen des Erbschaft- und Schenkungsteuergesetzes durch das Steuerentlastungsgesetz 1999/2000/2002, INF 1999, S. 324 ff.

Escher, Jens: Besteuerung von Trust-Ausschüttungen an inländische Begünstigte – Doppelbesteuerung durch Einkommen- und Schenkungsteuer?, Steuerboard vom 13.3.2013

Escher, Jens: Europarechtswidrige Verschärfung der Besteuerung ausländischer Familienstiftungen im EU/EWR-Raum durch das JStG 2013, Steuerboard vom 1.8.2012

Escher, Jens: Wegzugsbesteuerung – Einkommen und erbschaftsteuerliche Konsequenzen des Wegzugs aus Deutschland, Skriptum zum Postgraduiertenstudiengang Unternehmensnachfolge, Erbrecht und Vermögen, München, 2013

Falk, Herrmann/Richter, Andreas: Treffen der Familienstiftungen am 23.9.2011 in Berlin, FR 2012, S. 158 ff. (zitiert als: *Bearbeiter* in Falk/Richter, FR 2015)

Falter, Michael/Geks, Victoria; Die Übertragung eines deutschen GmbH-Anteils auf einen amerikanischen testamentary trust, NZG 2017, S. 1251 ff.

Fischer, Michael/Jüptner, Roland/Pahlke, Armin/Wachter, Thomas: Kommentar zum Erbschaft- und Schenkungsteuergesetz, 6. Auflage, Freiburg, 2017 (zitiert als *Bearbeiter* in Fischer/Jüptner/Pahlke/Wachter, ErbStG (2017), §, Rn.)

Fischer, Nico: Verhältnis von Einkommensteuer zur Erbschaftsteuer, Steuerboard vom 26.5.2015

Fleischer, Holger/Goette, Wulf: Münchener Kommentar zum GmbHG, 2. Auflage, München, 2018 (zitiert als: MüKo-GmbHG (2018), §, Rn.)

Flick, Hans/Wassermeyer. Franz/Baumhoff, Hubertus/Schönfeld, Jens: Außensteuerrecht Kommentar, 82. Auflage, Köln, 2009 (zitiert als: *Bearbeiter* in Flick/Wassermeyer/Baumhoff/Schönfeld, AStG (2009), §, Rn.)

Flick, Hans/Piltz, Detlev: Der internationale Erbfall, 2. Auflage, München, 2008 (zitiert als: *Bearbeiter* in Flick/Piltz, Internationaler Erbfall, Rn.)

Frank, Jan-Hendrik/Leithold, Steffen: Die Ermittlung des anwendbaren Erbrechts im deutsch/US-amerikanischen Erbfall nach der EuErbVO, ZEV 2014, S. 462 ff.

Füger, Rolf/von Oertzen, Christian: Die neue Trustbesteuerung in der Erbschaft- und Schenkungsteuer, IStR 1999, S. 11 ff.

Fuhrmann, Lambertus: Modelle lebzeitiger Unternehmensübertragung - Erbvertrag, Testamentsvollstreckung, Fortsetzungsklausel, Stiftung und Trust im zivil- und steuerrechtlichen Vergleich, Konstanz, 1990

Friese, Arne/Brehm, Christian: Das neue Transparenzregister: Effektiver Kampf gegen Geldwäsche oder Bürokratie-Monstrum?, GWR 2017, S. 271 ff.

Friz, Fabian: Das Verhältnis der Erbschaft- und Schenkungsteuer zur Einkommensteuer, Berlin, 2013 (zitiert als: *Friz*, Erbschaft- und Schenkungsteuer, S.)

Friz, Fabian: Das Verhältnis der Erbschaft- und Schenkungsteuer zur Einkommensteuer, DStR 2015, S. 2409 ff.

Garner, Bryan: Black's Law Dictionary, 3. Auflage, St. Paul, 2006

Gebel, Dieter: Die Lust an der Fiktion: Anmerkungen zu den durch das StEntlG 1999/2000/2002 in das ErbStG neu eingefügten Tatbeständen, ZEV 1999, S. 249 ff.

Geimer, Reinhold/Schütze, Ralf: Europäische Erbrechtsverordnung (EuErbVO). Internationales Erbrechtsverfahrensgesetz (IntErbRVG); Kommentar zur Verordnung (EU) Nr. 650/2012 (EuErbVO), 1. Auflage, München, 2016 (zitiert als: *Bearbeiter* in Geimer/Schütze, Eu-ErbVO (2016), Art., Rn.)

Gierharke, Oliver: Zur Anwendbarkeit des Erbschaftsteuerklassenprivilegs des § 15 Abs. 2 ErbStG auf liechtensteinische Familienstiftungen, ZErb 2016, S. 163 ff.

Götz, Hellmut: Funktion und Zweck von ausländischen Stiftungen und Trusts, EE 2010, S. 194 ff.

Götz, Hellmut: Rückgängigmachung von Schenkungen, ZEV 2017, S. 371 ff.

Götz, Hellmut: Widerrufsklauseln in Schenkungsverträgen - Steuerliche und zivilrechtliche Betrachtung, NWB 2015, S. 3097 ff.

Götz, Hellmut: Wird § 7 Abs. 1 Nr. 9 ErbStG von § 15 Abs. 11 AStG verdrängt?, DStR 2014, S. 1047 ff.

Götz, Hellmut: Zivilrechtliche Aspekte bei der Trustgründung, EE 12/2010, S. 209 f.

Götz, Hellmut/Jorde, Thomas: Ausländische Familienstiftungen und Trusts in der Gestaltungsberatung, in *Wachter, Thomas*: Festschrift für Sebastian Spiegelberger zum 70. Geburtstag – Vertragsgestaltung im Zivil- und Steuerrecht, Bonn, 2009, S. 1301 ff. (zitiert als: *Jorde/Götz* in FS Spiegelberger, S.)

Götzenberger, Anton-Rudolf: Ausländische Vermögenstrusts, BBV 2004, S. 31 ff.

Graf von Bernstorff, Christoph: Der Trust als Instrument zur Vermögensverwaltung, RIW 2007, S. 641 ff.

Grisel, Guillaume: The Right to Information of the Beneficiaries of Trusts and its Enforcement in the Swiss Courts, SZW/RSDA 5/2012, S. 425 ff.

Grotherr, Siegfried: Handbuch der internationalen Steuerplanung, 3. Auflage, Herne, 2011 (zitiert als: *Bearbeiter* in Grotherr, Handbuch, S. 1896.

Gruber, Michael: Erbrecht und Vermögensnachfolge, 1. Auflage, Wien, 2010

Grüninger, Harald: Schweiz: Haager Trust-Übereinkommen in Kraft in ZEV 2007, S. 431

Grundmann, Stefan: Der Treuhandvertrag, insbesondere die werbende Treuhand, Schriften des Instituts für Arbeits- und Wirtschaftsrecht der Universität zu Köln, Band 74, München, 1997 (zitiert als: *Grundmann,* Treuhandvertrag, S.)

Grundmann, Stefan: Trust and Treuhand at the end of the 20th century – Key problems and shift of interest, in American Journal of Comparative Law, Vol. 47, 1999, S. 401 ff.

Gsell, Beate/Krüger, Wolfgang/Lorenz, Stephan/Reymann, Christoph: Beck-Online Grosskommentar zum Bürgerlichen Gesetzbuch, München, 2018 (zitiert als: *Bearbeiter* in Beck-OK BGB (2018), Art., Rn.)

Haag, Maximilian: DBA-Probleme der Zurechnungsbesteuerung bei ausländischen Stiftungen und Trusts, Steuerboard vom 9.7.2015

Haag, Maximilian: The implications of ‚Brexit' under German tax law: expected changes for UK businesses, corporations, and trusts with Germany-based owners and beneficiaries, Trusts & Trustees 2017, Vol. 23, S. 664 ff.

Haag, Maximilian/Faltenbacher, Christina: Vorschläge zur sachgerechten Anwendung der mehrstufigen Zurechnungsbesteuerung nach § 15 Abs. 9 AStG, IStR 2017, S. 89 ff.

Haag, Maximilian/Müller, Jan: German Inheritance and Gift Tax Regime Illegal, CJEU Holds, in Tax Notes International, 22.09.2014, S. 1017 f.

Haag, Maximilian/Richter, Andreas: German Gift Tax on Trust Distributions, Tax Notes International, 24.6.2013, S. 1307 f.

Habammer, Christoph: Der ausländische Trust im deutschen Ertrag- und Erbschaft- und Schenkungsteuerrrecht, DStR 2002, S. 425 ff.

Haeusler, Tom: Der angelsächsische Trust – Nachlassplanung, Vermögenssicherung und Gemeinnützigkeit, Stiftung & Sponsoring 6/2006, S. 38 f.

Halaczinsky, Raymond: Änderungen des Erbschaftsteuergesetzes durch das StEntlG 1999/2000/2002, NWB 1999, F 10, S. 905 ff.

Haun, Jürgen/Kahle, Holger/Goebel, Sören/Reiser, Hagen: Außensteuergesetz, 36. Auflage, Stuttgart, 2016 (*Bearbeiter* in Haun/Kahle/Goebel/Reiser, AStG (2016), §, Rn.)

Hayton, David/Kortmann, Sebastian/Verhagen, Hendrikus: Principles of European Trust Law, in: Law of Business and Finance, Band 1, Den Haag, 1999 (zitiert als: *Hayton* in Hayton/Kortmann/Verhagen, Principles of European Trust Law, S.)

Hayton, David/Matthews, Paul/Mitchell, Charles: Underhill and Hayton – Law of Trusts and Trustees, 18. Auflage, London, 2010 (zitiert als: *Bearbeiter* in Hayton/Matthews/Mitchell, Law of trusts and trustees, S.)

Hennsler, Martin/Strohn, Lutz: Gesellschaftsrecht, 3. Auflage, München, 2016 (zitiert als: *Bearbeiter* in Hennsler/Strohn, Gesellschaftsrecht (2016), §, Rn.)

Heuermann, Bernd/Brandis, Peter: Blümich, Kommentar zum Einkommensteuergesetz, Körperschaftsteuergesetz, Gewerbesteuergesetz, 142. Auflage, München, 2017 (zitiert als: *Bearbeiter* in Blümich Nebengesetze EStG bzw. EStG (2017), §, Rn.)

Hey, Johanna: Erbschaftsteuer: Europa und der Rest der Welt, DStR 2011, S. 1149 ff.

Hey, Johanna: Die Neuregelung der Zurechnungsbesteuerung für Familienstiftungen in § 15 AStG durch das Jahressteuergesetz 2009 – verfassungs- und weiterhin gemeinschaftsrechtswidrig! In IStR 2009, S. 181 ff.

Heymann, Ernst: Trustee und Trustee-Company im deutschen Rechtsverkehr, in: Festschrift für Heinrich Brunner, S. 473–538, Weimar, 1910 (zitiert als: *Heymann* in FS Brunner, S.)

Hörger, Helmut/Stephan, Rudolf/Pohl, Dirk: Unternehmens- und Vermögensnachfolge, 2. Auflage, Stuttgart, 2002 (zitiert als: *Bearbeiter* in Hörger/Stephan/Pohl, Unternehmens- und Vermögensnachfolge, S., Rn.)

Hof, Hagen/Bianchini-Hartmann, Maren/Richter, Andreas: Stiftungen: Errichtung - Gestaltung - Geschäftstätigkeit – Steuern, 2. Auflage, München, 2010 (zitiert als: *Bearbeiter* in Hof/Bianchini-Hartmann/Richter, Stiftungen, S.)

Honiball, Michael/Olivier, Lynette: The Taxation of Trusts in South Africa, Kapstadt, 2009

Honore, Tony/Cameron, Edwin: The South African Law of Trusts, 4. Auflage, Kapstadt, 1992

Hosp, Thomas/Langer, Matthias: Die Einkommenszurechnung bei liechtensteinischen Familienstiftungen, Liechtenstein-Journal 2012, S. 70 ff.

Huber, Matthias/Reimer, Ekkehart: Mängel bei der Abstimmung von Erbschaftsteuer und Ertragsteuern, DStR 2007, S. 2042 ff.

Hübschmann, Walter/Hepp, Ernst/Spitaler, Armin: Abgabenordnung – Finanzgerichtsordnung, 247. Auflage, Köln, 2016 (zitiert als: *Bearbeiter* in Hübschmann/Hepp/Spitaler, AO (2016), §, Rn.)

Jakob, Dominique/Picht, Peter: Das Haager Trust-Übereinkommen und seine Geltungsbeschränkungen - ein Fass der Danaiden?, in *Lorandi/Staehelin*: Festschrift für Ivo Schwander, S. 543–562, Zürich, 2011 (zitiert als: *Jakob/Picht* in FS Schwander, S.)

Jakob, Dominique/Picht, Peter: Der trust in der Schweizer Nachlassplanung und Vermögensgestaltung: Materiellrechtliche und internationalprivatrechtliche Aspekte nach der Ratifikation des HTÜ, AJP 6/2010, S. 1 ff.

Jülicher, Marc: ErbStG: Bei der Trustbesteuerung wird noch „eine Schippe" nachgelegt, IStR 1999, S. 202 ff.

Jülicher, Marc: Besteuerung eines Nachlaßtrusts in der Republik Südafrika, IStR 1996, 325 ff.

Jülicher, Marc: Besteuerung von deutschen Trustbegünstigten eines südafrikanischen Nachlaßtrustes, IStR 1996, S. 575 ff.

Jülicher, Marc: Der Trust: Untaugliches Gestaltungsmittel der Vermögensnachfolge in Deutschland, PIStB 1999, S. 37 ff.

Jülicher, Marc: In der Trustfalle des ErbStG, IStR 1999, S. 106 ff.

Jülicher, Marc: Nachlassspaltung gegenüber dem anglo-amerikanischen Rechtskreis, EWS 2017, S. 19 ff.

Jülicher, Marc: Treuhandverhältnisse im Erbschaftsteuerrecht, DStR 2001, S. 2177 ff.

Kalenberg, Hans-Peter/Reichert, Thorsten: Die Neuregelung des § 15 Abs. 6 Nr. 1 AStG und seine Auswirkung auf ausländische Familienstiftungen, IStR 2016, S. 140 ff.

Kamps, Heinz-Willi: Erb- und Schenkungsfälle mit Auslandsberührung, ErbStB 2003, S. 92 ff.

Kapp, Reinhard/Ebeling, Jürgen: Erbschaftsteuer- und Schenkungsteuergesetz, 77. Auflage, München, 2018 (zitiert als: *Bearbeiter* in Kapp/Ebeling, ErbStG (2018), §, Rn.)

Kellersmann, Dietrich/Schnitger, Arne: Europarechtliche Bedenken hinsichtlich der Besteuerung ausländischer Familienstiftungen, IStR 2005, S. 253 ff.

Keß, Thomas: Das Verhältnis der Erbschaft- und Schenkungsteuer zur Einkommensteuer: Die aktuelle Rechtsprechung des BFH und ihre möglichen Konsequenzen, ZEV 2015, S. 254 ff.

Keß, Thomas: Doppelbelastung mit Erbschaftsteuer und Einkommensteuer, FR 2010, S. 954 ff.

Keß, Thomas: Konkurrenz von Einkommen- und Schenkungsteuer bei zinsloser Stundung einer Zugewinnausgleichsforderung, ZEV 2012, S. 119 ff.

Killius, Jürgen: Trusts als Mittel der Steuerplanung für deutsche Steuerpflichtige, in: *Breuninger, Gottfried/Müller, Welf/Strobl-Haarmann, Elisabeth*: Steuerrecht und Europäische Integration: Festschrift für Albert J. Rädler zum 65. Geburtstag, München, 1999, S. 343–375 (zitiert als *Killius* in FS Rädler, S.)

Kindler, Peter/Nachmann, Josef: Handbuch Insolvenzrecht in Europa, 4. Ergänzungslieferung, München, 2014 (zitiert als: *Bearbeiter* in Kindler/Nachmann, Insolvenzrecht, Land, Rn.)

Kinzl/Ulrich-Peter: Nachfolgeplanung mit Familienstiftungen: § 15 AStG zwischen Hindernis und Europarechtswidrigkeit, IStR 2005, S. 624 ff.

Kirchhain, Christian: Auskunftsaustausch mit Liechtenstein im Kontext des § 15 AStG - Anmerkung zu FG Düsseldorf, Urteil vom 22.1.2015 – 16 K 2858/13 F, IStR 2015, S. 246 ff.

Kirchhain, Christian: Neues von der Zurechnungsbesteuerung - Gedanken zur geplanten Neufassung des § 15 AStG durch das Jahressteuergesetz 2013, IStR 2012, S. 602 ff.

Kirchhain, Christian: Stiftungsbezüge als Kapitaleinkünfte? – Zugleich Anmerkung zum BMF-Schreiben vom 27. 6. 2006, BB 2006, S. 2387 ff.

Klein, Franz: Abgabenordnung, 13. Auflage, München, 2016 (zitiert als: *Bearbeiter* in Klein, AO (2016), §, Rn.)

Klein, Manfred: Trustbesteuerung nach deutschem Erbschaftsteuerrecht – Effekte auf Trusts und trustähnliche Institute verschiedener Rechtskreise in IStR 1999, S. 377 ff.

Klein, Manfred: Typologie des Erbschaftsteuergesetzes bei Auslandserwerben – zugleich ein Beitrag zur wirtschaftlichen Betrachtungsweise im Erbschaftsteuergesetz, FR 2001, S. 118 ff.

Kleinert, Jens/Podewils, Felix: Die Neufassung von § 15 AStG durch das Jahressteuergesetz 2009 - nur ein Beispiel für verfassungswidrige Rückwirkungsgesetze im Steuerrecht, BB 2009, S. 1819 ff.

Kluge, Volker: Das internationale Steuerrecht, 4. Auflage, München, 2000

Kötz, Hein: Trust und Treuhand - Eine rechtsvergleichende Darstellung des anglo-amerikanischen trust und funktionsverwandter Institute des deutschen Rechts, Göttingen, 1963 (zitiert als: *Kötz*, Trust und Treuhand, S.)

Kofler, Georg/Pistone, Pasquale: Seminar J: Ist die positive Integration im EU-Steuerrecht wieder auf Schiene?, IStR 2017, S. 705 ff.

Kraft, Gerhard: Außensteuergesetz, 1. Auflage, München, 2009 (zitiert als: *Bearbeiter* in Kraft, AStG (2009), §, Rn.)

Kraft, Gerhard: Die Auswirkung des TIEA Deutschland-Liechtenstein auf die deutsche Hinzurechnungsbesteuerung, IStR 2010, S. 440 ff.

Kraft, Gerhard/Kraft, Cornelia: Führung eines steuerlichen Einlagenkontos durch privatnützige Stiftungen, DStR 2011, S. 1837 ff.

Kraft, Gerhard/Hause, Katja: Die Gemeinschaftsrechtswidrigkeit des § 15 AStG aus dem Blickwinkel der EuGH-Rechtsprechung, DB 2006, S. 414 ff.

Kraft, Gerhard/Moser, Till/Gebhardt, Ronald: Neukonzeption der Besteuerung ausländischer Familienstiftungen durch das JStG 2013, DStR 2012, S. 1773 ff.

Kraft, Gerhard/Schaz, Simon: Zur Unionsrechtskonformität der schenkungsteuerlichen Erfassung von satzungsgemäßen Zuwendungen einer ausländischen Familienstiftung an inländische Zuwendungsempfänger, EWS 2017, S. 26 ff.

Kraft, Gerhard/Schulz, Kay: Zwischengesellschaften im Kontext ausländischer Familienstiftungen – Entwicklungen durch das Jahressteuergesetz 2013, IStR 2012, S. 2278 ff.

Kroschel, Jörg/Wellisch, Dietmar: Steuersystematische Überlegungen zu § 35 EStG, BB 1999, S. 2533 ff.

Lademann: Kommentar zum Einkommensteuergesetz mit Nebengesetzen, 239. Aktualisierung, Stuttgart, 2018 (zitiert als: *Bearbeiter* in Lademann, Nebengesetze EStG (2018), §, Rn.)

Leithold, Steffen: Die kollisionsrechtliche Qualifikation des zur Nachlassplanung verwendeten inter vivos trust, FamRZ 2015, S. 70 ff.

Lennert, Philipp/Blum, Hans: Das neue liechtensteinische Stiftungsrecht: Zivil- und steuerrechtliche Einordnung nach der Stiftungsrechtsreform, ZEV 2009, S. 171 ff.

Löhnig, Martin: Treuhand – Interessenwahrnehmung und Interessenkonflikte, Tübingen, 2006 (zitiert als: *Löhnig*, Treuhand, S.)

Von Löwe, Christian: Österreichische Privatstiftung mit Stiftungsbeteiligten in Deutschland, IStR 2005, S. 577 ff.

Lüdicke, Jochen/Eiling, Astrid: Nutzung von US-Trusts in der Nachfolgeplanung, IStR 2017, S. 841 ff.

Lüdicke, Jürgen/Schulz, Kay: Konzeptionelle Mängel des Antragsrechts auf Behandlung als unbeschränkt steuerpflichtig nach § 2 Abs. 3 ErbStG, IStR 2012, S. 417 ff.

Magnus, Ulrich: Die Rom I-Verordnung, IPrax 2010, S. 27 ff.

Mankowski, Peter: Der Tod des Trustee im deutschen internationalen Privatrecht in: Festschrift für Gunther Kühne zum 70. Geburtstag, München, 2009, S. 795 ff. (zitiert als: *Mankowski* in FS Kühne, S.)

Martiny, Dieter: Neues deutsches internationales Vertragsrecht, RIW 2009, S. 737 ff.

Maunz, Theodor/Dürig, Günter: Grundgesetz Kommentar, 84. Auflage, München, 2018

Maure, Claire: The attraction of the trust to non-domiciled settlors in Trusts & Trustees, Vol. 19, No. 3&4, April/May 2013, S. 290 ff.

Matthews, Paul/Sowden, Terry: The Jersey law of Trusts, 3. Auflage, London, 1997

Meilicke, Wienand: Inkongruente Doppelbesteuerung von Stiftungen, DStR 2017, S. 227 ff.

Meincke, Jens/Hannes, Frank/Holtz, Michael: Kommentar zum Erbschaft- und Schenkungsteuergesetz, 17. Auflage, München, 2018 (zitiert als *Bearbeiter* in Meincke/Hannes/Holtz, ErbStG (2018), §, Rn.)

Milatz, Jürgen/ Herbst, Catarina: Die Besteuerung der Destinatäre einer ausländischen Familienstiftung, BB 2011, S. 1500 ff.

Moench, Dietmar/ Weinmann, Norman: Kommentar zum Erbschaft- und Schenkungsteuerrecht, 82. Ergänzungslieferung, Freiburg, 2018

Moffat, Graham: Trusts Law, 5. Auflage, Cambridge, 2009 (zitiert als: *Moffat*, Trusts Law, S.)

Moosmann, Kurt Jürg: Der angelsächsische Trust und die Liechtensteiner Treuhänderschaft unter besonderer Berücksichtigung des wirtschaftlich Begünstigten, Zürich, 1999 (zugleich Univ.-Diss., Zürich, 1999) (zitiert als: *Moosmann*, Angelsächsischer Trust, S.)

Moser, Till: Reformbedarf in § 15 AStG durch Art. 7 und 8 der EU Anti Tax Avoidance Richtlinie?, IStR 2017, S. 613 ff.

Moser, Till/Gebhard, Ronald: Ungereimtheiten und Übergangsprobleme durch die systematischen Änderungen in § 15 AStG im Rahmen des Amtshilferichtlinie-Umsetzungsgesetzes, DStZ 2013, S. 753 ff.

Mutter, Christoph: Steueramnestie für hinterzogene Schenkungsteuer bei Trust und Stiftung im Ausland, DStR 2004, 893 ff.

Mutter, Christoph: Schenkungsteuer bei Übertragung von Vermögen auf eine liechtensteinische Stiftung, Anmerkung zum Urteil des BFH v. 28.6.2007, ZEV 2007, S. 440 ff.

Mutter, Christoph/Schwarz, Stephan: Keine Angst vor der Selbstanzeige – Nacherklärung von Einkünften aus Kapitalvermögen bei Vermögensbindung in Stiftungen oder Trusts, IStR 2009, S. 807 ff.

Nieder, Heinrich/Kössinger, Reinhard: Handbuch der Testamentsgestaltung, 4. Auflage, München, 2011 (zitiert als: *Bearbeiter* in Nieder/Kössinger, Handbuch der Testamentsgestaltung, Rn.)

Von Oertzen, Christian: Trust – Option oder Risiko für die internationale Nachfolgeplanung?, IStR 1995, S. 149 ff.

Von Oertzen, Christian: Trust und internationale Nachfolgeplanung – Anmerkung zum Beitrag von Sieker, IStR 1995, S. 345 f.

Von Oertzen, Christian: Trust- the never-ending story, DStR 2002, S. 433 f.

Von Oertzen, Christian/Friz, Fabian: Steuerliche Fragen der neuen (Familien-) Verbrauchstiftung nach dem Gesetz zur Stärkung des Ehrenamtes, BB 2014, S. 87 ff.

Von Oertzen, Christian/Hosser, Markus: Asset Protection mit inländischen Familienstiftungen, ZEV 2010, S. 168 ff.

Von Oertzen, Christian/Kühn, Michal: Praktische Fragen der Einkünfteermittlung von ausländischen Stiftungen und Trusts iRd § 15 AStG, IStR 2016, S. 930 ff.

Von Oertzen, Christian/Lemmer, Marcel: Der US-Estate im deutschen Steuerrecht, IStR 2015, S. 952 ff.

Von Oertzen, Christian/Loose, Matthias: Erbschaftsteuer- und Schenkungsteuergesetz, 1. Auflage, Köln, 2017 (zitiert als: *Bearbeiter* in von Oertzen/Loose, ErbStG (2017), §, Rn.)

Von Oertzen, Christian/Stein, Thomas/Reich, Manfred: Anglo-amerikanische Nachlasstrusts und inländische Grundstücke bzw. grundstücksbesitzende Erbengemeinschaften, ZEV 2013, S. 109 ff.

Von Oertzen, Christian/Ponath, Gerrit: Asset Protection im deutschen Recht, 2. Auflage, Bonn, 2013 (zitiert als: *Von Oertzen/Ponath,* Asset Protection, Rn.)

Von Oertzen, Christian/Stein, Thomas: Deutsch-US-amerikanische Nachfolgeplanung: Steuervorteile im ErbStG durch die Verwendung von Trusts, ZEV 2010, S. 500 ff.

Von Oertzen, Christian/Windeknecht, Philipp: Deutsch-amerikanische Vermögensnachfolge nach der US-Steuerreform – Ein Überblick, IStR 2018, S. 657 ff.

Orth, Manfred: Nicht einkommensteuerpflichtige Leistungen einer Familienstiftung an ihre Destinatäre wegen Einlagenrückgewähr, DB 2017, S. 1410 ff.

Orth, Manfred: Stiftungen und Unternehmenssteuerreform, DStR 2001, S. 325 ff.

Ostertun, Dietrich/Reimer, Ekkehart: Wegzugsbesteuerung, Wegzugsberatung, München, 2011 (zitiert als *Bearbeiter* in Ostertun/Reimer, §, Rn.)

Passarge, Malte: Zu den Anforderungen an die Ausgestaltung des Rechtsverhältnisses zwischen Stiftung und Destinär, NZG 2009, S. 1421 ff.

Pawlytta, Mark/Schmutz, Patrick: Zuwendungen am Nachlass vorbei in Deutschland und Schweiz, ZEV 2008, S. 59 ff.

Pease, Richard: Trusts in Civil Law Countries, Journal of International Tax Planning 2010 Vol. XI No. 1, S. 127 ff.

Pease, Richard: The development of trust practice in overseas jurisdictions, Trust & Trustees Volume 19 2013, S. 283 ff.

Penner, James: The Law of Trusts, 6. Auflage, Oxford, 2008

Pettit, Philip: Equity and the Law of Trusts, 9. Auflage, Oxford, 2001 (zitiert als: *Pettit,* Equity, S.)

Piltz, Detlev: Deutsche Steuer bei privatnütziger Stiftung nach Jersey-Recht, ZEV 1996, S. 382 ff.

Pirrung, Jörg: Die XV. Tagung der Haager Konferenz für Internationales Privatrecht - Trustübereinkommen vom 1985-07-01, IPRax 1987, S. 52 ff.

Pirrung, Jörg: Zur Ratifikation des Trust-Übereinkommens in: Festschrift für Andreas Heldrich zum 70. Geburtstag, München, 2005, S. 925 ff. (zitiert als: *Pirrung* in FS Heldrich, S.)

Pisani, Christian: Der Trust im maltesischen Recht, ZEV 2012, S. 579 ff.

Pöllath, Reinhard: Private Trusts im deutschen und internationalen Steuerrecht, IWB 1986, Fach 3, Gruppe 1, S. 1079 ff.

Pohl, Dirk/Höhfeld, Hendrik: Vorweggenommene Erbfolge, in Helmut Hürger/ Rudolf Stephan/Dirk Pohl, Unternehmens- und Vermögensnachfolge, 2. Auflage, Stuttgart, 2002, S. 462 ff.

Preißer, Michael/Rödl, Christian/Seltenreich, Stephan: Kompaktkommentar zum Erbschaft- und Schenkungsteuerrecht, 3. Auflage, Stuttgart, 2018 (zitiert als: *Bearbeiter* in Preißer/Rödl/Seltenreich, ErbStG (2018), §, Rn.)

Prölss, Jürgen/Martin, Anton: Versicherungsgesetz, 30. Auflage, München, 2018 (zitiert als: *Bearbeiter* in Prölss/Martin, VVG (2018), §, Rn.)

Radwan, Samira: Die steuerliche Behandlung von U.S.-Trusts und Compliance-Maßnahmen der Geschäftsführung. CCZ 2018, S. 67 ff.´

Rehm, Helmut/Nagler, Jürgen: Zurechnungsbesteuerung bei ausländischen Familienstiftungen (§ 15 AStG) und die Empfängerbenennung (§ 160 AO) auf dem Prüfstand des Gemeinschaftsrechts, IStR 2008, S. 294 ff.

Reimann, Wolfgang: Nachlassplanung als erbrechtsübergreifende Aufgabe, ZEV 1997, S. 129 ff.

Remde, Julia: Der Trust als Gestaltungsmittel der Vermögensverselbständigung und des Vermögensschutzes, Frankfurt (Main), 2012 (zugleich Univ. Diss., Köln, 2011) (zitiert als: *Remde*, Vermögensverselbständigung, S.)

Riches, John: Are Transparency and the Registration of Trusts necessary? In Trusts & Trustees, Vol. 19, No. 3&4, April/May 2013, S. 343 ff.

Riches, John: The Private Wealth & Private Client Review, 2. Auflage, London, 2013 (zitiert als *Bearbeiter* in Riches, Review, S.)

Richter, Andreas/Haag, Maximilian: Trusts und Trustbesteuerung in Deutschland in: Zivilrecht und Steuerrecht, Erwerb von Todes wegen und Schenkung; Festschrift für Jens Peter Meincke zum 80. Geburtstag, München, 2015, S. 299 ff. (zitiert als: *Richter/Haag* in FS Meincke, S.)

Richter, Andreas/Haag, Maximilian: What's the score? in STEP Journal, Ausgabe 22/10, Dez. 2014/Jan. 2015, S. 62 ff.

Richter, Andreas/Sturm, Sebastian: Die Reform des englischen Stiftungsrechts, RIW 2004, S. 346 ff.

Richter, Andreas/Wachter, Thomas: Handbuch des internationalen Stiftungsrechts, 1. Auflage, Angelbachtal, 2007 (zitiert als: *Bearbeiter* in Richter/Wachter, Handbuch, S., Rn.)

Richter, Andreas: Rechtsfähige Stiftung und Charitable Corporation, Berlin, 2001

Langheid, Theo/Rixecker, Roland: Versicherungsvertragsgesetz, 5. Auflage, München, 2016 (zitiert als: *Bearbeiter* in Langheid/Rixecker, VVG (2016), §, Rn.)

Rönck, Rüdiger: Gesellschaftsrechtliche Gestaltungsformen zur Unternehmensgründung in Südafrika, IStR 1997, S. 122 ff.

Roth, Wolfgang/ Kather, Sandra: „Probate"- Das US-amerikanische Nachlassverfahren, NJW-Spezial 2013, S. 551 ff.

Säcker, Jürgen/Rixecker, Roland/Oetker, Hartmut/Limperg, Bettina: Münchener Kommentar zum Bürgerlichen Gesetzbuch, 8. Auflage, München, 2018 (zitiert als: *Bearbeiter* in MüKo-BGB, §, Rn.)

Schaub, Peter: Das neue Transparenzregister naht – Überblick über die Regelungen und praktische Auswirkungen für Personenvereinigungen, DStR 2017, S. 1438 ff.

Schaumburg, Harald: Internationales Steuerrecht (Außensteuerrecht, Doppelbesteuerungsrecht), 4. Auflage, Köln, 2017 (zitiert als: *Schaumburg,* Internationales Steuerrecht (2017), Rn.)

Scherer, Stephan: Münchener Anwaltshandbuch Erbrecht, 3. Auflage, München, 2010 (zitiert als: *Bearbeiter* in Anwaltshandbuch Erbrecht, §, Rn.)

Schienke-Ohletz, Tanja/Kühn, Michal: Die steuerlichen Folgen beim Ausscheiden aus Truststrukturen, ZEV 2015, S. 150 ff.

Schiffer, Jan: Erbfolgegestaltung mit Hilfe von Trusts und ausländischen Stiftungen, BBV 2006, S. 343 ff.

Schiffer, Jan/von Schubert, Michael: Stiftung und Unternehmensnachfolge - Verständnis und Missverständnisse, BB 2002, S. 265 ff.

Schindhelm, Malte: Grundfragen des Internationalen Erbschaftsteuerrechts, ZEV 1997, S. 8 ff.

Schindhelm, Malte/Stein, Klaus: Der Trust im deutschen Erbschaftsteuerrecht, StuW 1999, S. 31 ff.

Schindhelm, Malte/Stein, Klaus: Der Trust im deutschen Erbschaft- und Schenkungsteuerrecht nach dem StEntlG 1999/2000/2002, FR 1999, S. 880 ff.

Schmid, Manfred: Das Stichtagsprinzip im Erbschaftsteuer- und Schenkungsteuerrecht, ZEV 2015, S. 387 ff.

Schmidt, Thomas: Kommentar zum Außensteuergesetz, 1. Auflage, München, 2012 (*Bearbeiter* in Schmidt, AStG (2012), §, Rn.)

Schnitzer, Adolf: Die Treuhand (der Trust) und das internationale Privatrecht, in: Gedächtnisschrift L. Marxer, S. 53–112, Zürich, 1963 (zitiert als: *Schnitzer,* Treuhand, S.)

Schütz, Robert: Die Besteuerung ausländischer, insbesondere liechtensteinischer Familienstiftungen und ihrer Begünstigten in Deutschland, DB 2008, S. 603 ff.

Schulz, Kay: Die Besteuerung ausländischer Familienstiftungen nach dem Außensteuergesetz: Analyse und Perspektiven, Berlin, 2010 (zitiert als: *Schulz,* Ausländische Familienstiftung, S.)

Schulze-Borger, Bernd: Ausländische Familienstiftungen und Trusts: Verletzung von Anzeige- bzw. Erklärungspflichten und ihre Auswirkungen auf die Schenkung- und Erbschaftsteuer, ZEV 2017, S. 190 ff.

Schurr, Francesco: Rechtliche Ausgestaltung und Anwendungsbereiche des Trusts in Liechtenstein, ZStV 2017, S. 12 ff.

Seibold, Felix: Die vermögen- und erbschaftsteuerliche Behandlung von Common Law Trusts, IStR 1994, S. 16 ff.

Seifart, Werner/Freiherr von Campenhausen, Axel: Stiftungsrechts-Handbuch, 3. Auflage, München, 2009 (zitiert als: *Bearbeiter* in *Seifart/von Campenhausen*, Stiftungsrecht-Handbuch, S., Rn.)

Siegwart, Holger: Die Abwicklung von Erbfällen in den USA, ZEV 2006 S. 110 ff.

Sieker, Klaus: Der US-Trust: Instrument der Vermögensnachfolge und Steuerplanung eines deutschen Erblassers, 1. Auflage, Baden-Baden, 1991 (zitiert als: *Sieker,* US-Trust, S.)

Sieker, Klaus: Deutsche Ertragsbesteuerung von US-Trusts, BB 1991, S. 1975 ff.

Sieker, Klaus: Trust und internationale Nachfolgeplanung – Ergänzung zu Beitrag von von Oertzen, IStR 1995, S. 344 f.

Sieker, Klaus: Zur Einkommensbesteuerung von Ausschüttungen eines US-Trusts, BB 1993, S. 1257 ff.

Siemers, Lothar: Die Errichtung von Offshore-Trusts als steuerpflichtiger Erwerb nach dem Entwurf für das „Steuerentlastungsgesetz 1999/2000/2002“, ZEV 1998, S. 459 f.

Siemers, Lothar/Müller, Nicole: Offshore-Trusts als Mittel zur Vermögensnachfolgeplanung? Eine Bestandsaufnahme aus zivilrechtlicher Sicht, ZEV 1998, S. 206 ff.

Siemers, Lothar/Müller, Nicole: Offshore-Trusts als Mittel zur Vermögensnachfolgeplanung? Eine Bestandsaufnahme aus steuerrechtlicher Sicht, IStR 1998, S. 385 ff.

Söffing, Matthias/Kirsten, Michael: Trustbesteuerung nach dem StEntlG 1999/2000/2002, DB 1999, S. 1626 ff.

Von Staudinger, Julius: Internationales Gesellschaftsrecht, 13. Auflage, Berlin, 1993 (zitiert als: *Bearbeiter* in Staudinger, Internationales Gesellschaftsrecht, Rn.)

Von Staudinger, Julius: Kommentar zum Bürgerlichen Gesetzbuch-EGBGB/IPR, 15. Neubearbeitung, München, 2013 (zitiert als: *Bearbeiter* in Staudinger-EGBGB/IPR, Art., Rn.)

Stein, Jacob: The importance of trusts in asset protection in California Trusts and Estates Quarterly, Volume 12, Issue 4, 2007, S. 17 ff.

Stein, Klaus: Die Besteuerung deutsch-irischer Erbfälle, Köln, 1998

Stein/Thomas: Der Nachlassnießbrauch – eine (steuerlich) sinnvolle Gestaltung?, ZEV 2018, S. 127 ff.

Stockmann, Frank/Thömmes, Otmar: Familienstiftung und Gemeinschaftsrecht: Verstößt § 15 II S. 1 ErbStG gegen Diskriminierungsverbote des EGV?, IStR 1999, S. 261 ff.

Streck, Michael: Die Steuerpflicht nichtrechtsfähiger Stiftungen und anderer Zweckvermögen, StuW 1975, S. 135 ff.

Süß, Rembert: Erbrecht in Europa, 3. Auflage, Bonn, 2015 (zitiert als: *Bearbeiter* in Süß, Erbecht in Europa, §, Rn.)

Testa, Scott: Charitable Planning-CRTs, CLTs and the Increasing Payment CLAT, Journal of Accountancy 2010, S. 18 ff.

Theuffel-Werhahn, Berthold: Familienstiftungen als Königsinstrument für die Nachfolgeplanung aufgrund der Erbschaftsteuerreform, ZEV 2017, S. 17 ff.

Tipke, Klaus/Lang, Joachim: Steuerecht, 22. Auflage, Köln, 2017 (zitiert als: *Bearbeiter* in Tipke/Lang, Steuerrecht, §, Rn.)

Todd, Paul/Lowrie, Sarah: Textbook on Trusts, 5. Auflage, Oxford, 2000 (zitiert als: *Todd/Lowrie,* Trusts, S.)

Trißler, Johannes: Familienstiftung und Family Trust, Rechtsvergleich Deutschland-England, Aachen, 2013 (zugleich Univ. Diss., Münster, 2012) (zitiert als: *Trißler,* Familienstiftung, S.)

Troll, Max/Gebel, Dieter/Jülicher, Marc/Gottschalk, Paul: Kommentar zum Erbschaft- und Schenkungsteuergesetz, 55. Auflage, München, 2018 (zitiert als *Bearbeiter* in Troll/Gebel/Jülicher/Gottschalk, ErbStG (2018), §, Rn.)

Verstl, Jörg: Der internationale Trust als Instrument der Vermögensnachfolge, Bielefeld, 2000 (zugleich: Univ. Diss. der Bundeswehr, Hamburg, 2000) (zitiert als: *Verstl*, Internationaler Trust, S.)

Vogt, Nedim: Disputes involving Trusts, Basel, Genf, München, 1999 (zitiert als: *Bearbeiter* in Vogt, Disputes involving Trusts, S.)

Wachter, Thomas: Stiftungen im neuen Erbschaft- und Schenkungsteuerrecht, FR 2015, S. 130 ff.

Wachter, Thomas: Überlegungen zur Reform des geltenden Erbschaft- und Schenkungsteuerrechts, DStR Beihefter 2014, S. 90 ff.

Wachter, Thomas: Zurechnungsbesteuerung bei liechtensteinischen Familienstiftungen – Anmerkung zu BFH II R 14/98, ZEV 2001, S. 500 f.

Wassermeyer, Franz: Anwendung des § 20 Abs. 1 Nr. 9 EStG auf Auskehrungen von Stiftungen, DStR 2006, S. 1733 ff.

Wassermeyer, Franz: Einkommenszurechnung nach § 15 AStG, IStR 2009, S. 191 ff.

Wassermeyer, Wolf: Das US-amerikanische Erbschaft- und Schenkungsteuerrecht, Köln, 1996 (*Wassermeyer*, Erbschaft- und Schenkungsteuerrecht, S., Rn.)

Wassermeyer, Wolf: Die Besteuerung ausländischer Familienstiftungen und Trusts aus deutscher Sicht, FR 2015, S. 149 ff.

Werder, Alexander/Dannecker, Achim: Änderungen bei der Zurechnungsbesteuerung nach § 15 AStG, BB 2012, S. 2278 ff.

Werder, Alexander/Wystrcil, Markus: Steuerliches „Zuzugsverbot" für Begünstigte eines trust in Deutschland?, BB 2015, S. 412 ff.

Werdich, Hans: Rechtliche und steuerliche Grundlagen von US-Trusts, IWB 1995, Fach 8, Gruppe 3, S. 265 ff.

Werner, Rüdiger: Anknüpfung des Stiftungsstatuts unter Anwendung des Internationalen Gesellschaftsrechts, ZEV 2017, S. 181 ff.

Werner, Rüdiger: Anmerkung zum Beschluss des OLG München vom 26.07.2006, Az.: 32 Wx 88/06 (Auslegung eines von einem Deutschen nach US-amerikanischen Recht errichteten Testaments bei späterer Übersiedlung), ZEV 2006, S. 457 f.

Werner, Rüdiger: Schenkungsteuerbarkeit der Zuwendungen ausländischer Stiftungen an ihre inländischen Destinatäre, ZEV 2016, S. 133 ff.

Wernicke, Thomas: Vorstandskontrolle in der Stiftung, ZEV 2003, S. 301 ff.

Werz, Ralf/Brunner, Michael: Steuerfolgen beim Liechtenstein-Trust (Teil 1), PIStB 2006, S. 40 ff.

Werz, Ralf/Brunner, Michael: Steuerfolgen beim Liechtenstein-Trust (Teil 2), PIStB 2006, S. 59 ff.

Westebbe, Achim: Die Stiftungstreuhand - Eine Untersuchung des Privatrechts der unselbständigen gemeinnützigen Stiftung mit rechtsvergleichenden Hinweisen auf den charitable trust, Univ. Diss., Baden-Baden, 1993 (zitiert als: *Westebbe*, Stiftungstreuhand, S.)

Wienbracke, Mike: A clash of cultures: Trusts und deutsches (internationales) Privatrecht, ZEV 2007, S. 413 ff.

Wienbracke, Mike: Der schottische Trust – (k)eine „Vermögensmasse ausländischen Rechts"?, IWB 2005, Fach 5, Gruppe 2, S. 417 ff.

Wienbracke, Mike: Die ertragsteuerliche Behandlung von trusts nach nationalem und nach DBA-Recht, RIW 2007, S. 201 ff.

Wienbracke, Mike: English and Scots trusts under the German Inheritance and Gift Act (ErbStG), 1. Auflage, Baden-Baden, 2005 (zitiert als: *Wienbracke,* English and Scots Trusts)

Wienbracke, Mike: Trusts in Deutschland, Wiesbaden, 2012

Wiese, Jörg/Grötsch, Andreas: Finanzgericht verneint Treuhandstiftung (Anmerkung zu FG Rheinland-Pfalz 14.3.05, 4 K 1590/03), PStR 2005, S. 99 ff.

Winheller, Stefan/Geibel, Stefan/Jachmann-Michel, Monika: Gesamtes Gemeinnützigkeitsrecht, 1. Auflage, 2017 (zitiert als: *Bearbeiter* in *Winheller/Geibel/Jachmann*, Gesamtes Gemeinnützigkeitsrecht (2017), §, Rn.)

Wirth, Peter: Einsatzmöglichkeiten des angelsächsischen Trust als Instrument des Vermögensschutzes, Berlin/Stuttgart/Wien, 1997 (zitiert als: *Wirth,* Einsatzmöglichkeiten, S.)

Wittuhn, Georg: Das internationale Privatrecht des Trusts, Bern, 1987 (zitiert als: *Wittuhn,* Internationales Privatrecht des Trusts, S.)

Wittuhn, Georg: Trusts und Eigentum in ZEV 2007, S. 419 f.

Wolf, Felix: Bezirksgericht Zürich lässt Arrestdurchgriff auf treuhänderisches trust-Vermögen zu, Corporate Compliance Zeitschrift 2008/1, S. 40

Wolff, Josef: Trusts, in Gruber, Michael, Erbrecht und Vermögensnachfolge, 1. Auflage, Wien, 2010, S. 1310 ff.

Wühl, Johannes: Die Behandlung des englischen express trust inter vivos im österreichischen Internationalen Privatrecht, ZfRV 2013, S. 20 ff.

Wunderlich, Heiko: Doppelbesteuerung aufgrund neuer Auslegung des § 7 Abs. 1 Nr. 9 ErbStG durch die Finanzverwaltung, DStR 2017, S. 905 ff.

Wystrcil, Markus: Die Besteuerung von Destinatärsleistungen privatnütziger Stiftungen, Berlin, 2014 (zitiert als: *Wystrcil,* Destinatärsleistungen, S.)

Zondler, Christof/Zöller, Daniel: Vermögensübertragungen auf einen US-Trust unter Berücksichtigung des DBA-USA Erb, IStR 2015, S. 960 ff.

Zweigert, Konrad/Kötz, Hein: Einführung in die Rechtsvergleichung, 3. Auflage, Tübingen, 1996 (zitiert als: *Zweigert/Kötz,* Rechtsvergleichung, S.)

www.ingramcontent.com/pod-product-compliance
Ingram Content Group UK Ltd.
Pitfield, Milton Keynes, MK11 3LW, UK
UKHW021933290926
8980IPUK00016B/1594

9 783631 809150